在亂世讀老子

世界殘酷，

讓你有顆柔軟的心

道德經

陳廣逵——著

終結亂世苦痛，
償還內心安寧。

兩千年前的春秋時代，一名老人騎著青牛，
在邊關寫下五千言，
告訴往後的亂世中人：你不能阻止亂世來臨，
你只能照顧好自己的心——

在亂世讀老子

世界殘酷，**道德經**讓你有顆柔軟的心

目錄

導讀

關於老子

關於《道德經》

本書的編排體例

作者的古文通釋思想

《道德經》研究中存在的傾向性問題

《道德經》可以給我們哪些啟示

《道德經》中的幾個重要概念

《道德經》中的「吾」與「我」

附錄

後記

在亂世讀老子

世界殘酷，**道德經**讓你有顆柔軟的心

導讀

　　「著書」是為了「立說」，我出書純粹是為了表述我對《道德經》的理解，以此來訂正我認為他人對《道德經》的不正確解讀，盡量客觀還原《道德經》的真實思想和意圖。雖然我希望能擁有盡可能多的讀者，但我絕不迎合商業動機。我的解析與點評都很通俗，沒有迷惑人的成分，但凡能靜下心來研究的人都能看懂，只有文法分析的內容對外行人來說難度稍大。

　　對於只想能正確朗讀、一般理解《道德經》的讀者，我建議只讀原文和釋文。對於教學需要落實到具體字解釋的讀者，我建議對照本書的注釋研究。本書在邏輯思維基礎上，以嚴謹的訓詁態度反覆斟酌，所作解釋幾乎字字都有著落，句句都有交代，以告訴讀者所作出的解釋是如何得出，絕不含糊其辭。

　　【意義歸納】可以幫助讀者理解原文，這個內容也可以作為教學參考；【文法分析】是義理考據與辭章的重要內容，是分析理解章句意義的基礎，以供樂於深入研究《道德經》的讀者進一步鑽研，這個內容也可以作為文法教學的參考；【解讀與點評】是在對文本詳細分析基礎上所做，緊緊圍繞《道德經》原意，指導讀者正確理解原文，正確將《道德經》與生活實際連繫。

　　本書力圖還原《道德經》，不用今人的觀點去左右前人老子的觀點，不把今人的思想強加給老子，也不刻意讓老子與素未謀面的西方先哲對話，而是以一般人的正常思維解讀《道德經》。

　　本書的版本自成一體：以王弼通行本為藍本，參考吸收其他版本的最可取的內容，特別是吸納帛書本和楚竹簡的研究成果。本書在解釋上擺脫了前人的窠臼，可以說與以往的版本相比，幾乎每一章都有不同點，特別是句讀相當規範，表達更符合邏輯，值得強調的是，對第十八章和第十九章的糾正和解釋，徹底否定了眾人一直以來的曲解。所有這些不同，絕非獨樹一幟、譁眾取寵，而是建立在義理考據、邏輯分析和充分推敲的基礎上。

　　本書對章句進行了詳細的意義、文法和邏輯分析，對古今漢語文法一體化進行了具體而大膽的嘗試。應該說，文法和邏輯分析是本書許多「釋老」新觀點的基礎。

　　願本書對您能有所幫助！

陳廣逵

關於老子

關於老子，我想先引述《史記 · 老莊申韓列傳》中關於老子的部分內容：

老子者，楚苦縣厲鄉曲仁里人也，姓李氏，名耳，字聃，周守藏室之史也。

孔子適周，將問禮於老子。老子曰：「子所言者，其人與骨皆已朽矣，獨其言在耳。且君子得其時則駕，不得其時則蓬累而行。吾聞之，良賈深藏若虛，君子盛德容貌若愚。去子之驕氣與多欲，態色與淫志，是皆無益於子之身。吾所以告子，若是而已。」

孔子去，謂弟子曰：「鳥，吾知其能飛；魚，吾知其能游；獸，吾知其能走。走者可以為罔，游者可以為綸，飛者可以為矰。至於龍，吾不能知，其乘風雲而上天。吾今日見老子，其猶龍邪！」

老子修道德，其學以自隱無名為務。居周久之，見周之衰，乃遂去。至關，關令尹喜曰：「子將隱矣，強為我著書。」於是老子乃著書上下篇，言道德之意五千餘言而去，莫知其所終。

或曰：老萊子亦楚人也，著書十五篇，言道家之用，與孔子同時云。

蓋老子百有六十餘歲，或言二百餘歲，以其修道而養壽也。

自孔子死之後百二十九年，而史記周太史儋見秦獻公曰：「始秦與周合，合五百歲而離，離七十歲而霸王者出焉。」或曰儋即老子，或曰非也，世莫知其然否。老子，隱君子也。

老子之子名宗，宗為魏將，封於段干。宗子注，注子宮，宮玄孫假，假仕於漢孝文帝。而假之子解為膠西王卬太傅，因家於齊焉。

世之學老子者則絀儒學，儒學亦絀老子。「道不同不相為謀」，豈謂是邪？李耳無為自化，清靜自正。

《史記》中關於老子的記載不多，甚至沒有為他單獨列傳。《史記 · 老莊申韓列傳》中的這段文字不難理解，但對老子的記載可以說語焉不詳。首先關於老子姓

在亂世讀老子

世界殘酷，**道德經**讓你有顆柔軟的心

「李」之說，研究春秋史的人一致認為無此一說，因為在當時社會中還沒有「李」這個姓氏；第二，《史記》中都沒有明確肯定老子究竟姓甚名誰，生於何時、沒於何時。由此，可以說《史記・老莊申韓列傳》只是提到了有關老子的一些線索而已。

在春秋之前的周王朝，但凡官員都不是普通百姓所能擔任，如果老子確實擔任過「守藏史」，那麼他應該是出身於沒落的貴族家庭，至少應該是世襲的「士」，進而再擔任「史」，而且他的這個「士」可能要大於諸侯國的「士」（關於「士」的內容，可參見第十五章注釋和【解讀與點評】）。在《道德經》中，老子極力讚美「古之善為士者」（第十五章），列舉了上士、中士、下士對道的不同態度（第四十一章），還提出「善為士者不武」的觀點，這些都可以讓人感受到老子對士的期冀。周王室的守藏史不可能從諸侯國招募，陳國是異姓的「女兒」國，如果老子出身陳國，那麼他根本沒有機會擔任守藏史。「鑿戶牖以為室」（第十一章）是《道德經》中，老子對周王室所在地一些房舍的認識，大膽猜測，這可能就是老子曾經長期居住的環境，由此可以判斷：老子不可能出身於其他諸侯國。司馬遷寫《史記》的習慣，對人物都要交代家族史，在無法獲取老子準確資訊的情況下，他只好採集一些並不準確的傳聞，而忽略了老子出身「士」這個特殊階層的資訊。

我比較傾向於高亨先生的考證，即老子可能就是《左傳・昭公十二年》出現的「老陽子」。老子，姓老，字伯陽，所以又被稱為老陽子，老子又被稱為老聃，這是從《禮記・曾子問》中獲得的補充資訊。老子可能比孔子大二十歲，出生於魯襄公年間。由一篇《道德經》，我們可以認為老子是思想家、哲學家。

從《道德經》中滲透出的老子治國理政思想和民本思想深邃睿智，我認為他的哲學思想對後世本來可以產生更積極的影響，但由於長期以來世人的曲解，增加了《道德經》的消極因素。

關於老子的身世經歷，後世所傳多有矛盾，所以不予多書。

關於《道德經》

　　《道德經》又稱《老子》，最初由老子撰寫，後又輾轉傳抄刻印，為被學者修改編纂的一篇類韻文體思想學說。

　　有人統計，清代以前，《道德經》版本有一百零三種之多。迄今為止，《道德經》的校訂本已達三千多種。《道德經》出現的版本問題，是一種獨有的文化現象。一九七三年長沙馬王堆三號漢墓，出土了甲乙兩本帛書《老子》，當是西漢初年的版本，《德經》在《道經》之前。現在可見的最早版本，是一九九三年，在湖北荊門郭店楚墓出土的竹簡《老子》，版本最為原始古樸，可惜只有《道德經》的部分章節。歷史上流傳最廣的版本，是漢代河上公注本和曹魏王弼注本，其他重要的版本還有西漢嚴遵注本、唐代傅奕校古本、唐代刻《道德經》石幢等。

　　王弼版《老子》流傳下來，成為比較普遍使用的版本，即使這個版本也有一些疏漏錯誤，但仍不失為一個好藍本。帛書《老子》甲乙本和郭店竹簡《老子》都是「地下資源」，不能流傳，而它未能流傳下來自然有其原因。以考據、訓詁為基礎的校勘工作，雖然可以將帛書《老子》、郭店竹簡《老子》作為重要參考，但不能把它們當作絕對依據，因為它們本身並不是「正版」，還有自相矛盾的問題。

　　通行本留傳至今，自有留傳的道理；其他版本留傳，也一定有各自的出處。可以這樣說：別說是今天，即使是戰國時期，要想找到老子的原文都不可能。《道德經》的原著是老子，但今天我們看到的《道德經》，是被老子以後的許多人士修改潤色過，甚至被偽道家後學刻意篡改過。

　　可以設想，按《史記》所說，老子「見周之衰，乃遂去」、「著書上下篇，言道德之意五千餘言而去，莫知其所終」的時間，與孔子逝世的時間不會相差很多。因為按世所傳，老子長於孔子，這個「莫知其所終」是判定老子著《道德經》的臨界點，即《道德經》原始本產生於此時。即便此時開始傳抄，這個輾轉過程也是在戰國初期進行，而在傳抄過程中，一定有學者進行點評。莊子得到的《道德經》，

在亂世讀老子

世界殘酷，*道德經*讓你有顆柔軟的心

本應該是比較原始的傳抄本，然他得到的版本是否經過點評、他自己是否也進行過點評加工，已然難知。當時還沒有紙張，所有傳抄本不是簡書便是帛書，但帛書抄寫麻煩，代價昂貴。《道德經》中的「回還」問題，就有可能是早期的點評之語被當作正文而形成。諸如反覆出現的「故為天下貴」、「故去彼取此」類語言，和帶有「故」、「是以」等字眼的部分內容，有些自相矛盾的內容也可能是錯誤理解的點評所造成，所以以「千字」來論的「五千餘言」之「餘」，即便去掉重複的內容，也還是超過二百多字。

然而，《道德經》中的許多成語可謂非常經典，已經傳世，即使非老子原創，要想「訂正」已是不可能。所以說，今天我們讀《道德經》只是把它看成一部著作，一部宣揚思想的著作，至於是否是《老子》原貌，已經不是那麼重要了。鑑於此，我主張稱其為《道德經》，而不稱之為《老子》。原本《老子》問世之際，就正處於漢字發展演變最劇烈的時期，漢字呈多樣性與不穩定的態勢，諸侯國的割據，必然造成漢字的多樣性。

傳世的《道德經》中有一部分文字合於古韻，但並不是所有文字都押韻；一些句式整齊劃一，但也有散句；押韻和整齊的句式可能是老子以後的文人雕琢而成。對偶、排比、對比等修辭手段的運用，也強化了《道德經》的可讀性，藝術加工使它更像「經」了，所以稱它為類韻文體。

去掉標點、章號的《道德經》只有五千二百多字，是一篇寫給統治階層的純議論文章，圍繞「論道」來闡釋思想，中心思想是「為無為」，展開後就形成了一部思想著作。這部著作流傳下來，就確立了老子思想家、哲學家的地位。

本書的編排體例

　　本書依據王弼本的原分章，按八十一章編排，每章包括章號、原文、對原文的整體通釋、對原文的具體注釋、意義歸納、文法分析、考辨、解讀與點評這八個部分。

一、章號

　　為方便查找，目錄中按章號標示了頁碼，並在正文的每頁上端都標示了章號。

二、原文

　　以「【原文】」作題頭，原文以王弼通行本為底本，參考帛書本、楚竹書及各家版本整理，並根據我的理解，對文本加上標點符號。

三、釋文

　　釋文以「【通釋】」作題頭，對該章原文進行連貫解釋。在「通釋」中，以「信」、「達」、「雅」為原則，按規範的古漢語文法與規範的現代漢語文法進行相對應的詮釋。所有詮釋均力求忠實原文，使原文每個字都有著落，並且盡量不添加多餘的文字；個別情況考慮語言疏通情況，增加了原文沒有的字，比如明確標出說話的對象（主語），補出了部分被省略的成分等；在直釋的基礎上，考慮押韻和文采，通俗對釋。

四、注釋

　　「【注釋】」的內容與「【通釋】」的內容基本一致，個別有小的調整。「注釋」力圖說明每個字的意義、用法，指出與其他版本的部分不同。為了方便讀者獨立學習，本書對個別文字不厭其煩的注釋，比如「之」、「而」、「以」、「於」、「焉」等。注釋對涉及的古漢語知識解釋得比較細，對古今意義差別較大的文字多有注釋，對可以多種解釋的內容也基本予以註明。對生僻字、古今異讀字、多音字都標註了

注音，先標示音，再解釋字義；對在解釋中出現的生僻字或多音字，本書直接用括號標註了注音。

五、意義歸納

「【意義歸納】」是章句解析與點評的重要內容之一，概括歸納全章內容，並進行了層次劃分和解析，有助於讀者準確理解和把握全章內容的邏輯連繫和意義。

六、文法分析

「【文法分析】」是章句解析與點評的又一個重要內容，名為文法分析，其實也包含邏輯分析在內，甚至對某一個標點符號的使用，都進行了必要說明，它是《道德經》解讀的基石。本書對各章進行的文法分析，主要是複句的分句間關係和單句的文法成分分析，並在原文上標註了符號。

對複句的分析。以句號作為複句這個語言單位的劃分範圍，換句話說，就是在確定句號時，考慮句與句之間的關係，在句號界定的範圍進行分句間的關係分析。將複句內部的第一個層次稱為「第一重」，用一根（｜）豎線標示，表示該豎線前後分別為第一重的兩部分內容；第二個層次稱為「第二重」，用兩根（‖）豎線標示，表示該雙豎線前後分別為該第二重兩部分內容；以下依次類推。本書涉及的複句間的關係包括並列關係、承接關係、轉折關係、遞進關係、因果關係、選擇（取捨）關係、假設關係、條件關係、總分關係、目的關係和讓步關係等，直接在句子的上面以黑體的「並列」、「承接」、「轉折」等標出。

對單句的分析。本書在整章中只對與複句對應的獨立單句進行句子成分分析——這只是第一輩分的文法分析。「主語」用雙橫線「＿＿」標於相應的文字下；「謂語」用單橫線「＿＿」標於相應的文字下；「賓語」用單曲線「﹏﹏」標於相應的文字下；「補語」用角括號「〈〉」將相應的文字括起來；「定語」用圓括號「（）」將相應的文字括起來；「狀詞」用方括號「〔〕」將相應的文字括起來；「兼語」用虛線「＿＿＿」標於相應的文字下，表示其既為受事賓語，又為施事主語。助詞及關聯詞等獨立成分未標。在單句的文法分析中，我沒有在主語部分與謂語部分間使

用「‖」的分界線，以避免同複句的層次分析符號混淆。

古漢語語言運用方式與現代漢語語言運用方式本質上沒什麼區別，對複句所作分句間關係的分析和對單句的句子成分分析，包括文本中對短語、詞類的文法分析，。在具體語言分析中，對諸如賓語前置、定語後置，主謂短語之間的助詞以及詞類活用等古漢語文法現象，本書都予以了說明，而我認為用現代漢語的文法體系分析古代漢語並無不妥。

在對章句進行文法分析的同時，本書對破折號的使用也進行了專門分析，對其他標點符號的使用理由也作了一些說明，我在三十三個破折號上，分別標示了它表達的意義或所起的作用。

在對整章進行「第一輩分」符號法複句和文法分析下面，是對章句具體的展開分析，一是對複句的分句間關係和單句成分的文法分析進行具體解釋，二是分解展開，進一步以更小的層次剖析短語和詞，分析語言間的關係，這種剖析，側重於從文法角度，兼顧邏輯思維和修辭，更注意老子（從《道德經》體現出來的）思維一貫性和不矛盾性。

七、考辨

「【考辨】」是本書對各章文字的處理的理由予以說明，對與他人解釋不同的語言做出重點剖析，闡釋了我對一些問題的解讀觀點。

八、解讀與點評

「【解讀與點評】」主要從意義上對該章展開解釋，同時連繫實際講一些淺顯的道理，揭示它的價值和現實意義。解讀中連繫了古今中外歷史與現實社會中的一些現象，側重剖析了原文的實用意義和價值，但絕不是「實用主義」的譁眾取寵。本書在解讀的後面指出了該章出現的成語。

需要一提的是，在整個章句解析與點評中，滲透了我的思維方法，比如推敲資訊的方法、分析問題的邏輯思維方法等，對於做學問的人來說，這些思想方法有借鑑的價值。

在亂世讀老子

世界殘酷，**道德經**讓你有顆柔軟的心

作者的古文通釋思想

　　古今語言有差異又有關聯，差異和關聯都是在傳承過程中形成。差異的形成原因，有口語與書面語相對脫節的原因，也有地域差異和時間斷代過於久遠的因素。要想合理解釋古人的書面語，就必須了解古人的書面語言習慣，掌握一定的古漢語文法知識。

　　解釋古文有人主張「直譯」，有人主張「意譯」。我不認同使用「譯」這個字，一種語言翻譯成為另一種語言可以用「譯」字；古代漢語言雖然與現代漢語言有差別，但都屬於漢語，不存在兩種語言的對譯，只存在通俗的解釋，用今天的語言來代替古代的語言，還是用「釋」字更為準確。過去我也會使用「翻譯文言文」這個字眼，當時沒有感覺有什麼不對，後來不經意間推敲才感覺不妥，所以我在古今文對釋時，就選用了「通釋」的字眼。

　　用今天人的語言通釋古代人的語言，我更主張「直釋」，在「直釋」基礎上可以適當的「意釋」。

　　「信」、「達」、「雅」，首先是「信」。「信」就是忠實原文，忠實原意，忠實歷史的真實，不過多的增加個人理解的內容；其次是「達」。所謂「達」就是解釋「通暢」，既要把原文中每個字都準確表達出來，又要按古今語言對釋的規律，讓它更為通順；再次是「雅」，所謂「雅」就是「有文采」。同一個字對應的解釋有很多，選擇最恰當的解釋，不但做到「達」，還做到「雅」。

　　但這還不夠，比如有些內容在原來的語言中有押韻，但解釋出來後，韻律就消失了，這樣就很不好，所以一定要盡量保持原文的風格，恰如其分的再現古人語言的風貌，甚至最好也能體現出語調、語氣。「雅」是在「信」與「達」的基礎上再加工，不能偏離太遠。在通釋《道德經》過程中，我力求做到「信」、「達」、「雅」，盡量不增加多餘的字，也不減少原本有的字，甚至是一個虛詞，基本做到字字都有著落。為此，對可能理解困難和個別有爭議的字，我在注釋中不厭其煩的標註，力

在亂世讀老子

世界殘酷，*道德經*讓你有顆柔軟的心

求使讀者在單獨讀某一章時，不必再到前面來找答案。就我目前所見，還沒有像我這樣細緻、詳盡而具體的解釋《道德經》的版本。

《道德經》研究中存在的傾向性問題

一、玄學化或宗教化《道德經》

　　《道德經》的第一章中就有「此兩者同出而異名，同謂之玄，玄之又玄，眾妙之門」這樣一句話，其中的「玄」字似乎揭示了道深奧難懂的特點，也因此使《道德經》被稱為「玄學」。莊子以後，老子逐漸成為道家的鼻祖，成了道教創始人，這是老子始料不及的。其實，偽道家後學多曲解老子，宣傳消極思想，在研究中我認為，後來的道教與老子原始的思想相去甚遠。

　　應該明確的是，老子寫的這五千言是要給人看的，而他最希望看到這五千言的人，應該是周天子、諸侯及其有決策影響的士大夫。老子之時，中國還沒有宗教，所謂的道教後世才出現，「道教的鼻祖」是後世加給老子的。信徒用莊子的思想解讀老子的學說，並不斷從理論上神化老子，道教才逐漸完成體系。至於「太上老君」這一類的神號封敕，出現得還要更晚。

　　宗教的「道」與《道德經》的「道」，最大的區別不在「神化」上，而在「為而爭」與「為而不爭」上。突出的表現是，最初的道教強烈的排斥「聖人」，排斥「儒學」，主動向所謂的異端進攻，違背了老子順其自然、「為而不爭」的初衷。

　　河上公版本在解讀《道德經》上，已經帶有了一些宗教色彩，特別是後世整理者用極端的思想改編它，讓《道德經》排斥聖賢、排斥學問，排斥仁義、排斥禮儀。宗教化解讀《道德經》的最大弊端，就是把「甚易知，甚易行」的自然化老子思想，變成了「不易知，不易行」的玄學，把簡單的問題複雜化，把「致虛極，守靜篤」變成了避世，變成了不食人間煙火的修練。

　　對《道德經》，我們不能用宗教解釋它，不能把它變成玄學。其實《道德經》並非高深難測，而是「甚易知，甚易行」，因為「言有宗，事有君」（第七十章）。《道德經》問世以來，不知有多少人惡意篡改、錯誤理解和點評，把一些本來簡單的問題複雜化，才使它難懂。如果研究者先明白了，再去著書立說，準確通俗的解

讀和闡釋它，就會讓它清晰出現在讀者面前；如果連自己都不清楚，自然會用一些貌似有哲理，實際是雲山霧罩的語言來誤導讀者，甚至用違背老子思想的觀點誤導，這是《道德經》研究，乃至先秦諸子研究中存在的一個大問題。

《道德經》距今已有兩千五百多年的歷史，要理解其文字意義，必定需要訓詁考辨；老子有思想、有學識，《道德經》含義深邃，這也是肯定的。但我們應該清醒認識到：老子是人而不是神，《道德經》是闡發老子思想的文字，而不是讓人看不懂的「天書」。《道德經》是「玄學」，但仍可通俗解讀，如果名之為「解讀」，卻越解越深奧，越說越「玄」，讓人看了都不知道老子究竟說的是什麼，那這樣的解讀就不是「解讀」了，完全沒有意義。

二、熱衷於曲解式繁瑣考證，忽視邏輯的理性思考，讓前人錯誤的觀點牽著鼻子走

歷來一直存在有研究者把簡單問題複雜化的現象，這也是其他古文獻研究中經常出現的問題。比如把「生生之厚」（第五十章）與「求生之厚」（第七十五章）混為一談，並進行繁瑣考證；比如把「敝則新」（第二十二章）與「能蔽不新成」（第十五章）放在一起，表達同一意思。特別有研究者將「信不足焉，有不信焉」（第十七章）斷句為「信不足，焉有不信」，又將「焉」釋為「於是」，違背古漢語文法。在帛書本《道德經》問世後，本來可以對王弼等本的第十八章撥亂反正；但直到郭店楚竹書問世，研究者依然對「案（安）」字視而不見，將荒謬的「大道廢，有仁義；智慧出，有大偽；六親不和，有孝慈；國家昏亂，有忠臣」奉為辯證思想。其實研究古籍，在訓詁過程中，更要注意邏輯思維，避免出現後人人為的「讓古人胡說」。

在解讀《道德經》編著本書的後期階段，我開始參考其他人的解讀。在這個過程中，我發現有不少人因循前人的錯誤觀點，這種情況在許多章節都存在，最典型的就是對第十八章的解讀。如果不跳出前人各種說法的窠臼，對老子的個別解讀就可能永遠都停留在錯誤上。

三、實用主義歪解《道德經》

有的人出於商業目的，以編造的故事解讀《道德經》，試圖讓《道德經》與「日常」生活貫通，實際上是曲解《道德經》，甚至與老子的思想背道而馳。有學者從距離本義很遠的角度，生出許多感慨議論，但訓詁不足、主觀臆斷的成分居多。

我們知道，寫議論文的舉例論證，要用事實說話，就是所舉的例子必須真實，經得起推敲；但文學作品不能作為事實論據，因為它是杜撰的，杜撰的事例沒有說服力，用杜撰的故事來套解《道德經》是不足信、不可取的。

四、將老子的思想與孔子的思想對立

所謂「儒」、「道」，是後人依據孔、老的思想特點和學說要點，概括出來的一個概念化名稱。老子、孔子他們本身並沒有為自己的思想學說命名，他們的思想學說有差別，也有交融。最大差別在於入世態度上的「積極有為」與「主觀的無為」。儒者也提倡「無為」，但是那是在積極的「有為」的基礎上，大治後的「無為」；道家反對「有為」，但所追求的境界又恰恰是以「有為」為前提，是「為之於未有，治之於未亂」。將「儒」、「道」對立，是道家後學所為，從某種意義來說，這些人違背了老子最根本的思想，應該稱他們為偽道家。老子之時，「儒」學還沒有形成勢力，「仁義禮智信」的學說還沒有定型，很難說老子反對這些，這在《道德經》中有所體現。先說「信」，《道德經》數推崇信，提出「信言不美，美言不信」（第八十一章），「信不足焉，有不信焉」（第十七章、第二十三章），承認「道」、「其中有信」（第二十一章），儘管有「不信者吾亦信之」（第四十九章）的話，但並不能說老子反對「信」。再說「智」，老子反對以智治國，《道德經》中也出現了「絕學無憂」、「絕知（智）棄辯」（第十九章），但老子還說「知人者知（智）」（第三十三章），「知（智）者不言」（第五十六章），「知（智）者不博」（第八十一章）。實際上老子反對對人用智，主張「使夫知（智）者不敢為」（第三章），但不反對自己的「明智」。再說「禮」，《史記》稱孔子師出老子，孔子向老子學習的內容恰恰是「禮」。在談到使用戰爭手段這個問題時，《道德經》列舉了「君子居則貴左，

用兵則貴右」、「戰勝以喪禮處之」的事實，以「禮」的表現來否定戰爭。「夫禮者，忠信之薄而亂之首」（第三十八章），這類語言明顯是偽道家所「添加」的。同樣，「絕聖」、「絕仁棄義」（王弼本第十九章）也是道家後學強加給老子的。

《道德經》中的思想與孔子的思想多有吻合，不可否定。當然，既不應刻意以道家的思想排斥孔子，排斥儒家思想，也不應將道家思想與儒家思想硬綁在一起。老子與孔子的思想不應該截然對立，也絕不是如出一轍。

五、完全肯定或完全否定的一邊倒傾向

當代學術研究有這樣一種趨勢，凡是課題實驗之類，幾乎沒有失敗；凡是研究前人學術著作，幾乎「一邊倒」全盤肯定，似乎被研究者的思想觀點無可挑剔。正面研究老子的人，簡直把老子看成是正確思想的化身，肯定老子的無為思想，甚至否定漢武唐宗的開拓疆土，甚至用《道德經》的思想來否定「清官」，提出「有人查證，清官可惡，甚於貪官」這種謬論。否定老子思想的人，不深入研究，把老子的思想說得一無是處。完全肯定或完全否定，恰恰沒有秉持「守中」（第六章）的原則。

六、句讀不規範

為古文加句讀是一項綜合工作。在為古籍加標點時，有的研究者很隨意，有的研究者本身思維就不夠清晰。有人在該加標點處不加標點，在不該停頓處加了標點；有人以為只有分號才有表示並列的作用，便頻頻使用分號，一句一「分」，讓分號剝奪了逗號的權力；有人忽略了語言的邏輯層次和語氣的自然停頓，甚至在同一組中出現不同的標點，舉例如下：

錯誤的句讀：道沖而用之，或不盈。

正確的句讀：道沖，而用之或不盈。（第四章）

錯誤的句讀：五色令人目盲，五音令人耳聾，五味令人口爽，馳騁畋獵，令人心發狂，難得之貨，令人行妨。

正確的句讀：五色令人目盲，五音令人耳聾，五味令人口爽，馳騁畋獵令人心

發狂，難得之貨令人行妨。（第十二章）

　　錯誤的句讀：百姓皆謂：「我自然。」

　　百姓皆謂我：「自然。」

　　正確的句讀：百姓皆謂「我自然」。（第十七章）

　　錯誤的句讀：明道若昧；進道若退；夷道若纇；上德若谷；大白若辱；廣德若不足；建德若偷；質真若渝；大方無隅；大器晚成；大音希聲；大象無形；道隱無名。

　　正確的句讀：明道若昧，進道若退，夷道若纇；上德若谷，大白若辱，廣德若不足，建德若偷，質真若渝；大方無隅，大器晚成，大音希聲，大象無形——道隱無名。（第四十一章）

　　錯誤的句讀：善者，吾善之，不善者，吾亦善之，德善。

　　正確的句讀：善者吾善之，不善者吾亦善之，德善。（第四十九章）

　　錯誤的句讀：我無為而民自化；我好靜，而民自正；我無事而民自富；我無慾而民自朴。

　　正確的句讀：我無為而民自化，我好靜而民自正，我無事而民自富，我無慾而民自朴。（第五十七章）

　　錯誤的句讀：慈故能勇；儉故能廣；不敢為天下先，故能成器長。

　　正確的句讀：慈，故能勇；儉，故能廣；不敢為天下先，故能成器長。（第六十七章）

　　比較典型的是第三十四章關於「可名於小」與「可名於大」的標點，混淆了原本清晰的邏輯關係：

　　大道泛兮，其可左右。萬物恃之以生而不辭，功成而不名有，衣養萬物而不為主，常無慾，可名於「小」。萬物歸焉而不為主，可名為「大」。以其終不自為大，故能成其大。

　　正確的句讀應該是：

　　大道泛兮，其可左右。萬物恃之以生而不辭，功成而不名有，衣養萬物而不為主，常無慾。可名於「小」，萬物歸焉而不為主；可名為「大」，以其終不自為大，故能成其大。

具體分析見該章【文法分析】與【解讀與點評】。

標點符號會說話，它的重要意義不只是簡單的停頓，還表現了語言之間的各種邏輯關係。在為古籍句讀中，還可以讓「破折號」發揮作用。

七、顧左右而言他

做學問要腳踏實地，不是誇誇其談。有的研究者出了厚厚一本書，實際圍繞《道德經》的內容卻是少之又少，空談了許多不相干的話；有人非要把《道德經》與《易經》連繫，越扯越遠，牽強附會；有的人對《道德經》根本就沒有理解，卻大講特講《道德經》。對這些人來說，《道德經》只不過是他們著書演講的招牌，他們講的要義與《道德經》的思想甚至背道而馳，這實際是掛羊頭賣狗肉的行徑，是弄虛作假的浮躁文化現象。

以上列舉的種種表現，都不是以正常且正確的思維方式理解、解釋《道德經》。而不正常的思維、超出常理的解釋必然產生歪理邪說。

《道德經》可以給我們哪些啟示

其實《道德經》是寫給執政者的，我希望讀書人、公務人員，特別是各階層主管都能閱讀它。

《道德經》從二千五百年前「出爐」，我們今天學習它還不能說是重溫，因為不同人的「回鍋」味道不同，只能說是品味。

我們可以學會辯證看問題，把握好老子的「無為」思想並非什麼都不做，等著命運的安排，而是要遵循自然規律，遵循事物的客觀規律，不濫為、不妄為。老子的「無為」思想，實際上還是要有所為，即「無為而無不為」，通俗的說就是「不做又什麼都做」。要把握無為與有為的辯證法，有所為有所不為。本職所在的該為的必須為，不該為的一定不為。為政者要腳踏實地，不做政績。為的太多，轟轟烈烈，問題必然就多，順應事物之性的無為少為，是明智的，保持穩定就是最大的政績。

我們可以經常用《道德經》的思想警示自己，不自我表現、不自以為是、不自我標榜、不自高自大，因為「自見者不明，自是者不彰，自伐者無功，自矜者不長」，自貴者為人所輕。

我們應該把握「守中」的原則，避免「多言數窮」；避免「正復為奇，善復為妖」一類的左傾或右傾思想。我們要堅持「見（現）小」、「守柔」的原則，不示強、不逞強，做人「方而不割，廉而不劌，直而不肆，光而不耀」。不要追求圓滿，因為「金玉滿堂，莫之能守」，也不要狂妄自滿，因為「富貴而驕，自遺其咎」。

我們要堅守靜重，借鑑不爭、不鬥、善居下處弱、後其身、外其身的思想，置身於紛爭之外，不為榮觀所動，不為利益所擾。

要善於做小事，不把小事做大，易事做難。要謹慎做事，慎始慎終。

治國理政要取信於民，防患於未然，避免邪惡的東西氾濫而擾亂人民思想。要遵循天道「損有餘而補不足」，讓貧困的人也能活下去；要減少食稅階層，避免「其上食稅之多」。

　　國際交往中，慎用戰爭，「不得已而用之」要「恬淡為上」，「善有果而已」，「勝而不美」，要警惕樂殺人者。

　　《道德經》可以啟發我們的思想還有許多，當我們真的讀懂了，便會有更多的領悟。

《道德經》中的幾個重要概念

一、道

《道德經》中最主要的概念是「道」，在《道德經》中七十三見。無論是從《道德經》本身的表述，還是今天我們對它的理解，都應該這樣來概括它：「道」本來是可見物體運行的路，也是供人行走的路，是客觀事物運行因循的軌跡；同時又看不見、聽不到、品不出、摸不到、抽象於物質的潛在軌跡，還是人們對客觀事物運行軌跡的大致經驗的認知，是應該取法依據，而不應該違背和對抗的動態行事原則。

「道」真實存在，《道德經》中的各章從不同側面來揭示「道」的本質，並不矛盾，試圖孤立解釋某一章的「道」是行不通的。在《道德經》中，「道」常與「德」伴隨，又時而與「自然」融合，它的譬喻義與本義常常交織在一起。

二、大道

大道在《道德經》中凡三章四見：大道廢，安有仁義！（第十八章）大道泛兮，其可左右。（第三十四章）使我介然有知，行於大道，唯施是畏。大道甚夷，而民好徑。（第五十三章）

什麼是大道？大道是治國安天下總體因循的思想觀念、方針政策和運行態勢——這種思想觀念、方針政策不是表面文章，不是口頭上的粉飾，不是文字上的冠冕堂皇，是治國安天下的潛在運行軌跡，是治國安天下者的主流道德標準、核心價值取向、行為規範在治國安天下中的體現，是由治國安天下者思想行為潛在導向，而形成的社會主流官風、民風，即整個社會的主流風氣。

三、德

「德」在《道德經》中四十三見，《道德經》中的「德」是指遵循道的原則行事的特質。

　　「德」從「道」而來，是循道之德，它建立在「修道」的基礎上，透過修道來立德。《道德經》中的「德」是「純天然」的，未經後天加工改造的特質，具有「朴」的特點。「積」是「德」的修養過程。「德」是一種思想境界，處世態度。

　　《道德經》中的「德」依附於「道」，是遵循道的原則行事的特質。「道」是行事應遵循的原則，「德」就是按「道」行事。「上德若谷，大白若辱，廣德若不足，建德若偷，質真若渝」，揭示了「德」的本質屬性。「德」是「持道」態度，進而體現在對待人與自然、事物的態度上。

　　「孔德之容，為道是從」（第二十一章）。「道」是「德」的載體，沒有道，德就無從談起。依道而行就是有德，背道而行就是無德。

　　在《道德經》中，「道」與「德」既抽象，又具體、動態。「道德」一詞正是「道」與「德」結合的產物。

四、朴

　　《道德經》全篇，「朴」六章八見。

　　第十五章：「敦兮，其若朴。」

　　第十九章：「見素抱朴，少私寡慾，絕學無憂。」

　　第二十八章：「為天下谷，常德乃足，復歸於朴。朴散則為器，聖人用之則為官長。」

　　第三十二章：「道常無名，朴。」

　　第三十七章：「化而欲作，吾將鎮之以無名之朴。夫無名之朴亦將無慾……」

　　第五十七章：「我無慾而民自朴。」

　　「朴」本意是指未經加工的原木，是棟梁之材，後用來比喻像未經加工的原木那樣純粹的特質。持有這種特質就具備了美德。《道德經》中出現的「朴」是一個獨立的概念，它像是「道」的化身，又確確實實不是「道」。歸納起來，《道德經》中的「朴」是與「素」並舉的一個概念，是自然、合於「道」的，像未經加工過的原木那樣純粹的特質，是宇宙的本真，是原始的質樸，是清淨無為、素樸無華的境界，它揭示了「道」的重要本質的屬性，也比喻純樸淳厚的民風，或可以擔當大任的人才。

五、自然

在《道德經》中，「自然」凡五見。

功成事遂，百姓皆謂「我自然」。（第十七章）

希言自然，故飄風不終朝，驟雨不終日。（第二十三章）

人法地，地法天，天法道，道法自然。（第二十五章）

道之尊，德之貴，夫莫之命而常自然。（第五十一章）

學不學，復眾人之所過，以輔萬物之自然而不敢為。（第六十四章）

這五見「自然」全作為「本身的樣子」來講，與今天的「自然界」的意思不同。自然，即自身的狀態，本來的狀態，即先天存在的宇宙本真。

六、大象

「大象」雖然在《道德經》中只兩見（第三十五章、第四十二章），但由於有學者多將它與「道」混為一談，所以需要加以強調。「大象」是恍惚存在的正面之象，是現象，是形象，是影像，是氣象，是不可感又可感的抽象，是循道而行展現出來的景象。「大象」體現了「道」的一個外在特點，是「道」之表象，是「道」釋放出來的能量。如欣欣向榮的景象，如富庶的景象，如風調雨順的景象，如幽靜安寧的景象，如和諧安定的景象等。《道德經》中的大象應該是合「大道」之象，正面之象，所以天下趨附之。

與「大象」相對應的是「假象」和「亂象」。「假象」是虛假繁榮的現象，「亂象」是局面崩潰的現象。

「自然」是先天存在的宇宙本真，是正道依存的無盡源頭；「道」是抽象、客觀的存在，是不以人們主觀意志轉移的不可對抗的法則。「大道」是治國安天下總體因循的思想觀念、方針政策和運行態勢；「德」是循道而行的優秀特質；「朴」是道的本質屬性，是道的思想核心；「大象」是正道的外在表現。

七、無為

「無為」是老子的主要思想主張，也是老子的思想核心，是《道德經》全文強調的主旨。「無為」雖然全篇僅十二見，但其主旨貫穿全篇。

老子讓自己主張的「無為」表現在假託的聖人身上。聖人「無為」是循道而行，「處無為之事，行不言之教，萬物作焉而不辭，生而不有，為而不恃，功成而弗居。」（第二章）老子認為，「為無為，則無不治」（第三章）。

「處無為之事」就要「致虛極，守靜篤」（第十六章），「終日行不離靜重」（第二十六章），要「為無為，事無事，味無味」（第六十三章），以「無為」的態度去做事，甘於寂寞，甘於平淡。「行不言之教」，是因為「希言自然」（第二十三章），因為「多言數窮，不如守中」（第五章）。「處無為之事，行不言之教」，就會「我無為而民自化」（第五十七章）。

老子的「無為」並非是什麼都不做，而是「無為而無不為」（第四十八章），因為「道常無為而無不為」（第三十七章）。《淮南子・修務訓》駁斥了「無為者寂然無聲，漠然不動」的觀點，認為「天子以下，至於庶人，四肢不動，思慮不用，事治求澹者，未之有也」。

「無為而無不為」，體現在「為之於未有，治之於未亂」，「圖難於其易，為大於其細」，而且要「慎終如始」（第六十四章）上。顯然這種「為」是不妄為，不刻意為，而是順應自然去為，恰當的把握時機去為，是「為而不爭」（第八十一章）。正如《淮南子・原道訓》所說：「所謂無為者，不先物為也。」就是說還沒發展到可以做某事之前，不要人為的勉強去做。不該做的不做就是「無為」，該做的還是要做，而且要認真做好，就是「無不為」。

為了達到「無為」的境界，老子主張，「塞其兌，閉其門，終身不勤」（第五十二章），透過自我封閉，從而達到「無知（智）」、「無慾」、「無為」。

老子特別告誡統治者，「治大國若烹小鮮」，強調「治人事天莫若嗇」。「烹小鮮」就是要少麻煩；「嗇」就是「無為」，就是「不做」，就是要遵循客觀規律，不去主觀干預。做到這些就是「早服」。「早服」到「莫知其極」的過程，也即「無

為而無不為」的過程。

老子告訴我們，「無為故無敗，無執故無失」（第二十九章）。然而，「不言之教，無為之益，天下希及之」（第四十三章）。

八、聖人

在《道德經》全篇中「聖人」三十一見。聖人是《道德經》中的理想人物。嚴格的說，考察歷史，還真找不到這個人物，可考據的堯舜等也沒有達到這個程度。《道德經》中的「聖人」，顯然是老子假託的人物，是老子為天下之人——嚴格的說是為統治者樹立的「榜樣」。因為《道德經》中的「聖人」絕不是普通百姓，他是天下的統治者，是循道而行的典範，「道」的精神從「聖人」身上折射出來。但要注意的是，《道德經》中的「聖人」與「道」是兩個概念，不可混為一談。

需要強調的是，從老子一再推崇聖人來看，他肯定不會同意「絕聖棄智」。

九、士

在《道德經》中，「士」出現的次數不多，只有五次。分別在第十五章、第四十一章、第六十八章。

在商周時代，士屬於貴族階層，是享有俸祿的階層，這個階層中地位較高的是卿大夫。《禮記‧王制》說：「制農田百畝。百畝之分，上農夫食九人，其次食八人，其次食七人，其次食六人；下農夫食五人。庶人在官者，其祿以是為差也。諸侯之下士，視上農夫，祿足以代其耕也。中士倍下士，上士倍中士……」有一定門第的人，和透過諸侯卿大夫的推薦、經過各種技藝考核優秀的人，可以獲得「士」的資格。其實早期的士多是世襲，王族出身的人、嫡傳以外的都可以獲得「士」的身分，而且可以嫡傳世襲。即使以各種技藝考核獲得「士」的人，也多是王族的非嫡傳後裔。周王朝的「士」要大於各諸侯國的「士」，相當於大諸侯國的大夫、小諸侯國的上卿。當時「士」是通行證，具有「士」的資格的人才可以擔任大夫。到春秋時，「士」已經成了介於貴族與平民之間的一個階層，戰國時「士」的階層有所擴大，連有一點特殊本領的屠夫或雞鳴狗盜之徒，也列入了「士」，這時的「士」也不用通過嚴

格的考取程序，多數不再享有俸祿，只是靠寄居於權貴門下生存。

實際上，《道德經》就是寫給士的，老子希望士像聖人一樣循道而行。因此，老子在《道德經》中塑造了一個「古之善為士者」的形象。「善為士者」（第十五章、第六十八章）就是「善於循道而行的人」。老子還根據對道的理解，把士劃分成上士、中士和下士。

十、一

「一」在《道德經》中凡十五見，分別在第十、十一、十四、二十二、二十五、三十九、四十二、六十七章。其中第二十二章的「是以聖人抱一為天下式」中的「一」、第三十九章的七個「得一」的「一」、第四十二章的「道生一，一生二」的兩個「一」是適合於一類乃至一個具體事物的道，是道的一個方面乃至一個點；是一條基本原則，是一條基本規律；是相對具體的「道」。

《道德經》中的「吾」與「我」

「吾」分布於十五章，共二十二見：

吾不知誰之子，象帝之先（第四章）：本人

吾所以有大患者，為吾有身；及吾無身，吾有何患（第十三章）：假託之人

萬物並作，吾以觀復（第十六章）：循道之人

吾何以知眾甫之狀哉？以此（第二十一章）：本人

吾不知其名，字之曰道，強為之名曰大（第二十五章）：本人

將欲取天下而為之，吾見其不得已（第二十九章）：本人

化而欲作，吾將鎮之以無名之樸（第三十七章）：循道之人

強梁者不得其死，吾將以為教父（第四十三章）：循道之人

吾是以知無為之有益（第四十四章）：本人

善者吾善之，不善者吾亦善之，德善；信者吾信之，不信者吾亦信之，德信（第四十九章）：循道之人，即老子說的聖人

吾何以知天下然哉（第五十四章）：本人

吾何以知其然哉（第五十七章）：本人

吾不敢為主而為客（第六十九章）：循道之人

輕敵幾喪吾寶（第六十九章）：假託之人，吾寶即我信守的道

吾言甚易知、甚易行（第七十章）：本人，道之理

而為奇者，吾得執而殺之（第七十四章）：「道」的化身

「我」分布於八章，共十八見：

功成事遂，百姓皆謂「我自然」（第十七章）：第一人稱泛指

我獨泊兮、而我獨若遺、我獨昏昏、我獨悶悶、而我獨頑似鄙、我獨異於人（第二十章）：本人，循道之人

人之所教，我亦教之（第四十二章）：本人，循道之人

使我介然有知，行於大道（第五十三章）：本人

我無為而民自化，我好靜而民自正，我無事而民自富，我無慾而民自朴（第五十七章）：假託的統治者，循道之人

天下皆謂我道大，似不肖（第六十七章）：復指道

我有三寶，持而保之（第六十七章）：道

夫唯無知，是以不我知。知我者希，則我者貴（第七十章）：道

第一章

【原文】

　　道可道，非常道①；名可名，非常名②。「無」，名天地之始③；「有」，名萬物之母④。故常「無」，欲以觀其妙⑤；常「有」，欲以觀其徼⑥。此兩者同出而異名⑦。同謂之玄⑧。玄之又玄，眾妙之門⑨。

【通釋】

　　道可以因循，沒有恆久不變的道；名字可以稱呼，沒有恆久不變的名稱。「無」，為天地的初始命名；「有」，為產生的萬物命名。所以恆久的「無」，要來考察事物是怎麼產生；恆久的「有」，要來觀察事物是怎麼存在。（無與有）這兩個事物同出一個源頭，但名字不同，不同的名稱卻出自相同的源頭就叫作深奧。深奧又深奧，是認識萬物的關鍵所在。

【注釋】

① 道可道，非常道：道可以因循，沒有永恆不變的道。第一個「道」是名詞，指客觀事物依循的軌跡，是人對自然規律的經驗認識和總結，是應該取法遵循而不應違背和對抗的客觀存在的規律。第二個「道」用作動詞，沿道而行，因循。非，沒有。常，經常，恆久，經久不變。

② 名可名，非常名：名稱可以稱呼，沒有固定不變的名稱。具體事物總會消失的，它們的名字當然也跟著消失。前一個「名」為名詞，即「事物的名稱」；後一個「名」，用作動詞，命名，稱名，稱呼。

③ 「無」，名天地之始：「無」，為天地的初始命名。名，動詞，為……命名，稱呼。之，助詞，的。始，初始，開始。

④ 「有」，名萬物之母：「有」為產生的萬物命名。母，孕育產生萬物的母體。

⑤ 故常「無」，欲以觀其妙：所以恆久的「無」，要來觀察事物是怎麼產生的。欲，要。以，連接詞，相當於「來」。觀，觀察，考究。其妙，它是怎樣產生的。

37

其，它，代詞，指天地萬物。妙，奧妙，本質。

⑥ 常「有」，欲以觀其徼：恆久的「有」，要來觀察事物是怎麼存在的。徼，音ㄐㄧㄠˋ，邊界，引申為「表面」，指人們能看到的物態。

⑦ 此兩者同出而異名：這兩件事物出自同一個源頭，但名稱不同。兩者，指「無」與「有」。出，出現。異，不同。

⑧ 同謂之玄：出自相同的源頭就稱作深奧。同，作動詞，出自相同源頭。玄，深遠，深奧，指「深刻的道理」。

⑨ 玄之又玄，眾妙之門：深奧又深奧就是萬物的關鍵所在。這是一個判斷句，原文有逗號，釋文將逗號取消。妙，奧妙。門，事物的發源地，事物的關鍵所在。

【意義歸納】

本章以「道」開篇，闡述什麼是「有」、「無」。全章分四個層次。

第一層：「道可道，非常道；名可名，非常名。」闡述道可依循、名可稱呼，但無常道、常名。

第二層：「『無』，名天地之始；『有』，名萬物之母。」闡述什麼是「有」、「無」。

第三層：「故常『無』，欲以觀其妙；常『有』，欲以觀其徼。」分別闡述「有」與「無」的價值意義。

第四層：「此兩者同出而異名，同謂之玄。玄之又玄，眾妙之門。」闡述「有」、「無」同出異名為「玄」，是道體的根源。

【文法分析】

    轉折   並列   轉折   并列

道可道，‖非常道；∣名可名，‖非常名。「無」，名天地之始；∣「有」，

                        並列

名萬物之母。故常「無」，欲以觀其妙；∣常「有」，欲以觀其徼。此兩者同

出而異名。同謂之玄。玄之又玄，眾妙之門。

「道可道，非常道；名可名，非常名」分號間為第一重，並列關係。「道可道」
與「非常道」，「名可名」與「非常名」分別為第二重，轉折關係。

《道德經》第一章的句讀爭議頗多。

對「無名天地之始有名萬物之母」的句讀，我選擇了「『無』，名天地之始；
『有』，名萬物之母」，而非「無名，天地之始；有名，萬物之母」。僅僅根據《道
德經》第三十二章「道常無名」和「始制有名，名亦既有，夫亦將知止」中的「無名」、
「有名」，就草率決定按「無名」、「有名」來句讀，是不對的，因為還有「名亦既有」
這句。而且，本章下文的「此兩者」所指即「有」與「無」，正是以此為根據的。

按「無，名天地之始」句讀，則「無」為主語；「名」用作動詞「為動用法」，
「為……命名」的意思，充當謂語；「天地之始」即「天地的開始」的意思，是偏
正短語充當賓語。此時句子的文法成分分析為：

無，名天地之始

「有，名萬物之母」的句子的文法成分分析為：

有，名萬物之母

對「故常無慾以觀其妙常有欲以觀其徼」的句讀，我選擇了「故常『無』，欲
以觀其妙；常『有』，欲以觀其徼」。不取「故常無慾，以觀其妙；常有欲，以觀
其徼」的句讀。

按「常『無』，欲以觀其妙」句讀，則「常『無』」是主語，「欲以觀」是謂語，
「其妙」是賓語，此時的「以」釋成「來」。此時句子的文法成分分析為：

故常「無」，欲〔以〕觀其妙

「常『有』，欲以觀其徼」的句子的文法成分分析為：

常「有」，欲〔以〕觀其徼

「同謂之玄」是個單句，「同」是主語，「謂」是謂語，「之」與「玄」是雙賓語。

「玄之又玄，眾妙之門」是單句，是典型的判斷句式基本句型之一：
「……，……」釋成今文就是：「……是……」、「玄之又玄，眾妙之門」實際就是「玄
之又玄是眾妙之門」。「玄之又玄」是主語，「眾妙之門」是謂語。

在亂世讀老子
世界殘酷，**道德經**讓你有顆柔軟的心

【考辨】

對「道可道，非常道；名可名，非常名」，我與以往的解釋大為不同。首先，我對第二個「道」，也就是「可道」之「道」的解釋跳出了「說」、「稱道」的框架。先前我也一直用「可以用語言表述」釋「可道」，在反覆揣摩後，我選擇了「可以沿著它前行」這個解釋。

「道」的本義就是「路」。將一個名詞動詞化，一定與本義有關聯。「道」用作動詞就是「取道」。第三十四章「大道泛兮，其可左右」的「道」正是「道路」之義。今天我們使用的「道路」之意，應該是古已有之。「道」的「說」、「稱道」之意，應該是後世出現的，產生於何時，尚需考證。我甚至懷疑，「道」的「說」、「稱道」之意，可能正是對《道德經》這種錯誤解釋沿襲的結果。查與老子同時代的《左傳》之「道」，凡一百七十，只有一處「道」近似於「宣講」、「言說」之意：「耳不聽五聲之和為聾，目不別五色之章為昧，心不則德義之經為頑，口不道忠信之言為囂（一ㄣˊ，愚蠢而頑固）。」且此「道」似與「導」通，是「引導」義的轉移。

以往對「非常」的解釋局限於將「非」釋作「不是」。

「非」這個字有多個義項，使用最多的義項是「不」、「不是」，其實它還有「無」、「沒有」的義項，在先秦文字中，這個義項也經常出現，如：

1. 大子曰：「君非姬氏，居不安，食不飽。我辭，姬必有罪。君老矣，吾又不樂。」《左傳‧僖公四年》（君非姬氏：國君沒有姬氏）

2. 晉郤缺言於趙宣子曰：「日衛不睦，故取其地，今已睦矣，可以歸之。叛而不討，何以示威？服而不柔，何以示懷？非威非懷，何以示德？無德，何以主盟？子為正卿，以主諸侯，而不務德，將若之何？」《左傳‧文公七年》（非威非懷：沒有威信沒有懷柔。注意本句的「無德」）

3. 郤成子曰：「吾聞之，非德，莫如勤，非勤，何以求人？《左傳‧宣公十一年》（非德：沒有德性。非勤：沒有勤懇）

4. 若以不孝令於諸侯，其無乃非德類也乎？《左傳‧成公二年》（非德：無德，缺德）

5. 晉為伯，鄭入陳，非文辭不為功。慎辭也！《左傳‧襄公二十五年》（非

文辭不為功：沒有文采的辭令不會成功）

6. 暴虐淫從，肆行非度，無所還忌……《左傳・昭公二十年》（肆行非度：放任做事沒有限度。請注意本例中也有「無」）

7. 登高而招，臂非加長也，而見者遠。《荀子・勸學》（臂非加長也：手臂並沒有加長）

大概由於「非」作「不」、「不是」解釋的時候較為常見，所以人們出於「定式」，多把「非常道」釋為「不是永恆（不變）的道」，多把「非常名」釋為「不是永恆（不變）的名」，而這種解釋恰恰與老子的思想矛盾。是用「不是」來解釋「非」，還是用「沒有（無）」來解釋「非」，要點是把握「道」可以不可以說或者「道」可以不可以走，「事物」可以不可以命名、稱名。顯然「道」是可以用語言來表述，而且通篇《道德經》說的正是「道」；「道」可以走並可以依循，「事物」可以命名和稱呼。

那麼老子為什麼不用「無常道」、「無常名」來表述呢？因為下文出現了「有」與「無」、「此兩者」一組對應的概念，為了不混淆，就用了「非常道」、「非常名」來表示。而且，「非」與「無」在同一段文字中出現，表示相同的意義並不衝突，上面列舉的例2中的「無德」之「無」與「非威非懷」之「非」，例6中的「非度」之「非」與「無所」中的「無」，意義就是一樣。

「徼」還是解釋為「邊際」，引申為「外表」、「客觀存在」。

本章是《道經》之首，大概編者有意讓它與第三十八章《德經》之首有所呼應，因此與第三十八章一樣，對本章可能也有刻意篡改。所以通釋本章時我感覺比較吃力。重點問題是：一是本章的「名」字費解；二是「玄之又玄」與老子的「吾言甚易知、甚易行，天下莫能知、莫能行；言有宗，事有君。夫唯無知，是以不我知。知我者希，則我者貴，是以聖人被褐懷玉」（第七十章）顯然衝突。

【解讀與點評】

《道德經》的「道」的含義十分豐富，總體來說，它指客觀事物運行所依據的軌跡，是人對自然規律的經驗認知和總結，是應該取法遵循而不應違背和對抗的客

在亂世讀老子

世界殘酷，**道德經**讓你有顆柔軟的心

觀存在的規律，是動態的法則。

「道可道，非常道；名可名，非常名」，第一個「道」、第一個「名」分別是名詞，第二個「道」、第二個「名」分別是動詞。「道可道」通俗一些說就是「道可以當作道」，「名可名」通俗一些說就是「名可以當作名」；分別進一步說就是「道可以取道」、「名可以稱名」，分別再進一步說就是「道可以因循」、「道可以沿著它走」，「名可以確定事物」、「名可以稱呼」。

「非常道」就是「沒有永恆不變的道」，就是說道沒有完全固定的因循模式，要因循道前行，但不能教條、機械的沿著它走。正如古希臘哲學家赫拉克利特說的「人不能過同一條河兩次」的道理一樣，「道」作為「路」雖然可以沿著它前行，但沒有永恆的路，沒有固定不變的因循模式：可以憑藉不同的工具，也可以步行；可以靠近左側一些，也可以偏向右側一點；可以小跑，也可以漫步；甚至可以像為避免寒風似的逆行⋯⋯

再打個比方：太空船也都要依循一定的軌跡，但同樣沒有永遠不變的軌跡，設計得很精確，不等於一成不變。飛機飛行、船隻航行要有航標，那是飛行的參照，避免脫離航線。這裡的「航線」就是「道」，就是飛行或航行依循的大致軌跡，上一點、下一點，左一點、右一點，快一點、慢一點，飛行器或船隻大一點、小一點等，都是被允許的，沒有絕對的——這就是「道可道，非常道」。

為什麼會出現「非常道」的情況呢？客觀事物不是一成不變，「道」是動態的，要根據變化的客觀環境修正自己走上可因循的「道」。比如人們根據動物的習性做陷阱捕獵，動物沒察覺到「陷阱」，就不會修正改變「道」，就會「掉入陷阱」。比如「大道」雖然易行，但如果修路或像王弼所說「有人設置了路障」，不修改路線便依舊難以前行。

「非常名」就是「沒有永久不變的名稱」，就是名可以區別於其他事物。但在事物發展變化的不同階段，名字是變化的。世界上的事物，乃至宇宙空間都是運動的，事物要經過產生到消亡這個過程；法則也在運動中變化，不可能一成不變。產生了事物，就要為其命名；事物消亡了，它的名稱也會逐漸消亡。

那麼，「道」可不可以與今天的現實連繫起來呢？從一定角度來說，用今天的

詞比喻，道大致相當於「方針」，比如國家發展的方針，就是一種既抽象又較為具體的道。「方針」實際上是人為設計出來的「道」，必須順應自然與社會的發展規律，才能讓人遵循，才能走得順，展現出「大象」。可以說為政治國、為人治家，確定一條正確的大道十分重要。判斷大道好與不好，實踐能檢驗它，走在這條道上的人最有體會。當然，道雖然可以設計，但實際運行的軌跡可能需要修正，這樣才能使道更平坦、更光明；道不是裝模作樣的口頭文章，不能南轅北轍，不能劃一條道卻不行其道。違背自然與社會發展規律的「道」沒有前途，大吹大播的只是「假象」，最後必然是「亂象」。

為什麼「名可名，非常名」呢？因為它存在著「有」與「無」的問題。「有」是存在，事物存在，名稱就存在。「無」是不存在，事物還沒出現，或者沒發現，當然無從命名；同時，事物消失，名稱也隨之消失。「『無』，名天地之始；『有』，名萬物之母」中的「有」與「無」正是典型的「非常名」。「無」與「有」、「同出而異名」，這就是「非常名」。「有」與「無」是動態的，變化的，自然就「非常名」了。

怎樣理解「非常道」與「非常名」這二者之間的關係呢？可道之道發展變化，所以可名之名也是發展變化。正因為如此，既然無常道，所以必然會無常名。唯其如此，道可以取道，可以因循，但沒有亙古不變、可以永久因循的道；沒有亙古不變、可以永久稱呼的名稱。

既說它「有」，又說它「無」，在於「似或存」（第四章）。

「常『無』，欲以觀其妙」，就是從恆久的「無」中來探究事物到底是怎樣產生，透過「常『無』」看「有」是怎麼產生。「常『有』，欲以觀其徼」，就是從恆久的存在來看事物，透過「常『有』」來看「有」是怎麼存在。

「此兩者同出而異名」極富辯證思想，「有」與「無」是一對矛盾概念，但它們卻相因相生，是對立的統一體。「同謂之玄」說它們出自同一源頭，這確實很深奧，確實「玄」，「道學」又被稱為「玄學」即源於此。然而，它又是打開萬物寶庫的鑰匙，「玄之又玄，眾妙之門」。「門」，即事物的發端，觀察研究事物的通道。

本章產生成語：「玄之又玄」。

第二章

【原文】

天下皆知美之為美，斯惡已[1]；皆知善之為善，斯不善已[2]。有無相生[3]，難易相成[4]，長短相形[5]，高下相傾[6]，音聲相和[7]，前後相隨[8]。是以聖人處無為之事[9]，行不言之教[10]，萬物作焉而不辭[11]，生而不有[12]，為而不恃[13]，功成而弗居[14]。夫唯弗居[15]，是以不去[16]。

【通釋】

天下都知曉美為什麼是美，那醜惡就消失了；都知曉好是怎樣成為好，那不好就消失了——有與沒有在對立中共存，困難與容易在對立中促成，長與短在對立中比較，高與低在對立中抗衡，音與聲在對立中呼應，前與後在對立中同行。因此聖人做不用刻意努力的事，施行不用言語的教化，萬物在自由生長也不干預，生成的果實也不據為己有，完成了事情也不炫耀，大功告成也不自居。正因為不自居，所以他也沒失去什麼。

【注釋】

① 天下皆知美之為美，斯惡已：天下都知曉美為什麼是美，那惡就消失了。因皆知美，而爭相效仿，故無惡矣。天下，《道德經》中的「天下」就是「天之下」，它是「天子」所有的領地，比現今意義上的「國家」還要大，大於「天子」實際控制的領地。美之為美，美成為美的原因。之，放在「美」與「為美」這個主謂短語之間取消該短語的獨立性。斯，不確指代詞，這，那。已，止，消失。

② 皆知善之為善，斯不善已：都知曉好是怎樣成為好的，那不好就停止了。因知善而爭相效仿，故不善止。善，好，正確的，正面的。

③ 有無相生：有與沒有在對立中共存。相，互相。生，生存。在「有無相生」前，王弼等本均有「故」，而郭店竹簡本、帛書甲乙本、敦煌本、遂州碑文等無

「故」，據刪。

④ 難易相成：困難與容易在對立中促成。成，促成，形成。

⑤ 長短相形：長與短在對立中較量。形，比較。

⑥ 高下相傾：高與低在對立中抗衡。下，低。傾，抗衡。

⑦ 音聲相和：音與聲在對立中呼應。音，形成音樂節奏的聲音。聲，簡單的發音。和，音ㄏㄜˊ，協調，應和，呼應。

⑧ 前後相隨：前與後在對立中伴隨。隨，伴隨，同行。帛書甲乙本在本句後有「恆也」，總括這幾句。

⑨ 是以聖人處無為之事：因此聖人做不用刻意去做的事。是以，因此，所以。處，音ㄔㄨˇ，做。無為之事，順應自然而不刻意做事。

⑩ 行不言之教：施行不用言語的教化。行，施行。不言之教，不使用語言的教化。

⑪ 萬物作焉而不辭：萬物在自由生長也不干預。作，興起。焉，兼詞，於之，於是，在那裡。帛書甲乙本等本無此「焉」字。而，順承連接詞。辭，推辭，拒絕。

⑫ 生而不有：生成的果實也不據為己有。生，作名詞，生成的事物，自然的成果。有，占有。

⑬ 為而不恃：完成了事也不倚仗。為，作名詞，促成的事，勞動的成果。恃，倚仗、依賴。

⑭ 功成而弗居：建立功勞而不占據。弗，不。居，處（ㄔㄨˇ），占據。

⑮ 夫唯：正是因為。

⑯ 是以不去：所以也不會失去。去，失去。

【意義歸納】

本章列舉了相反相成的事例和聖人的處世態度，闡釋了「無為」有益的道理。全章共分兩層。

第一層：「天下皆知美之為美，斯惡已；皆知善之為善，斯不善已——有無相生，難易相成，長短相形，高下相傾，音聲相和，前後相隨。」透過美惡、善不善、

有無等八組事物形態的比較，強調相反相成的道理。

第二層：「是以聖人處無為之事，行不言之教，萬物作焉而不辭，生而不有，為而不恃，功成而弗居。夫唯弗居，是以不去。」列舉聖人的「無為」、不居功，闡釋「無為」有益。

【文法分析】

　　　　　　假設　　　並列　　　　　　假設　　　　（同理）
天下皆知美之為美，‖斯惡已；｜皆知善之為善，‖斯不善已──有無
　　並列　　　　並列　　　　並列　　　　並列　　　　並列
相生，｜難易相成，｜長短相形，｜高下相傾，｜音聲相和，｜前後相隨。

<u>是以聖人處無為之事，行不言之教，萬物作焉而不辭，生而不有，為而不恃，功</u>
　　　　　　　　　　因果
<u>成而弗居。夫唯弗居，｜是以不去。</u>

　　本章第一個句號前的內容以破折號為界分為兩個複句組合。

　　「天下皆知美之為美，斯惡已；皆知善之為善，斯不善已」是一個雙重複句。第一重並列關係，第二重假設關係。為什麼不把「天下皆知美之為美，斯惡已」處理成單句？因為「斯惡已」與「天下皆知美之為美」的主語不同。前者的主語是「天下」，後者的主語不是「天下」。「皆知善之為善，斯不善已」同理。

　　「有無相生，難易相成，長短相形，高下相傾，音聲相和，前後相隨」列舉了六組對立的事物，形成了一個並列關係的複句。下面舉例分析其中的一個單句。

　　「有無相生」是一個主謂短語，「有無」是主語，「相生」是謂語，它的文法成分分析為：

　　<u>有無</u>相生

　　「是以聖人處無為之事，行不言之教，萬物作焉而不辭，生而不有，為而不恃，功成而弗居」是一個複雜單句。「聖人」是主語，「處無為之事，行不言之教，萬物作焉而不辭，生而不有，為而不恃，功成而弗居」是並列關係的複句短語作「聖人」的謂語。「是以」是獨立的關聯詞。

在這裡要強調一下，一個複雜的句子中只有一個主語做出後面所有動作的句子
是單句，如果動作為多個主語做出就是複句。只有一個主語的例如第七章的「聖人」、
第八章的「水」、第二十章的「眾人」和「我」、第二十二章「聖人」、第二十六
章「聖人」、第二十七章「聖人」、第二十九章「夫物」、第三十一章「君子」、
第三十八章的「大丈夫」、第四十二章「萬物」等。而第二十章的「俗人昭昭，我
獨昏昏」是複句，因為它有兩個不能互相支配的主語。

接著分析「是以聖人處無為之事，行不言之教，萬物作焉而不辭，生而不有，
為而不恃，功成而弗居」中的謂語部分「處無為之事，行不言之教，萬物作焉而不
辭，生而不有，為而不恃，功成而弗居」，它是雙重複句短語，因為「處無為之事，
行不言之教」，所以「萬物作焉而不辭，生而不有，為而不恃，功成而弗居」，這
個因果關係為第一重。「處無為之事」與「行不言之教」是並列關係，為第二重；「萬
物作焉而不辭，生而不有，為而不恃，功成而弗居」這幾個短語之間是並列關係，
是另一個第二重。這個複句短語內部關係為：

並列	因果	並列	並列

處無為之事，‖行不言之教，｜萬物作焉而不辭，‖生而不有，‖為而不

並列

恃，‖功成而弗居

【考辨】

對於「天下皆知美之為美，斯惡已；皆知善之為善，斯不善已」的理解，至少
漢代以後的學者，都無一例外的認為兩個「已」都通「矣」，甚至有的版本將第二
個「已」直接改為「矣」。按「已」通「矣」來理解，這兩句就應該解釋為「天下
都知曉美是美，就惡了；都知曉好是好，就不好了」。「就惡了」、「就不好了」
是什麼意思？於是有人就進一步發揮，添加了內容後，將這兩句話解釋成了「天下
都知曉美是美，就是因為有惡的比較；都知曉好是好，就是因為有不好的比較」，
如此解釋好像已經能說通了。

但是，為什麼出現兩個不同的「已」、「矣」？我曾懷疑傳抄過程中的版本問題，
我覺得應該都是「已」，或者都是「矣」。在查長沙馬王堆三號漢墓出土的《老子》

在亂世讀老子

世界殘酷，**道德經**讓你有顆柔軟的心

帛書甲乙兩個版本，我發現都是前句用「已」，後句用「矣」；而比之更早的郭店楚國竹簡《老子》兩個都是「已」。可見第二句的「矣」，出現於漢代，而且更改者把「已」理解為通「矣」。然而為什麼通篇《老子》唯獨在這裡用「已」而不用「矣」呢？

查王弼通行本，「已」出現八次，都可以解釋成「止」。「矣」出現了十次，都沒有用「已」取代。

查長沙馬王堆漢墓出土的《老子》帛書甲本、乙本和郭店竹簡《老子》出現的「已」、「矣」，除了長沙馬王堆漢墓出土的《老子》帛書中「其致之也，謂天毋已清將恐裂，謂地毋寧將恐發，謂神毋以靈將恐歇，謂谷毋已盈將恐竭，謂侯王毋已貴高將恐蹶」的「毋已」一章三處通假「以」之外，其餘都是「止」的意思。

要分析「已」與「矣」的含義及其區別，無疑郭店竹簡《老子》提供了較原始的依據。除了第二章出現的「已」和「果而不得已」被歷代解讀者認為通「矣」之外，其他各處出現的「已」都不存在與「矣」通用的問題，而且各版本在使用「矣」時，都不存在矛盾。我對此做了詳細的考辨。

我一直認為，在同一個版本中既然已經出現了被所謂通用的本字，那這個可能通用的字就要慎重考慮，不可妄說「通假」——理解「天下皆知美之為美，斯惡已；皆知善之為善，斯不善已」這兩句，一定要把「已」字清楚。王弼的通行本中的其他「已」的本義都是「止」，唯獨此句例外，無疑是受漢以後抄本將第二個「已」作為「矣」的影響。

如果都按「已」的本義來解釋「天下皆知美之為美，斯惡已；皆知善之為善，斯不善已」就是：天下都知曉美是怎樣形成（而爭相效仿，）醜惡就沒有了；都知曉好怎麼形成（而爭相效仿），不好就沒有了。

在「有無相生」前，王弼等本均有「故」，郭店竹簡本、帛書甲乙本、敦煌本、遂州碑文等無「故」，且「故」表因果關係，其實後面的內容與前文不是因果關係。實際上，我用一個破折號取代了此「故」。破折號會說話，本章破折號的作用，相當於「同樣的道理」。

「高下相傾」句中的「傾」在帛書本中作「呈」，郭店竹簡中作「涅」，有教

授就認為這兩個字通「盈」，我不贊同。後文陸續出現的「盈」字又該怎麼解釋——「道沖，而用之或不盈」（第四章），「持而盈之，不如其已」（第九章），「保此道者不欲盈」（第十五章）？

「萬物作焉而不辭」這一句，有的版本寫為「萬物作而不為始」，這解釋不通。這段話是說「聖人循道而行」，不是說「道如何」。

本章開始出現了「聖人」。縱觀《道德經》全篇，「聖人」出現三十一次，聖人是《道德經》中的理想人物。嚴格的說，考察歷史，還真找不到這個人物，可考據的堯舜等也沒有達到這個程度。不錯，老子所處的時代中有許多人都稱道堯舜，子曰：「無為而治者，其舜也與！夫何為哉？恭己正南面而已矣。」「恭己正南面」就是「使自己莊重地面朝南坐著」，這種坐仍是在顯示自己的存在。而且，有一個典型的傳說，說明舜並沒有「無為」：舜「行視鯀之治水無狀，乃殛鯀於羽山以死」。堯舜都是有為的上古帝王。顯然《道德經》中的「聖人」是老子假託的人物——是主張「不尚賢」的老子為我們樹立的樣板。聖人做不用刻意努力的事，施行不用言語的教化；因而萬物在自由生長而不干預，生成的果實也不據為己有，完成了事情不倚仗，建立功勞不自居。看得出來，正因為他是聖人，而且只有聖人，才能做到這樣。

上面在談「萬物作焉而不辭」這個問題時，我強調此句是說「聖人」如何，而不是說「道」如何，這在《道德經》研究中是個常出現的概念混淆的問題。所以有必要在這裡談談「聖人」與「道」的關係。「聖人」不是「道」，全篇三十一見的「聖人」是老子假託的人物，他是循道而行的典範，「道」的精神從「聖人」身上折射出來，因此，「道常無為而無不為」（第三十七章），聖人也「無為而無不為」（另見第四十八章）。

【解讀與點評】

「天下皆知美之為美，斯惡已；皆知善之為善，斯不善已」強調的正是事物對立統一的觀點。用有無、難易、長短、高下、音聲、前後六組對立比較而形成的事理，強調一個道理，事物是對立的統一體，有「有」就會有「無」，有「難」就會有「易」，

有「長」才比較出了「短」，有「高」才比較出了「低」，有「音」才比較出了「聲」，有「前」才比較出了「後」，反之亦然。同理，有「美」才比較出了「惡」，有「善」才比較出了「不善」。本章所談的美與善，應該是公認、質樸、天然、抽象的美與善。

本章第一次出現了「無為」。「無為」是老子的思想核心。「無為」並不是什麼都不做，而是不妄為，不刻意為；是要順應自然去為，要恰當的把握時機去為。《淮南子‧原道訓》：「所謂無為者，不先物為也。」就是說還沒發展到可以做某事之前，不要人為的勉強去做。《淮南子‧修務訓》駁斥了「無為者，寂然無聲，漠然不動」的觀點，認為「天子以下，至於庶人，四肢不動，思慮不用，事治求澹者，未之有也」。老子讓自己主張的「無為」表現在假託的聖人身上。聖人「無為」是循道而行。

「天下皆知美之為美，斯惡已；皆知善之為善，斯不善已」只是《道德經》希望達成的目標，而實際上，正如《道德經》中提出的許多其他觀點同樣沒有被共同認可一樣，不能做到「天下皆知」，所以「其惡」、「其不善」未已。雖未已，但聖人任憑「萬物作焉而不辭」，並認為「人之不善，何棄之有」（第六十二章）而坐視其自生自滅。

本章產生成語：「有無相生」、「不言之教」、「功成不居」。「功成弗居」亦由《道德經》衍生。「不言之教」另見第四十三章。

第三章

【原文】

不尚賢，使民不爭①；不貴難得之貨，使民不為盜②；不見可欲③，使民心不亂④。是以聖人之治⑤，虛其心，實其腹⑥；弱其志，強其骨⑦──常使民無知無慾⑧，使夫知者不敢為也⑨。為無為，則無不治⑩。

【通釋】

不推崇賢能，使百姓不追逐效仿；不看重難以得到的財物，使百姓不做盜賊；不讓可以引起慾望的事物出現，使百姓思想不混亂。所以聖人治理國家，讓百姓的

思想單純，讓百姓吃飽；讓百姓的志向弱小，讓百姓的體質強健——始終讓百姓保持沒有心智沒有慾望的狀態，使那有智謀的人不敢妄作。做不用刻意努力的事，就沒有不安定的情況。

【注釋】

① 不尚賢，使民不爭：不推崇賢能，使百姓不追逐效仿。尚賢，尊崇賢人。尚，崇尚。民，普通百姓。爭，爭相效仿。

② 不貴難得之貨，使民不為盜：不看重難以得到的物品，使百姓不做盜賊。貴，看重；也可以處理成意動用法，以……為貴。為盜，當盜賊。為，當，做。

③ 不見可欲：不讓可以引起慾望的事物出現，不顯露那些可以引起慾望的事物。見，音ㄒㄧㄢˋ，同「現」，使……出現，顯露。可欲，能引起慾望的事物。

④ 使民心不亂：使百姓思想不混亂。心，名詞，思想。亂，混亂。

⑤ 是以聖人之治：因此聖人治理國家。之，助詞，放在主謂短語「聖人」與「治」之間，取消該短語的獨立性。治，治國。

⑥ 虛其心，實其腹：讓百姓的思想單純，讓百姓吃飽。虛，空明，澄澈，使……虛空而無雜念。其，代詞，指百姓。實，使……充實。

⑦ 弱其志，強其骨：讓百姓的志向弱小，讓百姓的體質強健。弱，使……弱小。志，心志，志向。強，使……強健。骨，骨骼，借指身體。

⑧ 常使民無知無慾：恆久讓百姓保持沒有心智、沒有慾望。無知無慾，即不產生非分之想。知，同「智」，心智。欲，慾望。

⑨ 使夫知者不敢為也：使那有智謀的人不敢任意做事。夫，音ㄈㄨˊ，那。知，王弼本此處為「智」，據帛書甲乙本改回。不敢為，不敢任意做事。為，音ㄨㄟˊ，任意做事，妄作。

⑩ 為無為，則無不治：實行無為的策略，就沒有不安定的情況。為無為，實行無為的策略。為，音ㄨㄟˊ，第一個「為」是動詞，做。無為，不去刻意做事。則，就。無不治，沒有不安定的。第二個「無」，沒有。治，安定，太平，與「亂」相對。

在亂世讀老子

世界殘酷，**道德經**讓你有顆柔軟的心

【意義歸納】

本章提出了「愚民」的統治之策。全章共分為三層。

第一層：「不尚賢，使民不爭；不貴難得之貨，使民不為盜；不見可欲，使民心不亂。」提出「三不三使」策略，談為什麼要「愚民」。

第二層：「是以聖人之治，虛其心，實其腹；弱其志，強其骨——常使民無知無慾，使夫知者不敢為也。」列舉聖人的「愚民」之法，談怎樣「愚民」。

第三層：「為無為，則無不治。」得出「愚民」大治的結論。

【文法分析】

並列　　　　　　　　　　　並列

不尚賢，　使民不爭；｜不貴難得之貨，使民不為盜；｜不見可欲，使民

（目的是）

心不亂。是以聖人之治，虛其心，實其腹；弱其志，強其骨——常使民無知無

條件

慾，使夫知者不敢為也。為無為，｜則無不治。

「不尚賢，使民不爭」是單句，動賓短語「不尚賢」是主語，謂語部分中的「使」是謂語，「民」是兼語（既是「使」的賓語，又是「不爭」的主語），「不爭」是「民」的謂語。本句的文法成分分析為：

不尚賢，使民〔不〕爭

「不貴難得之貨，使民不為盜」這個單句的主語也是動賓短語，其中「貴」帶的賓語「難得之貨」是偏正短語。實際上，「貴」是形容詞用作動詞，是「意動用法」，即「以……為貴」的意思，當然也可以解釋成「看重」。這個單句的謂語「使民不為盜」仍然是兼語短語，「使」是謂語，「民」是兼語，「為」是「民」的謂語，「盜」是「為」的賓語。本句的文法成分分析為：

不貴難得之貨，使民〔不〕為盜

展開的「不貴難得之貨」的文法成分分析為：

〔不〕貴（難得）之貨

「不見可欲，使民心不亂」這個單句的主語「不見可欲」仍然是動賓短語，在

這個動賓短語中，「見」的賓語是「可欲」。這個單句的謂語「使民心不亂」仍然是兼語短語。「使」的賓語「民」又是主語，「心不亂」是「民」的謂語部分。本句的文法成分分析為：

　　不見可欲，使民心不亂

「心不亂」又是主謂短語，「心」是主語，「不亂」是謂語。它的文法成分分析為：

　　心不亂

　　在這些短語中，「民如何」這樣的句式可不可以直接看作主謂短語作賓語，而不把「民」看作兼語？筆者以為「使」支配的是「民」，「民如何」是「民」的主觀感受，「使」支配不了。而「常使民無知無慾」就不一樣了，「民無知無慾」是主謂短語作賓語，這個謂語是「使」的目的所在。

　　「是以聖人之治，虛其心，實其腹；弱其志，強其骨，常使民無知無慾，使夫知者不敢為也」是個複雜單句。「聖人之治」這個主謂短語作單句的主語（「之」，放在「聖人」與「治」這個主謂短語之間，取消該短語的獨立性），「虛其心，實其腹；弱其志，強其骨——常使民無知無慾，使夫知者不敢為也」這個複雜成分作謂語。本句中的破折號是句中破折號，破折號前後為一個成分。

　　這個複雜成分以破折號為界，「虛其心，實其腹；弱其志，強其骨」說的是「手段」，它是雙重複句短語。這個複句短語內部的關係為：

　　　　　　並列　　　　並列　　　　並列
　　虛其心，‖實其腹；｜弱其志，‖強其骨

「常使民無知無慾，使夫知者不敢為也」是兩個「目的」，它們也是並列關係：

　　　　　　並列
　　常使民無知無慾，｜使夫知者不敢為也

本章的破折號連接「手段」和「目的」，它的意思是「目的是」。

　　對「為無為，則無不治」，我是按「條件關係」的複句處理，把它處理為「假設關係」亦然。「假設關係」在邏輯上也是一種「條件關係」。但如果把它處理為因果關係就不合理了，因為畢竟它是一種未實踐的推論。按這裡的觀點看，「為無

為，則無不治」應該是「充要」關係的條件複句，就是「只有為無為，才會無不治；而且只要為無為，就會無不治」。

【考辨】

是「不ㄐㄧㄢˋ可欲」，還是不ㄒㄧㄢˋ可欲，這就要涉及確定動作是由誰發出的問題，還涉及確定動作結果的問題。要「使民心不亂」，就不要讓民見（ㄐㄧㄢˋ）到能引起慾望的事物，而不讓民見（ㄐㄧㄢˋ）到能引起慾望的事物的前提條件，是不讓能引起慾望的事物出現（ㄒㄧㄢˋ）。「不使出現」這是主語《道德經》希望統治者發出的動作。其實，可欲的事物出現與否，不是統治者能完全決定。但從主觀上講，《道德經》告誡統治者在力所能及的情況下，不讓可以引起人們慾望的事物出現還是有可能的。而且《道德經》希望統治者「不以知（智）治國」（第六十五章），提出「為之於未有，治之於未亂」（第六十四章）的主張與此「不見」是一致的。這裡強調的是，「三不」都是《道德經》希望統治者發出的動作，三個「使……不……」是目的。「三不」顯然是主觀干預，這種干預仍然是「為」。尤其是提出「不尚賢」的老子還向我們推崇了「聖人」這個榜樣，當然這個榜樣是為統治者樹立。類似這樣的矛盾，在《道德經》中屢屢出現。

本章之所以沒有主語，其實是被省略了，可以做出這一系列決斷的只有統治者。在《道德經》看來，能發出「三不」動作的人應該是優秀的統治者，即本章一再推崇的「聖人」。「三不」的目的是「三使民」。

有人用「貪心」來解釋「不見可欲」中的「可欲」。其實，「可欲」是能引起人慾望的事物，而可以引起人慾望的並不局限於財物。

王弼本的「常使民無知無慾」中為「知」，「使夫知者不敢為也」中為「智」。由此看來，「無知無慾」當是「沒有心智沒有慾望」的意思，「知」做「知識」解是後代出現的。查帛書甲乙本，兩個字都是「知」，而在本文中兩個字原本為一個字，意思一樣。

關於本章的「為無為，則無不治」。帛書《老子》乙本為「使夫知不敢弗為而已，則無不治矣」，王弼通行本才出現「為無為」。在研討這個內容時，我就對在「常

使民無知無慾，使夫知者不敢為也」之後出現的「為無為，則無不治」的解讀產生了疑問。「為無為」被後世總結為老子的一個重要思想，即「無為而治」，這些內容實際已為後來的統治者奉作「愚民」的信條。但對這裡的「為無為，則無不治」，我極疑心其指的是「有為的智者不為，就沒有不能治理的了」。帛書《老子》加強了我的這個想法。

我曾看到有人將「弱其志，強其骨」中的「弱」與後面老子提到「柔」連繫理解。我也希望這樣理解，因為這樣解釋老子的這個策略就不是愚民之策了，然而我無法說服自己，「弱」為何不直接用「柔」，「強」為何不直接用「剛」？三十六章有「柔弱勝剛強」的話又該怎麼理解？「道」之「柔」可以，使百姓「柔」卻解釋不通。

對「為無為，則無不治」，如果考慮與「使夫知者不敢為也」這句連繫起來解釋，可以釋為「有作為的人不敢為，就沒有不安定的了」。此種解釋「為無為」，就是「有作為的人不敢為」。「為」仍讀ㄨㄟˊ，此時，第一個「為」是動詞用如名詞，想有作為的人。無為，不敢去做。或者說，「為無為」本身就存在兩個含義，首先是統治者不做需要刻意努力去做的事，進而達到有為者「不敢為」。

【解讀與點評】

「愚民」的思想源自老子——當然，身處統治階層又並非統治者的老子，從國家穩定、天下太平的樸素願望出發，提出了「愚民」的治國策略，也就是說，老子的愚民策略不是建立在欺壓人民的基礎上，而是為了順應自然，使人民生活更安定。這種策略，恰恰又符合他推崇的「道」。

怎樣「愚民」？老子為統治者論述：一是不推崇有才德的人，不推崇讓人羨慕、比一般人強的榜樣（人或事物），使百姓平平淡淡，沒有追逐效仿，乃至比較；二是不珍愛難得的財物，使百姓心無旁騖，沒有貴重的概念，不會產生什麼東西非常好自己也想要得到的想法，就不會去偷竊，當然就沒有盜賊；三是不讓那些容易讓人產生非分之想的事物出現，使百姓沒有慾望，心不被迷亂。這三點歸結起來，就是讓百姓保持心無雜念。老子舉聖人治國「虛其心，實其腹；弱其志，強其骨」的例子，不過是為前面的三點策略張目。「常使民無知無慾，使夫知者不敢為也」是

這個策略的目的，最終目的就是「天下太平」。在這裡，老子一方面提出「不尚賢」方針，一方面又極力推崇聖人。

說起來，「常使民無知無慾，使夫知者不敢為也」也是一種「為」，也是「教化」，只是「不言之教」罷了。「常使民無知無慾」就是「一直讓百姓沒有思想，沒有慾望」，這當然便於統領，當然會天下太平。

老子基於當時華夏僅有的範圍提出了三點策略，他沒有料到、也不可能料到人類社會的發展變革，即使在華夏範圍，後代的發展也超出了他的想像。「常使民無知無慾」不可能的，偌大的世界，人類的智慧不可能停留在原始水準上。無智無慾，就會落後；而天下又不可能都保持無智無慾，別人有心智又有慾望，所以誰落後誰就處於劣勢，處於劣勢就會被弱肉強食。愚昧落後不是「處下」，不是「守柔」。

《道德經》主張「無為而治」，這裡的「無為」是透過「愚民」的方式，使智者「不敢弗為」（帛書本第三章）的「無為」。智者「不敢弗為」，統治者當然想怎麼做就怎麼做，所以「無不治」。

「使夫知者不敢為也」即「不以知（智）治國」（第六十五章）的另一版本。「不以知（智）治國」是統治者自己要做到的，「使夫知（智）者不敢為也」是統治者使民、使人不為。「智者」為什麼不敢為呢？身旁全是「弱智」者，沒有他「為」的市場；智者之為必「奇」，「而為奇者，吾將得而殺之」（第七十四章），這一手很厲害。

由本章衍生出成語：「無為而成」、「無為自成」、「無為之治」。

第四章

【原文】

道沖，而用之或不盈①。淵兮，似萬物之宗②；湛兮，似或存③。吾不知誰之子④，象帝之先⑤。

【通釋】

道空蕩蕩，所以要把握它可能不圓滿。它真深邃啊，像萬物的主宰；它真精妙呀，

好像可能本來就有。我不知曉它是誰的兒子，好像是天帝的先祖。

【注釋】

① 道沖，而用之或不盈：道無形，如果把握它可能不圓滿。沖，虛，空。而，如果。用，使用，把握。或，有的，可能。盈，滿，圓滿。

② 淵兮，似萬物之宗：深邃，像萬物的主宰。淵，深邃。兮，助詞，……的，啊。之，助詞，的。宗，主宰。

③ 湛兮，似或存：精妙的，似可能本來就有。王弼本在此之前還有「挫其銳，解其紛；和其光，同其塵」，這些內容已見第五十六章，屬於重出，且與本章內容不協調，據刪。湛，精妙。似，隱約有，像有。存，存在，本來就有。

④ 吾不知誰之子：我不知曉它是誰的兒子。「知」後省「其為」。

⑤ 象帝之先：好像是天帝的祖先。象，同「像」。帝，整個宇宙的主宰者。先，名詞，猶言「先祖」。

【意義歸納】

本章以感嘆的語調盛讚道為萬物之宗，象帝之先。

【文法分析】

```
        因果                           並列
   道沖，│而用之或不盈。淵兮，似萬物之宗：│湛兮，似或存。吾不知
      承接
誰之子，│象帝之先。
```

因為「道沖」所以「而用之或不盈」，這是個因果關係的複句。「而用之或不盈」本身是假設關係的緊縮複句短語。「而」這個連接詞表示假設，釋成「如果」。

「淵兮，似萬物之宗」與「湛兮，似或存」是並列關係。

「淵兮，似萬物之宗」這個單句沒有主語，實際上主語是承前省略的「道」，「淵兮」是狀詞，「似」可以看作謂語，「萬物之宗」是偏正短語作賓語。這個單句的文法成分分析為：

〔淵兮〕，似萬物之宗

「湛兮，似或存」的文法成分為：

〔湛兮〕，似或存

有的文法體系將「承接」複句劃入「並列」複句，實際上「承接」關係是有別於「並列」關係的。

在「吾不知誰之子」這個單句中，主語是「吾」，謂語是「知」，「知」的賓語應該是一個主謂短語「其為誰之子」，這裡省略了「其為」。這個單句的文法成分分析為：

吾不知誰之子

這個單句的賓語補足後是主謂短語，它的文法成分分析為：

其為誰之子

【考辨】

在這裡要強調一下對「似或存」解釋的朗讀，其中有一個不加句讀的停頓要把握好。「似有／可能本來就有」或者「好像有／可能本來就有」。

王弼本《道德經》在「似萬物之宗」後、「湛兮」前還有「挫其銳，解其紛；和其光，同其塵」。這些內容已見於第五十六章，屬於重出；如果放在本章，就割裂了「淵兮，似萬物之宗」與「湛兮，似或存」，而且這些內容與本章內容不協調，似乎是早期的解讀者點評植入，也有可能分章者就是這樣理解「淵兮，似萬物之宗」或「湛兮，似或存」。

【解讀與點評】

本章談到了道的三個特點：一是「沖」，二是「淵」，三是「湛」。

正如第一章點評所說，《道德經》的「道」是一個十分抽象又十分豐富的概念，它指客觀事物運行所依據的軌跡，是人對自然規律的經驗認識和總結，是應該取法遵循，而不應違背、對抗的客觀存在的動態法則。

「沖」正是道之象：視之不見，聽之不聞，品之無味，搏之不得，若隱若現，虛無縹緲，所以不容易圓滿把握，所以「用之或不盈」。

淵，深也。道是應該取法遵循，不可違背、對抗的客觀規律，它博大、深遠、

無所不包，它似乎主宰著萬物的命運，天下萬物都涉及道，依存道，所以其深邃難測，像萬物的本源，所以「似萬物之宗」。「似萬物之宗」，是「似」而非「是」，「似」是比喻的表達，並非完全肯定。

湛，精也。道似有若無，雖然看不到、聽不見、品無味、摸不到，但又似乎空明澄澈、清晰可見，像真切的存在。這個比喻表達了道的客觀存在，越是這樣就越顯現出它的精妙。

老子也不能肯定「道」與「帝」誰先有誰後有，是「道」決定「帝」，還是「帝」操縱「道」，「道」是不是「帝」，「道」的地位究竟高到什麼程度，這是個難以說清的問題。

第五章

【原文】

天地不仁①，以萬物為芻狗②；聖人不仁，以百姓為芻狗。天地之間，其猶橐籥乎③？虛而不屈④，動而愈出⑤，多言數窮⑥，不如守中⑦。

【通釋】

天地不偏愛，把萬物當作草泥製作的偶像來頂禮膜拜；聖人不偏愛，把百姓當作草泥製作的偶像來頂禮膜拜。天地之間，大概就像個大風箱吧？虛無縹緲卻綿延不絕，越推動風就越大。說得多行不通的就多，不如恪守中正的原則。

【注釋】

① 天地不仁：天地不偏愛。仁，會意字，二人相聚有親近的要求。《說文》：仁，親也。《禮記·經解》：上下相親謂之仁。本指對人親善、親近，這裡是「偏愛」的意思。

② 以萬物為芻狗：把萬物當作頂禮膜拜的草狗。以，介詞，把。為，音ㄨㄟˊ，動詞，當作。芻狗，古代祭祀時使用的用草紮成的狗。芻，音ㄔㄨˊ。吳澄《道德真經注》：「芻狗，縛草為狗之形，禱雨所用也。既禱則棄之，無復

有顧惜之意。天地無心於愛物，而任其自生自成；聖人無心於愛民，而任其自作自息。故以芻狗為喻。」

③ 其猶橐籥乎：大概就像個大風箱吧。其，表示揣測的語氣，相當於「大概」。橐籥，音ㄊㄨㄛˊㄩㄝˋ，風箱。

④ 虛而不屈：空虛卻不會枯竭。虛，空曠。而，轉折連接詞，這裡相當於「卻」。屈，音ㄐㄩㄝˊ，盡，竭。

⑤ 動而愈出：越推動風量越大。動，拉動，推動。而，連接詞，連接狀詞和中心詞，這裡相當於「就」。愈，越……越……，更加。出，產生。

⑥ 多言數窮：說得越多行不通的就越多，說得多卻屢屢行不通。數，音ㄕㄨㄛˋ，屢，多次。窮，困窘，困厄，行不通。

⑦ 不如守中：不如遵守中正的原則。守，遵守，堅守，恪守。中，中正，適中的原則。

【意義歸納】

本章講的是無為、守中的道理。全章共分為兩層。

第一層：「天地不仁，以萬物為芻狗；聖人不仁，以百姓為芻狗。」講天地聖人無為，任憑萬物百姓自然生長。

第二層：「天地之間，其猶橐籥乎？虛而不屈，動而愈出。」以「橐籥」作喻，告訴人們「動而愈出」的道理，進而得出「守中」的結論。

【文法分析】

```
        因果           並列        因果
天地不仁，‖以萬物為芻狗；|聖人不仁，‖以百姓為芻狗。天地之間，
          並列        因果        因果
其猶橐籥乎？虛而不屈，‖動而愈出；|多言數窮，‖不如守中。
```

「天地不仁，以萬物為芻狗」與「聖人不仁，以百姓為芻狗」這兩個單句並列構成了這個複句組合的第一重；兩個單句分別以比喻的形式闡述「無為」的道理。因為「天地不仁」，所以它「以萬物為芻狗」；因為「聖人不仁」，所以他「以百

姓為芻狗」，分別為因果關係，是第二重。

「天地之間，其猶橐籥乎」與「虛而不屈，動而愈出；多言數窮，不如守中」其實也存在因果關係。因為「天地之間，其猶橐籥」，所以「虛而不屈，動而愈出；多言數窮，不如守中」。

「天地之間，其猶橐籥乎」這個單句的主語是由「天地之間」與「其」這個復指短語充當，「猶」是謂語，「橐籥」是賓語。

「虛而不屈，動而愈出；多言數窮，不如守中」這個複句的第一重為因果關係，因為「虛而不屈，動而愈出」，所以「多言數窮，不如守中」。第二重有兩個，「虛而不屈」與「動而愈出」是並列關係；「多言數窮」與「不如守中」是因果關係，因為「多言數窮」，所以「不如守中」。

【考辨】

有學者認為「天地不仁，以萬物為芻狗；聖人不仁，以百姓為芻狗」乃老子抨擊儒家之仁。實際上，此「不仁」不存在抨擊儒家的問題，因為老子之時，儒家尚未成形。且「天地」乃自然，非人之所為。我們在解讀《道德經》的過程中，千萬不要拿它與儒家思想比較。

【解讀與點評】

《莊子·天運篇》介紹了芻狗。芻狗只是人們祭神時製作的憑藉物，對它沒有愛憎，使用時對它頂禮膜拜，不需要時就任憑它自生自成，由於客觀條件的變化而受到尊重或遭到拋棄。天地養育萬物，但它卻「不仁」，這實際就是「天道無親」（第七十九章）；聖人境界高深，他也「不仁」。天地聖人在「無為」，即「不刻意而為」。

「天地之間，其猶橐龠乎」這個比喻意在闡述這樣的道理：天地就像個大風箱，推動頻率越高，產生的風就越多；推動的力度越大，產生的風就越大。

再分析一下「虛而不屈，動而愈出，多言數窮，不如守中」這句話的邏輯關係。「風箱」中間是空的，「動」而成風，越動越有風；風多成災，多言因做不到而屢屢困窘；而且多言與「無為」也矛盾。窮，困窘之狀也。天地這個大風箱，「虛而不屈」，沒必要「動而愈出」。「多言數窮」有兩種情況：一是說得多、辦不到必

受窘；二是言多必失，會招致災禍。所謂「守中」即動而不頻，言而不多。「多言數窮，不如守中」實際是本章要表達的最後意思。本章意在勸誡人們順應自然而「無為」。天地聖人是正面的榜樣，他們不多為；「多言數窮」，多言、多做是為自己找麻煩，這是反面的道理；結論是「不如守中」。守中就是堅守適中適度的原則；「守中」就是不該做的堅決不做，必須做的才做；該做的不做也不是「守中」。「守中」就是守道。《道德經》中的「守中」與儒家的「中庸」思想如出一轍，都強調做事要把握好度。當然，「中庸」思想源於《尚書》，這是明智的古人推崇思想的方法。

　　本章產生成語：「多言數窮」。

第六章

【原文】

　　谷神不死，是謂玄牝①。玄牝之門，是謂天地根②——綿綿若存，用之不勤③。

【通釋】

　　谷神不會消亡，它就是萬物的孕育者。這個產生萬物的源頭，就是天地的根——它連綿不絕的存在，怎麼用都用不完。

【注釋】

① 谷神不死，是謂玄牝：谷神不會消亡，它就是（產物萬物的）最深最大的母體。谷神，客觀存在的空間之神。谷，即山谷之谷，本指兩山間的低地，引申為空虛，即空間。神，這裡指事物的養育者和命運的主宰者。是，代詞，此，這，代指不死的谷神。謂，叫作。玄牝，產生萬物事物的母體。玄，深遠巨大，最深大。牝，音ㄆㄧㄣˋ，雌性的鳥獸，這裡泛指母體。

② 玄牝之門，是謂天地根：產生一切事物的母體的器官就叫作天地的根源。門，這裡指母性的生殖器官。根，根基，根源。

③ 綿綿若存，用之不勤：它連綿不絕的存在，怎麼用都用不完。綿綿，連綿不

斷的樣子。若存，好像存在。勤，盡。於省吾《老子新證》說，「勤」應讀
作「覲（ㄐㄧㄣˋ）」，古代銅器銘文中，「勤」、「覲」都寫作「堇」，
「堇」通「盡」。

【意義歸納】

本章讚揚道之谷神養育萬物。

【文法分析】

　　　　　　　　承接　　　　　　　（特點是）　　　因果
　　穀神不死，是謂玄牝；｜玄牝之門，是謂天地根——綿綿若存，｜用之不勤。

下面對「谷神不死，是謂玄牝；玄牝之門，是謂天地根」這個複句的兩個分句
進行文法分析，因為這兩個分句都有復指成分。

在「谷神不死，是謂玄牝」這個單句中，「是」這個代詞是復指主謂短語「谷
神不死」，它們共同作主語，「謂」是動詞作謂語，「玄牝」是名詞短語作賓語。
這個句子的文法成分分析為：

谷神不死，是謂玄牝

在「玄牝之門，是謂天地根」這個單句中，「是」這個代詞復指偏正短語「玄
牝之門」，與之共同作主語，「謂」是謂語，「天地根」這個偏正關係的名詞短語
作賓語。這個句子的文法成分分析為：

玄牝之門，是謂天地根

破折號的作用相當於「特點是」，此破折號用於兩個複句之間。

「綿綿若存，用之不勤」是一個獨立的因果關係複句。其中「綿綿若存」省略
的主語是「谷神」，「用之不勤」可補出的主語是不確指的「人」或「物」。

【解讀與點評】

「谷」是地勢低窪、包容養育萬物的空間，「神」是事物的養育者和事物命運
的主宰者。「谷神」亦指道，「谷神」乃「道之谷神」。因為「道沖」，此「沖」
正是空間；因為道「淵兮」，此「淵」正表明道之深邃；谷神乃道之精神，任憑萬

63

物生長。「玄牝」是最深最大的母體，「玄牝之門」就是第一章的「眾妙之門」。天地根，實則是天地產生萬物的源頭，根基。「牝」是雌性，「玄牝之門」就是指雌性生殖器。「門」是古人在表述宇宙起源時用得最廣泛最形象的比喻。老子以母性的力量形象的比喻宇宙「綿綿若存」的生生不息的現象。

第七章

【原文】

天長地久。天地所以能長且久者，以其不自生[1]，故能長生。是以聖人後其身而身先[2]，外其身而身存[3]。以其無私[4]，故能成其私[5]。

【通釋】

天長地久。天地能夠長久存在的原因，是它們不是為了自己而存在，所以能長久存在。因此聖人讓自身處在後面，反而使自身處在了前面，讓自身處在事物之外，反而能夠使自身得以保全。正是因為他沒有私慾，所以能促成他與眾不同的利益。

【注釋】

① 天地所以能長且久者，以其不自生：天地能夠長久存在的原因，是它不是為了自己而存在。這是一個解說性的判斷句。所以……者，……的原因。以，因為。自生，為了自己而存在。生，為動用法，為……而生存。

② 是以聖人後其身而身先：因此聖人讓自身處在後面，反而使自身處在前面。後其身，使自身處在後面。後，使……處後。其，自己的。而，連接詞，反而。先，使……領先，使……處在前面。

③ 外其身而身存：讓自身處在事物之外，反而能夠使自身保全。外其身，使自身處在事物的外面。外，使……處在事外。存，使……保全。

④ 以其無私：正是因為他沒有私慾。王弼本此句為反問句「非以其無私邪」，河上公本、景龍碑、龍興觀碑文均無「非」、「邪」二字，其實，去掉「非」、「邪」二字更順暢。以，因為。私，私慾。

⑤ 故能成其私：所以促成了他與眾不同的利益。能，得以。成，成就。私。私利，
私自的利益。

【意義歸納】

本章讚揚了天地聖人的「無私」精神。全章共分為兩層。

第一層：「天長地久。天地所以能長且久者，以其不自生，故能長生。」解釋
了天長地久源於不自生的特質。

第二層：「是以聖人後其身而身先，外其身而身存。以其無私，故能成其私。」
闡釋了聖人不自私而能成其私的道理。

【文法分析】

因果

天長地久。天地所以能長且久者，以其不自生，｜故能長生。是以<u>聖人後</u>

因果

<u>其身而身先，外其身而身存</u>。以其無私，｜故能成其私。

「天長地久」是個並列短語的獨詞句。

「天地所以能長且久者，以其不自生」與「故能長生」是因果關係的複句，「故」
是關聯詞。其實，單用「天地所以能長且久者，以其不自生」已經把該表達的意思
表達了，去掉「故能長生」，意思並沒有發生變化。也就是說，這個句子本來可以
以「天地以其不自生，故能長生」，或者以「天地所以能長且久者，以其不自生」
形式出現就可以了。在《道德經》中，這種表達形式多有出現。

「天地所以能長且久者，以其不自生」是個單句。「……者，……」是個解釋
性的判斷句。在這樣的判斷句中，前後共同表述一個「因果」關係，解釋後就成為
「……的原因是……」的格式。

「是以聖人後其身而身先，外其身而身存」是個單句，「聖人」是這個單句的
主語，「後其身而身先，外其身而身存」並列關係複句短語做聖人的謂語。

「後其身而身先，外其身而身存」這個複句短語的複句關係為：

並列

後其身而身先，｜外其身而身存

【考辨】

「以其無私，故能成其私」這句話，王弼本為「非以其無私邪！故能成其私」，看起來是反問兼設問的句子，增強了語氣，「非以其無私邪」這個否定的反問，表達了「以其無私」這個肯定的意思，但畫蛇添足，把本來具有因果關係的句子割裂了；且河上公本、景龍碑、龍興觀碑文均無「非」、「邪」二字，據改。

【解讀與點評】

老子在這裡表明了他的處世觀，要保持長久，就要像天地那樣「不自生」，不為自己謀取利益反而能獲得利益。後其身，就是把自己擺在後面的位置上，不往前爭，不圖浮利，不務虛名；外其身，就是要置身事外，不參與利益的爭奪，不為自己謀取利益。為人處世如果能時時刻刻把自己放在後面，「後其身」、「外其身」，反而能得到人們的擁護，反而能占先，這就是事物的辯證法。

本章產生成語：「天長地久」。

第八章

【原文】

上善若水①。水善利萬物而不爭②，處眾人之所惡③，故幾於道④。居善地⑤，心善淵⑥，與善仁⑦，言善信⑧，正善治⑨，事善能⑩，動善時⑪。夫唯不爭，故無尤⑫。

【通釋】

最好的做法是像水一樣。水善於向萬物施利而不爭奪，處在眾人討厭的低窪之地，所以差不多符合道的標準。居處以環境適宜為善，思想以深邃為善，結交以仁愛為善，言辭以真實為善，為政以安定為善，做事以持久為善，行動以時機適當為善。

正因為不爭奪什麼，所以沒有災禍。

【注釋】

① 上善若水：最好的做法是像水一樣。上善，最好的表現，最好的做法。

② 水善利萬物而不爭：水善於向萬物施利而不爭奪。利，施利於，向……施利。

③ 處眾人之所惡：處在眾人討厭的低窪之地。惡，音ㄨˋ，厭惡，討厭。

④ 故幾於道：所以差不多符合道的標準。幾，音ㄐㄧ，幾乎，接近。道，正確的原則，道的標準。

⑤ 居善地：居處以環境適宜為善。居，居處。善，以……為善。地，名詞，適宜的生存環境，清靜的環境。

⑥ 心善淵：思想以深邃為善。心，思想。淵，深邃。

⑦ 與善仁：結交以仁厚為善。與，結交。仁，仁愛之人，仁厚之人。

⑧ 言善信：言辭以真誠為善。言，說話，言辭。信，講信用，誠信。

⑨ 正善治：為政以保持安定為善。正，同「政」，為政，治理國家。治，秩序穩定。

⑩ 事善能：做事以持久為善。事，用作動詞，做事。能，同「耐」，音ㄋㄞˋ，忍耐，長久堅持，持久。

⑪ 動善時：行動以時機適當為善。動，行動。時，用作動詞，時機適當，把握時機。

⑫ 夫唯不爭，故無尤：正因為不爭奪，所以沒有過失。夫唯，正是因為。尤，過失，引中為災難、禍患。

【意義歸納】

本章講的是上善若水的道理。全章共分為兩層。

第一層：「上善若水。水善利萬物而不爭，處眾人之所惡，故幾於道。」圍繞「不爭」談水之善。

第二層：「居善地，心善淵，與善仁，言善信，正善治，事善能，動善時。夫唯不爭，故無尤。」談「若水」之善的具體表現。

在亂世讀老子

世界殘酷，**道德經**讓你有顆柔軟的心

【文法分析】

並列

　上善若水。水善利萬物而不爭　處眾人之所惡，故幾於道。居善地，｜心

並列　　　並列　　　並列　　　並列　　　並列　　　　　因果

善淵，｜與善仁，｜言善信，｜正善治，｜事善能，｜動善時。夫唯不爭，｜故

無尤。

　　「水善利萬物而不爭，處眾人之所惡，故幾於道」是個單句。「水」是主語，「善利萬物而不爭，處眾人之所惡，故幾於道」雙重複句短語做「水」的謂語。將「水善利萬物而不爭，處眾人之所惡，故幾於道」處理為單句，是因為「善利萬物而不爭」、「處眾人之所惡」、「故幾於道」共用一個主語「水」。

　　「善利萬物而不爭，處眾人之所惡，故幾於道」是雙重複句短語，因為「善利萬物而不爭，處眾人之所惡」，所以「故幾於道」，這是第一重，是因果關係；第二重是「善利萬物而不爭」與「處眾人之所惡」的並列關係。這個複句短語內部的關係為：

並列　　　　　因果

善利萬物而不爭，‖處眾人之所惡，｜故幾於道

　　「居善地，心善淵，與善仁，言善信，正善治，事善能，動善時」這一組句子均為無主句，它們的主語可以是任何人。有些學者認為它們的主語還是「水」，但「與善仁」、「言善信」、「正善治」實非水所能為，故不取。

【解讀與點評】

　　要注意「上善若水」，以比喻開頭，是說「上善」的做法似水，「上善」的特質似水。「水善利萬物而不爭，處眾人之所惡，故幾於道」是直接說水之善。而「居善地，心善淵，與善仁，言善信，正善治，事善能，動善時」則又回到「上善」，從不同角度說怎樣做到像水一樣的上善。「夫唯不爭，故無尤」回應「水善利萬物而不爭」，同時對「居善地，心善淵，與善仁，言善信，正善治，事善能，動善時」

這「七善」總結。本章表面是「水論」，其實是以水為引，引出「上善」的道理。

很明顯，本章意在告誡身處上位的人，向善最好的表現就是像水一樣。水有何善？水善處下，善以柔勝剛，給予萬物好處而不與萬物爭利。水往下處流，處在眾人都不喜歡的低窪之地，所以最接近於「道」──道的原則就是不爭，就是甘處其後，甘居其外，甘居下游。「處眾人之所惡」，本來說水，卻拿人的主觀感受說事，賦予了水人格化的內涵。

本章講了「七善」。居處以選擇環境為善。但選擇什麼樣的環境，文中並沒有明確說明，大概就是不引人注目的環境，就是利於自身生存的自然環境和人文環境，應該是不爭之地、清靜之所。「居善地」大概與孔子的「擇不處仁，焉得知」暗合。思想以保持沉靜深邃為善，這樣才深不可測，才可以達到「莫知其極」（第五十九章）。要做到這一點，就必須保持不爭之心。結交仁厚之人，此仁者應該是不爭之人，與他們結交可以避免危害。言辭真實、真誠，恪守信用，才能讓人信服。這些言辭應該是不爭之言。「信」是道的特質，循道而行之人有信就是有德，即「德信」（第四十九章）。為政能保持穩定秩序，才能把國家治理好，達到長治久安。如何為政才穩定？當然是不爭之政。處事容忍，才能不躁動，「能」的本質就是不爭，因為「企者不立，跨者不行」（第二十四章）；急功近利、貿然而動大多會失敗。諸版本尚未有將「能」解作「耐」，耐是一種特質，是「忍耐」之「耐」，是「吃苦耐勞」之「耐」，守道之人才能耐得住寂寞，耐得住誘惑，耐得住平淡，耐得住辛苦。做到了「耐」，就能寬容、包容、兼容，就能清靜無為，置身於矛盾紛爭之外，就能「後其身」、「外其身」；耐，又是一種堅守，是對道的一種態度，是持之以恆的精神和持久的態度。在適當的時機行動，才會有好的效果──概括來說，這七善就是存不爭之心，處不爭之地，結交不爭之人，說不爭之話，行不爭之政，做不爭之事，因時而動，做到這些就是不爭。不爭就不會出現過失，就不會招致災難。這些都是「上善」的特質。

本章產生成語：「上善若水」。

第九章

【原文】

持而盈之，不如其已①；揣而銳之，不可長保②；金玉滿堂，莫之能守③；富貴而驕，自遺其咎④，功成身退，天之道哉⑤！

【通釋】

操持著想讓它圓滿，還不如停下來；鍛造使它鋒利，不可能長久保持；金玉財寶裝滿房屋，沒有誰能守住它；富貴後變得驕橫是為自己製造災難，功業成就了就自己退下來，這才是天道啊！

【注釋】

① 持而盈之，不如其已：操持著想讓它圓滿，還不如停下來。持，操持，把持。而，連接詞，在這裡大致相當於現代漢語中的助詞「著」。盈，圓滿，形容詞帶了賓語「之」，為使動用法，使……圓滿。之，不確指代詞，指代要做的事情。其，自己，兼有語氣作用。已，停止，

② 揣而銳之，不可長保：鍛造想讓它鋒利，不能長久保持。揣而銳之，鍛造打磨鐵器使它鋒利，比喻要精心做好某事。揣，音ㄔㄨㄟˊ，同「鎚」，用作動詞，鍛造打磨。銳，形容詞用作動詞，使……鋒利。之，不確指代詞，指代要鍛造打磨的器物。可，能。長，長久。保，保持。

③ 金玉滿堂，莫之能守：金玉裝滿房屋，沒有誰能守住它。金、玉，泛指貴重的物品。滿，充滿，裝滿。堂，房屋。莫，沒有人，沒有誰。之，代指金玉。莫之能守，即「莫能守之」，否定短語中代詞作賓語，賓語前置。

④ 富貴而驕，自遺其咎：富貴了就驕橫，是為自己留下災難。這是一個判斷句。而，連接詞，在這裡大致相當於現代漢語中的「就」、「了」；此「而」也可以當作連接詞「如果」來解釋。遺，遺留，為……留下，給……留下。其，自己。咎，災難，禍患。

⑤ 功成身退，天之道哉：功業成就了就自己退下來，是天道啊。這也是一個判斷句，是一個帶感嘆語氣的判斷句。功，功業。成，完成，成就。身，自身。退，主動脫離。天之道，自然的規律。「哉」，諸本皆無，有人補出「也」、「矣」之類的助詞，其實此「哉」即王弼本原第十章開頭的「載」。

【意義歸納】

本章主要是勸誡人們不要極力為之。

【文法分析】

```
      假設        並列        假設        並列        假設
持而盈之，‖‖ 不如其已；‖ 揣而銳之，‖‖ 不可長保；‖ 金玉滿堂，‖‖ 莫之能
   並列                     因果
守；‖ 富貴而驕，自遺其咎，‖ 功成身退，天之道哉！
```

全章都是複句。因為「持而盈之，不如其已；揣而銳之，不可長保；金玉滿堂，莫之能守；富貴而驕，自遺其咎」，所以「功成身退，天之道哉」，這是第一重因果關係。「持而盈之，不如其已」、「揣而銳之，不可長保」與「金玉滿堂，莫之能守」、「富貴而驕，自遺其咎」是並列關係，為第二重。前三個並列分句自身又分別為假設關係，為第三重。

下面展開分析複句中的幾個單句。

「持而盈之」是動詞短語句，沒有主語。而，連接狀詞和中心詞，大致相當於現代漢語中的助詞「著」。「盈」，形容詞用作動詞，使動用法，使……滿。這個單句的文法成分分析為：

持而盈之

「不如其已」是主謂句，意思是「不如自己停下來」。「不知其已」，狀詞在主語「其」的前面。這個單句的文法成分分析為：

〔不如〕其已

「不可長保」是能願短語句，沒有主語。這個單句的文法成分分析為：

不可〔長〕保

「莫之能守」是主謂句。「莫」是主語，「能守」是能願短語作謂語，「之」是前置的賓語──否定句中，代詞作賓語，賓語前置。這個單句的文法成分分析為：

莫之能守

「富貴而驕，自遺其咎」是一個單句，是一個典型的判斷句，這種句式相當於「……是……」：「富貴而驕」是「自遺其咎」。逗號前是主語，逗號後是謂語。這個單句的文法成分分析為：

富貴而驕，自遺其咎

需要指出的是，將「富貴而驕，自遺其咎」處理成判斷句，是從整體角度考慮，因為它確實隱含著相當於今天的判斷句「是」。然而，「富貴而驕」與「自遺其咎」似乎存在著一定的邏輯關係，富貴如果驕橫，是為自己留下災禍，按這個思路分析，它是一個典型的假設關係複句。遇到前後件共用一個主語，可以用判斷詞「是」連繫句子，要把它視為一個緊縮複句，即一個單句處理。注意這個句子中前件（富貴而驕）後件（自遺其咎）共用一個主語，即「誰富貴而驕，誰就自遺其咎」。

作主語的「富貴而驕」可以看作條件或因果關係的緊縮複句短語。

作謂語的「自遺其咎」又是主謂短語。「自」是主語，「遺」是謂語，「其咎」是賓語。這個短語的文法成分分析為：

自遺其咎

「功成身退，天之道哉」是個單句，同時也是一個典型的「……，……」判斷句式：「功成身退，天之道哉」就是「功成身退是天之道哉」。它的句子成分分析為：

功成身退，天之道哉

細說起來「功成身退，天之道哉」也是條件關係的緊縮句，只有「功成身退」，才是「天之道」哉。

「功成身退，天之道哉」這個單句的主語「功成身退」是條件關係的緊縮複句短語，只要「功成」就要「身退」；「天之道」是偏正短語，其中的「之」是音節助詞。

《道德經》中的「吾」與「我」
第九章

【考辨】

王弼本「天之道」後無「也」亦無「哉」，而第十章開頭的「載」用得不倫不類，定是誤將本章「哉（載）」植入下章。理由主要有二：

一是第九章全是整齊的四字句，唯結句少了「哉」反不協調，故有人為之補了「也」，然而「也」字的語氣有些不足，而用「哉」則突出了肯定的語氣。

《道德經》中「哉」、「也」二字用得都不多。《道德經》凡八用「哉」：第二十章「其未央哉」和「我愚人之心也哉」；第二十一章「吾何以知眾甫之狀哉」；第二十二章「豈虛言哉」；第五十三章「非道也哉」；第五十四章「吾何以知天下然哉」；第五十七章「吾何以知其然哉」。「也」凡十五見：第三章「使夫知者不敢為也」；第二十章「我愚人之心也哉」（「也哉」同用）；第五十三章「非道也哉」（「也哉」同用）；第二十四章「其在道也，曰餘食贅行」；第二十九章「不可為也，不可執也」；第三十二章「朴雖小，天下莫能臣也」；第五十三章「非道也哉」（「也哉」同用）；第五十五章「精之至也」、「和之至也」；第六十七章「久矣其細也夫」；第七十六章「人之生也柔弱，其死也堅強。萬物草木之生也柔脆，其死也枯槁」，這些有「也」的句子與本章最後一句都不一樣。

二是將「載」植入第十章沒有用，說「載」是發語詞沒有道理。通觀《道德經》在議論時，句首全用「夫」。「夫」凡三十見，除第三十八章的「大丈夫」和第六十七章「久矣其細也夫」外，都用於議論的開頭，未見「載」還有此用法。其實這個「載」正是上一章的錯簡，「載」即「哉」。對有學者認為「載」是發語詞的觀點我不贊同。《詩經》中的「載笑載言」之「載」並非發語詞，而是副詞，相當於今天的「邊」、「又」，「載歌載舞」是相同類型的例子。且「載」放入第十章，反使第十章的句式不整齊了。

【解讀與點評】

「持而盈之」、「揣而銳之」，都是為了某種目的刻意而為；金玉滿堂則是刻意而為的結果。「盈之」、「銳之」、「金玉滿堂」都是使事物達到極致的做法。

「持而盈之」——「之」為何物？是財富，是權力，是榮耀。「持而盈之，不

73

如其已」，是告誡人們該放手時就要放手。

「揣而銳之」——「之」為何物？是做人的風格，是做事的態度。「揣而銳之，不可長保」，是講鋒芒畢露不可取的道理。

為什麼會「金玉滿堂，莫之能守」呢？金玉是「難得之貨」（第三章語），裝滿整個房屋就會讓人覬覦，怎麼能守得住？其實，「金玉滿堂」不只是讓人覬覦，可能還是禍亂的起源。「金玉滿堂，莫之能守」，說出了「過分積累財富便會留不住」這樣一條真理。

「富貴而驕，自遺其咎」強調了越顯赫越應低調的道理。斂財過多，權力過大，榮耀過盛，鋒芒畢露，咄咄逼人是「物壯」，「物壯則老，是謂不道，不道早已」（第三十章）。「樹大招風」，「堅強者死之徒」（第七十六章）；只有「光而不耀」（第五十八章）、「見（ㄒㄧㄢˋ）小」、「守柔」，才能「無遺身殃」（第五十二章）。

「富貴而驕，自遺其咎」是經驗的總結，也是振聾發聵的告誡。我在《論語通釋、解讀與點評》一書中曾引述一個例子，不妨在這裡再引述一次。

《左傳·襄公二十二年》記載：

魯襄公二十二年春天，臧武仲準備動身前往晉國，恰逢天下起雨，於是他便造訪御叔。此時御叔在自己的封邑，正要喝酒，說：「聖人有什麼用！我還是喝酒吧。冒雨出行，還稱什麼聖人！」臧武仲聽到此話說：「不能派他出使，卻狂妄對待出使的人，真是國家的蛀蟲。」下令加倍徵收他的賦稅。

「富貴而驕，自遺其咎」這個道理有多少人不明白呢？然而，人們卻又都要走這條路。東晉崇尚清談，「道」是重要的談論話題，然而，當時人們大談特談「道」，卻很少實踐，所以在那個階段，「富貴而驕」的典型事例層出不窮，最典型的事例就是石崇與王愷鬥富。《晉書·列傳第三》記錄了幾件事情：

石崇積聚的財產豐富，房舍高大壯觀。姬妾上百人，都穿著絲絹錦繡，佩戴著金玉珠寶。演奏的都是當時挑選出來最好的樂器，廚子烹調的都是水陸珍貴的食材。石崇與皇帝的親戚王愷、羊琇一夥人以競奢為風尚：王愷用飴糖燃鍋灶，石崇就用蠟燭當柴火；王愷布置了四十里的一步一個紫絲屏障，石崇就製作了五十里的一步一個錦屏障與王愷相鬥；石崇用香味濃郁的椒塗室內的牆壁，王愷就用貴重的赤石

脂抹牆——石崇、王愷就是這樣比較誰更富有。晉武帝常常暗中幫助王愷，曾經把高二尺多、枝條繁茂的稀世珊瑚賞賜給王愷，王愷拿給石崇看，石崇隨手用鐵如意敲碎了珊瑚樹，王愷很心疼，還以為石崇因比不過，嫉妒自己的寶物，剛滿臉憤怒的高聲責問，石崇不疾不徐的說：「不用那麼遺憾，我馬上就還給你。」於是讓手下把自己的珊瑚樹都拿出來，其中有六七株高三四尺，珊瑚的樹枝超過人們見過的，在陽光下閃耀著光彩，像王愷那樣的珊瑚太多了，而王愷羞愧的像掉了東西似的。

這段紀錄只是石崇與王愷炫富的幾個事例，不是他們炫富的全部，這裡著重談一談石崇的「非道」。

下面是集自《晉書‧列傳第三》的石崇簡介：

石崇是東晉司徒石苞的兒子，「少敏惠，勇而有謀」。「年二十餘，為修武令，有能名」。「入為散騎郎，遷城陽太守。伐吳有功，封安陽鄉侯。在郡雖有職務，好學不倦，以疾自解」、「頃之，拜黃門郎」、「累遷散騎常侍、侍中」、「出為南中郎將、荊州刺史，領南蠻校尉，加鷹揚將軍」、「征為大司農，以征書未至擅去官免。頃之，拜太僕，出為征虜將軍，假節、監徐州諸軍事，鎮下邳」、「至鎮，與徐州刺史高誕爭酒相侮，為軍司所奏，免官。復拜衛尉」、「及賈謐誅，崇以黨與免官。」

從這個簡介可以看出，石崇出身仕宦家庭，曾任地方軍政官員乃至軍政大員，最後在公家機關職位被免職。這裡就有一個問題：石崇的財富是怎麼來的？大環境是當時國家混亂，官場腐敗，法紀鬆弛，小背景是「崇穎悟有才氣，而任俠無行檢：在荊州，劫遠使商客，致富不貲」；「出為征虜將軍，假節、監徐州諸軍事，鎮下邳」時，「崇有別館在河陽之金谷，一名梓澤，送者傾都，帳飲於此焉」——這就是石崇暴富的原因。這樣看來，石崇的財富本來就是「非道」的不義之財，本來應該把「道」奉為「所保」（第六十二章），可他卻逆道而行，「舍慈且勇，舍儉且廣，舍後且先」（第六十七章），「自遺其咎」，結果必然是「死矣」！《晉書》中記載了石崇的結局：

等到石崇被綁上車押赴刑場時，石崇嘆息著說：「你們這幫小人看好了我家的財產。」抓石崇的人說：「知道財富多會招致凶險，為什麼不早點送出去？」石崇

沒有回答。石崇的母親、哥哥、妻子、兒女，不論老少，都被處死，一共處死了十五人，死時五十二歲。

石崇鬥富是極端的事例，相當典型，可能還不是很多，但古往今來靠非法手段攫取財富，繼而炫富、鬥富的事例卻不勝枚舉，當今之世也絕不乏這類事例。

「功成身退」是聰明人的處世觀，是經驗總結，也是自然之道（「天之道哉」），歷史上有太多的事實證明了它的正確。春秋時期的越國范蠡、文種在「功成」後的不同選擇，使他們有兩種不同的結局；漢初的韓信其實就死在了不知「身退」上。功高蓋世，要功成身退，此「善人之寶」，取得財富應適可而止，貪心不足的結果，勢必一無所獲。急流勇退，金盆洗手，此「不善人之所保」。

凡事要適可而止，不要過於極端；功成身退，是遵守自然法則，是明智之舉。天下、人生不如意事十之八九，怎能圓滿！凡事都想做到非常圓滿，既不可能，也不可取。

本章產生成語：「金玉滿堂」、「功成身退」。

第十章

【原文】

營魄抱一，能無離乎[1]？摶氣致柔，能嬰兒乎[2]？滌除玄鑑，能無疵乎[3]？愛民治國，能無知乎[4]？天門開闔，能為雌乎[5]？明白四達，能無為乎[6]？

【通釋】

身軀與精神合為一體，能做到不分離嗎？聚合精元之氣達到柔順，能回到嬰兒狀態嗎？清除表象明晰觀察，能保證沒有瑕疵嗎？愛護百姓治理國家，能做到不打百姓的主意嗎？打開和關閉思想的大門，能堅持遵循自然之道嗎？靈性通透到什麼都會做，能做到不刻意作為嗎？

【注釋】

① 營魄抱一，能無離乎：身軀與精神合為一體，能做到不分離嗎。營魄，身體和靈魂。營，軀殼，占據一定空間的形體，這裡指人的身體，是靈魂的寄託之所。營魄，有版本為「營魂」。抱一，結為一體。此「抱一」有別於第二十二章的「抱一」。

② 摶氣致柔，能嬰兒乎：聚合精元之氣達到柔順，能回到嬰兒狀態嗎。摶氣致柔，聚合精元之氣達到柔順。摶，音ㄊㄨㄢˊ，集聚。氣，精元之氣，精神。致，達到。柔，柔順，柔和。能嬰兒乎，能成為嬰兒嗎，能回到嬰兒狀態嗎。嬰兒，名詞用作動詞，成為嬰兒。

③ 滌除玄鑑，能無疵乎：清除表象明晰觀察，能保證沒有瑕疵嗎。滌除玄鑑，清除能洞察一切的鏡子表面的污垢以明晰觀察。玄鑑，可以洞察萬物的鏡子。鑑，王弼本為「覽」。高亨《老子正詁》說，「覽」應作「鑑」，鑑，鏡子，比喻能觀照萬物的心，據改。疵，瑕疵，毛病，錯誤。

④ 愛民治國，能無知乎：愛護百姓治理國家，能做到不打百姓的主意嗎。國，《道德經》中的「國」並不是今天意義的「國家」，實際指諸侯的封地，即諸侯國，是周天子為其子弟臣屬分封的疆土與屬民。無知，不刻意用智慧，不打對方主意。知，同「智」。

⑤ 天門開闔，能為雌乎：打開或關閉思想的大門，能堅持遵循自然之道嗎。天門，思想之門，思維之門；認識之源，智慧之源；看不見摸不到的精神存在。開闔，打開與關閉。開，打開，張開；闔，關閉。為雌，成為母體，這裡是指成為產生道的思想之源。雌，能生育的母體。

⑥ 明白四達，能無為乎：靈性通透到什麼都會做，能做到不刻意作為嗎。明白，明了，靈性通透。四達，處處通達。無為，不刻意作為。王弼本以下有「生之、畜之，生而不有，為而不恃，長而不宰，是謂玄德」，這些內容第五十一章有見，疑為錯簡重出，故刪。

【意義歸納】

本章講的是修道之法。

【文法分析】

營魄抱一，能無離乎？搏氣致柔，能嬰兒乎？滌除玄鑑，能無疵乎？愛國治民，能無知乎？天門開闔，能為雌乎？明白四達，能無為乎？

全章幾個句子間是並列關係，由於均以問句出現，不用分號，未將它們當作一個大複句處理。

這些句子每個逗號前都是主語，逗號後均為謂語。

在「營魄抱一，能無離乎」這個主謂句中，主語「營魄抱一」還是主謂短語。它的文法成分分析為：

營魄抱一

謂語「能無離乎」是助動詞短語。

在「搏氣致柔，能嬰兒乎」這個主謂句中，主語「搏氣致柔」是目的性質的並列短語，「以搏氣來致柔」。謂語「能嬰兒乎」是帶助動詞而省略了動詞的動賓短語。

在「滌除玄鑑，能無疵乎」這個主謂句中，主語「滌除玄鑑」是動賓短語。它的文法成分分析為：

滌除玄鑑

謂語「能無疵乎」是帶助動詞的動賓短語。在這個短語中，「無」相當於動詞，「能無」是謂語；疵，瑕疵，名詞作賓語。

在「愛民治國，能無知乎」這個主謂句中，主語「愛民治國」是並列短語作主語；謂語「能無知乎」形式同上句的謂語；知，智慧，用作名詞。

在「天門開闔，能為雌乎」這個主謂句中，主語「天門開闔」是主謂短語。它的文法成分分析為：

天門開闔

老子時代的語言，單音節的詞居多，但已經出現了大量的兩個字的複詞，「開闔」

就是複詞，而且是偏義複詞。因為它是「開」與「闔」的組合，本義應該既有「開」，又有「闔」；但這裡只取「開」義，「闔」只是陪襯，這樣的複詞被稱為偏義複詞。

謂語「能為雌乎」是帶助動詞的動賓短語。

在「明白四達，能無為乎」這個主謂句中，主語「明白四達」是主謂短語。它的文法成分分析為：

明白四達

謂語「能無為乎」形式同上面的謂語；為，作為，處在賓語的位置上，用作名詞。

【考辨】

搏氣致柔，王弼本作「專氣致柔」，據高亨、馮友蘭說改「專」為「搏」。

有人主張將「能無為乎」與「能無知乎」調換，那是因為他沒有正確理解「無知」與「無為」的含義。

在「明白四達，能無為乎」後，王弼本還有「生之、畜之，生而不有，為而不恃，長而不宰，是謂玄德」，這些內容第五十一章有見，疑為錯簡重出，故刪——避免重複內容，這也是本人整理《道德經》的一個原則。

【解讀與點評】

在反覆研讀本章的過程中，我有了這樣的靈感：老子不可能把無關的內容湊在一起，從而認識到通釋本章要考慮邏輯思維的一致性和一貫性。於是，就產生了以上對本章的詮釋。實際上，疑問形式提問含有告誡之意，表達了老子的願望：

「身軀與精神合為一體，能做到不分離嗎」——希望做到身軀與精神不分離；

「聚合元氣回歸柔順，能保持嬰兒狀態嗎」——希望能保持嬰兒柔順質樸的狀態；

「清除表象明晰觀察，能保證沒有瑕疵嗎」——希望能保證循道而行沒有瑕疵；

「愛護百姓治理國家，能做到不用智慧嗎」——希望做到治國不用智慧；

「打開思想的大門，能始終循道而行嗎」——希望思想始終循道而行；

「靈性通透達到四面八方，能做到不刻意作為嗎」——希望做到「治人事天」不刻意作為。

「無離」、「嬰兒」、「無疵」、「無智」、「柔雌」、「無為」這些內容多章都有論及。

「營魄抱一」是身體和精神的統一，是思想和行動的統一，是主觀和客觀的統一。道家反對魂不守舍的行為，後來的道教還把這一觀點發展為重要的養生方法。

「摶氣」的目的是「致柔」，此「柔」是「柔順」、「柔和」之「柔」，是返朴（璞）歸真，保持嬰兒狀態的柔，是順應自然。後來道教還把「摶氣致柔」用於氣功理論。

「無疵」是不犯錯，只有始終循道而行，「慎終如始」（第六十四章），才能達到「無疵」。

「無知」即「無智」，「不用智慧」，這是第六十五章談到的治國方略：「故以知治國，國之賊；不以知治國，國之福。」《道德經》認為真正愛護百姓的統治者治理國家是不打百姓的主意的，所以不用智。

「天門開闔，能為雌乎」是最難理解的句子之一，在一致性和一貫性的原則下，我連繫到了第一章的「眾妙之門」、第六章的「玄牝之門」。天門，正是思想之門，思維之門；是認識之源，智慧之源；是看不見摸不到的精神存在。「為雌」有兩個要點，一個是柔順，一個是能養育生產。這句主要是圍繞「為雌」的孕育生產功能來比喻。思想的大門要及時開闔，讓合道的思想統率思維，讓思想始終保持柔雌之道。

「無為」是《道德經》談論的一個重點。希望即使在「不出戶，知天下；不窺牖，見天道」（第四十七章）的靈性通透明白四達的情況下，也要保持「無為」即不妄為，這可是「執政考驗」。

本章從多角度來分析「修道」，強調修身養性，體道修德，強調主觀和客觀保持一致，強調自然的回歸，強調對主觀精神的控制和修練，強調主觀精神對客觀行為的支配，強調對客觀規律的順應。

「營魄抱一」、「摶氣致柔」、「愛民治國」可作成語。

第十一章

【原文】

三十輻共一轂，當其無，有車之用①；埏埴以為器，當其無，有器之用②；鑿戶牖以為室，當其無，有室之用③——故「有之」以為利，「無之」以為用④。

【通釋】

三十根輻條環繞在車轂上，轂心是空的，成為被車使用的車軲轆；糅合黏土製作陶罐，中心是空的，成為盛物的器皿；鑿門窗作為房屋，屋內是空的，成為人們的住處——所以「能感覺到存在的外殼」是依託，「感覺不到物質存在、被外殼包圍的空間」才能使用。

【注釋】

① 三十輻共一轂，當其無，有車用：三十根輻條環繞在一個車轂上，轂心是空的，成為被車使用的車軲轆。三十輻共一轂，這是當時的車軲轆。輻，車軲轆上的輻條。共，音「ㄍㄨㄥˇ」，同「拱」，圍繞，環繞。轂，車輪中心的圓孔。當其，猶「當中」。其，代詞，代指中空的部分。車之用，車使用（它），被當作車軲轆。之，放在「車」與「用」這個主謂短語之間，取消該短語的獨立性。

② 埏埴以為器，當其無，有器之用：糅合黏土製作陶罐，中心是空的，成為盛物的器皿。埏埴，音ㄕㄢ ㄓˊ，糅合黏土製造陶器。埏，搏糅，糅合。埴，黏土。

③ 鑿戶牖以為室，當其無，有室之用：鑿門窗作為房屋，屋內是空的，成為人們的住處。戶，門。牖，音一ㄡˇ，窗。

④ 故「有之」以為利，「無之」以為用：所以「能感覺到存在的外殼」是依託，「感覺不到物質存在的被外殼包圍的空間」才能使用。有之，有物質的外殼。有，存在。之，代詞，代指有形的外殼物質。利，名詞，憑藉之物。無，沒有，

感覺不到有物質存在的空間。

【意義歸納】

本章以「車轂」、「器」、「室」為例作喻，形象的闡釋「有之以為利，無之以為用」的道理。

【文法分析】

　　　　　　　　　承接　　　　因果　　　　　　並列　　　　　　承接　　　　因果
三十輻共一轂，|||　當其無，||　有車之用；|埏埴以為器，|||　當其無，||　有器
　　並列　　　　　　　承接　　　　　因果　　　（結論是）　　　　　　　　並列
之用；|鑿戶牖以為室，|||　當其無，||　有室之用──故「有之」以為利，|「無

之」以為用。

本章共有兩個複句，一個是「三十輻共一轂，當其無，有車之用；埏埴以為器，當其無，有器之用；鑿戶牖以為室，當其無，有室之用」，一個是「故『有之』以為利，『無之』以為用」，破折號是它們的分界。

「三十輻共一轂，當其無，有車之用；埏埴以為器，當其無，有器之用；鑿戶牖以為室，當其無，有室之用」是一個三重複句。兩個分號將三個譬喻句分開，是並列關係，為第一重；三個「當其無」與「有……之用」之間分別為第二重，是因果關係；「當其無」分別與它前面的內容是承接關係，為第三重。

這裡對本章部分複句內的單句成分進行文法分析。

「三十輻共一轂」是個單句，這個單句是一個主謂短語句。「三十輻」是主語，「共」是謂語，「一轂」是賓語。其文法成分分析為：

三十輻共一轂

「當其無」是個單句，這個單句也是由一個主謂短語構成。其文法成分分析為：

當其無

「有車之用」是個單句，這個單句是一個無主語的動賓短語。其文法成分分析為：

有車之用

「有車之用」的賓語是「車之用」，它又是個主謂短語，「之」放在「車」與「用」

之間，取消該短語的獨立性。後面的「器之用」、「室之用」用法相同。

「埏埴以為器」的文法成分分析為：

埏埴〔以〕為器

「埏埴」是個複詞，動詞用作名詞，作主語；介詞「以」後省略了賓語，作狀詞；「為」是動詞謂語；「器」是賓語。

「鑿戶牖以為室」是個單句，也是個主謂短語句，它的文法成分分析為：

鑿戶牖〔以〕為室

在「鑿戶牖以為室」這個單句中，作主語的「鑿戶牖」是動賓短語。「戶牖」是個複詞。這個短語的文法成分分析為：

鑿戶牖

本章破折號是句間破折號，意思是「結論是」。

【解讀與點評】

本章的三個「有⋯⋯之用」的語言形式有差別。「有車之用」與「三十輻共一轂，當其無」沒有出現同義反覆，而「有器之用」與「埏埴以為器，當其無」中的「器」是同義反覆，「有室之用」與「鑿戶牖以為室，當其無」中的「室」是同義反覆。同義反覆的出現，使文字表達欠周延，大概是當時實在難以找到其他替代詞語的緣故。

「鑿戶牖以為室」——為什麼用「鑿」呢？由一個「鑿」字，我們可以推敲到一些資訊，這裡的「戶牖」是「鑿」的，什麼住處需要「鑿」呢？顯然有人住在窯洞裡。西周始建都於鎬京，就是現今的陝西省西安市，而在黃土高原上，窯洞十分普遍。

我們在學習時，要善於間接推敲資訊。其實從三個例子我們還可推敲到一些資訊，比如當時的車轱轆是三十根輻條，轂心是空的；比如從「埏埴以為器」我們可以推敲到，當時的人已經使用黏土製作陶罐等資訊。

本章談論的是「有」與「無」的辯證法。「天下萬物生於有，有生於無」（第四十章）。因「有」而「無」，因「無」而「有」，「有無相生」（第二章）。物

質存在為「有」，「有」可以被利用；不存在物質的空間為「無」，「無」反而可以使用。老子以獨特的視角分析事物，從而引出「『有之』以為利，『無之』以為用」的結論。「『有之』以為利，『無之』以為用」，實際上還存在著「會者」為「不會者」用，「能者」為「無能者」用的「有」為「無」所用的問題。遇事常求「有」，當知「有」為「無」所用。

第十二章

【原文】

五色令人目盲[1]，五音令人耳聾[2]，五味令人口爽[3]，馳騁畋獵令人心發狂[4]，難得之貨令人行妨[5]：是以聖人為腹不為目[6]——故去彼取此[7]。

【通釋】

繽紛的色彩讓人眼花撩亂，交織的音樂讓人震耳欲聾，豐美的食物使人傷胃口，驅馬打獵讓人心神蕩漾，珍貴的物品讓人想據為己有而妨礙行動：所以聖人只求填飽肚子而不追求感官享受——因此就去除耳目享受的追求而只求填飽肚皮。

【注釋】

① 五色令人目盲：繽紛的色彩使人的眼睛看不清楚。五色，青、黃、赤、白、黑五種顏色，這裡泛指各種美麗的色彩。目盲，眼花撩亂，目不暇給，看不清楚。

② 五音令人耳聾：匯流的音樂使人的耳朵聽不清楚。五音，宮、商、角、徵、羽五個音調，這裡泛指美妙的音樂。耳聾，由於音樂交織在一起令耳朵分辨不清楚。

③ 五味令人口爽：豐美的食物使人傷胃口。五味，酸、苦、甘、辛、鹹五種味道，這裡泛指美食。口爽，傷口。實際上，「口爽」並非「傷口」，而是「傷胃」。爽，傷。

④ 馳騁畋獵令人心發狂：驅馬奔馳打獵讓人心跳得慌。馳騁，驅馬奔馳。畋獵，

打獵。畋，音ㄊㄧㄢ ˊ，現在寫為「田」，打獵。

⑤ 難得之貨令人行妨：珍貴的物品使人貪圖而妨礙行動。行妨，因被物所累對行為有妨礙，對操作有妨礙。

⑥ 是以聖人為腹不為目：所以聖人只求填飽肚子而不求感官享受。為，追求。腹，肚子，這裡用作動詞，填飽肚子。目，本指眼睛，指視覺享受，這裡用它代替上文的「耳」、「口」等各種感官享受。

⑦ 故去彼取此：因此就要去掉追求感官享受只求填飽。彼，指上文講的對五色、五音、五味、畋獵、難得之貨等的追求。此，指「為腹」的生活態度。

【意義歸納】

本章以「五色」、「五音」、「五味」、「馳騁畋獵」、「難得之貨」的危害為例闡釋「為腹不為目」的道理。

【文法分析】

```
        並列            並列            並列
 五色令人目盲，‖五音令人耳聾，‖五味令人口爽，‖馳騁畋獵令人心發
  並列            因果            （結論是）
狂，‖難得之貨令人行妨：｜是以聖人為腹不為目——故去彼取此。
```

本章整體是一個複句，因為五個「令人……」，所以「聖人為腹不為目」，這是第一重。五個「令人……」之間是並列關係，為第二重。對這五個單句的文法成分分析如下：

五色令人目盲

五音令人耳聾

五味令人口爽

馳騁畋獵令人心發狂

難得之貨令人行妨

在這一組單句中，主語分別為「五色」、「五音」、「五味」、「馳騁畋獵」、「難得之貨」，謂語是「令」，「人」是兼語，既受主語支配，又各自帶有小謂語。「目

盲」、「耳聾」、「口爽」、「心發狂」、「行妨」，都分別為主謂短語作小謂語。「心發狂」表達形式極像今語，故疑心原本應為「心狂」。

作主語的「馳騁畋獵」可以看作是偏正短語，「馳騁著畋獵」；也可以看作是並列短語，「馳騁與畋獵」。「難得之貨」是偏正短語作主語。

本章破折號的意思是「結論是」。

【考辨】

「故去彼取此」全文共三見（另見第三十八章和第七十二章），都屬於這個性質，極有可能是後人加入的點評之語。

【解讀與點評】

繽紛的色彩可能很美，但也很容易讓人眼花撩亂，頭暈目眩；交織的音樂可能很動聽，但卻可能讓人無法分辨，甚至讓人耳鳴失聰；豐盛的食物，山珍海味，讓人上癮，但也容易吃傷人；驅馬奔馳，縱情狩獵，使人心情放蕩發狂。「馳騁畋獵」為什麼會「令人心發狂」？發現獵物激動，追趕獵物緊張，捕獲獵物高興。發狂會有什麼後果？大概會樂極生悲。稀有的物品，使人行為不軌。人很難抗拒來自外界的干擾，聲色犬馬、利慾等都能成為誘餌。所有這些都會「令人行妨」。聖人的「為腹不為目」實際就是只求填飽肚子，不追求過高的物質和精神享受。

在解析「為腹不為目」時，有人把「為腹」看作是物質，而把聲色犬馬看成是精神，其實這是不準確的。「五色」、「五音」、「五味」、「馳騁畋獵」、「難得之貨」本來也都是物質，只是它比簡單的「為腹」要更「高級」一點，從而上升為精神上的享受，可以更滿足生理和心理的要求。

在物質極大豐富的當今社會，追求物質享受本無可厚非，但不可過頭。有條件的人可以適當享受，沒有條件的不可強求。沒有條件時，可以適應簞食瓢飲居陋巷的生活；有條件時，也應該做到富而不驕不狂；更不能物慾橫流，為物所累，玩物喪志。

其實，就生命追求來說，沒有誰不追求舒適富足的生活；但就生活標準來說，我更傾向於「為腹不為目」的生活態度。交織著的音樂讓人震耳欲聾，奢靡的飲食

讓人食不甘味，驅馬狩獵讓人情不自禁，心旌搖盪，稀世的珍寶讓人為物所累，過於享受必有損身心健康。

本章有成語「馳騁田獵」、「難得之貨」、「為腹不為目」和「去彼取此」。

第十三章

【原文】

寵辱若驚[1]，貴大患若身[2]。何謂「寵辱若驚」？寵為上，辱為下[3]，得之若驚，失之若驚[4]，是謂「寵辱若驚」。何謂「貴大患若身」？吾所以有大患者，為吾有身[5]；及吾無身，吾有何患[6]！故貴以身為天下，若可寄天下[7]；愛以身為天下[8]，若可託天下。

【通釋】

受寵幸時像得到驚喜，受羞辱時像受到驚嚇，把大憂慮看得像身家性命一樣重要。什麼叫「寵辱若驚」？把受寵幸看作是上等好事，把受羞辱看作是下等壞事，得到寵幸就驚喜，失去寵幸就驚慌，這就叫「寵辱若驚」。什麼叫「貴大患若身」？我很擔憂的原因，是我有自身的利益要求，如果我沒有自身的利益要求，那我還有什麼可擔憂！所以把自身交給天下的人可貴，可以倚重，可以把天下託付給他；把自身交給天下的人可愛，可以信賴，可以把天下交付給他。

【注釋】

① 寵辱若驚：受寵幸時像得到驚喜，受羞辱時像受到驚嚇。寵辱，都用作動詞，受寵幸，受羞辱。若，像，如。驚，用作動詞，得到驚喜與受到驚嚇。

② 貴大患若身：把大損失看得像要自身性命一樣重要。貴，以……為貴，把……看得重要。大患，大的擔憂。患，因怕失去權貴、財富等形成的擔憂。身，自身，引申為身家性命。

③ 寵為上，辱為下：把受寵幸看成是上等好事，把受羞辱看作是下等壞事。「寵」與「辱」前均省略了「以」。為，看作。上，上等，好。下，下等，壞。王

　　弼本「寵為下」後漏「為上辱」三字，據唐景福碑補。

④ 得之若驚，失之若驚：得到寵幸就驚喜，失去寵幸就驚慌；受到羞辱就驚恐，沒了羞辱就驚喜。若，好像。之，代詞，分別代指寵幸和羞辱。

⑤ 吾所以有大患者，為吾有身：我很擔憂的原因，是我有自身的利益要求。所以……者，……的原因。為，是。有身，有自身的利益要求。

⑥ 及吾無身，吾有何患：如果我沒有自身的利益要求，那我還有什麼可擔憂。及，如果。

⑦ 故貴以身為天下，若可寄天下：所以把自身交給天下的人可貴，可以倚重，可以把天下託付給他；把自身交給天下的人可愛，可以信賴，可以把天下交付給他。貴以身為天下，以把自身交給天下為貴，看重把自身交給天下。貴，以……為貴，看重。以身為天下，把自身交給天下。「以身為天下」是「貴」的賓語。以，把。為，交給，交付。若可，才能。若，乃，才。

⑧ 愛以身為天下：把自身交給天下可愛，樂意把自身交付給天下。愛，以……為可愛，樂意。「以身為天下」是「愛」的賓語。

【意義歸納】

　　本章透過對「寵辱若驚」的描繪和對「貴大患若身」的剖析，提出「貴以身為天下」、「愛以身為天下」的主張，全章共分為三層。

　　第一層：「寵辱若驚，貴大患若身。」提出問題。

　　第二層：分析問題。再分兩小層：

　　第一是「何謂『寵辱若驚』？寵為上，辱為下，得之若驚，失之若驚，是『謂寵辱若驚』。」描繪和分析「寵辱若驚」的表現。

　　第二是「何謂『貴大患若身』？吾所以有大患者，為吾有身；及吾無身，吾有何患！」分析「貴大患若身」產生的原因。

　　第三層：「故貴以身為天下，若可寄天下；愛以身為天下，若可託天下。」提出「以身為天下」的主張。

【文法分析】

```
              並列
寵辱若驚  │貴大患若身。何謂「寵辱若驚」？寵為上，辱為下，得之若驚，

失之若驚，是謂「寵辱若驚」 何謂「貴大患若身」？吾所以有大患者，
     並列      假設            條件         並列
為吾有身；│及吾無身，‖吾有何患！故貴以身為天下，‖若可寄天下；│愛以
     條件
身為天下，‖若可托天下。
```

「寵為上，辱為下，得之若驚，失之若驚，是謂『寵辱若驚』」是一個單句，「寵為上，辱為下，得之若驚，失之若驚」是代詞「是」復指的內容，共同作主語。「謂」為謂語，「寵辱若驚」為賓語。

被代詞復指的內容「寵為上，辱為下，得之若驚，失之若驚」是個雙重複句短語。因為「寵為上，辱為下」，所以「得之若驚，失之若驚」，是因果關係，為第一重；第二重有兩個，都是並列關係。這個複句短語內部的關係為：

```
     並列      因果      並列
寵為上，‖辱為下，│得之若驚，‖失之若驚
```

「吾所以有大患者，為吾有身」是單句，它是一個解說性質的判斷句，現代漢語的表述形式為「……的原因是……」，古漢語中的判斷句變成現代漢語的判斷句後，主語與謂語之間的逗號有時會自然去掉。這個單句的現代漢語形式為「我有大得失的原因，是我有自身的利益要求」，它的文法成分分析為：

吾所以有大患者，為吾有身

本章的兩個條件關係複句，均為必要條件關係，是「只有……才……」的關係。

「貴以身為天下」與「愛以身為天下」中的「貴」與「愛」都是詞類活用中的意動用法，「以身為天下」分別為這兩個動詞的賓語。

【考辨】

「寵為上，辱為下，得之若驚，失之若驚，是謂『寵辱若驚』」，王弼本為「寵為下，得之若驚，失之若驚，是謂『寵辱若驚』」漏「為上辱」三字。查帛書甲乙本，

89

此處為「寵之為下（也）」；查郭店楚竹簡，此處為「寵為下也」，都沒有「辱」，可見王弼本此處缺失是有原因的。

單取「寵為下」，必然不能與「寵辱」搭配，又不符合世情邏輯。「寵辱若驚」與「貴大患若身」皆老子否定之世情。「寵為上，辱為下」，才符合邏輯。「寵為上，辱為下，得之若驚，失之若驚」是《道德經》所列舉在寵辱面前患得患失之人的認識和表現，這些人的認識不是《道德經》的認識。如果這些人能達到「寵為下」這麼高深的認識，也就不會「得之若驚，失之若驚」了，就不用「寵辱若驚」，故據唐景福碑增補。

【解讀與點評】

「寵辱若驚」只一句話，中間本無標點，展開解釋時就變成了兩句話，中間加了標點；而且在「寵為上」、「辱為下」的注釋中，我又分別從兩個角度來解釋，因為對「得之若驚，失之若驚」要分別從兩個角度理解。兩個「得」，一個得寵，一個受辱；兩個「失」，一個失寵，一個止辱；兩個「驚」，一個驚喜，一個驚恐。「寵為上，辱為下，得之若驚，失之若驚。」如果單就「寵為上」而言，「得之」者，「得寵」也，乃「驚喜」之「驚」——會得意揚揚，彈冠相慶，因此最終帶來「滿招損」的結局；「失之」者，「失寵」也，乃「驚恐」之「驚」——會驚恐萬狀，憂心忡忡，甚至鬱結成疾。如果單就「辱為下」而言，「得之」者，「遭受羞辱」也，乃「驚恐」之「驚」——會悶悶不樂，憤憤不平，因此而傷心以致傷身；「失之」者，「羞辱止」也，乃「驚喜」之「驚」——止住了羞辱，也可能驚喜的忘乎所以。

「貴大患若身」，就是把大擔憂看得像自身性命一樣嚴重。為什麼會「貴大患若身」呢？「為吾有身」，是我存在自身利益，自身有利益需求。

「寵辱若驚，貴大患若身」其實是社會人的一種常態。古往今來，爭權奪利、爭名奪利的鬧劇一直在上演，有太多的人對權力趨之若鶩，如蟻附膻，如蠅逐臭。老子生活的時代的人們是這樣，如今之人依然如此，又有幾人能跳出「寵辱若驚，貴大患若身」的圈子呢！

《道德經》第四十四章也曾討論名利財貨與「身」的關係，提出三個疑問：「名

與身孰親，身與貨孰多，得與亡孰病？」隨後間接給出一個結論：「甚愛必大費，多藏必厚亡。」這似乎是本章內容的一個補充。

《道德經》推崇的是「無身」的境界。「以身為天下」，用今天的話講就是「把自身交給天下」。要注意「把自身交給天下」並不是「為天下獻身」，而是「將自己融入天下」，「以天下事為己任」，明確自己是天下的人，不是把天下當成自己的——達到這個境界，當然可以把天下託付給他。「以身為天下」是無私忘我的境界，所以可貴，所以可愛，所以「若可寄天下」，「若可託天下」。置身於爭鬥的漩渦之外，何等超脫！超然於物外，反而「外其身而身存，後其身而身先（第七章）」。「知足者富」（第三十三章），無慾則剛，無慾就會無憂，保持無憂的良好心態就會健康。跳出名利場，置身紛爭外，自然是另一番境界。「寵辱不驚，閒看庭前花開花落；去留無意，漫觀天外雲卷雲舒」，願以此聯共勉。

「寵辱若驚」、「貴大患若身」、「以身為天下」，「受寵若驚」衍生於本章。

第十四章

【原文】

視之不見曰夷①，聽之不聞曰希②，搏之不得曰微③——此三者不可致詰，故混而為一④。其上不皦，其下不昧⑤，繩繩兮不可名⑥，復歸於無物⑦，是謂無狀之狀，無物之象⑧；是謂惚恍⑨——迎之不見其首，隨之不見其後⑩。執古之道以御今之有，能知古始⑪，是謂道紀⑫。

【通釋】

看它無所見叫夷，聽它無所聞叫希，摸它無所感叫微——這三種情況不能從根本上清楚，所以混為一談。它的上面不耀眼，它的下面不昏暗，像連綿不斷似，有似無難以形容的繩索，又回到沒有的狀態，這叫作沒有形狀的形狀，沒有形體的物象；這叫作隱約有隱約無——面對著看不見它的頭，跟隨著看不見它的尾。掌握互古就有的道來駕馭今天出現的事物，可以知曉古代是怎麼做，這就是應該遵循的道的原

則。

【注釋】

① 視之不見日夷：用眼睛看不到它叫「夷」。之，代詞，它，代指道。不見，無所見。夷，滅，指沒有形狀。

② 聽之不聞日希：用耳朵叫不到它叫「希」。希，同「稀」，罕，指沒有聲音。

③ 搏之不得日微：用手摸不到它叫「微」。搏，撫摸。微，細小，無，指沒有形體。

④ 此三者不可致詰，故混而為一：這三種情形不能從根本上清楚，所以混合成一體。致詰，從根本上區分清楚。致，極盡。詰，音ㄐㄧㄝˊ，追問，追究。混而為一，合為一體，揉在一起。混，合。一，一體，指道。

⑤ 其上不皦，其下不昧：它的上面不耀眼，它的下面不昏暗。其，代詞，指道。皦，音ㄐㄧㄠˇ，光亮耀眼。昧，昏暗。

⑥ 繩繩兮不可名：像繩索接連不斷，若有若無，難以名狀。繩繩，似綿延無盡的繩索。繩，感覺中似乎存在的繩索。兮，相當於助詞。不可名，無法稱說，難以名狀。

⑦ 復歸於無物：又回到沒有的狀態。復，又。歸於，回到。

⑧ 是謂無狀之狀，無物之象：這叫作沒有形狀的形狀，沒有形體的物象。象，物象。

⑨ 是謂惚恍：這叫作隱約有隱約無。惚恍，也作「恍惚」，混沌難分，隱約可見，模糊不清。

⑩ 迎之不見其首，隨之不見其後：面對著看不見它的頭，跟隨著看不見它的尾。迎，面對。之，代指道。隨，跟隨。

⑪ 執古之道以御今之有，能知古始：掌握亙古既有的道來駕馭現有的事物，可以知曉古代的源起。執，掌握。古之道，古時就存在的道，其實是古人對自然及客觀事物運行狀態形成的認識。之，助詞，的。以，連接詞，連接狀詞和中心詞，相當於「來」。御，駕馭，控制，統領。今之有，現有的萬物。之，助詞，的。有，存在的物質，泛指萬物。能，可以。古始，古代的源起，

原始的古代，實際是說「古代是怎麼做」。

⑫ 是謂道紀：這叫應該遵循的道的原則。道紀，應該遵循的行事原則。紀，綱，綱領，原則。

【意義歸納】

本章描述了道的屬性特點，提出古道今用的主張。全章共分為三層。

第一層：「視之不見曰夷，聽之不聞曰希，搏之不得曰微——此三者不可致詰，故混而為一。」描述道無形、無聲、無體的屬性特點。

第二層：「其上不皦，其下不昧，繩繩兮不可名，復歸於無物。是謂無狀之狀，無物之象，是謂惚恍——迎之不見其首，隨之不見其後。」描述道若有若無、不明不暗、不可名狀又綿延不絕的屬性特點。

第三層：「執古之道以御今之有，能知古始，是謂道紀。」提出古道今用是道之綱的觀點。

【文法分析】

```
                              （所以）              因果
  視之不見曰夷，聽之不聞曰希，搏之不得曰微——此三者不可致詰，｜故混而

為一。 其上不皦，其下不昧，繩繩兮不可名，復歸於無物，是謂無狀之狀，無
            （特點是）              並列
物之象；是謂惚恍——迎之不見其首，｜隨之不見其後。執古之道以御今之有，能

知古始，是謂道紀。
```

「視之不見曰夷，聽之不聞曰希，搏之不得曰微——此三者不可致詰」是一個單句。「此三者」是復指「視之不見曰夷，聽之不聞曰希，搏之不得曰微」的，共作主語；「不可致詰」作合成謂語。第一個破折號是用在單句當中，相當於「所以」。這個句子的文法成分分析為：

視之不見曰夷，聽之不聞曰希，搏之不得曰微——此三者不可致詰

「視之不見曰夷，聽之不聞曰希，搏之不得曰微」是由三個並列分句構成的複

句短語，這個複句短語內部的關係為：

並列　　　　並列

視之不見曰夷，｜聽之不聞曰希，｜搏之不得曰微

這裡再對其中一個短語進行文法成分分析：

視之不見曰夷

這個短語中，主語部分「視之不見」又是動詞短語，「之」是「視」的賓語，「不見」是「視」的補語。這個短語的文法成分分析為：

視之〈不見〉

「其上不皦，其下不昧，繩繩兮不可名，復歸於無物，是謂無狀之狀，無物之象，是謂惚恍」是一個單句，主語是「其上不皦，其下不昧，繩繩兮不可名，復歸於無物」與兩個「是」，是復指短語作主語。謂語是兩個「謂」，賓語也有兩個，分別是「無狀之狀，無物之象」和「惚恍」。

這個單句被復指的成分「其上不皦，其下不昧，繩繩兮不可名，復歸於無物」是個雙重複句短語，因為「其上不皦，其下不昧」，所以「繩繩兮不可名，復歸於無物」，這是因果關係，為第一重。「其上不皦」與「其下不昧」為並列關係，是其中的第二重之一；「繩繩兮不可名」、「復歸於無物」為並列關係，是另一個第二重。這個複句短語內部關係分析為：

並列　　　　因果　　　　並列

其上不皦，‖其下不昧，｜繩繩兮不可名，‖復歸於無物。

「無狀之狀，無物之象」是兩個偏正短語構成的並列短語。

第二個破折號的意思相當於「特點是」，是句間破折號。

「執古之道以御今之有，能知古始，是謂道紀」是個單句，「是」復指「執古之道以御今之有，能知古始」，因此它們共作主語。

「執古之道以御今之有，能知古始」是個條件關係的複句短語，它的內部關係為：

條件

執古之道以御今之有，｜能知古始

「執古之道以御今之有」是主謂短語，主語是「執古之道」，「以」是狀詞，「御」

94

是謂語，「今之有」是賓語。這個短語的文法成分分析為：

執古之道〔以〕御今之有

「執古之道」是動賓短語：

執古之道

「古之道」與「今之有」分別為偏正短語。

「能知古始」是帶能願詞的動賓短語：

能知古始

【考辨】

「視之不見日夷，聽之不聞日希，搏之不得日微」這句話，王弼本為「視之不見名日夷，聽之不聞名日希，搏之不得名日微」。這幾個「名日……」中的「名」讓人感覺有些累贅，「名日夷」，「名日希」，「名日微」的表述怪怪的，似不如直接用「日……」。現今流傳的版本中，其中有一版《老子》本章前三句就是「視之不見日夷，聽之不聞日希，搏之不得日微」，我感覺這樣更為簡潔。因為「視之不見」、「聽之不聞」、「搏之不得」的「夷」、「希」、「微」全不是名物，不是名物，還用「名日」就真的不妥了。

現今對「繩繩」的解釋多有不同，我覺得用它的本義更為恰當。單用是一段「繩」，疊用是綿延的繩，因此，我以「似綿延無盡的繩索」來解釋「繩繩」。

【解讀與點評】

夷，滅也，以「夷」來形容目無所視，言其無形；希，罕也，以「希」來形容耳無所聞，言其無聲；微，無也，以「微」來形容手無所感，言其無體——對這三者不能從根本上清楚，因此要混為一談，揉在一起說。

不皦，不耀眼；不昧，不昏暗，所以它「易知易行」（參見第七十章）。

繩索可以牽引，可以憑藉；而且它可以當作「準繩」。只是這個準繩，似有似無，但它的「道紀」之「紀」的性質依然存在。

「是謂無狀之狀，無物之象，是謂惚恍」，這是由它無形、無聲、無體的特點決定的。

　　道是應該遵循效法而不應該對抗的行事原則，是客觀存在的規律，是抽象的無形、無聲、無體的「混合物」，道的上端不耀眼，下端也不昏暗，這就是「微明」（第三十六章），就是「光而不耀」（第五十七章）。

　　區分一下「執古之道以御今之有」中的「古之道」與「今之有」。「古之道」，古時就存在的道，其實是古人對自然及客觀事物運行狀態形成的認識。「古之道」，道本存身於自然萬物，古已有之。「今之有」，今天的客觀存在，今天的自然現象，今天的事物。「能知古始」，實際意思是，可以了解到古時是怎麼開始做，而沒有背道，進而效仿。正所謂「前事不忘，後事之師」。

　　紀，綱，網的大繩，具統領的功能，把握了道的「綱」就會「綱舉而目張」。

　　「執古之道以御今之有」告訴我們這樣一個道理，「道」之所以「可道」，是因為它有所顯現，猶如規律可以總結出來一樣，「古道」就是「經驗」。「執古之道以御今之有」，就是運用前人和以往的經驗為現在的實踐借鑑，就是因循已知的既有規律，處理今天的、當前的事情。

　　本章有成語「視之不見」、「聽之不聞」、「搏之不得」、「混而為一」、「執古之道」；另「視之不見」、「聽之不聞」又見三十五章。

第十五章

【原文】

　　古之善為士者，微妙玄通，深不可識[1]。夫唯不可識，故強為之容[2]：豫兮，若冬涉川[3]；猶兮，若畏四鄰[4]；儼兮，其若客[5]；渙兮，若冰之將釋[6]；敦兮，其若樸[7]；曠兮，其若谷[8]；混兮，其若濁[9]；澹兮，其若海[10]；飂兮，若無止[11]。孰能濁以止，靜之徐清[12]？孰能安以久，動之徐生[13]？保此道者不欲盈[14]，夫唯不盈，故能蔽不新成[15]。

【通釋】

　　古代善於做士的人，細緻精明深邃通達，深刻的難以認識。正因為難以認識，

所以勉強把他的形象描繪一下：遲疑，就像冬天赤足過河；謹慎，好像害怕驚動四鄰；莊重，他就像客人；鬆弛，好像要消解的冰塊；敦厚，他好像未加工的原木；空曠，他好像容納萬物的山谷；混沌，好像混濁的水；動盪，好像大海；呼嘯著，好像不能停下來。誰能使混濁停下來，讓它靜靜慢慢的變清？誰能使安定保持長久，讓他運動延續生命？操持這種道的人不追求圓滿，正因為不追求圓滿，所以可以適應陳舊狀態不謀求更新。

【注釋】

① 古之善為士者，微妙玄通，深不可識：古代善於做士的人，細緻精明深邃通達，深刻的不能認識。善為士者，善於做士的人，即依道而行的人。為，當，做。士，商周時代社會中的貴族階層。玄通，指思想深邃而通達。識，認識，看透。

② 夫唯不可識，故強為之容：正因為難以認識，所以只能勉強的為他們描繪形象。夫，發語詞。唯，正因為。不可，不能。強，音ㄑㄧㄤˇ，勉強。為，音ㄨㄟˋ，介詞，替。之，代詞，代「古之善為士者」。容，用如動詞，描述容貌，描述形象。

③ 豫兮，若冬涉川：遲疑，像冬天赤足過河。「豫」與下句中的「猶」可組成一個連綿詞「猶豫」，遲疑不決的樣子。此處分別使用，可以作互文看待。豫兮，做事謹慎小心、反覆考慮的樣子。兮，助詞，相當於「……的樣子」、「……的」，涉川，赤足過河。

④ 猶兮，若畏四鄰：謹慎，好像害怕驚動四鄰。畏，害怕驚擾。

⑤ 儼兮，其若客：莊重，他好像客人。儼，莊重的樣子。其，代詞，指「古之善為士者」，本組「其」用法相同。「客」王弼本作「容」，據河上公本改。

⑥ 渙兮，若冰之將釋：鬆弛，好像要消融的冰。渙，放鬆的樣子。將釋，要融化。之，放在「冰」與「將釋」這個主謂短語之間，取消該短語的獨立性。釋，消融。

⑦ 敦兮，其若朴：敦厚，他好像未經加工的原木。朴，質樸，未經加工的原木，

97

比喻保持自然本真的狀態。

⑧ 曠兮，其若谷：空曠的，他好像山谷。曠，空曠開闊。若谷，像山谷。

⑨ 混兮，其若濁：混沌的，他好像混濁的水。混沌。濁，混濁的水。

⑩ 澹兮，其若海：動盪的，他好像大海。本句與下句的內容，王弼本是在第二十章，據文義移入本章。澹，動盪的樣子。

⑪ 飂兮，若無止：呼嘯的，好像不能停下來。飂，音ㄌㄧㄠˊ，風疾速的樣子。

⑫ 孰能濁以止，靜之徐清：誰能使混濁的流水停下來，讓它靜靜慢慢的變清。孰，誰。濁，混濁的狀態。以，連接詞，作用同「而」，相當於現代語言中的助詞「著」。止，停止，停下。王弼本原無「止」字。據《道藏》河上公本補。靜之，使它安靜。靜，使……安靜。之，它，指混濁的狀態。徐，慢慢的。清，用作動詞，變清。

⑬ 孰能安以久，動之徐生：誰能使安定長久保持，讓他不斷延續生命？動，使……運動。之，指靜止不動的狀態。徐生，緩緩生存，延續生存。

⑭ 保此道者不欲盈：保持這種道的人不追求圓滿。保，持，掌握。不欲盈，不追求圓滿。欲，要求，追求。

⑮ 故能蔽不新成：所以可以適應陳舊狀態不謀求新的。蔽，同「敝」，破舊，陳舊，用作動詞，適應破舊，保持陳舊。新成，用作動詞，謀求更新，換成新的。

【意義歸納】

本章介紹了「古之善為士者」的持道態度和持道原則。全章共分為兩層。

第一層：「古之善為士者，微妙玄通，深不可識。夫唯不可識，故強為之容。豫兮，若冬涉川；猶兮，若畏四鄰；儼兮，其若客；渙兮，若冰之將釋；敦兮，其若樸；曠兮，其若谷；混兮，其若濁；澹兮，其若海；飂兮，若無止。」描述的是「古之善為士者」的持道態度。

第二層：「孰能濁以止，靜之徐清？孰能安以久，動之徐生？保此道者不欲盈。夫唯不盈，故能蔽不新成。」總結了「古之善為士者」、「不欲盈」，安守其敝的

持道原則。

【文法分析】

因果

古之善為士者，微妙玄通，深不可識。夫唯不可識 ｜故強為之容：豫兮，

若冬涉川；猶兮，若畏四鄰；儼兮，其若客；渙兮，若冰之將釋；敦兮，其若

朴；曠兮，其若谷；混兮，其若濁；澹兮，其若海；飂兮，若無止。孰能濁以
　　承接　　　　　　並列　　　　　　承接
止，‖静之徐清？｜孰能安以久，‖動之徐生？保此道者不欲盈。夫唯不盈，
因果
｜故能蔽不新成。

「古之善為士者，微妙玄通，深不可識」是個單句。「古之善為士者」是偏正
短語作主語，「微妙玄通，深不可識」是因果關係的複句短語作謂語。這個複句短
語的內部關係為：

因果

微妙玄通，｜深不可識

組成這個大短語的「微妙玄通」是個並列短語，而「深不可識」是形容詞補充
短語：

深 ＜不可識＞

「故強為之容：豫兮，若冬涉川；猶兮，若畏四鄰；儼兮，其若客；渙兮，若
冰之將釋；敦兮，其若朴；曠兮，其若谷；混兮，其若濁；澹兮，其若海；飂兮，
若無止」是一個單句。在這個單句中，「故」是關聯詞，獨立成分；「強」與介賓
短語「為之」是狀詞；「容」是名詞活用為動詞「描繪容貌」的意思，作謂語；冒
號後的內容作賓語，它們是一個相對獨立的整體，不可分割。這個單句的句子成分
分析為：

故〔強〕〔為之〕容：豫兮，若冬涉川；猶兮，若畏四鄰；儼兮，其若客；渙兮，
若冰之將釋；敦兮，其若朴；曠兮，其若谷；混兮，其若濁；澹兮，其若海；飂兮，

若無止。

「豫兮，若冬涉川；猶兮，若畏四鄰；儼兮，其若客；渙兮，若冰之將釋；敦兮，其若朴；曠兮，其若谷；混兮，其若濁；澹兮，其若海；飂兮，若無止」這個並列關係的複句短語復指「容」。此「容」雖活用為動詞，但仍然處在賓語的位置上。

下面對這個賓語的個別短語作文法成分分析：

〔豫兮〕，若冬涉川

主語省略，「豫兮」作狀詞，「若」作謂語，「冬涉川」作賓語。「冬涉川」本身又是主謂短語，它的文法成分分析為：

冬涉川

〔猶兮〕，若畏四鄰

主語省略，「猶兮」作狀詞，「若畏」是謂語，「四鄰」是賓語。

〔儼兮〕，其若客

「儼兮」作狀詞，「其」作主語，「若」作謂語，「客」是賓語。

〔渙兮〕，若冰之將釋

主語省略，「渙兮」作狀詞，「若」是謂語，「冰之將釋」是賓語。

「冰之將釋」是主謂短語作賓語，「之」放在「冰」與「將釋」這個主謂短語之間，取消該短語的獨立性：

冰之〔將〕釋

以上四例已經涵蓋了這一組短語的文法類型。在這一組短語中「……兮」，是狀詞。

【考辨】

「澹兮，其若海；飂兮，若無止」這句話，在王弼本中是在第二十章，現據文義移入本章。將「澹兮，其若海；飂兮，若無止」移入本章，使「古之善為士者」的形象更豐滿。

「孰能濁以止，靜之徐清？孰能安以久，動之徐生」這句話，王弼本中為「孰能濁以靜之徐清？孰能安以久動之徐清」。王弼本的「安以久」與「濁以」顯然不

對稱，這是有問題的。查帛書甲乙本和郭店楚竹簡，不能直接找到根據，但間接可以看出，原文還沒有出現偏墜問題，郭店楚竹簡的半個「棘」到更像「止」，而不像「靜」。據《道藏》河上公本補「止」後，意思更為明確，也就更好理解了。本句是比喻的表達，以水作喻，比喻某種態勢。

補充完整的句子的問號應放在什麼位置？有學者不太注意標點符號的邏輯性，將問號放在了一句話的中間，將整句話肢解成了：

孰能濁以止？靜之徐清；孰能安以久？動之徐生。

這樣的標點似乎看上去是一問一答，但後句回答不了前句，不符合邏輯。

關於「能蔽不新成」，有學者以第二十二章出現的「敝則新」推論，認為應該為「能蔽而新成」。

其實本章與第二十二章是從兩個不同角度來談這個問題。「能蔽」就是「可以保持陳舊的東西」，「不新成」就是「不追求新的東西」，「而新成」則是「新的東西就來了」。

不能把「能蔽不新成」簡單看成「抱殘守缺」，「蔽」不等於「殘缺」，「能蔽不新成」是強調不拋棄舊的、不拋棄「成規」。雖然事物發展到一定程度就會向相反方向轉化，老子也有「敝則新」的說法，但本章說的是「古之善為士者」、「保此道」的態度。善為士者的「保此道者」的態度是安於其敝，不追求更新。這裡說的是「古之善為士者」、「保此道」的行事原則、處世態度，而第二十二章的「敝則新」談的是道循環往復的運行規律：一個說道在甲方面具備某個特徵，一個說循道而行的人在乙問題上是怎麼做：二者是風馬牛不相及的兩個不同概念。守住舊的，不追求新的，這還是一種無為的態度。「能蔽不新成」與「敝則新」二者並不矛盾，只是角度不一致。「能蔽不新成」是「守道」的態度，不強求新；「敝則新」是道運行的規律，所謂「舊的不去新的不來」。有人認為這裡的「不」應該為「而」，並進行了繁瑣考證。「不」為「而」之說，只是主觀臆斷，沒有道理——解讀《道德經》之所以出現不少謬誤，大概就有傳抄、點評者根據臆斷妄改所致。

在亂世讀老子
世界殘酷，**道德經**讓你有顆柔軟的心

【解讀與點評】

對待事物有了「能蔽不新成」的態度，當然就不會竭力追求更新，就不會獨出心裁，不會試圖改變合理的成規。我們看慣了走馬燈式的官員異動，來一任官員，提一個政策，甚至連辦公室都要重新裝修，以此顯示與眾不同。其實他提出的主張並不是什麼新東西，而且還未能實施就又被調走或下台——這種所謂的「新成」其實是害民擾民。

士，在古代有多種含義，這是一個特殊的階層，總體來說，是指有知識、有修養、有一定社會地位的人。在商周時代，士屬於貴族階層，享有俸祿，這個階層中地位較高的是卿大夫。《禮記・王制》說：「制農田百畝。百畝之分，上農夫食九人，其次食八人，其次食七人，其次食六人；下農夫食五人。庶人在官者，其祿以是為差也。諸侯之下士，視上農夫，祿足以代其耕也。中士倍下士，上士倍中士……」有一定門第的人，和透過各種技藝考核的優秀人才，可以獲得「士」的資格。其實早期的士多是世襲，王族出身的人，嫡傳以外的多可以獲得士的身分，而且可以嫡傳世襲。即使以各種技藝考核獲得「士」的人，也多是王族的非嫡傳後裔。周王朝的士，要大於各諸侯國的士，相當於諸侯國的大夫。當時「士」是通行證，具有「士」資格的人才可以擔任大夫。到了春秋時期，「士」已經成了介於貴族與平民之間的一個階層；戰國時期，士的階層又有所擴大，連有一點特殊本領的屠夫或雞鳴狗盜之徒也列入了士，這時的士也就不用再通過嚴格的考取程序，如此一來就不再享有俸祿，只是靠寄居於權貴門下生存。

「善為士者」就是「善於循道而行的人」。

「士」是《道德經》宣教的對象。在此，老子塑造了一個「古之善為士者」形象，並為之繪像。這個「善為士者」與《道德經》中一再出現的「聖人」一樣開明，他們的一系列舉動都很合道，為「今之士者」樹立了榜樣。推崇「古之善為士者」，似乎與老子「不尚賢，使民不爭」（第三章）的主張有所衝突——大概是因為「士」與「民」有身分上的區別。

本章首先對善為士者進行了一系列描述，先總說善為士者「微妙玄通，深不可識」。為什麼說善為士者「微妙玄通，深不可識」？因為善為士者靈活變通，沒有

固定在一個狀態上，簡直無法效仿。接下來本章分別介紹了善為士者在不同環境下的不同表現，揭示了「微妙玄通，深不可識」。

「豫兮，若冬涉川」是說善為士者遇事小心謹慎，不唐突，不魯莽，避免去「為」；「猶兮，若畏四鄰」是說善為士者行事低調，不張揚；「儼兮，其若客」是說善為士者在需要莊重的時候不苟且、不隨意；「渙兮，若冰之將釋」是說善為士者在放鬆的時候盡情釋放，不僵化，「儼」與「渙」恰好形成鮮明的對比，簡直判若兩人，這就是靈活變通；「敦兮，其若樸」，是說善為士者有著純樸的品格，保持著質樸，保持著厚道；「曠兮，其若谷」是說善為士者有著博大的胸懷，寬容、包容，即後世所謂「宰相肚裡能撐船」。「善者吾善之，不善者吾亦善之」，「信者吾信之，不信者吾亦信之」（第四十九章），不會計較利益得失；「混兮，其若濁」是說善為士者融入大眾，「以百姓心為心」，（第四十九章）能「和其光，同其塵」（第五十六章），不特立獨行；「澹兮，其若海」是說善為士者「不出戶，知天下；不窺牖，見天道」（第四十七章），對事物有深刻認識，對生活有深厚的積澱，有大海一樣廣博的胸襟和道德修養，處變不驚，遇事不亂；「颺兮，若無止」是說善為士者順應變化的客觀世界，雷厲風行的循道而行。

這一系列「……兮」描述了古之善為士者動靜有常，順應客觀規律，容態隨物而變。因其善變，故「微妙玄通，深不可識」。下面的「靜之」、「動之」正是「古之善為士者」表現的兩個方面。「不欲盈」就是不追求斐然政績，「能蔽不新成」，就是不翻新花樣——變通不等於「以知治國」（第六十五章），這些思想方法還是值得借鑑。

需要強調的是，在「豫兮，若冬涉川」中，「涉川」不是「履冰」。

本章有成語「微妙玄通」、「深不可識」、「能蔽不新成」。

第十六章

【原文】

致虛極，守靜篤①，萬物並作，吾以觀復②。夫物芸芸，各復歸其根③；

在亂世讀老子
世界殘酷，**道德經**讓你有顆柔軟的心

歸根曰靜，是謂復命④；復命曰常⑤。知常曰明；不知常，妄作凶⑥。知常容⑦，容乃公⑧，公乃王⑨，王乃天⑩，天乃道⑪，道乃久，沒身不殆⑫。

【通釋】

努力做到清心寡慾，一心堅守清靜無為，萬物都在生長，我看著它們循環往復。萬物紛紛成長，然後各自又回到自己的根源；回到根源稱作靜寂，這就叫再生；再生叫作守常規。懂得守常規叫作明智；不懂得守常規，胡亂行動會招致凶險。懂得守常規就能包容，能包容就會公道行事，公道行事就可以統領天下，統領天下是順應天命，順應天命就是循道而行，循道而行就會長久存在，終生不會遇到凶險。

【注釋】

① 致虛極，守靜篤：努力做到清心寡慾，一心堅守清靜無為。致，達到。虛，內心空曠沒有慾望。極，表程度深，極力，努力。守，信守，奉守。篤，信念堅定。靜，清靜。

② 萬物並作，吾以觀復：萬物都在成長，我就看著它們循環往復。並，共同，都。作，成長，生長。以，連接詞，相當於「來」。觀，看。復，往來，循環往復。

③ 夫物芸芸，各復歸其根：萬物紛紛成長，然後各自又回到自己的根源。夫，那。物，實指萬物。芸芸，紛繁生長的樣子。各，各自。復，又。歸，回歸，回到。其，自己的。根，根源，本源，它既是歸結點，又是出發點。

④ 歸根曰靜，是謂復命：回到根源稱作靜寂，這就叫再生。靜，因死亡而沉寂。復命，又開始新的生命，再生。復，回歸。命，生命本源。

⑤ 復命曰常：再生稱作守常規。常，事物持久運行的規律現象，用作動詞，按常規行事。

⑥ 知常曰明；不知常，妄作凶：懂得守常規叫作明智；不懂得按常規行事，胡亂行動就會招致凶險。知，懂得。明，明智，開明。妄作，胡亂行動。妄，胡亂。凶，用作動詞，招致凶險。

⑦ 知常容：懂得按常規行事就會包容。容，包容。

⑧ 容乃公：包容就會公道行事。公，公允，公正，公道，用作動詞，公道行事。

⑨ 公乃王：公道行事就可以統領天下。王，音ㄨㄤˋ，動詞，稱王，做統治者，統領天下。

⑩ 王乃天：做統治者就是順應天命。天，天命，用作動詞，順應天命。

⑪ 天乃道：順應天命就是守常道。道，用作動詞，守常道，循道而行。

⑫ 道乃久，沒身不殆：守常道就會長久生存，終生不會招致凶險。久，用作動詞，長久存在。沒身，直到身死，終身。沒，音ㄇㄛˋ，同「歿」，死。殆，凶險，用作動詞，有凶險，遇到凶險，遭遇凶險。

【意義歸納】

本章提出了要以清靜無為的態度，把握萬物歸根復命的常態規律而守常的主張。全章共分為三層。

第一層：「致虛極，守靜篤，萬物並作，吾以觀復。」提出要清靜無為對待萬物循環往復。

第二層：「夫物芸芸，各復歸其根；歸根曰靜，是謂復命；復命曰常，知常曰明。」總結萬物歸根復命的常態規律。

第三層：「不知常，妄作凶。知常容，容乃公，公乃王，王乃天，天乃道，道乃久，沒身不殆。」分析「不知常」與「知常」兩種不同的結果。

【文法分析】

```
        並列      因果        承接
致虛極，‖守靜篤，|萬物並作，‖吾以觀復。夫物芸芸，各復歸其根；
承接              承接              並列      假設
|歸根曰靜，是謂復命；|復命曰常。知常曰明；|不知常，‖妄作凶。知常
    承接      承接      承接      承接      承接      因果
容，‖容乃公，‖公乃王，‖王乃天，‖天乃道，‖道乃久，|沒身不殆。
```

「致虛極，守靜篤，萬物並作，吾以觀復」是雙重複句。因為「致虛極，守靜篤」，所以「萬物並作，吾以觀復」，這是第一重，為因果關係。「致虛極」與「守靜篤」並列，為其中的一個第二重；「吾以觀復」承接「萬物並作」為另一個第二重。

「夫物芸芸，各復歸其根；歸根曰靜，是謂復命；復命曰常」是承接關係的複句。

「夫物芸芸，各復歸其根」是單句。「夫物芸芸」是主謂短語作主語，「各復歸其根」是主謂短語作謂語。本單句的句子成分分析為：

夫物芸芸，各復歸其根。

再把構成「夫物芸芸，各復歸其根」這個單句展開，對兩個主謂短語作文法分析：

夫物芸芸

各〔復〕歸（其）根

「歸根曰靜，是謂復命」是個單句。「歸根曰靜」與「是」是復指短語作主語，「謂」是謂語，「復命」是動賓短語作賓語。本單句的文法成分分析為：

歸根曰靜，是謂復命

「歸根曰靜」也是一個主謂短語，主語由動賓短語「歸根」充當，「曰」是謂語，「靜」是賓語。它的文法成分分析為：

歸根曰靜

【考辨】

本章「復」四見，有三個解釋：

萬物並作，吾以觀復。（復，往來，循環往復）

夫物芸芸，各復歸其根。（復，再，又）

歸根曰靜，是謂復命。（復，回歸，回復）

本章出現的「復」的三個解釋，有關聯也有差別，它告訴我們詮釋古文本應該靈活恰當。

本章涉及的「常」、「容」、「公」、「王」、「天」、「道」、「久」，多是名詞概念與動詞意義交織在一起，或名詞用作動詞，引申義都沒有脫離原概念固有的本義。

常，事物持久運行的規律現象──按常規行事；

容，包容──就能包容；

公，公允──公允行事；

王，王者──稱王，統領天下；

天，天命——順應天命；

道——守道，循道而行；

久，長久——長久存在。

【解讀與點評】

「致虛極，守靜篤」就是極力達到虛無，一心堅守清靜。「虛」即「空」，心無所欲為「空」；「靜」即清心之靜，是跳出紛亂之靜。「虛空」自然「清靜」。「致虛極，守靜篤」是一種「境界」，達到這種境界，就能淡然看著萬物各自紛紛成長生存；就能懂得客觀事物循環往復的規律，「觀」並不是單純的看，而是透過看總結經驗，把握規律。

「夫物芸芸」之「物」，非特指一物，乃紛紜之萬物；「各復歸其根」之「根」，實乃源頭，乃物之本，它既是歸宿又是源起。「歸根」就是回到生命的本源，《道德經》把回到生命的本源叫作「靜」，又轉了彎說，這就叫「復命」。「歸根」、「靜」、「復命」實際都是「死」的替代詞。看到「復命」，我很自然的想到了「回覆使命」，向造物之神報告「我完成了使命」。其實「復命」等詞絕非「死」的簡單替代，因為「復命」既是舊生命的終結，又是新生命的開始。「復」是「又」、「往復」的意思。「命」是「生命」之「命」，即「生出命」。客觀事物循環往復是規律常態，舊事物的終結是新事物的開始。「復命曰常」告訴我們，此「常」恰恰是生命的循環往復的過程和規律，很像明朝進士萬民英在《三命通會》中說的五行寄生十二宮：「（絕）→胎→養→長生→沐浴→冠帶→臨官→帝旺→衰→病→死→墓→絕。」

「知常曰明」與「不知常，妄作凶」是並列對舉。

在以「不知常，妄作凶」從反面揭示「知常」的意義後，又以「知常容，容乃公，公乃王，王乃天，天乃道，道乃久，沒身不殆」從正面揭示「知常」而守常的意義。

「知常容，容乃公，公乃王，王乃天，天乃道，道乃久」這六個分句有傳遞關係，從「知常」到「沒身不殆」一步一步「承接」，實際上是推理。這六個分句就像數學中的等式，但不可逆：

∵知常＝容，容＝公，公＝王，王＝天，天＝道，道＝久；

∴知常＝久；

∵道乃久，沒身不殆；

∴知常乃久，沒身不殆。

「守靜」、「知常」而「守常」是《道德經》提出的一個主張。要按「守靜」的原則讓事物遵循它的常態軌跡運行，避免妄作。比如國家安全是個常態化的工作，無論是否有政要會議，這個工作都要做，如果覺得這個工作需要加強，也是常態化加強，提高整體安全，不給人以「失常」的感覺。現代媒體在維護社會穩定、促進社會文明上可以發揮積極的作用，要客觀報導新聞，不要製造聳人聽聞的標題，也不要製造讓政府與百姓對立的輿論——這應該是媒體的常態。知常才叫明智，守常才能保持穩定，虛張聲勢的宣傳是製造混亂的妄作。

不懂得事物的運行和發展規律就盲動是「妄作」；明知所做之事有逆客觀規律，仍偏要去做，更是胡作非為的「妄作」。君不見秦始皇「收天下之兵，聚之咸陽，銷鋒鏑，鑄以為金人十二」也未逃脫亡秦的厄運。從一定意義上講，是否知常、守常，考量著統治者的執政能力。只有懂得循環往復的客觀規律，按規律行事，才能包容，才能公道，才配做統治者，才能順應天命——這麼做就是循道而行，就會長久存在。

實際上，本章強調的就是守常，守常就是守道，知常乃久，沒身不殆。

本章有成語「萬物並作」。

第十七章

【原文】

太上，下知有之①；其次，親而譽之②；其次，畏之③；其次，侮之④。信不足焉，有不信焉⑤。悠今，其貴言⑥，功成事遂，百姓皆謂「我自然」⑦。

【通釋】

最好的統治，百姓只知曉他的存在；其次的統治，百姓親近並讚譽他；再次的統治，百姓害怕他；最次的統治，百姓輕視他。在哪裡誠信不足，就會在哪裡產生

不信任。他們很少說話，好像很悠閒，做好了事情成就了功業，百姓都認為「我本來就該這樣」。

【注釋】

① 太上，下知有之：最好的（統治），百姓只知曉他的存在。太上，最上，最好的，這裡指最好的統治。太，大，最，副詞。上，上等。下，作名詞，處下位之人，即後文的「百姓」。有之，有他，他存在。之，代詞，他，代指與「下」對應的統治者。

② 其次，親而譽之：其次的（統治），百姓親近並讚譽他。親，親近。而，順承連接詞，且，並且。「親」前省略了主語「下（百姓）」。譽，讚譽。

③ 其次，畏之：再次的（統治），百姓害怕他。此「其次」是「再其次」。畏，為嚴酷的統治而懼怕。「畏」前省略了主語。

④ 其次，侮之：最次的（統治），百姓輕視他。此「其次」是「再再其次」，因為列舉至此結束，所以為「最次」。侮，輕視，輕慢。「侮」前省略了主語。

⑤ 信不足焉，有不信焉：在哪裡誠信不足，就會在哪裡產生不信任。信，誠信；下一句中「信」是「信任」的意思。焉，兼詞，於是，在哪裡。

⑥ 悠兮，其貴言：清靜無為的統治者從不輕易發號施令。其，他，他們，指統治者。悠，悠閒，即清靜無為。兮，助詞，啊。貴言，把說話看得很貴重，即很少說話，不輕易發號施令。貴，以……為貴。

⑦ 功成事遂，百姓皆謂「我自然」：做好了事情成就了功業，百姓都認為「我本來就該這樣」。功成事遂，天下治理好了。功成，成就了功業。事遂，做好了事情。功、事，都指治國的成就。《釋名》：「事，偉也，偉立也，凡所立之功也。」成、遂，都是完成的意思。自然，本書的「自然」全作「本身的樣子（狀態）」講，與今天的「自然界」的意思不同。自，本身，本來。然，……的樣子，……的狀態。

【意義歸納】

本章強調治國要「貴言」而少為，讓百姓只知曉有這麼一個「官府」。本章實

際談的是統治國家穩固政權的道理。

全章共分為三層。

第一層：「太上，下知有之；其次，親而譽之；其次，畏之；其次，侮之。」列舉了統治者與百姓關係的四種狀態。

第二層：「信不足焉，有不信焉。」點明被「侮之」的原因。

第三層：「悠兮，其貴言，功成事遂，百姓皆謂『我自然』。」介紹「下知有之」的做法和狀態，解釋為什麼會出現「下知有之」。

【文法分析】

<pre>
              並列   並列   並列
  太上，下知有之；｜其次，親而譽之；｜其次，畏之；｜其次，侮之。信不
      因果   因果
足焉，｜有不信焉。悠兮，其貴言，｜功成事遂，百姓皆謂「我自然」。
</pre>

進行文法分析之前，我先從邏輯思維角度分析一下「信不足焉，有不信焉」。

雖然從文法角度「信不足焉，有不信焉」是因果關係，因為「信不足焉」，所以「有不信焉」，但它存在必然條件關係的邏輯連繫，也就是說，它存在「只要……就……」的充分條件邏輯連繫。只要在哪裡出現誠信不足，就會在哪裡產生不信任。

因為「悠兮，其貴言」，所以才會「功成事遂，百姓皆謂『我自然』」，這是因果關係複句。

「悠兮，其貴言」是個單句，「悠兮」是狀詞，「其」是主語，「貴」是謂語，「言」是賓語。「貴」是形容詞用作動詞意動用法，「以……為貴」。這個單句的句子成分分析為：

〔悠兮〕，其貴言

「功成事遂，百姓皆謂『我自然』」是個單句。「功成事遂」這個並列短語作狀詞，「功成事遂」當是「功成事遂後」。「百姓」是主語，「皆」也是狀詞，「謂」是謂語，「我自然」是賓語。

有人把「百姓皆謂我自然」句讀為：「百姓皆謂：『我自然』。」如此句讀，語氣失去了連貫性，因為「百姓皆謂我自然」是一般陳述句的轉述形式，並非對話句，

直接加引號，不可加冒號。

這個單句的成分分析為：

〔功成事遂〕，<u>百姓</u>〔皆〕<u>謂</u>「<u>我自然</u>」

「我自然」是主謂短語：

<u>我自然</u>

【考辨】

「信不足焉有不信焉」這句話，王弼本為「信不足，焉有不信焉」，而河上公本為「信不足焉，有不信焉」，據改。

先討論一下本章的「焉」字。

對本章的第一個「焉」，有學者認為應放在句首，解釋為「於是」：

信不足，焉有不信焉

這樣做的結果，不但第二個「焉」成了多餘，而且第一個「焉」再解釋成「於是」，不符合當時人的語言習慣。「焉有不信」這樣的句式是典型的反問句，反而將完整簡潔的句子變複雜了。

不錯，「信不足焉，有不信焉」此兩句之間存在「於是」的邏輯連繫，但它只是一種生成的邏輯連繫：誠信不足，就產生了不信任。

其實這裡的「焉」是作「於是」來解，但此「於是」不是今天的關聯詞「於是」，而是兼詞，也就是說，這個「於是」當時是兩個詞，焉，兼有這兩個詞的作用，就如「諸」可以解釋成「之於」、「之乎」一樣。「諸」釋成「之於」、「之乎」，被稱為合音詞，因為它是「ㄓ ㄏㄨ」的聲音組合。「焉」解釋作「於是」，雖然不「合音」，但它「合意」：於，介詞，可以根據具體語境解釋成今天的「在」、「從」、「向」、「給」、「對」等；「是」，代詞，可以根據具體語境解釋成今天的「這」、「那」、「哪」、「這裡」、「那裡」、「其中」等。

在「信不足焉，有不信焉」中，兩個「焉」都要先解釋成「於是」，然後再拆解「於是」：於，在；是，那裡，哪裡。河上公釋「信不足焉」為「群信不足於下」、「焉」正是「於之」、「於是」，在此為「於下」。

　　還需要再補充說明的一點是：「於是」是兩個詞的一個組合，是一個介賓短語。在古漢語中，介賓短語常常以「補語」的形式出現，放在動詞的後面；而現代漢語的介賓短語則更經常以狀詞的形式出現，放在動詞的前面。如果直接字字解釋，不調換位置，「信不足焉，有不信焉」當這樣解釋：「誠信不足在哪裡，產生不信任在哪裡。」按現代漢語語言習慣調換位置後就是：「在哪裡誠信不足，（就）在哪裡產生不信任。」掌握古漢語常識的人應該懂得這個關係。

　　為了進一步驗證我的這個觀點，我特意將與老子同時代的《左傳》中的「焉」字找出來，沒有發現可以證明「『焉』應放在句首，解釋為『於是』」的例子，反而有許多「焉」符合我關於兼詞的解釋。再舉大家耳熟能詳的《論語》中的兩個「焉」字來證明我的觀點：

　　見賢思齊焉：見到賢人就想著向他看齊。焉，兼詞，於是，向他。

　　三人行，必有我師焉：幾個人在一起走，一定有我的教師在其中。焉，兼詞，於是，在其中。

　　《道德經》第二章中有「萬物作焉而不辭」，此「焉」就是兼詞，於之。於是，在那裡。

　　「信不足焉，有不信焉」在王弼本《道德經》中兩見，在本章中最合理。

【解讀與點評】

　　「太上，下知有之；其次，親而譽之；其次，畏之；其次，侮之」這裡列舉的四種狀態之間是並列關係。

　　最好的統治效果，就是百姓只知曉「官府」的存在。怎樣才能達到這樣的效果呢？「悠兮，其貴言，功成事遂，百姓皆謂我自然」正是對「太上，下知有之」的詮釋。按老子的觀點，要達到「下知有之」的境界，就必須「貴言」，少為，乃至「無為」，「處無為之事，行不言之教，萬物作焉而不辭」（第二章），「萬物恃之以生而不辭，功成而不名有，衣養萬物而不為主，常無慾」（第三十四章），所以「百姓皆謂『我自然』」。當然，實際上這樣的官府是不存在的。相反，古往今來有多少「官府」為了「政績」刻意而為，傷民、擾民、害民，以顯示它的存在。

其次的統治效果，是百姓對統治他們的官府親近、愛戴而讚譽。老子認為，這個效果只能算「其次」，不如百姓只知曉有政府的存在的「太上」。我倒認為，如果百姓能發自內心的親近、愛戴、稱譽他們的領導人，那已經是相當高的境界了，世間很難找到。老子的「太上，下知有之」只是一種理想化的「盛世」，別說老子之時不存在，在老子之前的堯舜之時也不會存在，在老子之後，已經成為歷史的大治時代也不存在，因為任何統治者都不可能讓民眾無視自己的存在。「親而譽之」的統治事實上應該是最好的結果。如果能保持這種常態，「是謂深根固柢長生久視之道」（第五十九章）。

再次的統治是百姓懾於嚴酷的統治，懼怕官府。使民「畏之」的統治，也算得上是一種穩定的統治，但這種「畏之」一定要建立在威信的基礎上。如果「民不畏威，則大威至：無狎其所居，無厭其所生」，就會出現對抗。（第七十二章）「威」是統治權威，是百姓對權力的敬畏；「信」是統治者的誠信度，是百姓的信服度。懼怕而服，不是發自內心的服；只有「威」而失去了「信」的「畏之」其發展結果必然是「侮之」；繼續發展下去可能會出現「道路以目」，「莫敢言」的局面；再發展下去，就會洪水決堤。

最次的統治是百姓對統治者侮之，其表現是由輕視到詆毀、謾罵，再到想方設法削弱統治。如果是這種程度，那麼統治者就將難以維持統治。

最次的統治是怎樣形成的？「信不足焉，有不信焉」似乎給出了答案：不信任是怎麼產生的，是誠信不足。上信不足，下則侮之。正如王弼點評的那樣：「夫御體失性則疾病生，輔物失真則疵釁作。信不足焉，則有不信，此自然之道也。」大道廢，國家昏亂，必然招致「侮之」。因為沒有了「仁義」就會喪失「道德」，喪失「誠信」，因為統治者昏亂，正臣難做，便沒人做正臣，必使統治偏離正道，必然招致「侮之」。

「太上」、「其次」、「其次」、「其次」，在排列下來的百姓對統治者的態度中，最次的是「侮之」，之所以「侮之」，是因為「有不信焉」，「有不信焉」的原因正是「信不足焉」。「信不足焉」——在哪裡出現誠信不夠，「有不信焉」——就會在哪裡出現不信任。統治者不講信譽，他的統治就會出現信任危機，進而被「侮

之」。

「下知有之」、「親而譽之」、「畏之」、「侮之」是政權建設的四種狀態，也是政權建設的四個層次。從社會發展的趨勢來看，要達到純粹的「下知有之」的政權建設不可能，要達到絕對的「親而譽之」也不可能，但介於「下知有之」、「親而譽之」之間的境界努力還是有可能。要達到這個境界，就要借鑑老子的無為而無不為的思想施政，要有所為有所不為，在取信於民的基礎上得到人民擁戴，實現「親而譽之」；在服務人民的基礎上實現「下知有之」。

我覺得本章談論的重點，表面上是「貴言」，實則「信不足焉，有不信焉」更具有針對性。《道德經》強調了「信」，多處涉及了「誠信」。

堯舜之時，乃至老子之時，統治者很難與百姓直接溝通，傳播政令還得靠負版，靠木鐸，靠布告。當今已經是傳媒時代，統治者能夠與百姓直接溝通、直接對話。資訊社會，「信」顯得尤為重要。要取信於民，一定要做到自身守信。如果統治者失信，必然會招致百姓唾棄。

本章有成語「親而譽之」與「功成事遂」。

第十八章

【原文】

大道廢，安有仁義[1]！六親不和，安有孝慈[2]！國家昏亂，安有正臣[3]！

【通釋】

大道廢弛，怎麼會有仁義！六親不和，怎麼會有孝慈！國家昏暗動亂，怎麼能有正臣！

【注釋】

① 大道廢，安有仁義：大道廢弛，怎麼會有仁義。王弼本中的本句為「大道廢，有仁義」。據郭店楚竹簡及帛書甲乙本改（詳析見本章【點評】），以下諸句相同。大道，是正面之道，是治國安天下總體因循的思想觀念、方針政策

和運行態勢，是治國安天下潛在的運行軌跡，是治國安天下者的主流道德標準、核心價值取向、行為規範在治國安天下上的體現，是由治國安天下者思想行為潛在導向而形成的社會主流官風、民風，即整個社會的主流風氣。廢，廢弛。

② 六親不和，安有孝慈：六親不和，怎麼會有孝慈。王弼本中的本句為「六親不和，有孝慈」，另在此句上還有「智慧出，有大偽」句。六親，指父、子，兄、弟，夫、婦，也泛指親緣關係。孝慈，子女愛父母叫孝，父母愛子女叫慈。孝慈是兒女孝順父母，父母庇護子女。

③ 國家昏亂，安有正臣：國家昏暗混亂，怎麼能有正臣。王弼本中的本句為「國家昏亂，有正臣」。國家，國與家。有版本作「邦家」。邦，也稱「國」，即諸侯國，是周天子為其子弟臣屬分封的疆土與屬民；家，大夫的領地和屬民，即大夫的食邑或采邑。昏亂，昏暗動亂。昏，昏聵，亦指邦君或家長昏聵。亂，指邦家治理得不好，混亂。正臣，正直的臣子。

【意義歸納】

本章強調的是「大道不可廢」。

【文法分析】

假設　　　　並列　　　　假設　　　　並列　　　　假設
大道廢，‖安有仁義！｜六親不和，‖安有孝慈！｜國家昏亂，‖安有正臣！

全章是一個複句。三組反問句是並列關係，為第一重，各句內部為假設關係，分別為第二重。

「大道廢，安有仁義」雖然是個反問的疑問句，但本句仍然存在假設或條件的邏輯關係，也就是說，如果「大道廢」，就不會「有仁義」；或者說，只要「大道廢」，就不會「有仁義」，以下「六親不和，安有孝慈」、「國家昏亂，安有正臣」理同。

【考辨】

《道德經》（老子）通行本主要有王弼本與河上公本。這兩個版本的第十八章

115

是一樣的：

　　大道廢，有仁義；智慧出，有大偽；六親不和，有孝慈；國家昏亂，有忠臣。

　　意思大致為：

　　大道廢弛，就出現了仁義；智慧出現了，就產生了大偽；六親不和，就產生了孝慈；國家昏亂，才出現了忠臣。

　　也有人這樣解釋：

　　拋棄了大道，仁義就出現了；產生了智慧，過度的虛偽就出現了；六親不和諧，子孝父慈就出現了；國君昏聵國家動亂，忠臣就出現了。

　　我對王弼版本章的章句持完全否定的態度，同時也否定以往許多學者據王弼本所做的讚許解析和點評。

　　為什麼會出現這樣的解釋呢？問題的癥結就在於王弼本與河上公本，都漏抄了一個重要的「安」字，又增加了「智慧出，有大偽」六個字。當然，始作俑者不一定是王弼、河上公。

　　首先，我們先辨析一下本章的幾個概念。

　　「道」是《道德經》中反覆出現的概念。這裡的「道」，是一個「混而為一」、「不可致詰」的概念。簡言之，《道德經》中的「道」，是自然及客觀事物順暢運行應遵循的正確軌跡。「道」是客觀存在，是規律，是做人、治人、事天、行事應依據的準則。「大道」是《道德經》弘揚的「主義」。「大道泛兮，其可左右」（第三十四章），「使我介然有知，行於大道，唯施是畏。大道甚夷，而人好徑」（第五十三章）的三個「大道」的譬喻義都非常明確，「大道」是治國安天下總體因循的思想觀念、方針政策和運行態勢——這種思想觀念、方針政策不是表面文章，不是口頭上的粉飾，不是文字上的冠冕堂皇，是治國安天下潛在的運行軌跡，是治國安天下者的主流道德標準，核心價值取向、行為規範在治國安天下上的體現，是由治國安天下者思想行為潛在導向而形成的社會主流官風、民風，即整個社會的主流風氣。「大道」實是老子推崇的正面之道，老子怎麼能鼓吹讓它廢棄呢！

　　「六親」指父、子、兄、弟、夫、婦，也泛指親緣關係。「孝慈」就是兒女孝順父母，父母庇護子女。子女愛父母叫「孝」，父母愛子女叫「慈」。「六親」是

不可混淆的概念，它局限於某個具體的家庭或家族。李家的孝慈不能與張家的六親不和混為一談，李家的孝慈當然是建立在李家六親和睦的基礎上。

「國家」即國與家。「國」也稱「邦」，但並不是今天意義上的「國」，而是分封制度下，君主一級一級為其子弟臣屬分封的疆土與屬民。「家」也不是今天簡單意義上的「家」，而是分封制度下大夫的領地和屬民，也就是大夫的食邑、采邑。

「正臣」，正直的臣子——還是用「正臣」好，一部《左傳》都沒有出現過「忠臣」字樣，「忠臣」之說到了後世才出現。

其次，通行本原文就自相矛盾。我們透過分析正面認識與反面認識來比較一下：

大道廢（反）有仁義（正）「大道廢」是壞事，「有仁義」是好事；

智慧出（正）有大偽（反）「智慧出」是好事，「有大偽」是壞事；

六親不和（反）有孝慈（正）「六親不和」是壞事，「有孝慈」是好事；

國家昏亂（反）有正臣（正）「國家昏亂」是壞事，「有正臣」是好事。

透過比較，明顯可以看出「智慧出，有大偽」與其他三組話極不契合。經查郭店楚竹簡（以下簡稱《郭簡》）沒有「智慧出，有大偽」字樣，長沙馬王堆出土的帛書（以下簡稱《馬帛》）甲乙本有「智慧出，安有大偽」字樣。結論是「智慧出，有大偽」是漢代以後「加入」的，而去掉了「安」的篡改肯定違背了老子的原意。

再次，《郭簡》、《馬帛》甲乙本向我們提供了與通行本意思截然相反的文字。幾個版本均在每句「有」前多加了一個「安」或「案」字。

《馬帛》甲本：

故大道廢，案有仁義！智慧出，案有大偽！六親不和，案有孝慈！邦家昏亂，案有貞臣！

《馬帛》乙本：

故大道廢，安有仁義！智慧出，安有大偽！六親不和，安有孝慈！國家昏亂，安有貞臣！

《郭簡》

故大道廢，安有仁義！六親不和，安有孝慈！國家昏亂，安有正臣！

（以上引文標點均為筆者所加）

結論是，「大道廢，有仁義；智慧出，有大偽；六親不和，有孝慈；國家昏亂，有忠臣」是經過篡改的文字。

被篡改後的句式是陳述句，加「安」的句式為疑問句中的反問句。「安有」是典型的反問固定結構。兩種句式不同，表達的意思截然相反。

要正視「安」字，對《馬帛》、《郭簡》中的「安」字不能視而不見。「安有」、「安在」等是常出現的文言固定結構。「安」是「怎麼」的意思。第七十九章「安可以為善」中的「安」即此意。

試比較兩種句式：

大道廢，安有仁義！──強調失去了大道，必然少仁義、喪失仁義；

大道廢，有仁義──強調失去大道，才顯現出仁義或者才有了仁義。

六親不和，安有孝慈！──強調六親不和，從哪裡能看出孝慈，怎麼能有孝慈，也就是六親不和必然失去孝慈；

六親不和，有孝慈──強調六親不和才顯現出孝慈或者是比較出孝慈，這個比較沒有辦法進行，張家的六親不和不能同李家的有孝慈作比較。

國家昏亂，安有正臣！──強調國家昏亂，就會缺少正直的臣子；

國家昏亂，有忠臣──強調國家越昏亂就越有忠臣或顯現出忠臣。

可見上述前者所強調的，都是正理、常理，是客觀存在；後者都是違背常理的謬論，是所謂的「辯證」，是詭辯。試問，是太平盛世缺少仁義還是失道之世缺少仁義，是家庭和睦沒有孝慈還是六親不和沒有孝慈，是清明政治下沒有正臣還是腐敗政治下缺失正臣？

同「安」字一樣，對本章中的「有」也需要正確解釋。「有」表示存在。如果要表達「顯現」的意思，為什麼不用「見」，而用「有」？也就是說，如果按通行本的文字，老子為什麼不說「大道廢，見仁義；智慧出，見大偽；六親不和，見孝慈；國家昏亂，見忠臣」？

「大道廢，安有仁義！六親不和，安有孝慈！國家昏亂，安有正臣」演變為「大道廢，有仁義；智慧出，有大偽；六親不和，有孝慈；國家昏亂，有忠臣」，既有惡意篡改，也有肆意歪曲。後人圍於前人的解讀，甚至不去推演它的邏輯關係，甚

至刻意把「安」解釋成「於是」，就是不用最常用的形式來解讀「安有」。如果不跳出前人各種說法的窠臼，對老子的個別解讀就可能永遠停留在錯誤上，或者在錯誤中徘徊。在研讀《道德經》中我有一個最大的心得，就是「不要被傳統的解讀限制了思維」。

所謂的「大道廢與仁義，六親不和與孝慈，國家昏亂與忠臣的對立統一」，「大道廢弛才應提倡仁義，六親不和才應提倡孝慈，國家昏亂才提倡忠臣」之說純屬自相矛盾的無稽之談。大道都廢弛了誰還會去真正推崇仁義？哪一家真正孝慈會出現六親不和？哪個國家混亂還會湧現正直的臣子？

有人這樣點評本章：「大道存，仁義在其中，不得而顯，僅此而已。忠臣、孝慈、仁義三事，皆因時因勢而出，不值得三事前後大加傳耀也。清官之出，世之悲哀。有人查證，清官可惡，甚於貪官，此處存一記。」此說大謬！

以上引述的歪理邪說與老子的思想南轅北轍，背「道」而馳。老子主張「為之於未有，治之於未亂」（第六十四章），他怎麼能在大道廢弛時才主張提倡仁義，在國家昏亂時才呼喚忠臣，在六親不和時才要找回孝慈呢？

《道德經》第十八章，實應為：大道廢，安有仁義！六親不和，安有孝慈！國家昏亂，安有正臣！

【解讀與點評】

仁義本來就是天然的存在，夜不閉戶，路不拾遺是文明和平盛世的產物，大道廢棄時才會失去。孝慈是一種應該有的本能，是與六親和睦為一體的；六親不和諧何以體現孝慈！雖然正直之人什麼時代都有，但忠臣只能在清明政治下存身，國家昏亂之時正臣難為。「人之初，性本善。」仁義、孝慈，應該是人類潛意識的本能，是人類的天性。別說人類，許多動物也有此本能，「虎毒尚不食子」呢。仁義、孝慈、忠臣這三種情況應該是常態，混亂時才會失去常態。

「大道廢，安有仁義！」大道，正確的治國之道，做人行事應該遵循的正確的道。「大道廢」，猶言世風不穀。世風不穀是怎麼造成的，大道為什麼會被廢？顯然這種廢來自統治者，是統治者的治國思想出問題，是統治者的價值取向出問題，是統

治者的行為導致正道偏廢。《墨子·兼愛》中講述了「楚王好細腰」的故事：「昔者楚靈王好士細腰，故靈王之臣皆以一飯為節：脅息然後帶，扶牆然後起。比期年，朝有黧黑之色。」《左傳·閔公二年》記載了衛國的一次亡國經歷：「冬十二月，狄人伐衛。衛懿公好鶴，鶴有乘軒者。將戰，國人受甲者皆曰：『使鶴，鶴實有祿位，余焉能戰！』公與石祁子玦，與寧莊子矢，使守，曰：『以此贊國，擇利而為之。』與夫人繡衣，曰：『聽於二子。』渠孔御戎，子伯為右，黃夷前驅，孔嬰齊殿。及狄人戰於熒澤，衛師敗績，遂滅衛。」上有所好，下必從之；民不堪之，必不與之──亡國之災降臨就成為必然。

缺失了正確之道，道德就會滑坡，人就會欺心，才會出現地溝油、瘦肉精、毒奶粉一類的事，才會出現政府參與強拆、公立醫院的醫生看病收紅包、公立學校的教師濫收費補課、人民法院的法官昧良心斷案、未工作的人冒名領空餉；才會出現得到他人幫助，不但不感恩戴德，反而血口噴人訛詐的事情，進而出現人摔倒在路上沒有人敢去救助；才會出現考試打小抄、替考氾濫……「大道廢」就是失去正常之道。失去正常之道，必然失去公平正義，必然失去理應得到社會公認的倫理道德，必然拋棄仁義。上列各種現象正是拋棄仁義的結果。愛人、救人、扶助人的仁義之舉本來應該是常態，感恩回報也應該是常態，什麼情況下會失去常態？失道才會失去常態。老子認為，聖人之治，不會出現這種情況。

「六親不和，安有孝慈！」這是很現實、很客觀反問，六親已然不和，哪來的孝慈？試看天下家庭，是六親和有孝慈，還是六親不和有孝慈！

「國家昏亂，安有正臣！」國家昏亂，即國家治國方針混亂（朝綱紊亂）。先以殷紂為例。紂王無道，國家昏亂，紂王的同母兄微子屢諫不聽，於是微子便隱居於荒野。殷紂王的叔父箕子，也多次勸說紂王，紂王不聽，於是箕子就披髮裝瘋，被紂王拘囚，降為奴隸；比干也是殷紂王的叔父，他因勸諫被剖胸挖心，紂王就這樣失去了身邊所有的正臣。再看春秋時的小邦衛國：孔子曾稱道的寧武子「邦有道則知，邦無道則愚」，他裝傻簡直「愚不可及」。還有一個也是孔子稱道的人──蘧（ㄑㄩˊ）伯玉：「君子哉蘧伯玉！邦有道則仕，邦無道則可卷而懷之。」蘧伯玉是君子，他最大的修養就是採取不介入的態度來躲避邪惡、躲避禍亂，兩次在國

家無道混亂時「出關」（見《左傳‧襄公十四年》和《左傳‧襄公二十六年》）。寧武子、蘧伯玉本都可以算作正臣，但是在昏亂無道的時候或裝傻或迴避，他們在保全自己，不做亂世的正臣——這些事情老子或許都知曉。這恰恰是「國家昏亂，安有正臣」的實例。史上有名的正臣（忠臣）魏徵，也是沒有生活在亂世，而是生活在唐太宗貞觀之治的太平盛世。因此，翻翻史書就可以發現，是國家昏亂時正臣多，還是國家大治時正臣多？

為了解說得更透徹，我們再不厭其煩的從正面探討一下大道存，六親和，國家清正會出現怎樣的局面：大道存必然仁義滿天下，六親和必然子孝父慈，國家清正，必然君正臣忠。結論：在天下，道存則仁義存；在家，道存則孝慈存；在國，道存則正臣存。

本章有成語「六親不和」。

第十九章

【原文】

絕知棄辯，民利百倍①；絕偽棄詐，民復孝慈②；絕巧棄利，盜賊無有③：此三者以為文不足④，故令有所屬⑤：見素抱朴⑥，少私寡慾⑦，絕學無憂⑧。

【通釋】

棄絕玩弄心機，摒棄巧言辯解，百姓會獲得百倍的好處；棄絕弄虛作假，摒棄誆騙欺詐，百姓會歸向孝順和慈愛；棄絕投機取巧，摒棄謀取利益，盜賊就不會出現：用這三條做表面文章還不夠，應該讓百姓有遵循的標準：看見樸素就會持守淳厚，少了私利就會淡泊慾望，摒棄效仿的比較，就會沒有憂愁。

【注釋】

① 絕知棄辯，民利百倍：棄絕玩弄心機，摒棄巧言辯解，百姓會獲得百倍的好處。通行本此句為「絕聖棄智，民利百倍」，與老子一貫思想矛盾，據郭店簡本改。絕，杜絕，棄除。知，同「智」，智謀，用作動詞，用智慧。郭店

簡本「知」為「智」，為使本書體例保持一致，一律用「知」。棄，拋棄，摒棄。辯，詭辯，巧辯。

② 絕偽棄詐，民復孝慈：杜絕虛偽，摒棄奸詐，百姓會歸向孝順和慈愛。通行本此句為「絕仁棄義，民復孝慈」，與老子一貫思想矛盾，據郭店簡本改。偽，虛偽。詐，奸詐，欺詐。復，回歸，歸向。孝慈，兒女孝順父母，父母庇護子女。子女愛父母叫孝，父母愛子女叫慈（參見前章注釋②）。

③ 絕巧棄利，盜賊無有：杜絕機巧，摒棄財利，盜賊就不會出現。巧，技巧，機巧。利，貴重的財物。

④ 此三者以為文不足：這三條用來做表面文章還不夠。此，指上文的三個「絕……棄……」。文，文采，表面的裝飾。

⑤ 故令有所屬：應該讓百姓有遵循的參照。故令，應該讓……要讓……《說文》：「故，使為之也。」「令」後省略了賓語。有所，有……操作的原則，有……遵循的模式，有……參照的標準。屬，音ㄓㄨˇ，遵循，依循。

⑥ 見素抱朴：看見樸素就會持守淳厚。見，音ㄐㄧㄢˋ，看見。素，本義為白色，質樸純真。抱，持守。朴，未經過加工的原木，比喻純樸淳厚的民風（參見十五章注釋⑦）。

⑦ 少私寡慾：少了私利就會淡泊慾望。私，私利。欲，慾望，貪慾。寡，用作動詞，使……淡漠，使……少。

⑧ 絕學無憂：摒棄效仿的比較，就會沒有憂愁。本句王弼本為第二十章的第一句，與該章下文沒有任何連繫，按文義移入本章。學，音ㄒㄧㄠˋ，教，效仿。《尚書大傳》：學，效也。近而愈明者學也。

【意義歸納】

本章先破後立，從反面提出三個絕棄主張，又從正面提出因循的原則。

【文法分析】

　　絕知棄辯，民利百倍；絕偽棄詐，民復孝慈；絕巧棄利，盜賊無有：此三

　　　　　　因果

者以為文不足，｜故令有所屬：見素抱朴，少私寡慾，絕學無憂。

　　全章是一個因果關係的複句。

　　「絕知棄辯，民利百倍；絕偽棄詐，民復孝慈；絕巧棄利，盜賊無有：此三者以為文不足」是因；「故令有所屬：見素抱朴，少私寡慾，絕學無憂」是果。

　　在作為「因」的這個分句中，「絕知棄辯，民利百倍；絕偽棄詐，民復孝慈；絕巧棄利，盜賊無有」是「此三者」復指的內容，與「此三者」共作主語；「此」前的冒號是表示總分關係，這裡是「先分說後總說」。「以為文不足」是謂語。這個單句的文法成分分析為：

　　絕知棄辯，民利百倍；絕偽棄詐，民復孝慈；絕巧棄利，盜賊無有：此三者

以為文不足

　　被「此三者」復指的「絕知棄辯，民利百倍；絕偽棄詐，民復孝慈；絕巧棄利，盜賊無有」是並列關係的複句短語，它的內部關係為：

　　　假設　　　　**並列**　　　　**假設**　　　　**並列**　　　　**假設**

　　絕知棄辯，‖民利百倍；｜絕偽棄詐，‖民復孝慈；｜絕巧棄利，‖盜賊

無有

　　作為「果」的這個分句「故令有所屬：見素抱朴，少私寡慾，絕學無憂」是無主語句。「令有」是謂語；「見素抱朴，少私寡慾，絕學無憂」是「所屬」復指的內容，與「有所屬」共作賓語。「屬」後的冒號是表示總分關係的提示，此處是先總說後分說。這個單句的文法成分分析為：

　　故令有所屬：見素抱朴，少私寡慾，絕學無憂

　　被「所屬」復指的「見素抱朴，少私寡慾，絕學無憂」是並列關係的複句短語。各參與組合的短語本身又分別是條件關係的「緊縮複句」短語。「見素抱朴」就是「見到樸素就會趨向單純」，見，讀為「ㄐㄧㄢˋ」；「少私寡慾」就是「少了私

利就會減少慾望」；「絕學無憂」就是「摒棄學問就會沒有煩惱」。「見」是不可以解釋為「使……出現」的，要注意，三個短語的施事者是相同的，按「使……出現」解釋，施事者就發生了變化，違背了同一律。

這個並列複句短語內部的關係為：

```
        並列        並列
見素抱朴，│少私寡欲，│絕學無憂
```

【考辨】

本章王弼本為：「絕聖棄智，民利百倍；絕仁棄義，民復孝慈；絕巧棄利，盜賊無有。此三者以為文不足，故令有所屬：見素抱朴，少私寡慾。」

「絕知棄辯」，王弼通行本作「絕聖棄智」；「絕偽棄詐」，通行本作「絕仁棄義」，據郭店簡本予以改正。並據文意將「絕學無憂」挪至本章。

陳鼓應在他的《老子今注今譯（二〇〇九年版）》一書中說：「老子以『聖』喻最高人格修養境界，而通行本『絕聖』之詞則與全書積極肯定『聖』之通例不合。『絕聖棄智』見於莊子後學《胠篋》、《在宥》篇，傳抄者據以妄改所致。」「《老子》八章主張人與人交往要尚仁（『與善仁』），可見老子並無棄絕（仁）義之說。郭店簡本出土，始知為人妄改。《莊子‧胠篋》有『攘棄仁義』之說，由此可窺見原本『絕偽棄詐』被臆改為『絕仁棄義』，可能受莊子後學激烈派思想影響所致。」通讀《道德經》王弼通行版時，感覺這兩處明顯與《道德經》全篇相悖，互相衝突，不合邏輯，贊同陳鼓應對此的處理。

用「絕聖棄智」、「絕仁棄義」篡改「絕知棄辯」、「絕偽棄詐」，不但荒謬，而且惡毒；不但違背了老子的本意，還把老子變成倡導不仁不義的惡人。可以斷言，用「絕聖棄智，民利百倍；絕仁棄義，民復孝慈；絕巧棄利，盜賊無有」取代「絕知棄辯，民利百倍；絕偽棄詐，民復孝慈；絕巧棄利，盜賊無有」，是惡意的篡改。

「絕學無憂」諸本均列為二十章的首句，結果使得這句話在二十章找不到，此乃後人初分章時形成的錯誤，帛書甲、乙本均不分章；然而郭店簡本的「絕學無憂」已經脫漏了。「絕學」與「見素」、「少私」同類，且它與本章「此三者」緊密相連。「絕

知棄辯」需要「絕學」,「絕學」就會「無憂」;要「絕偽棄詐」,就必須提倡「見素抱樸」;做到了「絕巧棄利」,就會促使人「少私寡慾」。

關於「絕學無憂」,起初我也認為是「放棄學習就沒有憂愁」,總覺得不可思議;後來查找到「學」的「ㄒㄧㄠˋ」音和「仿效」的解釋。《尚書大傳》解釋說:「學,效也。近而愈明者學也。」《廣雅》也有解釋說:「學,教也。」《禮記‧文王世子》有這樣一句話:「凡學(ㄒㄧㄠˋ)世子及學(ㄒㄩㄝˊ)士(凡是世子及學士都要接受教導)。」《禮記‧學記》:「兌命曰:『學(ㄒㄧㄠˋ)學(ㄒㄩㄝˊ)半』(效仿是學習的一半),其此之謂乎!」有了這個解釋便豁然開朗。

【解讀與點評】

本章的三個「絕」與「棄」為互文形式,兩個字意思一致。

「絕知棄辯,民利百倍;絕偽棄詐,民復孝慈;絕巧棄利,盜賊無有」是老子對統治者的告誡。

「絕知棄辯,民利百倍」指向明確,針對性強。為什麼要「絕知」?是為了百姓的利益。因為「以知治國」是「國之賊」,「不以知治國」才是「國之福」(第六十五章)。為什麼要「棄辯」?因為辯就是「詭辯」、「狡辯」,就是強詞奪理。「善者不辯,辯者不善」(第八十一章)。明明在愚弄百姓,還要強詞奪理,冠冕堂皇的找出各種藉口。不算計百姓,盤剝百姓,不用花言巧語欺騙百姓,百姓才能得以休養生息,才會「我無事而民自富」(第五十七章)。要明確,老子的「棄知」是摒棄耍心機,摒棄算計百姓,並不摒棄「明智」。

「絕偽去詐,民復孝慈」態度鮮明,目的明確。為什麼要「絕偽棄詐」?因為「偽」是假象,「詐」是欺騙,「偽」與「詐」是邪惡的東西,是「大道廢」的根源,敗壞了官風與民風,擾亂了人際關係。「偽」與「詐」帶來的是世風不穀。「絕偽棄詐」才會「我無慾而民自樸」(第五十七章)。「孝慈」是人類最原始的本能,是最樸素的特質,不孝不慈的產生正是源於「偽」、「詐」。「復」是恢復,是道德的回歸。

「絕巧棄利」導民向樸,是「使民復結繩而用之」的「甘其食,美其服,安其居,樂其俗」的策略(第八十章)。為什麼要「絕巧棄利」?因為巧、利是吸引人的東

西，是來自外界的誘惑，是「難得之貨」（第三章）。「人多技巧，奇物滋起」（第五十七章），「難得之貨」與「奇物」混亂了人心，污染了官風和民風。「絕巧棄利」才能達到「使民不為盜」（第三章），達到清靜無為。

從老子提出的「三絕三棄」中，我們可以看出老子之時的社會狀態。

「此三者以為文不足」就是「只是把這三條放在口頭上談還不行」，那應該怎麼辦呢？要讓人們有所遵循。三者指「絕知棄辯」、「絕偽棄詐」、「絕巧棄利」。三個「絕……棄……」只是「破」，還要有所「立」，「故令有所屬」，應該讓人有所依循。屬，音ㄓㄨˇ，連接，引申為跟隨，追隨，依循。棄絕了智辯、偽詐、巧利，還要用「朴」填補空白：見素就會抱朴，進而達到少私就會寡慾、絕學就會無憂的境界。

素，沒有染色的絲。朴，未經雕琢的木。見素抱朴——看見素淡就會懷想質樸；少私寡慾——少了私利就會消除慾望；絕學無憂——棄絕學問就會遠離憂慮。

其實，「絕學無憂」與「見素抱朴」、「少私寡慾」正是老子提出的三條參照標準。從語言結構和邏輯思維角度看，「見素」是「抱朴」的前提，「少私」是「寡慾」的前提，「絕學」是「無憂」的前提，在老子看來，只要「見素」、「少私」、「絕學」，就會「抱朴」、「寡慾」、「無憂」；而且只有「見素」、「少私」、「絕學」，才會「抱朴」、「寡慾」、「無憂」。它們的前後件之間是充要條件關係。「無憂」又總述「見素」、「少私」、「絕學」、「抱朴」、「寡慾」五事，就是說，「見素」、「少私」、「絕學」、「抱朴」、「寡慾」後，自然就會「無憂」。

本章有成語「絕知棄辯」、「絕偽棄詐」、「絕巧棄利」、「見素抱朴」、「少私寡慾」和「絕學無憂」。

第二十章

【原文】

唯之與阿，相去幾何①？善之與惡，相去若何②。人之所畏，不可不畏③。荒兮，其未央哉④！

眾人熙熙，如享太牢，如春登台⑤；我獨泊兮，其未兆如嬰兒之未孩⑥，儽儽兮，若無所歸⑦。眾人皆有餘，而我獨若遺⑧，我愚人之心也哉⑨！沌沌兮⑩，俗人昭昭，我獨昏昏⑪；俗人察察，我獨悶悶⑫。眾人皆有以，而我獨頑似鄙⑬——我獨異於人，而貴食母⑭。

【通釋】

恭維與阿諛，相差有多大？善良與醜惡，相差也就這麼多。人們所畏懼的，我不能不畏懼。

廣闊啊，它沒有盡頭啊！

大家都和和樂樂，好像在參加盛大的宴會，好像在春天登上觀景台；只有我淡漠的沒有什麼反應，像嬰兒還沒有長成有慾望的小孩；垂頭喪氣的好像無家可歸。大家都過著富足的生活，只有我像被遺棄了，我難道是心智不全的人嗎？混混沌沌的，普通人明明白白，我獨自糊塗；普通人清清楚楚，我獨自迷迷。大家都在追逐著什麼，只有我遲鈍的像個傻子——我獨自與別人不同，只看重從道中獲得營養。

【注釋】

① 唯之與阿，相去幾何：恭維與阿諛，相差有多大。唯，表贊成的應答之聲，恭維的應答。之，放在「唯」與「與阿」這個主謂短語之間，取消該短語的獨立性，下文「善之與惡」中的「之」，用法相同。阿，音ㄜ，表討好的應答之聲，阿諛的附會。相去，相差。去，距離，差距。幾何，多少，幾多，極言其少。何，多。例如，「居無何，史者果召參。」（《史記‧曹參傳》）

② 善之與惡，相去若何：善良與醜惡，相差就像這麼多。善，善念善行。惡，惡念惡行。若何，像這麼多。

③ 人之所畏，不可不畏：人們畏懼的，我不能不畏懼。之，放在「人」與「所畏」這個主謂短語之間，取消該短語的獨立性。所畏，害怕的。

④ 荒兮，其未央哉：人生之路非常廣闊，它沒有盡頭啊。荒，廣大貌，這裡指（人生）路途漫長。未央，沒有盡頭，沒有止境。央，止，盡頭。

⑤ 眾人熙熙，如享太牢，如春登台：大家都和和樂樂，好像參加盛大的宴會，

127

好像在春天登上觀景台。熙熙，和樂的樣子。享，享用。太牢，古代帝王、諸侯祭祀社稷或宴享高貴的客人時用牛、羊、豬三牲稱「太牢」。

⑥ 我獨泊兮，其未兆如嬰兒之未孩：只有我淡泊的沒有任何反應，像嬰兒還沒有長成有慾望的小孩。泊，淡泊。其未兆，那沒有反應的樣子。未兆，沒有任何反應。兆，徵兆，反應。嬰兒之未孩，嬰兒還沒變成孩子。嬰兒，對客觀外界的事物渾然不覺，懵懂狀態的幼兒。之，放在「嬰兒」與「未孩」這個主謂短語之間，取消該短語的獨立性。孩，對客觀外界事物開始有反應，有一定感覺狀態的兒童，這裡用作動詞，長成孩子。

⑦ 儽儽兮，若無所歸：垂頭喪氣的好像無家可歸。儽，音ㄌㄟˊ，失落孤獨的樣子。無所歸，沒有待著的地方，無家可歸。無所，沒有……地方。

⑧ 眾人皆有餘，而我獨若遺：大家都過著富足的生活，只有我像被遺棄了。有餘，有富裕的財產。而，連接詞，在這裡相當於「只有」。遺，遺棄，拋棄。

⑨ 我愚人之心也哉：我難道是心智不全的人嗎？愚人之心，用作動詞，長著愚人的心。也哉，助詞連用，表達強烈的反問語氣。

⑩ 沌沌兮：渾渾噩噩的。沌沌，無知的樣子。

⑪ 俗人昭昭，我獨昏昏：普通人明明白白，我卻獨自糊塗。昭昭，精明伶俐的樣子。昏昏，昏沉欲睡的樣子。

⑫ 俗人察察，我獨悶悶：普通人清清楚楚，我卻獨自迷糊。察察，內心明了的樣子。悶悶，音ㄇㄣˊ ㄇㄣˊ，內心沉悶的樣子。

⑬ 眾人皆有以，而我獨頑似鄙：大家都有事可做，只有我頑劣的像不開化的人。王弼版《道德經》在本句前有「澹兮，其若海，飂兮，若無止」，其意與前後不合，挪至第十五章。有以，有原因，有追求，有依靠，有所為，有所圖。頑，頑劣，頑固。鄙，淺陋無知。

⑭ 我獨異於人，而貴食母：我與別人不同，只看重從道中獲得營養。食母，讓我能吃上飯的母親，即「道」，因為「道」是天下萬物產生的根本，故稱其為「食母」。

【意義歸納】

本章是老子的宣誓，表達了「我」堅持道的操守的決心。

本章的「唯之與阿，相去幾何？善之與惡，相去若何。人之所畏，不可不畏」與它後面的內容意思有很大的差距，要連繫起來看有些難度。姑且把上面的內容單獨分段。這一段講善與惡本一念之差，要存有畏懼之心。

「荒兮，其未央哉」是一個感嘆句，獨立為第二段，感慨「道」無止境。

第三段講眾人皆有所圖，只有我貴食母。這一段又可以分為兩層：

第一層：「眾人熙熙，如享太牢，如春登台；我獨泊兮，其未兆如嬰兒之未孩。儽儽兮，若無所歸。眾人皆有餘，而我獨若遺。我愚人之心也哉！」分說「眾人皆有以」，「我獨異於人」：一是對於名利，眾人熙熙，我獨泊兮；二是對於財富，眾人有餘，我獨若遺。

第二層：「沌沌兮，俗人昭昭，我獨昏昏；俗人察察，我獨悶悶。眾人皆有以，而我獨頑似鄙——我獨異於人，而貴食母。」強調「我獨異於人而貴食母」。

【文法分析】

並列
　　唯之與阿，相去幾何？｜善之與惡，相去若何。<u>人之所畏</u>，<u>不可不畏</u>。

〔荒兮〕，<u>其未央哉</u>！
並列
　　眾人熙熙，如享太牢，如春登台；｜我獨泊兮，其未兆如嬰兒之未孩，儽
　　　　　　　　　並列　　　　　　因果
儽兮，若無所歸。眾人皆有餘，‖而我獨若遺，｜我愚人之心也哉！沌沌兮，
　　　並列　　　　並列　　　並列　　　　　　　　並列
俗人昭昭，‖我獨昏昏；｜俗人察察，‖我獨悶悶。眾人皆有以，｜而我獨
　（表現為）
頑似鄙——我獨異於人，而貴食母。

「人之所畏，不可不畏」是個單句。「人之所畏」是主語，它是一個主謂短語，「之」是放在主謂短語之間取消該短語獨立性的助詞，「所畏」相當於「的字短語」，「不可不畏」是謂語。

「荒兮，其未央哉」是一個單句。「荒兮」是狀詞，「其」是主語，「未央」是謂語。

「眾人熙熙，如享太牢，如春登台」是單句。「眾人」是主語，「熙熙」是狀詞，「如享太牢，如春登台」是並列複句短語作謂語。這個單句的句子成分分析為：

眾人〔熙熙〕，<u>如享太牢，如春登台</u>

「我獨泊兮，其未兆如嬰兒之未孩，儽儽兮，若無所歸」是單句，因為前後共由一個主語「我獨」統領，「獨」就是「獨自」，它與「我」結合緊密，「其」是復指「我獨」的，所以共為主語，「泊兮」和「儽儽兮」是狀詞，「未兆如嬰兒之未孩」和「若無所歸」是謂語。這個單句的文法成分為：

我獨〔泊兮〕，<u>其未兆如嬰兒之未孩</u>；〔儽儽兮〕，<u>若無所歸</u>

這個單句的謂語部分是一個並列複句短語，這個複句短語內部的關係為：

並列

泊兮，其未兆如嬰兒之未孩，｜儽儽兮，若無所歸

「沌沌兮，俗人昭昭，我獨昏昏；俗人察察，我獨悶悶」是個並列複句。「沌沌兮」是個特殊狀詞，它對分號前後都起作用，可以把它當作獨詞句處理。

「沌沌兮，俗人昭昭，我獨昏昏；俗人察察，我獨悶悶」是複句，因為這個語言單位有多個主語。「俗人昭昭，我獨昏昏」與「俗人察察，我獨悶悶」為第一重並列關係，「俗人昭昭」與「我獨昏昏」以及「俗人察察」與「我獨悶悶」為第二重並列關係。這一組的四字句都是主謂短語構成的。試作文法分析：

俗人<u>昭昭</u>

我獨<u>昏昏</u>

「俗人察察，我獨悶悶」亦然。

王弼版《道德經》在「眾人皆有以，而我獨頑似鄙」之句前有「澹兮，其若海，飂兮，若無止」一句，其意與前後不合，挪至第十五章。

在「眾人皆有以，而我獨頑似鄙——我獨異於人，而貴食母」這個複句中，「眾人皆有以」與「我獨頑似鄙」形成鮮明對比，是並列關係。「而我獨頑似鄙」的表現為「我獨異於人，而貴食母」。破折號的意思是「表現為」。

「我獨異於人，而貴食母」是個單句。「我獨」是主語，「異於人，而貴食母」是謂語部分，謂語是個連動短語。這個單句的句子成分分析為：

我獨異＜於人＞，而貴食母。

【考辨】

本章中，我對「唯」、「阿」、「孩」、「食母」的解釋及對「唯之與阿，相去幾何」與「善之與惡，相去若何」的處理，跳出了前人解釋《道德經》的窠臼，使得整個解讀簡單明了，語義順暢。

「唯之與阿，相去幾何」與「善之與惡，相去若何」並不是簡單的並列，這裡還運用了譬喻的修辭手段，正像「唯之與阿，相去很少」一樣，「善之與惡，相去的也就如此而已」。「若何」既不是「何若」的筆誤，也不是「幾何」的筆誤，可釋為「也就像這麼多」、「如此而已」。何，本來可以釋作「多」的，表示時間不長、數量不多、差距不大。

王弼本《道德經》在「俗人昭昭，我獨昏昏；俗人察察，我獨悶悶」一句後、「眾人皆有以，而我獨頑似鄙」一句前有「澹兮，其若海，飂兮，若無止」之句，其意與前後不合，挪至第十五章後意思吻合。

【解讀與點評】

「唯」與「阿」本來都是應答之詞，表面上看來似乎沒有什麼區別，所以才有「相去幾何」之問。唯，恭敬的應答，「恭」加於其前，故曰「恭維（唯）」；阿，應答帶著討好，「諛」隨其後，故曰「阿諛」。「善」就像「唯」，只是恭敬的應答；「惡」就像「阿」，應答帶著討好。「唯」、「阿」二者不可截然判分，故曰「相去幾何」。善惡亦如「唯」、「阿」，故曰「相去若何」。恭敬應答與阿諛奉承本來是兩種性質不同的態度，但又不太容易區別，因為這二者「相去」不遠。善惡亦一念之差：心向善，抱持自己行善則善；稍有放縱，不用刻意為惡，可能已為惡矣。我敢說世上本無一心為惡之人，之所以有為惡者，從一念之差開始。「阿」為什麼能與「惡」類比呢？因「阿」是溢美之詞，因為「美言可以市尊」（六十二章），然而老子又認為「信言不美，美言不信」（八十一章），阿諛之辭乃包藏禍心之辭。

在亂世讀老子
世界殘酷，**道德經**讓你有顆柔軟的心

「人之所謂，不可不畏」──「聖人無常心，以百姓心為心」（第四十九章），所以百姓畏之，吾亦畏之。

什麼是「荒兮，其未央哉」？當是下文「我」追求的境界，我所因循的「道」。

本章中的「我」是第一人稱，這些涉及「我」的內容可以看作是老子的自我描述。老子的生平雖難以考察，然而從這一章卻可以隱約看出他的處世態度。

本章透過「眾人」與「我」的對比來表達「我」堅持道的操守態度。

第一組對比：「眾人熙熙，如享太牢，如春登台；我獨泊兮，其未兆如嬰兒之未孩；儽儽兮，若無所歸。」

大家快樂無比，「我」對熙熙眾人的反應竟渾然不覺。其未兆如嬰兒之未孩：那沒有反應的樣子像處於懵懂狀態還沒變成孩子的嬰兒；其結果必然是形成「儽儽兮，若無所歸」的表象。

第二組對比：「眾人皆有餘，而我獨若遺，我愚人之心也哉！」

「若遺」是說「像被遺棄」。這仍然只是一個表象。表面上是大家都有富餘，我像被遺棄了一樣，而實際上我是最富有的，這大概就是「被褐懷玉」（第七十章）吧。

第三組對比有兩個。「俗人昭昭，我獨昏昏」與「俗人察察，我獨悶悶」並不是簡單的並列和對舉。「昭昭」與「昏昏」是顯現出來的不同的外在狀態。「察察」與「悶悶」是不同的內心狀態。昭昭，明白通達的樣子，外現給人以「智巧」的感覺；昏昏，消沉暗昧的樣子，但卻慧於中，是內斂，是「微明」（第三十六章）。察察，考校的樣子，是斤斤計較，是勞神之舉；悶悶，「悶」從心，表面上的沉悶，實際是使自己「無憂」，「悶悶」就是無所作為。

第四組對比：「眾人皆有以，而我獨頑似鄙──我獨異於人，而貴食母。」

表面上大家都有所追求、有所依憑，我則「冥頑不靈」、「頑固不化」。我為什麼要這樣呢？因為實際上我是最有依憑的，我崇尚的是「食母」，是「道」。為什麼說「食母」是「道」呢？第二十五章說的「有物混成，先天地生」，「可以為天下母」。因為「道」是天下萬物產生的根本，故稱其為「母」。食母，吃飯生存的憑藉。循道而行，才能保證吃飯，循道而行才能「長生久視」。

「我獨異於人，而貴食母」針對前三組對比。

「我獨異於人，而貴食母」基於對人生的深刻理解和感悟，是老子的人生宣言。

分析完上述內容我還想談談我自己的幾點認識。

一是我感覺到了老子的「自閉」，如同他吹捧的「老死不相往來」（第八十章），他很孤獨。本章六見「獨」，足可以表現老子的特立獨行。

二是我體會到了老子不但主張愚人，也主張自愚。「不以知治國，國之福」（第六十五章）是愚人，「其未兆如嬰兒之未孩」、「我愚人之心也哉」正是主觀上的自愚。

三是我還感覺到老子的自相矛盾，一方面他說「人之所畏，不可不畏」，一方面又說「我獨泊兮」、「而我獨若遺」、「而我獨頑似鄙」──這是典型的自相矛盾。本章一再說的「獨」與他自己說的「和其光，同其塵」（第五十六章）也似乎矛盾。只能這樣理解，此「獨」是堅持道的操守，在這個前提下「和其光，同其塵」。

本章可提煉出成語「唯阿善惡」，比喻是非善惡在倏忽一念之間，難以區分。

第二十一章

【原文】

孔德之容，惟道是從①。道之為物，惟恍惟惚②。惚兮恍兮，其中有象③；恍兮惚兮，其中有物④；窈兮冥兮，其中有精⑤；其精甚真，其中有信⑥。自古及今，其名不去，以閱眾甫⑦。吾何以知眾甫之狀哉？以此⑧。

【通釋】

大品德操守的表現，就是只遵從道的原則。道作為事物，若有若無。好像有又好像無，那裡面有影像；好像無又好像有，那裡面有物體；深遠幽暗，那裡面有個純粹的東西；那純粹的東西很真切，那裡面有信實。從古到今，它的名稱沒有廢棄，憑它來了解各種事物的運行狀態。我根據什麼來知曉各種事物運行的狀態的呢？就是根據道的信實。

【注釋】

① 孔德之容，惟道是從：大品德操守的表現，就是只遵從道的原則。孔德，大的特質。孔，大。德，遵循道的原則行事的特質。容，貌，外現的形態，樣子，即「表現」。惟道是從，只遵從道，這是古漢語的一種賓語前置句式，等於「惟從道」。惟，同唯，僅僅，只。是，助詞，作用同「之」，輔助賓語「道」置於動詞「從」的前面。從，遵循，遵從。

② 道之為物，惟恍惟惚：道作為事物，若有若無。之，助詞，放在「道」與「為物」這個主謂短語之間取消該短語的獨立性。惟恍惟惚，即「恍惚」，似有似無，模糊不清的樣子。惟，語氣詞。

③ 象：形象，影像。

④ 物：物體。

⑤ 窈兮冥兮，其中有精：深遠的幽暗的，那之中有純粹的東西。窈兮冥兮，深遠的幽暗的，難以認識的意思。深遠貌。冥，幽暗貌。精，物質中最純粹的部分，精華，精粹，精髓。

⑥ 其精甚真，其中有信：這純粹的東西很真切，那裡面有信實。甚，副詞，很。真，真實的存在，真切。信，誠信，信實，守信用。

⑦ 自古及今，其名不去，以閱眾甫：從古到今，它的名稱沒有廢棄，用它來考察各種事物怎麼運行的。其名，指道的名字。以，憑，用來。「以」後省賓語「道」。閱，考察。眾甫，萬物。甫，物之始。

⑧ 吾何以知眾甫之狀哉？以此：我憑藉什麼來知曉各種事物運行的狀態的呢？憑藉道的信實。何以，以何，憑什麼。狀，狀態，運行態勢。此，代詞，指「守信」的品行。

【意義歸納】

本章讚揚了道守信的特質。全章共分為三層。

第一層：「孔德之容，惟道是從。」是講大德從道。

第二層：「道之為物，惟恍惟惚。惚兮恍兮，其中有象；恍兮惚兮，其中有物；

窈兮冥兮，其中有精；其精甚真，其中有信。」是講道若有若無的外像和信實的特質。

第三層：「自古及今，其名不去，以閱眾甫。吾何以知眾甫之狀哉？以此。」是講道之信的價值意義。

【文法分析】

　　　　　　　　　　　　　　　　　　　　　　　　　　　　　　並列
孔德之容，惟道是從。道之為物，惟恍惟惚。惚兮恍兮，其中有象；｜恍
　　　　　並列　　　　　　　並列　　　　因果
兮惚兮，其中有物；｜窈兮冥兮，其中有精；｜其精甚真，‖其中有信。〔自

古及今〕，其名不去，以閱眾甫。吾〔何以〕知眾甫之狀哉？以此。

　　在「惚兮恍兮，其中有象；恍兮惚兮，其中有物；窈兮冥兮，其中有精；其精甚真，其中有信」這個複句中，第一重是並列關係；只有第四個分句有第二重，因為「其精甚真」，所以「其中有信」，為因果關係。

　　下面對各分句的句子成分進行分析。

　　在「惚兮恍兮，其中有象」這個單句中，「惚兮恍兮」是狀詞，「其中」是主語，「有」是謂語，「象」是賓語。它的文法成分分析為：

〔惚兮恍兮〕，其中有象。

「恍兮惚兮，其中有物」、「窈兮冥兮，其中有精」文法與此相同。

「其精甚真，其中有信」有兩個單句，其文法成分分析分別為：

其精〔甚〕真

其中有信

「自古及今，其名不去，以閱眾甫」是單句，「自古及今」是狀詞。「其名」是主語，「不去」、「閱」是謂語，「眾甫」是賓語。需要強調的是：第一，「其名不去，以閱眾甫」其實存在「因果」關係，因「其名不去」，所以得以「閱眾甫」。第二，「自古及今」是一個過程，寫作「自今及古」沒道理。

「吾何以知眾甫之狀哉」是設問句，它與「以此」有因果關係。其實「吾何以知眾甫之狀哉？以此」不過是重複了「以閱眾甫」。

135

在亂世讀老子
世界殘酷，**道德經**讓你有顆柔軟的心

【考辨】

「惟……（名詞）是……（動詞）」是古漢語的一種賓語前置句式。「惟道是從」等於「惟從道」、「只遵從道」。與此句式類似的詞語還有「惟命是從（唯命是從）」、「唯命是聽」、「唯利是圖」、「唯馬首是瞻」等。惟，同「唯」，僅僅，只。是，助詞，作用同「之」，輔助賓語（「命」、「命」、「利」、「馬首」）置於動詞（「從」、「聽」、「圖」、「瞻」）的前面。

「惚兮恍兮，其中有象；恍兮惚兮，其中有物」這句，蘇轍本為「惚兮恍，其中有象；恍兮惚，其中有物」，突出了押韻，似更合理。

「自古及今」這句有版本為「自今及古」，也有多個版本為「自古及今」。用「自今及古」似乎是在倒溯，但沒有這樣倒溯的，特別是對道的認識和理解來自經驗的認識。可以「執古之道以御今之有」，可以憑今天的客觀存在「能知古始」（第十四章），以今閱古；但不是今天的事先發生，以前的事後發生。

【解讀與點評】

「孔德之容，惟道是從」強調最高的品德是只遵循道的原則行事。「惟道是從」就是「只遵從道」。

孔德，大德。只有堅持循道而行的特質才是孔德。《道德經》中的道與德緊密連繫。不妨我們再重溫一下《道德經》中的「道」的含義。《道德經》的「道」是對自然規律的經驗認識和總結，是無狀、無聲、無味、無體又無處不在、無時不有的客觀存在，是應該取法並遵循，而不應違背和對抗的動態規律和法則。《道德經》中的「德」依附於「道」，是遵循道的原則行事的特質。道是行事應遵循的原則，德就是按道的原則行事。道是德的載體。「道德」一詞正是「道」與「德」的結合產物，是「循道之德」，所以要「惟道是從」。

「惚兮恍兮，其中有象；恍兮惚兮，其中有物；窈兮冥兮，其中有精；其精甚真，其中有信」先反覆強調道的若有若無的外在表現，繼而引出道的內在特質「真」與「信」。道作為不以人的主觀意志為轉移的客觀存在的規律，真真切切、樸實無華，它一諾千金，「不爭而善勝，不言而善應，不召而自來，繟然善謀。天網恢恢，

疏而不失」（第七十三章），誰順之而行，它就幫助誰；誰逆之而行，它就報復誰，從不爽約，必有回報。「自古及今」，人們就是憑道的「信實」之德，得以知曉萬物的形態。

「眾甫」實乃「萬物」。甫，物之初，借指「物」。但此物非靜態之物，是由始而運行之物。「眾甫之狀」的「狀」就是運行的態勢。

「自古及今其名不去」還從一個側面告訴我們，有的名是可以「去」的，所以將「名可名，非常名」（第一章）中的「非常名」釋作「沒有恆久不變的名稱」成立。

本章有成語「惟道是從」、「自古及今」。

第二十二章

【原文】

曲則全①，枉則直②，窪則盈③，敝則新④，少則得⑤，多則惑⑥，是以聖人抱一為天下式⑦：不自見，故明⑧；不自是，故彰⑨；不自伐，故有功⑩；不自矜，故能長⑪。夫唯不爭，故天下莫能與之爭⑫。古之所謂「曲則全」者，豈虛言哉⑬！誠全而歸之⑭。

【通釋】

大品德操守的表現，就是只遵從道的原則。道作為事物，若有若無。好像有又好像無，那裡面有影像；好像無又好像有，那裡面有物體；深遠的幽暗的，那裡面有純粹的東西；那純粹的東西很真切，那裡面有信實。從古到今，它的名稱沒有廢棄，憑它來了解各種事物的運行狀態。我根據什麼知曉各種事物運行的狀態的呢？就是根據道的信實。

【注釋】

① 曲則全：受委屈反會保全。曲，委屈，用作動詞，受委屈。全，用作動詞，保全。則，副詞，就，才會，反會。

② 枉則直：被彎曲反會伸直。枉，彎曲，用作動詞，被彎曲。直，用作動詞，

137

伸直。

③ 窪則盈：處低窪反會充盈。窪，低窪，用作動詞，處低窪。盈，充盈。

④ 敝則新：破舊反會更新。敝，用作動詞，達到破舊。新，用作動詞，更新。

⑤ 少則得：短缺反會獲得。少，缺少，短缺，用作動詞，出現短缺。得，獲得，得到。

⑥ 多則惑：繁多反會迷亂。多，繁多，用作動詞，達到繁多，占有多。惑，迷亂。

⑦ 是以聖人抱一為天下式：所以聖人堅守道的原則做天下的楷模。抱一，堅守道。此「抱一」不同於第十章的「抱一」。抱，執，把握，堅守。一，即「道」。式，模式，楷模。

⑧ 不自見，故明：不自我表現，所以明顯。自見，自我表現。見，音ㄒㄧㄢˋ，同「現」，表現。明，顯明，讓人看重。

⑨ 不自是，故彰：不自以為是，所以揚名。自是，自己認為如此，自以為是。是，原本為代詞，這裡用作動詞，認為如此，認為對。彰，顯揚，被人讚美，為眾人所知。

⑩ 不自伐，故有功：不自我炫耀，所以有功勞。自伐，自我炫耀。伐，誇耀自己的功勞。

⑪ 不自矜，故能長：不自高自大，所以能處人之上。自矜，自高自大。矜，驕傲。能長，用作動詞，能處高位，能做首領。王弼本「長」前無「能」，據帛書本補。

⑫ 夫唯不爭，故天下莫能與之爭：正因為不與人爭持，所以天下沒有誰能與他爭持。爭，爭奪，爭持，與人爭奪。莫，沒有人，沒有誰。之，他。

⑬ 古之所謂「曲則全」者，豈虛言哉：古人說的「忍受可以保全」的話，難道是假話嗎。之，放在「古」與「所謂」這個主謂短語之間，取消該短語的獨立性。所謂，說的。豈，難道。虛言，假話，憑空編造的話。

⑭ 誠全而歸之：實在全部歸功於它。誠，實在，確實。全，全部。而，連接詞。歸，歸功。之，代詞，它，指「曲則全」。

【意義歸納】

本章透過舉例，強調「曲則全」，闡釋不爭的好處。全章共分兩層。

第一層：「曲則全，枉則直，窪則盈，敝則新，少則得，多則惑，是以聖人抱一為天下式：不自見，故明；不自是，故彰；不自伐，故有功；不自矜，故能長。」列舉自然事例和做人行事事例闡釋不爭的好處。

第二層：「夫唯不爭，故天下莫能與之爭。古之所謂『曲則全』者，豈虛言哉！誠全而歸之。」得出「不爭」就會「曲則全」的結論。

【文法分析】

```
        並列        並列        並列        並列        並列
   曲則全，‖枉則直，‖窪則盈，‖敝則新，‖少則得，‖多則惑，│是以

聖人抱一為天下式：不自見，故明；不自是，故彰；不自伐，故有功；不自矜，
                    因果
故能長。夫唯不爭，│故天下莫能與之爭。古之所謂「曲則全」者，豈虛言哉！

〔誠〕〔全〕而歸之。
```

「曲則全，枉則直，窪則盈，敝則新，少則得，多則惑，是以聖人抱一為天下式：不自見，故明；不自是，故彰；不自伐，故有功；不自矜，故能長」是因果關係的二重複句。因為「曲則全，枉則直，窪則盈，敝則新，少則得，多則惑」，所以「聖人抱一為天下式：不自見，故明；不自是，故彰；不自伐，故有功；不自矜，故能長」。「曲則全，枉則直，窪則盈，敝則新，少則得，多則惑」內部是並列關係，為第二重。

「是以聖人抱一為天下式：不自見，故明；不自是，故彰；不自伐，故有功；不自矜，故能長」是個單句。「聖人」是主語，「抱一為天下式」是謂語部分。「不自見，故明；不自是，故彰；不自伐，故有功；不自矜，故能長」是「抱一為天下式」的具體內容，這個並列複句短語是「抱一為天下式」的賓語。這個單句的文法成分分析為：

是以聖人抱一為天下式：不自見，故明；不自是，故彰；不自伐，故有功；不自矜，故能長。

139

「聖人抱一為天下式」是主謂短語，謂語是連動式。它的文法成分分析為：
<u>聖人</u> <u>抱一</u>為天下式

「不自見，故明；不自是，故彰；不自伐，故有功；不自矜，故能長」這個並列複句短語的內部關係為：

| 因果　　　 並列　　　 因果　　　 並列　　　 因果　　　 並列　　　 因果 |
| 不自見， ‖ 故明；｜不自是， ‖ 故彰；｜不自伐， ‖ 故有功；｜不自矜， ‖ |
| 故能長 |

「古之所謂『曲則全』者，豈虛言哉」是一個反問句，它的意思是「古時候說的『曲則全』並不是虛言」。「古之所謂『曲則全』者」相當於「的字短語」作主語，「豈虛言哉」作謂語。

「誠全而歸之」是一個沒有主語的單句。

【解讀與點評】

本章「曲則全」是中心，由「曲則全」領起，又由「曲則全」收束。

「曲則全，枉則直，窪則盈，敝則新，少則得，多則惑」這是幾組對立統一的現象，共同表達了一個道理，正是第二章「有無相生，難易相成，長短相形，高下相傾，音聲相和，前後相隨」的發展，是第三十六章的「微明、柔弱勝剛強」、第七十八章的「弱之勝強，柔之克剛」、第七十三章「勇於敢則殺，勇於不敢則活」的翻版。

從「曲則全」到「窪則盈」，言「相反相成」的道理。「少則得，多則獲」既言相反相成，又形成比較，強調不要貪多，猶如「持而盈之，不如其已」（第九章）。

「抱一為天下式」就是「把握住道為天下做榜樣」。聖人之「抱一」，乃一意於道也。「一」就是「道」，就是第三十九章「昔之得一者：天得一以清，地得一以寧，神得一以靈，谷得一以盈，萬物得一以生，侯王得一以為天下正」中的「一」，也是第四十二章「一生二，二生三，三生萬物」中的「一」。為什麼要「抱一」呢？因為「少則得，多則惑」，「抱一」才能避免被迷惑，就可以「清靜為天下正」（第四十五章）。

「故明」、「故彰」應有區別：「明」是「受重視」，「彰」是「被宣揚」。四個「不

自……」強調的都是做人要保持低調，四者互補。不自見，強調的是不要出風頭；不自是，強調的是不要以為就自己行；不自伐，強調的是有了成就、功勞不要自我吹噓；不自矜，緊接「不自伐」而言，意思是有了成就也不要居功自傲、目空一切，把自己與大眾對立。為什麼不自我表現，反而會受重視呢？因為眾人慣於自我表現，所以「不自見」者才顯明，才受重視。「自現」實則是自輕，不自我表現，所以顯明——「是以聖人自知而不自見」（第七十二章）；不自以為是，所以揚名；不自我炫耀，所以有功勞；不居功自傲，所以能當統領。謙讓、忍讓、退讓實則是不爭的外在表現，委屈求全是全身之道。「不自見」、「不自是」、「不自伐」、「不自矜」是「為而不爭」（第八十一章）的表現，是「不爭之德」（第六十八章）。「曲則全」是「內以全身，外以全物，物我兼全」（蘇轍語）之道。「全」由「保全」進而到「全部」，「全而歸之」是全章的總結。

　　本章有成語「曲則全」、「抱一為式」。成語「自以為是」的形成應該與本章有關。

第二十三章

【原文】

　　希言自然①，故飄風不終朝，驟雨不終日②。孰為此者③？天地。天地尚不能久，而況於人乎④！故從事於道者同於道，德者同於德，失者同於失⑤。同於道者，道亦樂得之⑥；同於德者，德亦樂得之；同於失者，失亦樂得之——信不足焉，有不信焉⑦。

【通釋】

　　少說是事物本真的狀態，因此猛烈的大風不能刮一整個早晨，急劇的暴雨不能下一整天。做這些的是誰？是天和地。天地尚且不能長久維持劇烈動盪的狀態，更何況人呢！所以遵從道的人，行事向道靠攏，追隨德的人，特質向德靠攏，按錯誤方式行事的人，行事向過失靠攏。行事向道靠攏，道也樂意找到他；特質向德靠攏，德也樂意找到他；行事向錯誤靠攏，過失也樂意找到他——在哪裡誠信不足，就在

哪裡產生不信任。

【注釋】

① 希言自然：少說是事物本來的狀態。希言，少說，引申為少做、「清靜無為」。希，罕，少。自然，本來的狀態，宇宙的本真狀態（參見第十七章注釋⑦）。

② 故飄風不終朝，驟雨不終日：因此猛烈的大風不能刮一整個早晨，急劇的暴雨不能下一整天。飄風，狂風。終朝，一整個早上。

③ 孰為此者：做這些的是誰。原句是一個倒裝句。為此者，做這些的。為，做。此，指狂風暴雨。者，……的。

④ 天地尚不能久，而況於人乎：天地尚且不能長久維持劇烈動盪的狀態，更何況人呢。尚，尚且。不能，不能維持劇烈動盪的狀態。久，長久，作動詞，長久維持動盪。而況，更何況。

⑤ 故從事於道者同於道，德者同於德，失者同於失：所以追隨道的人，行事向道靠攏，追隨德的人，特質向德靠攏，按錯誤方式行事的人，行事向錯誤靠攏。「故從事於道者同於道」一句，在王弼本中為「故從事於道者，道者同於道」，據帛書本改。從事於道者，對道追隨的人，追隨道的人。從事於，對……追隨。從事，遵從，跟從著做，追隨著做。「德者同於德」、「失者同於失」前分別省略了「從事於」。者，……的人。各句的第一個「於」，對，按。同，趨同，靠攏。各句的第二個「於」，向。德，遵循道的原則行事的特質，實際前一個「德」是中性的，後一個「德」為「美德」。失，過失，錯誤。

⑥ 同於道者，道亦樂得之：向道靠攏的人，道也樂意找到他。得之，得到他，找到他，引申為「維護他」、「光顧他」。

⑦ 信不足焉，有不信焉：在哪裡誠信不足，就在哪裡產生不信任。（參見第十七章注釋⑤）

【意義歸納】

本章以天地「希言」少為的事例，闡釋循道持德與失道失德不同因果的道理。

全章共分兩層。

第一層：「希言自然，故飄風不終朝，驟雨不終日。孰為此者？天地。」以飄風驟雨不終日為例，談論天地少言少為。

第二層：「天地尚不能久，而況於人乎！故從事於道者同於道，德者同於德，失者同於失。同於道者，道亦樂得之；同於德者，德亦樂得之；同於失者，失亦樂得之──信不足焉，有不信焉。」講道德的因果。其中「天地尚不能久，而況於人乎」由談論天地過渡到談論人。

【文法分析】

```
        因果              並列
 希言自然，│故飄風不終朝，‖驟雨不終日。孰為此者？天地。天地尚不
    因果                        並列        並列
 能久，│而況於人乎！故從事於道者同於道，│德者同於德，│失者同於失。
        並列              並列
 同於道者，道亦樂得之；│同於德者，德亦樂得之；│同於失者，失亦樂得
 （同理）      因果
 之──信不足焉，│有不信焉。
```

「希言自然，故飄風不終朝，驟雨不終日」是雙重複句。因為「希言自然」，所以「飄風不終朝，驟雨不終日」，「故」是關聯詞。「希言自然，故飄風不終朝，驟雨不終日」實際是一個譬喻句，以天地之言比喻天地的自然行為來講道理。

「孰為此者」是單句。本單句是一個設問句。自問然後自答「天地」。「天地」是一個無主語的判斷句，即「是天地」。

「天地尚不能久，而況於人乎」從語氣上看，它是個帶反詰語氣的感嘆句。「……尚（且）……而況……乎」是一個常見的文言句式，也是現代漢語常用的句式。

下面再對本章複句中的個別單句進行句子成分分析：

「希言自然」是主謂句，「希言」是主語，「自然」是謂語。

希言自然

「故飄風不終朝」也是主謂句，「故」是關聯詞，主語是「飄風」，謂語部分是「不終朝」，其中「不」是狀詞。

故<u>飄風</u>〔不〕<u>終朝</u>

在「故從事於道者同於道」這個單句中，「從事於道者」相當於「的字短語」作主語，謂語部分「同於道」是動補短語。

故<u>從事於道者</u>同〈於道〉

在「同於道者，道亦樂得之」這個單句中，「同於道者」相當於「的字短語」作主語，「道亦樂得之」是主謂短語作謂語。

<u>同於道者</u>，<u>道亦樂得之</u>

「道亦樂得之」這個主謂短語的文法成分是這樣的：

<u>道</u>〔亦〕<u>樂得之</u>

其他單句略同。

本章破折號連接「故從事於道者同於道，德者同於德，失者同於失。同於道者，道亦樂得之；同於德者，德亦樂得之；同於失者，失亦樂得之」與「信不足焉，有不信焉」這兩個複句單位，表示二者有緊密的連繫，意思是「同樣的道理」。

【考辨】

「故從事於道者同於道」這句，在王弼本中為「故從事於道者，道者同於道」，據俞樾《諸子平議》等考證，參照帛書甲乙本改。

研究者對「故從事於道者同於道，德者同於德，失者同於失」中的「從事於」的解釋也較亂，對其中的「失者」有頗多爭議。我在注釋中對「從事於」做了詳盡合理的解釋。從事於道者，追隨道的人。從事於，對……遵從，對……追隨。從事，跟從去做，遵從行事。「德者同於德」、「失者同於失」前分別省略了「從事於」。按道的原則行事，所作所為與道吻合，符合道的規範，所以「同於道」；以德的原則行事，符合德的特質，所以「同於德」；以錯誤的方式行事，錯誤必然找到他，所以「同於失」。

下面再討論本章該不該有「信不足焉，有不信焉」這兩句話。這兩句話已經在第十七章出現過，而且我還特意強調它存在於第十七章的合理性。本章又出現了「信不足焉，有不信焉」。有學者認為這兩句重複出現，與本章沒有必然連繫，屬於衍文。

對此，我反覆揣摩，感覺它應該是植入的點評之語，但這個點評很恰當，所以我保留了它，還為它搭了一個橋，在「同於道者，道亦樂得之；同於德者，德亦樂得之；同於失者，失亦樂得之」與「信不足焉，有不信焉」之間用了破折號，這個破折號相當於「同樣的道理」的意思。

【解讀與點評】

「希言自然」本身又是比喻中的比喻。從「言」這個字看，「希言」是說人的；「自然」是宇宙的本真，是本該有的狀態，是「常態」。天地之言是「飄風」和「驟雨」，但「飄風不終朝，驟雨不終日」，它告訴我們一個道理，少說、少麻煩是常態，不頻發政令、不擾民才合乎自然。

「天地尚不能久，而況於人乎」這句話將談及的內容由天地過渡到人，「天地」是引子，也是講道理的比喻內容，還暗含著「天地」是人效法的榜樣的道理。「希言自然」無論從本義還是從譬喻義的角度，都值得奉為座右銘。「希言」即少說，少說可以避免「多言數窮」（第五章）的言多之失；「希言」是少少麻煩，是「治人事天莫若嗇」（第五十九章）之「嗇」，此乃「長生久視之道」。

「同於道者，道亦樂得之；同於德者，德亦樂得之；同於失者，失亦樂得之」這個複句表達的意思非常合理，我對此的解釋也非常形象：行事向道靠攏，道也樂意找到他；品德向美德靠攏，美德也樂意找到他；行事向錯誤靠攏，錯誤也樂意找到他。這幾句與孔子的「仁遠乎哉？我欲仁，斯仁至矣」（《論語 · 述而》）的道理一樣。

「從事於道者同於道，德者同於德，失者同於失」與「同於道者，道亦樂得之；同於德者，德亦樂得之；同於失者，失亦樂得之」都在說明一個簡單的道理，即「種瓜得瓜，種豆得豆」。「同於道者，道亦樂得之；同於德者，德亦樂得之；同於失者，失亦樂得之」直接與「信不足焉，有不信焉」構成類比，存在邏輯連繫，正像「同於道者，道亦樂得之；同於德者，德亦樂得之；同於失者，失亦樂得之」一樣，在哪裡出現了不誠信，就會在哪裡出現不信任。其實，「失者同於失」、「同於失者，失亦樂得之」中的「失」更是直接針對「信不足焉，有不信焉」而言，所以不可妄

言「失」原本可能是「天」。對不誠信追隨的人，行事向不誠信靠攏；向不誠信靠攏，不誠信就樂意找到他，正是「信不足焉，有不信焉」。「言隨行其所，故同而應之」（王弼點評語）：道隨道動，德隨德動，失隨失動，按什麼原則處世，就會有什麼樣的結局。

本章有成語「希言自然」。

第二十四章

【原文】

企者不立①，跨者不行②；自見者不明③，自是者不彰，自伐者無功，自矜者不長──其在道也，曰「餘食贅行」④，物或惡之，故有道者不處⑤。

【通釋】

踮起腳尖的人站不穩，邁著大步的人走不遠；自我表現的人不被人重視，自以為是的人聲譽不高，自我誇耀的人沒有功勞，高傲自大的人不能做領導人──這些表現用道來衡量，就叫作「剩飯贅瘤」，用道來衡量有人會厭惡它，所以有道的人不做。

【注釋】

① 企者不立：踮起腳尖的人站不穩。企，踮起腳尖。企，有版本作「跂」。立，動詞，站穩。

② 跨者不行：邁著大步的人走不遠。跨，邁大步。行，動詞，遠走。

③ 自見者不明：自我表現的人不受人重視。自此以下四句見第二十二章注⑧、注⑪。

④ 其在道也，曰「餘食贅行」：這些用道來衡量叫作「剩飯贅瘤」。其在道也，它們用道來衡量。其，代詞，代指以上「企者」、「跨者」和「四自」的表現，指以上各種行為。在，存在於，意思是「用⋯⋯衡量」。餘食贅行，剩飯贅瘤，比喻多餘無用的東西。贅，多餘的。行，同「形」，形體。

⑤ 物或惡之，故有道者不處：用道來衡量有人會厭惡它，所以有道之人不這樣
去做。物，物色，按標準考察。或，不確指代詞，有的人。惡，音ㄨˋ，厭
惡。不處，不這樣做，不充當這樣的角色。「處」有版本為「居」。

【意義歸納】

本章透過對「企者」、「跨者」的比喻，闡釋了「四自」的危害，強調「有道
者不處」。

【文法分析】

```
          並列        並列        並列        並列        並列
  企者不立，‖ 跨者不行；│自見者不明，‖ 自是者不彰，‖ 自伐者無功，‖
      所有這些表現              因果        因果
自矜者不長——其在道也，曰「余食贅行」，‖ 物或惡之，│故有道者不處。
```

全章前後兩個複句組合都存在因果關聯，而且後一個組合中的「其」所指的正
是「企者不立，跨者不行；自見者不明，自是者不彰，自伐者無功，自矜者不長」，
因此我在二者之間使用了句間破折號，這個破折號的意思是「所有這些表現」。

「企者不立，跨者不行；自見者不明，自是者不彰，自伐者無功，自矜者不長」
是個二重並列關係的複句。「企者不立，跨者不行」與「自見者不明，自是者不彰，
自伐者無功，自矜者不長」是第一重並列；「企者不立」與「跨者不行」及「四自」
分別為第二重並列。

「其在道也，曰『餘食贅行』，物或惡之，故有道者不處」也是個雙重複句。
因為「其在道也，曰『餘食贅行』，物或惡之」，所以「有道者不處」，「故」是
關聯詞，這是第一重因果關係。因為「其在道也，曰『餘食贅行』」，所以「物或
惡之」，這是第二重，也是因果關係，沒有關聯詞。

這個複句中的「其在道也，曰『餘食贅行』」是個單句，「其」是主語，「曰」
是謂語，「『餘食贅行』」是賓語，而「在道也」是狀詞。這個單句的文法成分分析為：

其〔在道也〕，曰「餘食贅行」

【考辨】

「物或惡之」，或，有的人。此「或」是自見者、自是者、自伐者、自矜者以外的人（二十四章），而三十一章的「物或惡之」的「或」是濫用兵者以外的人。

【解讀與點評】

「企者不立，跨者不行」是打個比喻，它並不是老子要表達的主旨，而「自見者不明，自是者不彰，自伐者無功，自矜者不長」才是老子要表達的意思。就像「企者不立，跨者不行」一樣，「自見者不明，自是者不彰，自伐者無功，自矜者不長」，這是一種平行比喻，簡稱略喻，沒出現喻詞。

本章的「自見」、「自是」、「自伐」、「自矜」，正與第二十二章的「不自見」、「不自是」、「不自伐」、「不自矜」相反。本章否定了「自見」、「自是」、「自伐」、「自矜」四種不良的表現。而在否定四種不良表現前先打了兩比方，「企者不立，跨者不行」如同「企者不立」與「跨者不行」一樣，「自見者不明」、「自是者不彰」、「自伐者無功」、「自矜者不長」。第二十二章的「不自見」、「不自是」、「不自伐」、「不自矜」，是從正面角度強調克服四種不良表現可以達到的效果；本章是從反面角度說「自見」、「自是」、「自伐」、「自矜」這四種不良的表現會出現什麼後果。

其實「企者」、「跨者」還代表了兩種形象：「企者」正是對「汲汲於功名者」的寫真，「跨者」正是對「貿然急進者」的描繪。

四個「自……」是張揚逞強的表現，與道提倡的「微明」、「見小」、「守柔」、「善下」格格不入。沒什麼本事卻一再表現，必然要失敗；有能力、有本事卻自以為是，就會抵消了本來的能力；有功勞自我炫耀，就會抵消了應有的功勞，所以說這些是「餘食贅行」，當然，對此「有道者不處」。

本章有成語「企者不立，跨者不行」和「餘食贅行」，其實「自見者不明」、「自是者不彰」、「自伐者無功」、「自矜者不長」都可做成語或提煉出成語「自是不彰」、「自伐無功」、「自矜不長」。

第二十五章

【原文】

　　有物混成，先天地生①；寂兮寥兮②，獨立而不改③，周行而不殆④，可以為天下母⑤。吾不知其名，字之曰「道」⑥，強為之名曰「大」⑦。大曰逝，逝曰遠，遠曰反⑧。故道大，天大，地大，王亦大。域中有四大，而王居其一焉⑨。人法地，地法天，天法道，道法自然⑩。

【通釋】

　　有種東西渾然而成，出現在天地產生之前；默默的好像沒有，獨自存在著不改變，循環運動著不歇息，可以做天地萬物的母親。我不知曉它的名稱，為它確定了字叫「道」，勉強為取了個名叫「大」。大就要運行，運行就要走遠，走遠就要返回。所以道大，天大，地大，王也大。天地間有四大，王占有其中一大。人取法地，地取法天，天取法道，道取法宇宙本真。

【注釋】

① 有物混成，先天地生：有種東西混然而成，出現在天地產生之前。有物，即後面所說的「道」。混成，混然而成。混，音ㄏㄨㄣˊ。先天地生，即「先於天地生」，在天地之前產生。生，產生。

② 寂兮寥兮：靜靜的似有似無。寂兮，默默的。寂，靜，言其無聲。寥兮，零星的。寥，稀少，言其無形。

③ 獨立而不改：獨自存在著不改變。獨，獨自。立，存在。改，更改。而，連接詞，連接狀詞和中心詞，在本句相當於「著」。

④ 周行而不殆：循環運動著不歇息。周行，循環運行。周，環。殆，止息。

⑤ 可以為天下母：可以做天地的母親。為，做。「天下」有本作「天地」。

⑥ 吾不知其名，字之曰「道」：我不知曉它的名稱，為它取了個字叫「道」。字，作動詞，為……確定了字。古時，為人命名是先取名，後起字：人始生三月

149

而加名，而去幼名；年二十，有為人父之道，朋友等類不可直呼其名，故冠頂加字。

⑦ 強為之名曰「大」：勉強替它起了個名叫做「大」。強，音く一尢ˇ，勉強。為，音ㄨㄟˋ，介詞，替。名，命名，取名。大，與小相對，指事物有廣度。

⑧ 大曰逝，逝曰遠，遠曰反：大就會運行，運行就會走遠，走遠就會返回。逝，快速行走，指事物運行。遠，遼，距離長，指事物運行至極盛狀態。反，同「返」，返回。

⑨ 域中有四大，而王居其一焉：天地間有四大，王占有其中一大。王，音ㄨㄤˊ，名詞。域中，這裡指天地間。居，占有。其，其中。焉，助詞。

⑩ 人法地，地法天，天法道，道法自然：人效法地，地效法天，天效法道，道效法宇宙本真。法，取法，效法。自然，本身的樣子，自身的狀態，即先天存在的宇宙本真（參見第十七章注釋⑦、第二十三章注釋①等注釋）。

【意義歸納】

本章介紹了「道」的出身、特點，為它命名並揭示它的本質屬性，強調它在「域中」的首要地位。

「有物混成，先天地生；寂兮寥兮，獨立而不改，周行而不殆，可以為天下母」說的是「有物」，追溯它的出身，介紹它的特點，這是本章的第一層意思。

「吾不知其名，字之曰『道』，強為之名曰『大』。大曰逝，逝曰遠，遠曰反」是為「有物」命名，揭示它的本質屬性，這是本章的第二層意思。

「故道大，天大，地大，王亦大。域中有四大，而王居其一焉。人法地，地法天，天法道，道法自然」是第三層，談域中「四大」的關係，強調「有物」的地位。

【文法分析】

有物混成，先天地生；〔寂兮寥兮〕，獨立而不改，周行而不殆，可以
            因果   並列   承接
為天下母。吾不知其名，｜字之曰「道」，‖強為之名曰「大」。大曰逝，｜逝
    承接   並列
曰遠，｜遠曰反。故道大，天大，地大，王亦大。域中有四大，｜而王居其
            承接   承接   承接
一焉。人法地，｜地法天，｜天法道，｜道法自然。

「有物混成，先天地生；寂兮寥兮，獨立而不改，周行而不殆，可以為天下母」
這句話只有一個主語，是複雜單句。這個單句的主語是「有物」，謂語由「混成，
先天地生；寂兮寥兮，獨立而不改，周行而不殆，可以為天下母」這個複雜的複句
短語充當。

「混成，先天地生；寂兮寥兮，獨立而不改，周行而不殆，可以為天下母」是
三重複句短語。因為它「混成，先天地生；寂兮寥兮，獨立而不改，周行而不殆」，
所以「可以為天下母」，這是第一重因果關係。「混成，先天地生」而且「寂兮寥
兮，獨立而不改，周行而不殆」是並列關係，為第二重。既「混成」，又「先天地生」
為第三重，是並列關係；「獨立而不改」與「周行而不殆」也是並列關係，為另一
個第三重。這個複句短語內部關係為：

            並列   並列   並列
    （有物）混成，‖‖ 先天地生；‖ 寂兮寥兮，獨立而不改，‖‖ 周行而不
    因果
殆，｜可以為天下母。

「故道大，天大，地大，王亦大」是由「故」領起的由四個主謂短語構成的並
列短語。

例：道大

【考辨】

有版本在「字之曰『道』」前補了一個「強」字。帛書甲乙本、王弼本、河上
公本均無此「強」字。補者以為「強為之名曰『大』」有「強」，「字之曰『道』」

亦該有「強」。謬矣！「道」是《道德經》的思想核心，如果加了一個「強」字，這個「道」就失去了意義，《道德經》亦可以不復存在矣。

不少學者就「王亦大」還是「人亦大」、是「王居其一焉」還是「人居其一焉」這幾個問題展開了討論，因為有「人法地，地法天，天法道，道法自然」，所以才有此爭論。其實這裡在強調「統轄」的作用，道統轄著天地萬物，天統轄著地，地統轄著寄居在它上面的人和萬物，王統轄著兆民。在「故道大、天大、地大、王亦大」這裡，「王」要重讀。而將「王亦大」、「而王居其一焉」的「王」妄改為「人」，實在是沒參透老子的本意。

「道大，天大，地大，王亦大」在郭店楚墓竹簡中排列為「天大，地大，道大，王亦大」，丁四新在《郭店楚墓竹簡思想研究》中對此進行了分析：「天」、「地」本是傳統宇宙觀中最為重要的概念，「道」則是由老子首先提升起來，其與「天」、「地」在人們的思想世界中平起平坐，這已經充分說明了其地位的重要性。然而，思想政治的進化不會停止，隨著戰國中後期諸子思想進一步分化，以及道家思想自身的自我表現運動，從而迫使「道」在文本的重新組織中得到優先表述，地位進一步穩固，最終促使文本傳抄者在觀念和文本載體中，將其置於「四大」之首。「四大」次序的變動，與本章下文言說次序可能也有關係。下文云「人法地，地法天，天法道，道法自然」，已經排定了一種次序。當然，此次序的排定也是屬於「思想」。

【解讀與點評】

本章是《道德經》中最重要的一章。

「混成」即混然而成。混然，即混沌狀，交融在一起；即惚兮恍兮、窈兮冥兮之狀。本章以「有物」開篇，介紹了它的出身、特點，揭示它的本質屬性，並為它命名，進而強調它在「域中」的首要地位。我以為，它大概也是老子這篇五千言《道德經》的開篇。

「先天地生」，即「先於天地而生」，在天地出現之前就產生，正如第四章說的「象帝之先」，這個認識相當深刻。

「寂兮寥兮」，寂，言其無聲；寥，言其無形。道默默存在，不轟轟烈烈，是

說「道」不事張揚。

「獨立不改」，獨自存在，不為外物所動，表明「道」不以人的主觀意志為轉移。

「周行而不殆」是說「道」循環往復運行而不止息，強調它的普遍性和動態化。

因道孕育並「衣養萬物」（第三十四章），所以「可以為天下母」。

因為「道隱無名」（第四十一章），姑且以「有物」稱之。本章的「有物」是在「道」之「字」還未確定、之「名」還未擬定的情況下「臨時」使用的稱謂。

為什麼要「字之曰」呢？因不知其名，故「字之曰」。先說字後說名，是在未知其名的情況下，先給個「字」。先字後名不同於先名後字的民俗。古人取名，先名後字，名與字關聯緊密，名多描述事物，字或提示名產生的原因，或呼應名的本質屬性。先「字」、「道」乃是借「道路」之「道」，揭示了事物的本質屬性，是應該遵循的事物運行的軌跡。

至於「強為之名曰『大』」，是因為「道」之名實難名之，但又不能不名，姑且名之。「強為之」是因其既「可名於小」，又可「名為大」（第三十四章）；因其包容太多，含義太豐富，神通太廣大，不好命名，所以在「字之」後「名之」實乃「強為之」。因為是「強為之名」，所以名之之後又一再解釋「大曰逝，逝曰遠，遠曰反」，試圖更形象更通俗描繪「道」的特點，讓人對「道」有比較充分的理解。

「大曰逝，逝曰遠，遠曰反」是一組具有傳承邏輯關係的分句組合，有如數學中的等式，但不可逆：

∵大＝逝，逝＝遠，遠＝反；∴大＝反。（∵＝因為，∴＝所以）

「大」描述了道無所不包的特徵。「逝」從「走」，快速離去，引申為「運行」。「遠」正是運行的結果。「反」主要有兩個意思，一是「相反」，一是「返回」，這兩個意思在《道德經》中幾乎交融在一起，不好判別，「返回」的「周而復始」不正是新的開始嗎？新的開始源於舊的終結，此「終結」不是「相反」嗎？

為什麼不對「有物」、「名之」為「道」，而「字之」為「道」呢？也就是說，將「名」與「字」的位置對調一下不行嗎？

不行。老子時的《周禮》，「字之」與「名之」有明確差別。「名」親切、通俗，但不正規，而「字」是「加冠」之禮使用的規範稱呼，對「有物」最規範的稱呼是

「道」。

《道德經》中一再強調「聖人」如何，可見它是寫給統治者的，「王亦大」是突出強調，「亦」是起強調作用的語氣副詞。否則，也沒必要再說「域中有四大，而王居其一焉」，這一句不是可有可無的話，而必須強調。「而王居其一」與「王亦大」呼應，意思是說「王」不單單是「人」的代表，王還是域中的四大統領之一，進而強調王道要遵循地道、天道，因循自然。河上公點評「域中四大」說：「道大者，包羅天地，無所不容也；天大者，無所不蓋也；地大者，無所不載也；王大者，無所不制也。」因「人法地，地法天，天法道，道法自然」。

「人法地，地法天，天法道，道法自然」也是一組具有傳承邏輯關係的分句組合，類似於數學的「小於」關係，也是不可逆的，由此我們可以推出一連串的科學的結論：

∵人＜地，地＜天，∴人＜天；

∵天＜道，∴人＜道；

∵道＜自然，∴人＜自然。

「道法自然」，道的概念大於天地，而小於「自然」，「自然」即自身的狀態，它是先天存在的宇宙本真。道雖先於天地而存在，而且獨立以自己的狀態運行，但並沒有超然獨立於天地萬物之外。

本章有成語「獨立不改」、「周行不殆」、「道法自然」。

第二十六章

【原文】

重為輕根，靜為躁君[1]，是以聖人終日行不離靜重[2]，雖有榮觀，燕處超然[3]。奈何萬乘之主而以身輕天下[4]！輕則失根，躁則失君[5]。

【通釋】

重是輕的根基，靜是躁的主人，所以聖人整天行事都不放棄靜重，即使有奇觀美景，也安然守著靜重不為所動。但擁有萬輛戰車的君主，卻以自身輕率對待天下！

輕率就會失去根基，妄動就會失去主心骨。

【注釋】

① 重為輕根，靜為躁君：重是輕的根基，靜是躁的主人。根，基礎，根基。躁，躁動。君，君主，主人，主心骨。

② 是以聖人終日行不離靜重：所以聖人整天行事都不放棄靜重。王弼本等版本此句為「是以聖人終日行不離輜重」，解釋不通，根據全章本意改。終日，整天，成天。行，行動，行事。

③ 雖有榮觀，燕處超然：即使有奇觀美景，也安然守著靜重不為所動。雖，即使。榮觀，相當於今天的「奇觀」，美麗的景緻，豪華的生活。榮，草木之華。燕處，安閒而居。燕，安閒貌。處，居守。超然，超脫於物外不為所動的樣子。

④ 奈何萬乘之主而以身輕天下：但擁有萬輛戰車的君主，卻拿自身輕率對待天下。萬乘之主，擁有萬輛戰車的君主，指大國君主。乘，音ㄕㄥˋ，春秋戰國時稱四匹馬拉的一輛車為「一乘」。當時軍隊使用兵車，每輛車用四匹馬拉，車上有身著盔甲的士兵三人，車下跟隨步兵七十二人，另有相應的後勤人員二十五人。因此，所謂的「一乘」實指一百人的兵力，並非單指四匹馬拉的車。當時曾有這樣的規定，「八百家出車一乘」。春秋戰國時衡量諸侯國大小，就看它擁有多少兵車。而，轉折連接詞，相當於「卻」。以身輕天下，拿自身輕率對待天下。以身，用自身。輕，用作動詞，輕率對待。

⑤ 輕則失根，躁則失君：輕率就會喪失根基，躁動就會喪失主心骨。則，就會。失，喪失。

【意義歸納】

本章主要闡述「靜重」的重要意義。全章共分為兩層。

第一層：「重為輕根，靜為躁君，是以聖人終日行不離靜重，雖有榮觀，燕處超然。」是從正面說聖人「不離靜重」。

第二層：「奈何萬乘之主而以身輕天下！輕則失根，躁則失君。」是從反面說以身輕天下的後果。

在亂世讀老子
世界殘酷，**道德經**讓你有顆柔軟的心

【文法分析】

<pre>
           並列   因果
 重為輕根，‖靜為躁君，│是以聖人終日行不離靜重，雖有榮觀，燕處超
                                      並列
然。奈何萬乘之主〔而以身〕輕天下　輕則失根，│躁則失君。
</pre>

「重為輕根，靜為躁君，是以聖人終日行不離靜重，雖有榮觀，燕處超然」是
二重複句。因為「重為輕根，靜為躁君」，所以「聖人終日行不離靜重，雖有榮觀，
燕處超然」，是因果關係，「是以」是關聯詞。「重為輕根」與「靜為躁君」是第二重，
為並列關係。

「是以聖人終日行不離靜重，雖有榮觀，燕處超然」是個單句。在這個單句中，
「聖人」是主語，「終日行不離靜重，雖有榮觀，燕處超然」是複句短語作謂語。
它的文法分析為：

　　是以聖人終日行不離靜重，雖有榮觀，燕處超然

「終日行不離靜重，雖有榮觀，燕處超然」是個雙重複句短語，它的短語內部
關係為：

<pre>
           並列   假設
 終日行不離靜重，│雖有榮觀，‖燕處超然
</pre>

【考辨】

「是以聖人終日行不離靜重」之句，王弼本等版本為「是以聖人終日行不離輜
重」，有的版本為「是以君子終日行不離輜重」。學者就是「聖人」還是「君子」
這個問題進行過較多的孤立討論，而對「輜重」提出異議的學者較少，其中嚴靈峰
先生改「輜重」為「靜重」。

「輜重」實難理解，「靜重」可取。我們不妨一步一步討論這個問題。

首先，要研究明白什麼是「輜重」。「輜重」是用於戰爭的專有名詞：行軍時
攜帶的器械、糧草、營帳、服裝、材料等。輜，古代一種有帷蓋的車。老子不主張
戰爭，他又怎麼會推崇時刻做戰爭準備的人是聖人（君子）呢！

其次，我們還要分析為什麼聖人出行要帶著輜重。對此，我們可以檢視一下歷

史上有哪位聖人是這樣，結論是「沒有」；我們還可以再分析一下這樣做可能不可能，聖人（君子）終日行不離輜重，難道他每日都在車上生活？結論是「不可能」。

再次，我們還要問，「輜重」與本章說的「靜」與「重」有什麼關係，「輜重」與是否「以身輕天下」有什麼關係，如果「萬乘之主」能做到「終日行不離輜重」是不是就不是輕天下了？顯然，「輜重」與本章說的「靜」與「重」沒有關聯，「輜重」也與是否「以身輕天下」沒有關聯，「萬乘之主」即使能做到「終日行不離輜重」，也不能證明他沒有「以身輕天下」。

最後，還要注意語序，是「終日行不離輜（靜）重」，而不是「行終日不離輜（靜）重」，由此看來「行」還真不是「出行」，而是「行動」、「行為」、「行事」。為什麼不說「言行」，因為「重」是穩重之重，是從「行」表現出來的，因為聖人「不言」──「不言而善應」（第七十三章）。

所以「輜重」當為「靜重」。

【解讀與點評】

「靜重」，因靜而重，所以不輕浮、不輕率、不喧嚷（不頻出政令）。「不離」即「保持」、「堅守」。「終日保持靜重」，「終日」的存在也就合理了。

本章強調的不是聖人整天帶著生活必需品，而是聖人不為「榮觀所動」的穩重、持重；是無為，是「清靜」，因為「清靜為天下正（第四十五章）」、「終日行不離靜重」還有一個好處，那就是可以靜觀事物的發展變化，正所謂「致虛極，守靜篤，萬物並作，吾以觀復」（第十六章）。

「聖人」也好，「君子」也罷，「終日超然」者，乃理想的有道之人，絕非一般有權勢地位的卿大夫士。「聖人」與輕天下的「萬乘之主」的相同之處應該都是君主，不同之處是，聖人「靜重」，「以身為天下」（第十三章）。「輕則失根，躁則失君」是針對「萬乘之主」而言，不道的「萬乘之主」、「以身輕天下」。輕視天下就會失去根基，妄動就會失去君位。

強調：「靜重」不是「敬重」。

「奈何萬乘之主而以身輕天下」與前文是並列關係，「聖人」與「萬乘之主」

的不同表現形成鮮明對比，從而得出結論「輕則失根，躁則失君」，實則是批評和告誡輕躁的為國者。「輕則失根，躁則失君」這個結論，實際也是對「重為輕根，靜為躁君」的回應。

本章有成語「重為輕根」、「靜為躁君」、「燕處超然」、「萬乘之主」、「以身輕天下」。

第二十七章

【原文】

善行，無轍跡①；善言，無瑕謫②；善數，不用籌策③；善閉，無關楗而不可開④；善結，無繩約而不可解⑤。是以聖人常善救人，故無棄人⑥；常善救物，故無棄物：是謂襲明⑦。故善人者不善人之師，不善人者善人之資⑧。不貴其師，不愛其資⑨，雖智大迷⑩：是謂要妙⑪。

【通釋】

善於行車的，不會留下車輪輾壓的痕跡；善於言談的，沒有瑕疵可以指責；善於運用數字的，不用籌碼計算；善於鎖門的人，即使不上鎖也別人打不開；善於捆縛的，不用繩索捆別人也解不開。因此聖人總是善於拯救人，所以沒有被遺棄的人；總是善於拯救萬物，所以沒有被遺棄的物：這就叫作承襲光明。所以善於做事的人，是不善於做事的人的老師，不善於做事的人，是善於做事的人的依託。不重視這樣的老師，不珍惜這樣的依託，表面聰明而實際上很糊塗：這就是重要的含義深刻的道理。

【注釋】

① 善行，無轍跡：善於行車的，不會留下車輪輾壓的痕跡。善，善於，擅長。轍跡，車輪碾過的痕跡。

② 善言，無瑕謫：善於言談的人，沒有瑕疵可以指責。言，動詞，言談，說話。瑕，玉上的斑點，比喻缺點、毛病。謫，指摘，指責。

③ 善數，不用籌策：善於數字，不用籌碼計算。數，數字。籌，計算工具，籌碼。
　　策，計算。

④ 善閉，無關楗而不可開：善於關門的人，即使不用門閂也能讓人打不開。閉，
　　封閉，闔上庫門。關楗，今寫作「關鍵」，關閉門戶用的器具，橫的叫「關」，
　　豎的叫「楗」，就是後來的門閂。楗，音ㄐㄧㄢˋ，鎖。

⑤ 善結，無繩約而不可解：善於捆縛的人，不用繩索也能讓人解不開。結，繫，
　　捆縛。繩，繩索。約，動詞，纏束，捆縛。

⑥ 是以聖人常善救人，故無棄人：因此聖人經常善於拯救人，所以沒有被遺棄
　　的人。救，拯救，救治。棄人，遺棄的人。

⑦ 是謂襲明：這就叫作承襲光明。是，代指「善行，無轍跡；善言，無瑕讁；
　　善數，不用籌策；善閉，無關楗而不可開；善結，無繩約而不可解。是以聖
　　人常善救人，故無棄人；常善救物，故無棄物」這些內容。襲，承襲，承接。
　　明，光明，明亮。

⑧ 故善人者不善人之師，不善人者善人之資：所以善於做事的人，是不善於做
　　事的人的老師，不善於做事的人，是善於做事的人的憑藉。這兩個句子都是
　　判斷句。善人者，善於做事的人。之，的。師，老師。資，憑藉。

⑨ 不貴其師，不愛其資：不重視這樣的老師，不珍惜這樣的憑藉。貴，看重，
　　重視。其，代詞，自己的，這樣的。愛，愛惜，珍惜。

⑩ 雖智大迷：雖然（表面）聰明（實際）卻很糊塗。雖，雖然。大，副詞，非常，
　　很。迷，迷惑，糊塗。

⑪ 是謂要妙：這就是重要而深刻的道理所在。是，代指「善之者不善人之師，
　　不善人者善人之資。不貴其師，不愛其資，雖知大迷」這個道理。要妙，用
　　作名詞，重要而深刻的道理。要，重要。妙，含義深刻。

【意義歸納】
　　本章列舉了「七善」，設事喻理，闡釋要貴「善人」愛「不善人」，做到「襲明」，
把握「要妙」。全章共分兩層。

第一層為「善行，無轍跡；善言，無瑕讁；善數，不用籌策；善閉，無關楗而不可開；善結，無繩約而不可解。是以聖人常善救人，故無棄人；常善救物，故無棄物：是謂襲明。」設事喻理，分析聖人救人救物表現出的「襲明」，即說什麼是「襲明」。

第二層為「故善人者不善人之師，不善人者善人之資。不貴其師，不愛其資，雖智大迷：是謂要妙。」分析「善人者」與「不善人者」的意義關係，存在價值，說什麼是「要妙」。

【文法分析】

   並列   並列   並列
 善行，無轍跡；｜善言，無瑕讁；｜善數，不用籌策；｜善閉，無關楗而
 並列
不可開；｜善結，無繩約而不可解。是以<u>聖人常善救人，故無棄人；常善救物，</u>
   並列
<u>故無棄物</u>：是謂襲明。故善人者不善人之師，｜不善人者善人之資。<u>不貴其師，</u>

<u>不愛其資，雖知大迷</u>：是謂要妙。

本章第一個複句的幾個分句均為主謂短語，逗號前是主語，逗號後是謂語。它們的謂語文法成分有所差異。「無轍跡」、「不用籌策」是動賓短語，「無關楗而不可開」與「無繩約而不可解」是有轉折關係的緊縮複句短語。其中「關楗」、「繩約」均為複詞，即合成詞。「關楗」在今天詞的構成中屬於「聯合型合成詞」，「繩約」則屬於「修飾式（偏正式）合成詞」。

在「是以聖人常善救人，故無棄人；常善救物，故無棄物：是謂襲明」這個單句中，「是以」是關聯詞，「是以聖人常善救人，故無棄人；常善救物，故無棄物」與「是」是復指短語共同作主語，「謂」是謂語，「襲明」是賓語。

被復指的「是以聖人常善救人，故無棄人；常善救物，故無棄物」是個主謂短語，「聖人」是主語，「常善救人，故無棄人；常善救物，故無棄物」這個複句短語作謂語。

「常善救人，故無棄人；常善救物，故無棄物」這個並列複句短語又是由兩個因果關係的複句短語組成，這個複句短語內部關係為：

```
      因果        並列        因果
常善救人，‖故無棄人；|常善救物，‖故無棄物
```

「善人者不善人之師」是判斷句式，即「善人是不善人的老師」，「善人者」是主語，「不善人之師」是謂語，這個單句的文法成分為：

善人者不善人之師

在「不貴其師，不愛其資，雖智大迷：是謂要妙」這個單句中，主語是由「不貴其師，不愛其資，雖智大迷」與「是」這個復指短語來充當的，「謂」是謂語，「要妙」是賓語。

被復指的「不貴其師，不愛其資，雖智大迷」是雙重複句短語。第一重是假設關係：如果「不貴其師，不愛其資」，就「雖知大迷」；第二重是並列關係。這個複句短語內部的複句關係為：

```
        並列        假設
不貴其師，‖不愛其資，|雖智大迷
```

「雖知大迷」其實還是個轉折關係的緊縮複句短語。

【考辨】

需要強調的是，兩個「是謂」前的冒號表示分總關係。「是謂襲明」概括的是「聖人常善救人，故無棄人；常善救物，故無棄物」，而這個內容又是對「善行，無轍跡；善言，無瑕讁；善數，不用籌策；善閉，無關楗而不可開；善結，無繩約而不可解」的總結。「是謂要妙」概括的是「不貴其師，不愛其資，雖智大迷」，而這個結論又是因「故善人者不善人之師，不善人者善人之資」而得出。

【解讀與點評】

本章先列舉了「五善」，我多次在讀這一章時，都在琢磨這些高超本領是怎樣培養。能做到「五善」的應該都是行家，而且是頂尖的高手。然而老子不贊成技巧，顯然這裡說的「五善」，並非技藝型。吳澄的點評很是在理：「行者必轍跡在地，言者必有瑕讁可指，計數者必用籌策，閉門者必用關楗，結繫者必用繩約，然皆常人所為爾。有道者觀之，則豈為謂之善哉！善行者以不行為行，故無轍跡；善言者

161

以不言為言，故無瑕讁；善計者以不計為計，故不用籌策；善閉者以不閉為閉，故無關楗而其閉自不可開；善結者以不結為結，故無繩約而其結自不可解。舉五事為譬，以起下文『聖人善救』之意。」吳澄的點評明顯認為「善行」、「善言」、「善數」、「善閉」、「善結」者是以「無為」為「為」，所以「無轍跡」、「無瑕讁」、「不用籌策」、「無關楗而不可開」、「無繩約而不可解」。

王弼的點評似乎認為「善行」、「善言」、「善數」、「善閉」、「善結」者還是有所為，只是「此五者皆言不造不施，因物之性，不以形制物也」。他謂「善行，無轍跡」為「順自然而行，不造不施，故物得至，而無轍跡也」；謂「善言，無瑕讁」為「順物之性，不別不析，故無瑕讁可得其門也」；謂「善數，不用籌策」為「因物之數，不假形也」；謂「善閉，無關楗而不可開」和「無繩約而不可解」為「因物自然，不設不施，故不用關楗、繩約而不可開解也」。以「無為」、「守中」少為、循道而為來理解「五善」。

如同行路、行事，循道少為，乃至於「無為」才會走得自然，才會「無轍跡」；不行，當然「無轍跡」。

「善言」絕不是「巧舌如簧」狡辯，也不是「巧言令色」的佞辭，因為佞辭是有「瑕讁」的；善言是不妄言，不多言，因為「多言數窮」（第五章）；善言應如蘇轍說的「時然後言，故言滿天下無口過」，當然「無瑕讁」。

計數「不用籌策」，當然是算術高手。為什麼「不用籌策」？因為「少私寡慾」（第十九章），置身於利益角逐之外，根本就不需去算計。

要打開封閉、解開捆縛，卻找不到鎖和繩索，怎麼打開、怎麼解開？你有你的千條妙計，我有我的一定之規，就是按道的原則行事。

「五善」均是「為無為」，此五者皆言不造不施，均是按道做事，制物於無形，因物之性，順物之性。其實「聖人常善救人，故無棄人；常善救物，故無棄物」正是「為無為」的結果。蘇轍說，「聖人之救人救物，以不救為救，亦若上文所譬，以不為其事為善也。蓋有所救者必有所棄」，聖人「無所救則亦無所棄矣」。加上聖人救人救物，所有這「七善」無非是把握了事物的本質，是借力，是借光；借道之力，借道之光——「用其光，復歸其明」（第五十二章），所以是「襲明」。

為什麼「善人者不善人之師」呢？因為「善人」是善於循道行事的人，所以他是那些不善於循道而行的人的榜樣。為什麼「不善人者善人之資」呢？因為不善於循道而行的人常「背道而馳」並出現問題，善於循道而行的人可以從他們的錯誤、失敗中得到合理的認識，從而不斷調整，使自己循道而行。因此，從一定角度來講「不善人者」也是「善人者」的反面教員，所以要「貴其師」，「愛其資」。這個道理確實是重要的機巧——「是謂要妙」，是經驗的總結，如果對這一點都不能清醒認識的話，那麼就是表面聰明實則糊塗的人，正所謂「聰明人辦了糊塗事」。

師，看齊的標準，猶言楷模、榜樣。當然也可以把他人和自己的成功的經驗——但這個經驗絕不能是杜撰出來的——當作「師」，把他人和自己的失敗當作「資」。「師」與第三章的「不尚賢」小有牴觸。

第二十八章

【原文】

知其白，守其黑，為天下式①。為天下式，常德不忒②，復歸於無極③。知其雄，守其雌，為天下溪④。為天下溪，常德不離⑤，復歸於嬰兒⑥。知其榮，守其辱，為天下谷⑦。為天下谷，常德乃足⑧，復歸於朴⑨。朴散則為器，聖人用之則為官長⑩——故大制不割⑪。

【通釋】

知曉什麼是顯赫，安守自身的黯淡，做天下的楷模。做天下的楷模，恆有的品德不出差錯，又回到沒有盡頭的狀態。知曉什麼是雄壯，安守自身的柔雌，做天下的溝溪。做天下的溝溪，恆有的美德不會脫離，又回到無智無慾的嬰兒狀態。知曉什麼是榮耀，安守自身的卑微，做天下的低谷。做天下的低谷，恆有的美德始終充足，又回到淳樸的原始狀態。未切割的大原木放在一定位置上就是棟梁，聖人就用這樣的人擔任首領——所以說最大的行事原則，就是不破壞事物的本真。

在亂世讀老子

世界殘酷，**道德經**讓你有顆柔軟的心

【注釋】

① 知其白，守其黑，為天下式：知曉什麼是顯達，安守自身的默默無聞，做天下的楷模。王弼本《道德經》中「知其白，守其黑，為天下式。為天下式，常德不忒。常德不忒，復歸於無極」這句話在「知其雄，守其雌，為天下溪。為天下溪，常德不離，復歸於嬰兒」的後面，據《道德真經吳澄注》改。知，知曉，明知。其，不確指代詞。白，顯明，聲名顯赫。守，堅守，安守。黑，幽暗，默默無聞。式，楷模，榜樣。

② 常德不忒：恆有的品德不出偏差。常德，恆德。德，遵循道的原則行事的特質（參見第二十一章注釋①）。忒，音ㄊㄜˋ，差失，錯誤。

③ 復歸於無極：又回到無窮無盡的狀態。歸於，回到。無極，沒有盡頭。

④ 知其雄，守其雌，為天下溪：知曉什麼是雄壯，安守自身的柔雌，做天下的溝溪。雄，剛強。雌，柔雌。溪，河溝。

⑤ 離：離開，放棄。

⑥ 復歸於嬰兒：又回到嬰兒時無智無慾的狀態。兒，古音讀如「倪（ㄋㄧˊ）」。

⑦ 知其榮，守其辱，為天下谷：知曉什麼是榮耀，安守自身的卑微，做天下的山谷。榮，榮耀，顯要。辱，卑微，辱沒。谷，溝壑，低谷。

⑧ 常德乃足：恆有的美德就充足。乃，就。足，充足，富足。

⑨ 朴：未經加工過的原木（參見第十五章注釋⑦），指原始本真的狀態。

⑩ 朴散則為器，聖人用之則為官長：未切割的大原木放在一定位置上就是棟梁，聖人任用這樣的人擔任首領。散，分布，引申為安排，放置。器，可用之材，比喻人才。用，使用，任用。之，代指具有「朴」的特質的人。官長，統領，領導人。

⑪ 故大制無割：所以說最大的行事原則是不破壞事物本真。大制，比喻大的治人事天方略。制，制度原則。割，切割，分割，割裂，比喻破壞。

【意義歸納】

本章強調「守黑」、「守雌」、「守辱」，其本質就是守朴。

本章總體共分為兩個層次。

「知其白，守其黑，為天下式。為天下式，常德不忒，復歸於無極。知其雄，守其雌，為天下溪。為天下溪，常德不離，復歸於嬰兒。知其榮，守其辱，為天下谷。為天下谷，常德乃足，復歸於樸」為第一個層次，強調「守黑」、「守雌」、「守辱」的實質是「歸於樸」。

「樸散則為器，聖人用之則為官長——故大制不割」為第二層，說的是「樸」的意義。

「知其白，守其黑，為天下式。為天下式，常德不忒，復歸於無極。知其雄，守其雌，為天下溪。為天下溪，常德不離，復歸於嬰兒。知其榮，守其辱，為天下谷。為天下谷，常德乃足，復歸於樸」又可分為三小層，每小層內運用了頂真的修辭手段。

【文法分析】

```
        轉折      因果                    條件        因果
    知其白，│守其黑，‖ 為天下式。為天下式，│常德不忒，‖ 復歸於無極。
        轉折      因果                    條件        因果
  知其雄，│守其雌，‖ 為天下溪   為天下溪，│常德不離，‖ 復歸於嬰兒。
        轉折       因果                   條件        因果
  知其榮│守其辱，  ‖ 為天下谷   為天下谷，│常德乃足，‖ 復歸於樸。樸散則
      因果                  （結論是）
  為器，│聖人用之則為官長——故大制不割。
```

下面我們具體選擇分析幾組有代表性的複句內部的邏輯關係：

雖然「知其雄」，卻要「守其雌，為天下溪」，這是第一重轉折關係；因為「守其雌」，所以「為天下溪」，這是第二重因果關係。

只有「為天下溪」，才能「常德不離，復歸於嬰兒」，這是第一重條件關係；因為「常德不離」，所以「復歸於嬰兒」，這是第二重因果關係。

因為「樸散則為器」，所以「聖人用之則為官長」，這是因果關係複句。

「故大制不割」是結論性的話，所以在它的前面我使用了破折號，這個破折號相當於「結論是」，是句間破折號。

在亂世讀老子

世界殘酷，**道德經**讓你有顆柔軟的心

【考辨】

「知其白，守其黑，為天下式。為天下式，常德不忒，復歸於無極。知其雄，守其雌，為天下溪。為天下溪，常德不離，復歸於嬰兒。知其榮，守其辱，為天下谷。為天下谷，常德乃足，復歸於樸」這段話，在王弼本、河上公本等版本中為「知其雄，守其雌，為天下溪。為天下溪，常德不離，復歸於嬰兒。知其白，守其黑，為天下式。為天下式，常德不忒，復歸於無極。知其榮，守其辱，為天下谷。為天下谷，常德乃足，復歸於樸」，而且學者對「知其白，守其黑，為天下式。為天下式，常德不忒，復歸於無極」的合理性也有所爭議。依據王弼本，有人主張將「守其黑，為天下式。為天下式，常德不忒，復歸於無極」刪去，理由是不押韻，且「白」與「辱」相對，還有「溪」與「谷」表示的都是低窪處，「無極」與此也不契合。有學者還輔以《莊子‧天下》和《淮南子‧道應訓》等佐證材料。有學者考辨馬王堆漢墓出土的帛書甲乙本，也提出疑義——因為帛書甲乙本中「知其白，守其黑，為天下式。為天下式，常德不忒，復歸於無極」這句話在「復歸於樸」與「樸散則為器」之間，認為它的存在不合理。

我也注意到有學者對此的懷疑，他們提出的許多觀點我也贊同。下面，我再對「無極」進行分析。查《道德經》全篇，如果算進本章，「極」共五章六見：

第十六章：「致虛極，守靜篤。」

第五十八章：「禍兮，福之所倚；福兮，禍之所伏，孰知其極？」

第五十九章：「無不克，則莫知其極；莫知其極，可以有國……」

第六十八章：「是謂不爭之德，是謂用人之力，是謂配天古之極。」

只在本章中「無」與「極」合在一起，形成「無極」這個概念，以雙聲詞出現，這在老子時代是罕見的語言現象，且「無極」已經帶有宗教色彩了，極有可能是道家學派後學所添加。

《道德真經吳澄注》將「知其白，守其黑，為天下式。為天下式，常德不忒，復歸於無極」放在本篇之首，它可以補救學者們爭論中的順序問題。其實，吳澄是宋末元初人，距老子時代已經相當久遠，他對部分章句應該是按個人理解調整，我的觀點是他的有些調整相對來說更為合理，他這樣編排順序或有其他依據，故本章

取吳澄本的順序。

【解讀與點評】

知白守黑，捨明而取暗；知雄守雌，捨先而取後，捨強而取弱；知榮守辱，捨貴而取賤；「為天下溪」、「為天下谷」；捨上而取下——這些都是「道」所提倡。

我在釋文中將「無極」、「嬰兒」、「朴」處理成「無窮無盡」、「無知無慾」、「無憂無慮」。無極就是沒有極限；嬰兒沒有複雜的思想，舉動全是自然的本能，嬰兒不用智而合自然之智；朴是未經加工的天然本真，它比喻的是未被污染的人。

「朴散則為器」這句話，關鍵要解決「散」字。「朴」是未經加工的大木料，即所謂的棟梁之材。「散」，即「分布（分散、散布）」。器，即「器物」，即「有用之物」。

「聖人用之則為官長」，聖人任用的是具有「朴」的特質的人，只有這樣的人，才能循規蹈矩的依道而行。「官長」即「器」，即人才。

本章一再用形象的比喻來講道理，「大制不割」，「大制」是最大的方略，最好的設計安排，也是最好的治國行事原則。「不割」就是不割裂，不肢解，不破壞，使事物保持本真。「不割」才可大用。

本章有成語「知白守黑」、「知雄守雌」、「知榮守辱」、「朴散為器」和「大制不割」。

第二十九章

【原文】

將欲取天下而為之，吾見其不得已①。天下神器，不可為也，不可執也②；為者敗之，執者失之③。是以聖人無為故無敗，無執故無失④。故物或行或隨⑤，或噓或吹⑥，或強或羸⑦，或載或隳⑧，是以聖人去甚，去奢，去泰⑨。

【通釋】

想要獲取天下並擺布它，我看他達不到目的。天下是神聖的，不能被擺布，不

能被操縱。擺布它的人必定會失敗，操縱它的人必定會失去。因此聖人不做什麼，所以就不會有什麼失敗，沒操縱什麼，所以也不會失去什麼。所以事物有的走在前面，有的跟著走，有的輕輕吐氣，有的用力呼氣，有的強壯，有的瘦弱，有的承載，有的墮落，因此聖人摒棄極端，摒棄奢侈，摒棄放縱。

【注釋】

① 將欲取天下而為之，吾見其不得已：想要取得天下來統治它，我看他達不到目的。取，獲取，占有。為，統治，擺布。不得已，達不到目的，不能辦到。不得，不能。已，止，完成，有結果，達到目的。

② 天下神器，不可為也，不可執也：天下是神聖的，不能被擺布，不能被把持。本句是判斷句。神器，神聖的東西，神的器物。為，擺弄，擺布。執，操在手裡，把持。

③ 為者敗之，執者失之：擺布它的人必定會失敗，把持它的人必定會失去。為者，即「取天下而為之者」。敗，使……失敗。失，使……喪失。

④ 是以聖人無為故無敗，無執故無失：因此聖人不做什麼，所以就不會有什麼失敗，沒掌握什麼，所以也不會失去什麼。本句在王弼本中是在第六十四章，與該章內容有牴觸，且與本章意思相吻合，故移入本章。

⑤ 故物或行或隨：所以事物有的走在前面，有的跟著走。或，有的。行，走，與「隨」相對，表示前行。隨，跟隨，跟著走。

⑥ 或噓或吹：有的輕輕吐氣，有的用力吸氣。噓，緩緩吐氣。吹，用力呼氣。

⑦ 或強或羸：有的強壯，有的瘦弱。羸，音ㄌㄟˊ，瘦弱。

⑧ 或載或隳：有的承載，有的毀壞。王弼本此處為「或挫或隳」，據河上公本改。載，與「隳」相對，承載，被承載。隳，音ㄏㄨㄟ，毀壞，被毀壞，墜落。

⑨ 是以聖人去甚，去奢，去泰：因此聖人摒棄極端，摒棄奢侈，摒棄放縱。甚，過分。奢，放縱。泰，極端。

【意義歸納】

本章提出「取天下而為之」不可取，要順物之性，避免極端化傾向。全章共分

為兩層。

　　第一層：「將欲取天下而為之，吾見其不得已。天下神器，不可為也，不可執也；為者敗之，執者失之。」提出「取天下而為之」不可取。

　　第二層：「是以聖人無為故無敗，無執故無失。故物或行或隨，或噓或吹，或強或羸，或載或隳，是以聖人去甚，去奢，去泰。」強調要順物之性，不可過分。

【文法分析】

　　　　　　　　假設　　　　　　　　　　　　因果　　　　並列
　　將欲取天下而為之，｜吾見其不得已。天下神器，‖不可為也，‖‖不可執
　因果　　　　並列
也；｜為者敗之，‖執者失之。是以<u>聖人無為故無敗，無執故無失</u>。故物或行
　　　　　　　　　　　　　因果
或隨，或噓或吹，或強或羸，或載或隳，｜是以聖人去甚，去奢，去泰。

　　其實，「將欲取天下而為之，吾見其不得已」與「天下神器，不可為也，不可執也；為者敗之，執者失之」這兩個複句組合也存在著因果關係，正是因為「天下神器，不可為也，不可執也；為者敗之，執者失之」所以「將欲取天下而為之，吾見其不得已」。

　　同樣，「是以聖人無為故無敗，無執故無失」與「天下神器，不可為也，不可執也；為者敗之，執者失之」也存在著因果關係，正是因為「天下神器，不可為也，不可執也；為者敗之，執者失之」所以「聖人無為故無敗，無執故無失」，「是以」正是總結性關聯詞。

　　「將欲取天下而為之，吾見其不得已」是假設關係複句。「將欲」大致起到了「如果」的作用。

　　在這個複句中，「將欲取天下而為之」是無主語的連動句，「將」是狀詞，「欲取」與「為」是動詞謂語，「天下」和「之」是賓語，它的文法成分為：

　　〔將〕欲取天下而為之

　　「吾見其不得已」是主謂短語句，「吾」是主語，「見」是謂語，「其不得已」是賓語。

169

　　<u>吾見其不得已</u>

　　「其不得已」是個更小的主謂短語，「其」是主語，「不得已」是這個主謂短語的賓語。

　　「天下神器，不可為也，不可執也；為者敗之，執者失之」是三重複句。因為「天下神器，不可為也，不可執也」，所以「為者敗之，執者失之」，這是第一重，為因果關係；因為「天下（是）神器」，所以「不可為也，不可執也」，這是其中一個第二重，為因果關係；「為者敗之」與「執者失之」是另一個第二重，為並列關係；「不可為也」與「不可執也」是第三重，為並列關係。

　　「故物或行或隨，或噓或吹，或強或羸，或載或隳」是個單句，「故」為關聯詞，「物」為主語，謂語由並列關係的複句短語組成，這個單句的文法成分為：

　　故<u>物</u>或行或隨，或噓或吹，或強或羸，或載或隳

　　「或行或隨，或噓或吹，或強或羸，或載或隳」是並列關係的複句短語，這個短語內部的關係為：

並列	並列	並列
或行或隨，｜	或噓或吹，｜	或強或羸，｜或載或隳

　　「是以聖人去甚，去奢，去泰」也是個單句，它的文法成分分析為：

　　是以<u>聖人</u>去甚，去奢，去泰

　　「去甚，去奢，去泰」是並列短語。

【考辨】

　　本章王弼本缺「不可執也」這句話，造成後面的「為者敗之，執者失之」偏墜；且第六十四章有「為者敗之，執者失之」，在此後尚有「是以聖人無為故無敗，無執故無失」兩句，這些內容與第六十四章其他內容缺少必然連繫，一併挪至此處。

　　「故物或行或隨，或噓或吹，或強或羸，或載或隳」這幾句各版本有所差異。首先，馬王堆漢墓出土的帛書甲乙本這幾句與王弼本有差異，還缺少「或強或羸」這句；其次，「或載或隳」這句，有版本為「或挫或隳」，有版本為「或培或隳」。從邏輯角度來分析這幾個動詞，「或挫或隳」的「挫」與「隳」都是向壞的方向發展，

一邊倒，不像「強」與「羸」的互相對立；不像「行」的主動，「隨」的服從；不像「吹」的較強，「噓」稍弱，難以匹配。「或培或墮」的「培」是來自外力的「他動」，與「行」、「隨」，「噓」、「吹」，「強」、「羸」都是物質自身表現出的「自動」不協調；所以我取河上公本的「或載或墮」。從帛書本來看，除「或行或隨」外，其他都可能是後人所添加。

「失敗」一詞是怎麼來的，與「為者敗之，執者失之」是不是有關聯？

【解讀與點評】

「夫物芸芸」（第十六章），表現不同。物各有性，物不同，性不同；相同之物，其性亦有不同。有的走在前面，有的跟著走。走在前面就是帶頭做，跟著走就是跟著做。有的輕輕吐氣，有的猛烈呼氣。輕吐氣舒緩，猛呼氣強烈，差異明顯。有的強壯，有的羸弱，正是事物的不同狀態。有的載物，有的毀物。載物，承載著一同前行，毀物，拋棄掉、不攜帶。

「是以聖人去甚，去奢，去泰」中的「甚」、「奢」、「泰」三個詞都有「過分」、「極端」、「奢侈」、「放縱」之義，羅列起來，無非是強調做事不要極端，要順物之性，要適可而止。

「將欲取天下而為之，吾見其不得已」，為什麼天下不可取呢？首先天下是「神器」。神明之器不可擅取，取天下據為己有，正是奴隸社會的肇始，禹傳位於子啟，破壞了禪讓制。第二，天下不可為也，不可執也，「為」與「執」都是逆物之性，是極端化傾向，所以「為者敗之，執者失之」。正確之舉是「無為」、「無執」。聖人「以身為天下」（第十三章），但不「取天下而為之」，「是以聖人無為故無敗，無執故無失」。為避免極端化傾向，聖人隨物之性，「去甚，去奢，去泰」。

本章有成語「天下神器」。

171

第三十章

【原文】

　　以道佐人主者，不以兵強天下①，其事好還②──師之所處，荊棘生焉③；大軍之後，必有凶年④。善有果而已，不敢以取強⑤。果而勿矜，果而勿伐，果而勿驕⑥；果而不得已⑦，果而勿強⑧──物壯則老，是謂不道，不道早已⑨。

【通釋】

　　以道輔佐君主的，不以武力在天下表現強悍，這樣做事留有餘的──經歷過戰爭的地方，雜草野樹在那裡生長；戰爭過後，一定會出現荒年。取得好的戰果就停止，不能憑藉它選擇強勢。有戰果不要自大，有戰果不要自誇，有戰果不要驕傲；戰果如果不能達到，對取得戰果不要勉強──事物強盛了就會走向衰敗，這就叫背離道，背離了道就會加速滅亡。

【注釋】

① 以道佐人主者，不以兵強天下：以道輔佐君主的，不以武力在天下表現強大。佐，輔佐，輔助。人主，統治階層的首領。當時在「民」與「主」之間還有「人」，食祿階層，是可以參與國家政治的階層。以兵強天下，靠武力揚威於天下。兵，兵器，引申為發動戰爭。強，強大，強悍，作動詞，揚威，表現強大。

② 其事好還：那樣行事留有餘地。其事，指「不以兵強天下」的做法，好，有利於。還，同「旋」，迴旋，周旋。

③ 師之所處，荊棘生焉：經歷過戰爭的地方，雜草野樹在那裡生長。師之所處，部隊駐紮過的地方，指打過仗的地方。荊棘，原指楚地的野草雜樹，這裡泛指雜草野樹。焉，兼詞，於是，於之，在那裡。

④ 大軍之後，必有凶年：戰爭過後，一定會出現荒年。大軍，這裡指大戰。凶年，災荒年。

⑤ 善有果而已，不敢以取強：取得好的戰果就停止，不能憑它選擇強勢。果，結果，戰果。而，連接詞，相當於「就」。已，停止，罷手。不敢，不要。以，憑。「以」後省略了「之」。取，選取，選擇。強，強勢。

⑥ 果而勿矜，果而勿伐，果而勿驕：有戰果不要自大，有戰果不要自誇，有戰果不要驕傲。果，用作動詞，有戰果。而，順承連接詞，連接兩個動詞。矜、伐，參見第二十二章注釋⑩和注釋⑪。

⑦ 果而不得已：戰果如果不能達到。果，名詞，取勝的結果。而，連接詞，如果。不得已，達不到目的，不能取勝。得，能。已，止，完成，有戰果，達到目的。參見第二十九章注釋①。

⑧ 果而勿強：對好戰果不要勉強。果，對戰果的追求。強，音ㄑㄧㄤˇ，勉強。

⑨ 物壯則老，是謂不道，不道早已：事物強盛了就會走向衰敗，這就叫背離道，背離了道就會加速滅亡。壯，強盛，強壯。老，衰老，衰敗。不道，不合道，背離道。早，過早。已，終止，滅亡。

【意義歸納】

本章強調的是，為國者要慎用戰爭，不得已用戰爭時，有了戰果要適可而止，沒有達到預期目標也不要硬做。本章談了兩層意思。

「以道佐人主者，不以兵強天下，其事好還——師之所處，荊棘生焉；大軍之後，必有凶年」為第一層，談戰爭的危害。強調循道而行，不以兵強天下，因為戰爭危害太大。

「善有果而已，不敢以取強。果而勿矜，果而勿伐，果而勿驕；果而不得已，果而勿強——物壯則老，是謂不道，不道早已」為第二層，談對戰爭應取的態度。退一步講，戰爭有戰果即止，無戰果勿強，因為物壯不道。

【文法分析】

<pre>
                              因果   （這是因為）   因果
    以道佐人主者，不以兵強天下，∥其事好還——師之所處，∥荊棘生焉；
 並列   因果   並列   並列
∥大軍之後，∥必有凶年。善有果而已，∥不敢以取強。果而勿矜，∥果而勿
    並列   並列   假設   （這是因為）   承接
伐，∥果而勿驕；∥果而不得已，∥果而勿強——物壯則老，是謂不道，∥不
道早已。
</pre>

　　為什麼「以道佐人主者，不以兵強天下」呢？因為「師之所處，荊棘生焉；大軍之後，必有凶年」，「不以兵強天下」，就會留有更大的餘地。可見兩個複句之間都存在著因果連繫，所以我在「其事好還」後使用了破折號來表示這個因果關係，這個破折號相當於「這是因為」，用在兩個複句單位之間。

　　「以道佐人主者，不以兵強天下」是個單句，「以道佐人主者」這個偏正短語是主語，「不以兵強天下」這個動詞短語是謂語部分，這個單句的文法成分分析為：

　　<u>以道佐人主者</u>，<u>不以兵強天下</u>

　　「善有果而已，不敢以取強」這個並列關係複句的作用是承上啟下。

　　為什麼「果而勿矜，果而勿伐，果而勿驕；果而不得已，果而勿強」呢？因為「物壯則老，是謂不道，不道早已」。可見五個果與「不道早已」存在因果連繫，所以我在二者之間同樣使用了表示「這是因為」意思的破折號，用在兩個複句單位之間。詳解如下：

　　因為「物壯則老，是謂不道，不道早已」，所以要「果而勿矜，果而勿伐，果而勿驕；果而不得已，果而勿強」，二者的因果關係是前果後因。

　　在「五果」句中，其實只有「四果」。「果而勿矜，果而勿伐，果而勿驕」是有果時的態度；「果而不得已，果而勿強」是無果時的態度，這是第一重，為並列關係。「果而勿矜」、「果而勿伐」、「果而勿驕」之間是第二重，為並列關係；如果「果」、「不得已」，就要「果而勿強」，也是第二重，為假設關係，「果而不得已」的「而」是「如果」的意思，作關聯詞。

「物壯則老，是謂不道」是個單句，主語是復指短語，「是」復指「物壯則老」，謂語是「謂」，賓語是「不道」，這個單句的文法成分分析為：

物壯則老，是謂不道

「不道早已」是主謂短語，它的文法成分分析為：

不道〔早〕已

「物壯則老，是謂不道，不道早已」既是針對「矜」、「伐」、「驕」而言，又是針對「果而勿強」而言。

「不道早已」自身就是一個條件關係的緊縮複句，只要「不道」，就會「早已」。

【考辨】

「其事好還」的「還」，同「旋」，釋作「迴旋」、「周旋」，可惜以往研究者多未這樣解釋，曲解了本意。

「荊棘生焉」的「焉」是兼詞，前文第十八章有關於「焉」的討論，這裡就是其中一例。

對「果而勿矜，果而勿伐，果而勿驕；果而不得已，果而勿強」這部分內容，以往學者幾乎一致認為五個「果」字一律是「得到」果，其實不然。我在解釋中注意了「不得已」的含義，以此對這部分內容作了複句分析。

還需要強調關於「不得已」的處理。「不得已」非「勿得已」，不能與「勿矜」、「勿伐」、「勿驕」並列，也不能與「勿強」並列，顯然是「另一組」。

【解讀與點評】

「果而勿矜，果而勿伐，果而勿驕；果而不得已，果而勿強」的意思就是：「有果時要勿矜、勿伐、勿驕，無果時要勿強。」

本章實際告誡的對象是「人主」，但開篇卻說「以道佐人主者，不以兵強天下」，並未直接說「人主」，卻轉了個彎稱「佐人主者」，這是古人常用的一種迴避表達方式。注意到這裡使用「人主」來稱呼最高統治者，既不稱「民主」，也不稱「君主」，而稱「人主」，是因為「主」與「民」之間還隔著一層「人」。在當時的稱謂中，民，乃普通百姓，草民；人，食祿階層，是可以參與國家政治的階層；「君」是由「君子」

175

演變而來。當然，老子生活的時代，已經出現了國家大事由公卿說了算的情況，「君」只是聽命執政大臣的輔助角色，但無論是誰決策，都涉及是否「以兵強天下」的問題。「其事好還」的「還」同「旋」，迴旋、周旋之意，言為己方留有餘地。一旦訴諸武力，一旦發動戰爭，想全身而退就很難了，遺憾的是學者多未這樣處理。

本章反映了老子的戰爭觀。春秋時期社會動盪，各諸侯國間戰爭不斷，甚至還有諸侯國向王室興師的情況出現。

為什麼要「不以兵強天下」呢？窮兵黷武發動戰爭的結果，必然是「荊棘生焉」、「必有凶年」。

「師之所處，荊棘生焉；大軍之後，必有凶年」，這只是農耕社會戰爭帶來的危害，現代戰爭的破壞作用更大：「二戰」結束時美國在日本投下的兩顆原子彈，不僅僅是震懾，更是製造災難，等到戰後要想恢復重建、療治創傷談何容易！明道的「人主」不輕易訴諸武力，這樣才能有迴旋的餘地，這是相當科學的判斷和結論。

「不敢以取強」，取強，選擇強勢。什麼叫強勢？趕盡殺絕，這就是強勢，所以「不敢」為之。

為什麼「果而不得已」要「果而勿強」呢？因為強戰必將損兵折將，必將付出更加慘重的代價；因為強戰必將有更大的殺戮。

本章有成語「大軍之後，必有凶年」。因本章曾出現一個成語「天道好還」，被釋為「天道主持公道，善惡終有報應」，失去了本義。本章還產生成語「物壯則老」、「不道早已」。

第三十一章

【原文】

夫唯兵者不祥之器[1]，物或惡之，故有道者不處[2]。君子居則貴左，用兵則貴右[3]。兵者不祥之器，非君子之器[4]，不得已而用之[5]，恬淡為上[6]，勝而不美[7]。而美之者，是樂殺人[8]。夫樂殺人者，則不可以得志於天下矣[9]。吉事尚左，凶事尚右[10]；偏將軍居左，上將軍居右[11]——言以喪禮處之[12]。殺人

之眾，以悲哀蒞之⑬；戰勝，以喪禮處之⑭。

【通釋】

　　正因為戰爭是不吉利的手段，按道的標準衡量有人討厭它，所以有道的人不使用它。君子平時以左側為尊位，戰爭時以右側為尊位。戰爭是不吉利的手段，不是君子使用的手段。不得已使用戰爭手段時，不熱衷是高明的態度，戰勝了也不以為它是美事。如果把透過戰爭取得勝利當作美事來炫耀，是以殺人為快樂。以殺人為快樂的人，不能讓他在天下得志。吉利事以左邊為尊位，凶喪事以右邊為尊位；副將排序在左邊，主將排序在右邊——說的就是按辦理喪事的禮節對待戰爭。殺人眾多，要以悲痛的心情來面對它；戰勝了，要按辦喪事的禮節來對待它。

【注釋】

① 夫唯兵者不祥之器：正因為戰爭是不吉利的手段。這是一個判斷句。夫唯，語氣詞，大體相當於「只是那」、「正因為」。夫，音ㄈㄨˊ。夫唯，王弼、河上公原版本為「夫佳」。兵，兵器，作動詞，使用兵器，借指發動戰爭，使用戰爭手段。

② 物或惡之，故有道者不處：按道的標準衡量有人厭惡它，所以有道的人不這樣做。物，物色，按標準考察。或，不確指代詞，有的人，當指濫用兵者以外的人。惡，音ㄨˋ，厭惡。不處，不這樣做，不充當這樣的角色。（參見第二十四章注釋⑤）

③ 君子居則貴左，用兵則貴右：君子平時以左邊為貴，戰爭時以右邊為貴。君子，這裡指的是天子及諸侯國國君，有能力發動戰爭的人。居，平日，平時。貴左，以左為貴。貴，以……為貴。古人認為左陽右陰，陽代表生，陰代表殺，所以平時以左側為尊位。以右側為尊位，是古時在軍隊裡的排列順序。

④ 非君子之器：不是君子用的東西。非，不是。

⑤ 不得已而用之：如果被迫無奈使用它（時）。不得已，沒有辦法，沒有其他辦法。（可參見前章注釋⑦）而，如果。之，代指發動戰爭。

⑥ 恬淡為上：不熱衷是高明的態度。恬淡，安靜而淡然，不在意，不熱衷。為，

是。上，上等，高明的態度。

⑦ 勝而不美：戰勝了也不應炫耀。勝，戰勝。而，連接詞，相當於「了」或「也」。美，炫耀，以……為美。

⑧ 而美之者，是樂殺人：如果炫耀，是以殺人為快樂的人。而，連接詞，如果。之，代詞，指用兵和戰勝。是，本為代詞，相當於「此」、「這」，但在本判斷句中，它的作用更接近現代漢語中的判斷詞。樂，以……為快樂。

⑨ 則不可以得志於天下矣：就不能讓他在天下得志。則，就。可，能。得志，使……得志。

⑩ 吉事尚左，凶事尚右：吉利事以左邊為尊位，凶喪事以右邊為尊位。古代平時以左側為尊位，但辦理喪事時排列位置則以右側為尊位，這是辦理喪事的禮節。（可參見注釋③）

⑪ 偏將軍居左，上將軍居右：副將在左側，主將在右側。偏將軍，軍隊的副將，上將軍，軍隊的主將。

⑫ 言以喪禮處之：說的就是用辦理喪事的禮節來處理戰爭的事。言，說的是。以，用，按。喪禮，辦喪事的禮節。處，處理，對待。之，代詞，指戰爭。

⑬ 殺人之眾，以悲哀蒞之：殺人眾多，要以悲痛的心情面對。第一個「之」，放在「殺人」與「眾」這個主謂短語之間，取消該短語的獨立性。蒞，臨，到，面對；王弼、河上公本原作「泣」。第二個「之」，代詞，代指「殺人之眾」。

⑭ 戰勝，以喪禮處之：戰勝了，以辦喪事的禮節處理它。就是軍隊打了勝仗回來舉行儀式按辦喪事的禮節，按照「偏將軍居左，上將軍居右」的位置排列，封賞有功人員也要按辦喪事的禮節處理。之，代詞，復指「戰勝」。

【意義歸納】

本章提出發動戰爭不祥，不能讓熱衷於戰爭的人得志，要以悲哀的態度對待戰爭。全章共分為三層。

第一層：「夫唯兵者不祥之器，物或惡之，故有道者不處。君子居則貴左，用兵則貴右。兵者不祥之器，非君子之器，不得已而用之，恬淡為上，勝而不美。」

提出發動戰爭不祥，不可熱衷。

第二層：「而美之者，是樂殺人。夫樂殺人者，則不可以得志於天下矣。」發出警告，不能讓熱衷於戰爭的人得志。

第三層：「吉事尚左，凶事尚右；偏將軍居左，上將軍居右——言以喪禮處之。殺人之眾，以悲哀蒞之；戰勝，以喪禮處之。」強調要以悲哀的態度對待戰爭。

【文法分析】

　　　　　　　　　　因果　　　　　　因果
　　夫唯兵者不祥之器，‖ 物或惡之，│ 故有道者不處。君子居則貴左，用兵
　　　　　　因果　　　　　　因果　　　　　　假設　　　　　因果
則貴右。兵者不祥之器，‖ 非君子之器，│ 不得已而用之，‖ 恬淡為上，‖‖ 勝
　　　　　　　　假設
而不美。而美之者，│ 是樂殺人。夫樂殺人者，〔則〕不可以得志＜於天下＞
　　　　　　　　　　　　　　　　　　（以上這些）
矣。吉事尚左，凶事尚右；偏將軍居左，上將軍居右——言〔以喪禮〕處之。
　　　　　　　　　並列
殺人之眾，以悲哀蒞之；│ 戰勝，以喪禮處之。

「夫唯兵者不祥之器，物或惡之，故有道者不處」是雙重複句。因為「兵者不祥之器，物或惡之」，所以「有道者不處」，這是第一重，為因果關係；因為「兵者不祥之器」，所以「物或惡之」，這是第二重，也是因果關係。夫唯，可釋作「正因為」。

「君子居則貴左，用兵則貴右」是個單句。「君子」是主語，「居則貴左，用兵則貴右」是並列關係的複句短語作謂語。「居則貴左，用兵則貴右」這個複句短語內部關係為：

　　　　　　並列
　居則貴左，│ 用兵則貴右

實際上，「居則貴左」與「用兵則貴右」也分別是假設關係的緊縮複句短語。

「兵者不祥之器，非君子之器，不得已而用之，恬淡為上，勝而不美」是一個三重複句。第一重是因果關係，因為「兵者不祥之器，非君子之器」，所以「不得已而用之，（要）恬淡為上，勝而不美。」第二重有兩個：因為「兵者不祥之器」

179

所以「非君子之器」，這是個因果關係而不是並列關係；如果「不得已而用之」就要「恬淡為上，勝而不美」，是假設關係。「恬淡為上，勝而不美」也是因果關係而不是並列關係，因為「恬淡為上」，所以要「勝而不美」，為第三重。

「而美之者，是樂殺人」是一個獨立的假設關係複句。「而」是「如果」的意思。

「夫樂殺人者，則不可以得志於天下矣」是個單句。「夫樂殺人者」相當於現代漢語中的「的字短語」，是主語；動詞短語「則不可以得志於天下矣」是謂語部分，「則」是狀詞，「不可以得」是謂語，「志」是賓語，「於天下」是補語。

「吉事尚左，凶事尚右；偏將軍居左，上將軍居右——言以喪禮處之。」是個單句，破折號前是因果關係的複句短語作主語，破折號後面是謂語，破折號相當於「以上這些」，此處破折號是句中破折號。在「吉事尚左，凶事尚右；偏將軍居左，上將軍居右」這個複句短語中，「吉事尚左，凶事尚右」是「因」，「偏將軍居左，上將軍居右」是果，這是第一重，為因果關係；「吉事尚左」與「凶事尚右」是第二重，為並列關係；「偏將軍居左」與「上將軍居右」也是第二重，為並列關係。這個複句短語內部的關係為：

<pre>
          並列   因果   並列
  吉事尚左，‖凶事尚右；│偏將軍居左，‖上將軍居右
</pre>

這裡將「殺人之眾，以悲哀蒞之」與「戰勝，以喪禮處之」分別看作單句處理。「殺人之眾」是主語，「以悲哀」是狀詞，「蒞」是謂語，「之」是賓語；「戰勝」是主語，「以喪禮」是狀詞，「處」是謂語，「之」是賓語。它們的文法成分分別為：

殺人之眾，〔以悲哀〕蒞之

戰勝，〔以喪禮〕處之

之所以將「殺人之眾，以悲哀蒞之」與「戰勝，以喪禮處之」當作單句來處理，還有一個因素，就是它們的邏輯關係複雜。其實「殺人之眾」與「以悲哀蒞之」存在「假設」或「因果」邏輯關係：如果「殺人之眾」，就要「以悲哀蒞之」；或者，因為「殺人之眾」，所以要「以悲哀蒞之」。「戰勝」與「以喪禮處之」亦然：即使「戰勝」了，也要「以喪禮處之」；或者，因為「戰勝」了，所以要「以喪禮處之」。對「殺人之眾，以悲哀蒞之」與「戰勝，以喪禮處之」我分別按緊縮複句短語看，因此當

作單句。

再細化一些分析一下「殺人之眾」與「戰勝」的文法成分。「殺人之眾」是主
謂短語，其中「殺人」是動賓短語作主語，「眾」是形容詞謂語，「之」是放在主
謂短語之間的助詞，取消該短語的獨立性。它的文法成分分析為：

殺人之眾

「戰勝」在古代漢語中是動補短語而不是詞：

戰〈勝〉

【考辨】

「夫唯」二字，在王弼、河上公原版本中均為「夫佳」。王念孫在《讀書雜誌》
中舉出了許多理由認為「夫佳」是「夫唯」之誤。帛書甲乙本既無「唯」字，也無「佳」
字。

「以悲哀蒞之」這句在王弼、河上公原版本中為「以悲哀泣之」，據他本改。

【解讀與點評】

本章表達了老子的戰爭觀。應該說，老子的戰爭觀代表的是當時有識之士的一
種主流戰爭觀，從「兵者不祥之器」的認知和「以喪禮處之」來看，當時人們認為
戰爭是凶事，但當時的統治者卻常常違背這個思想，屢屢發動戰爭。老子以「君子
居則貴左，用兵則貴右」來證明「兵者不祥之器」，「吉事尚左，凶事尚右；偏將
軍居左，上將軍居右」正是把戰爭看成是凶事。《逸周書・武順》篇說：「吉禮左邊，
順天以立本；武禮右邊，順地以利兵。」「偏將軍居左，上將軍居右」不僅反映了
古人對戰爭的禮儀觀，也從一個側面證明，老子並未否定「禮」；還從一個側面傳
遞出古人的基本戰爭觀。

老子反對訴諸武力，反對戰爭。他提出「兵者不祥之器，非君子之器，不得已
而用之，恬淡為上，勝而不美」，一再暗示統治者不要輕易使用戰爭手段，戰爭應
該是「不得已而用之」，即使使用了這個手段，也要「恬淡為上」，適可而止。恬淡，
安靜而淡然，不在意，不熱衷，不刻意花更多力氣，不在上面下功夫，不無休無止。
恬淡是一種態度，也是一種境界。而且老子堅決反對「樂殺人」，告誡人們不能讓

在亂世讀老子
世界殘酷，**道德經**讓你有顆柔軟的心

樂殺人者在天下得志。

表面上，「而美之者，是樂殺人」與「勝而不美」連繫非常緊密，但邏輯關係上，它可是一個單獨話題。「恬淡為上，勝而不美」是君子用兵所持的態度。「而美之者，是樂殺人」是惡人用兵所持的態度，是《道德經》否定的，認為「夫樂殺人者，則不可以得志於天下矣」。因為話題轉換，所以在句讀時，我將它們分開了。

但凡發動戰爭總要有針對目標，俗話說冤有頭債有主，不是針對「頭」、「主」的殺伐，都是「樂殺人」的行為。「夫樂殺人者，則不可以得志於天下矣」這是老子告誡之語。他為什麼會提出這個觀點？春秋時期各諸侯國戰爭頻繁，但「春秋無義戰」（《孟子・盡心下》），常常為了一點名譽問題，為了掠奪一點財物而開戰，而且當時以「首級」來論戰功，因此在一些戰爭中，經常出現以殺戮邀功，甚至以平民首級充數的情況。

「夫樂殺人者，則不可以得志於天下矣。」時至今日，仍可以感覺老子當年的告誡依然讓人警醒。老子之後，古今中外無數血的事實在延續和證實著老子的擔心。中國歷史上典型的屠戮也不少，如項羽坑殺十萬降卒，按當時的人口，這絕不是一個小數目；如清軍揚州十日屠，數十萬人罹難，按當時的人口，這也是個大數目。在世界歷史上，侵略戰爭的屠戮可以說無計其數，第二次世界大戰是現代史上的最典型殺人戰爭，僅一九三七年十二月至一九三八年一月的南京大屠殺，就有三十萬中國人慘死；在納粹集中營，七百八十二萬名囚徒中有七百一十二萬人喪生。希特勒、東條英機等人就是典型的樂殺人者。

當今世界，一些西方國家為了所謂的國家利益，唯恐天下不亂，慫恿他國內戰，扶持所謂反對派，製造事端；一些恐怖組織製造人肉炸彈，面對平民進行恐怖攻擊，這些都是「樂殺人」的反人類行為。製造各種慘案的人，無論是誰，都是「樂殺人者」，顯然這樣的人是不能得志於天下。以史為鑑，警惕樂殺人者執政，警惕樂殺人者製造和發動戰爭。

看起來老子本身並沒有做到「無為」，他還是在為「君子」出主意：「不得已而用之，恬淡為上」，這是希望，也是告誡之語。

本章產生成語「恬淡為上」、「勝而不美」、「不祥之器」。

第三十二章

【原文】

　　道常無名，朴①；雖小②，天下莫能臣③。侯王若能守之④，萬物將自賓⑤。天地相合，以降甘露⑥，民莫之令而自均⑦。始制有名⑧，名亦既有⑨，夫亦將知止⑩。知止可以不殆⑪。譬道之在天下，猶川谷之於江海⑫。

【通釋】

　　道曾經沒有名字，保持著本真；即使小，天下沒有誰能讓它臣服。侯王如果能堅守它，萬物會自動處於服從的地位。天氣與地氣交融，才降下了及時雨，老百姓沒有誰命令它就自然均勻。開始制定名稱，也就是為已經出現的事物命名，那也就是將知曉的事物確定下來。為已知的事物確定了名稱，就不會出現混亂的概念。比如道在天下運行，就像河流溪水都要匯入長江大海一樣。

【注釋】

① 道常無名，朴：道曾經沒有名字，保持著本真。常，在這裡釋作「曾」似更合理，因為第二十五章中已經為它命名了。朴，用作動詞，保持著質樸，保持著宇宙本真。參見第十五章注釋⑦、第十九章注釋⑥和第二十八章注釋⑨。

② 雖小：即使小。本句省略了主語「道」。

③ 天下莫能臣：天下沒有誰能使它臣服。莫，沒有誰。臣，使……賓服，使……順從。「臣」後省略了賓語。

④ 侯王若能守之：侯王如果能堅守它。之，指「道」。

⑤ 萬物將自賓：萬物就會自動處於服從地位。將，就會。自，自動。賓，與「主」相對，作動詞，處於服從地位。

⑥ 天地相合，以降甘露：天氣與地氣交融，才降下了甘露。以，連接詞，而，這裡相當於「就」、「才」。甘露，及時雨。「甘露」應該屬於祥瑞之水。這裡描繪的是風調雨順的自然現象。

183

⑦ 民莫之令而自均：老百姓沒有誰命令它就自然均勻。民莫之令，賓語前置短語，即「民莫令之」，沒有人指使它，否定短語中代詞「之」作賓語，置於動詞「令」前。民，普通百姓。之，代指自然、天地。

⑧ 始制有名：開始為存在的事物制定名稱。制，為……制定名稱。有名，現有的、既有的、存在的事物。名，事物。

⑨ 名亦既有：也就是為已經出現的事物命名。名，為……命名。亦，也。既有，已經出現的事物，實際是已知的事物。既，已經。有，產生，存在，出現。

⑩ 夫亦將知止：那也就是將知曉的事物確定下來。夫，那。知，名詞，已知的事物。止，截止，確定。

⑪ 知止可以不殆：為已知的事物確定名稱就不會出現差錯。殆，危險，差錯。

⑫ 譬道之在天下，猶川谷之於江海：比如道在天下運行，就像河流匯入長江大海一樣。譬，打個比喻。這兩個「之」都放在主謂短語之間，消除該短語的獨立性。在天下，運行於天下，存在於天下。「在」用作動詞，存在，運行。川谷，指天下的大小河流。於江海，流向江海。江，當時專指長江。「於」用作動詞，流向，流往。

【意義歸納】

本章揭示了道「朴」的屬性的作用和為事物命名的意義。全章共分兩個層次。

第一層：「道常無名，朴；雖小，天下莫能臣。侯王若能守之，萬物將自賓。天地相合，以降甘露，民莫之令而自均。」談道的「朴」的屬性的作用，強調守道。

第二層：「始制有名，名亦既有，夫亦將知止。知止可以不殆。譬道之在天下，猶川谷之於江海。」說「名」的意義，強調道的客觀存在。

【文法分析】

　　　　　　　遞進　　轉折　　　　　　　　　　　　假設
　道常無名，朴；｜雖小，‖天下莫能臣。侯王若能守之，｜萬物將自賓。
　　　　　　並列　　　　　　　　　　　　並列　　　　目的
　天地相合，以降甘露，｜民莫之令而自均。始制有名，｜名亦既有，｜夫亦將
　知止。知止可以不殆。譬道之在天下，猶川谷之於江海。

　　「道常無名，朴」是一個單句，是個主謂短語句，其中謂語部分是由雖「無名」，
但「朴」這個具有轉折關係的緊縮複句短語充當：

　　道〔常〕無名，朴

　　「雖小，天下莫能臣」本身就是一個轉折關係的複句。「雖小」省略了主語
「道」。

　　為什麼同樣具有轉折關係的句子一個是單句一個是複句呢？在「道常無名，朴」
中，「常無名」的主語是「道」，「朴」的主語也是「道」，所以它是單句。在「雖
小，天下莫能臣」中，「雖小」的主語是「道」，「莫能臣」的主語是「天下」，
所以它是複句。

　　在「天地相合，以降甘露，民莫之令而自均」這個複句中，「天地相合，以降
甘露」這個分句的主語是「天地」，「相合」與「降」是連動式謂語，「甘露」是
賓語。這個單句的文法成分分析為：

　　天地相合，〔以〕降甘露

　　「民莫之令而自均」這個分句中，「民」是主語，「莫之令而自均」是主謂短
語作謂語，這個分句的文法成分分析為：

　　民莫之令而自均

　　「莫之令而自均」這個主謂短語本身又是轉折關係的緊縮複句短語，可以看作
是連動短語。這個短語的文法成分分析為：

　　莫之令〔而〕自均

　　其中的「莫之令」是一個賓語前置短語，在這個否定短語中，代詞「之」作動
詞「令」的賓語：

莫之令

「自均」是主謂短語：

自均

「譬道之在天下，猶川谷之於江海」是個單句。這個單句是由「譬」領起的動賓短語：

<u>譬</u>道之在天下，猶川谷之於江海

「道之在天下，猶川谷之於江海」是個主謂短語，這個短語的文法成分分析為：

道之在天下，猶川谷之於江海

主語「道之在天下」也是個主謂短語，「之」放在「道」與「在天下」這個主謂短語之間，取消該短語的獨立性：

道<u>之</u>在〈天下〉

賓語「川谷之於江海」還是個主謂短語，「之」放在「川谷」與「於江海」這個主謂短語之間，取消該短語的獨立性：

川谷<u>之</u>於〈江海〉

「在天下」、「於江海」的「在」、「於」本來是介詞，但在古漢語中，當以「之」取消短語獨立性時，在沒有其他動詞時，「在」、「於」此時處在謂語的位置上作謂語。兩個「之」都是放在主謂短語之間，取消該短語的獨立性的助詞。在天下，運行於天下，存在於天下，「在」用作動詞，存在，運行。於江海，流向江海，「於」用作動詞，流向，流往。這是一種極特殊的文法現象。

【考辨】

「道常無名朴雖小天下莫能臣」的句讀形式有兩種：

第一種是道常無名，朴；雖小，天下莫能臣。

第二種是道常無名。朴雖小，天下莫能臣。

按第一種句讀，是一個具有遞進關係的複句（見【文法分析】）。

按第二種句讀是兩個複句，句子間及複句內部的關係為：

轉折

道常無名。朴雖小，│天下莫能臣。

第二種句讀中「朴雖小」語言成分雖完整，但意義上卻說不通：「朴」本是道的屬性，卻被硬生生用來替代道了，「朴」成了天下莫能臣的東西。下文「守」的對象「之」，指的是「道」，而不是「朴」；「朴」只是揭示了「道」的本質屬性。

有人可能會提出，第一種句讀似乎與老子一貫強調的「道大」（比如第二十五章）的觀點相悖；其實道可大可小，因為它「可名於小」（第三十四章）。

在「道常無名」中的「常」可以釋作「曾」，因為此時「道」已經有名了（見第二十五章）。

查《道德經》全篇，算本章「朴」六章八見：

第十五章：「敦兮，其若朴」

第十九章：「見素抱朴，少私寡慾，絕學無憂。」

第二十八章：「為天下谷，常德乃足，復歸於朴。朴散則為器，聖人用之則為官長。」

第三十七章：「化而欲作，吾將鎮之以無名之朴。無名之朴夫亦將無慾……」

第五十七章：「我無慾而民自朴。」

如上，《道德經》中出現的「朴」是一個獨立的概念，它像是道的化身，又確確實實不是「道」。歸納起來，《道德經》中的「朴」是與「素」並舉的一個概念，是自然、合於道的，像未經加工的原木那樣純粹的特質，是宇宙的本真，與《道德經》中的「德」十分接近，它揭示了道的本質屬性。根據以上比較，可以明顯感覺，取「道常無名，朴；雖小，天下莫能臣」的句讀形式更為妥善一些。

【解讀與點評】

世間萬象紛紜複雜，有普遍規律也有特殊規律，具體事物又有各自不同的規律，這些規律又因環境條件的不同而變化。道可以因循，但紛紜複雜，千變萬化，所以沒有固定不變的因循。無論是普遍意義的道還是具體意義的道，因為它無形、無聲、無味、無體，所以它曾無名。正因為它朴，所以它從不爽約，如期而至。它悄然而至，

疏而不失。

　　「朴」是道的重要屬性。「雖小」的主語仍是「道」。「道」作為規律有大有小。「雖小」只是退一步說，因為「道」要多大有多大，又要多小有多小。「天下莫能臣」是說「道」不以人的主觀意志為轉移，誰也不能改變它。

　　「始制有名」，開始為存在的事物制定名字。「名亦既有」，也就是對已經知曉的事物命名。「夫亦將知止」，意思是將知曉的事物確定下來，只有確定下來，以區分事物，才不會造成混亂，所以「可以不殆」。比如，人出生後，就是「有」，「有」就要取個名字，這就是「名亦既有」，目的是「夫亦將知止」。

　　「譬道之在天下，猶川谷之於江海」，打個比方說，普遍存在的道在天下運行，就像所有小河流都要匯入長江大海一樣。江海是百谷王（參見第六十六章），道是萬物之本。

　　本章有成語「天地相合」、「知止不殆」。「知止不殆」另見第四十四章。

第三十三章

【原文】

　　知人者知，自知者明[1]；勝人者有力，自勝者強[2]；知足者富，強行者有志[3]；不失其所者久，死而不亡者壽[4]。

【通釋】

　　能體察別人的人睿智，能認識自己的人開明；能戰勝別人的人有力量，能戰勝自我的人堅強；知道滿足的人富有，努力奮鬥的人有志向；不失去自己根本的人才能長久安身立命，身死而精神沒有消亡的人才算長壽。

【注釋】

① 知人者知，自知者明：能體察別人的人睿智，能認識自己的人開明。者，……的人。第二個「知」，同「智」，有智慧，睿智。明，開明，頭腦清醒。王弼本、河上公本此處為「智」，據帛書本改回。改回的目的是告訴讀者當時「知」

與「智」通用。

② 勝人者有力，自勝者強：能戰勝別人的人有力量，能戰勝自我的人堅強。自勝，賓語前置短語，戰勝自我。強，音ㄑㄧㄤˊ，堅強。

③ 知足者富，強行者有志：知道滿足的人富有，努力奮鬥的人有志向。足，滿足。富，富有。強行，努力去做，努力奮鬥。強，音ㄑㄧㄤˇ，努力。行，去做。志，志向。

④ 不失其所者久，死而不亡者壽：不喪失自己根本的人可以長久的安身立命，身死而精神沒有消亡的人才算長壽。失，喪失。其所，自己的根本。所，所在，即立身生存之本。久，用作動詞，長久存在。死而不亡，身死而道猶存，類似今天所謂「身死而精神長存」。而，轉折連接詞。壽，用作動詞，算是長壽。

【意義歸納】

本章闡釋了知人與自知、勝人與自勝、知足與奮鬥、長久和長壽的道理。分別用一句話回答了什麼是睿智、什麼是開明，什麼是有力、什麼是剛強，什麼是富足、什麼是有志，什麼人算長久，什麼人算長壽的問題。

【文法分析】

   並列   並列   並列   並列   並列
知人者知，‖自知者明；｜勝人者有力，‖自勝者強；｜知足者富，‖強
  並列   並列
行者有志；｜不失其所者久，‖死而不亡者壽。

全章是一個雙重複句。第一重以分號來區分，由四組並列關係的分句組成，第二重以逗號來區分，四組內部分別也是並列關係。

【考辨】

「智」，帛書甲乙本均作「知」。「知」與「智」是「古今字」的關係，「智」為今字，整個《左傳》未見「智」；楚竹簡中又多見「知」用「智」。王弼本《道德經》中多處「智」義時用的是「知」，可見王弼本的「智」是後改。此種更改帶有王弼等人對「知」的理解，但有的「知」本為「智」義，卻未被王弼理解為「智」，

189

如第三章的「無知無慾」，所以，本書均以帛書本為準將「智」改回「知」，然後再在意義上予以明確。

藉此，我想再談一談句讀問題。句讀要考慮文法和概念間的邏輯關係。不少解讀者對本章加的句讀比較亂。其實，本章一共有四組對應的判斷：「知人者知，自知者明」與「勝人者有力，自勝者強」這兩組分別對應的判斷比較明顯；但他們沒有注意到後四句也是兩組分別對應的判斷。「知足者富」與「強行者有志」是一組，此「強行者」是因不「知足」而「強行者」；「不失其所者久」與「死而不亡者壽」是一組，是對什麼人會「久」、什麼人會「壽」的判斷。本章每兩句為一組，每組之間是並列關係，所以中間用分號。前三組各自分別為對應並列，後一組為平行並列。

【解讀與點評】

體察別人的人睿智，認識自己的人開明，談的是知人與自知。

戰勝別人的人有力量，戰勝自己的人堅強，談的是勝人與自勝。

知道滿足的人富有，努力奮鬥的人有志向，談的是知足和為豐足而奮鬥。

貧富不單單取決於物質的多寡，還在一定程度上取決於人的主觀是否知足。強行，為豐足而不懈努力。「強行者」是與「知足者」對應的概念，是不知足而努力奮鬥者——當然，「強行者」還是有區別於「人心不足蛇吞象」者。「強行者有志」是針對「不知足而言的」。老子雖然承認其「有志」，但並不主張效仿，因為它與「無為」相矛盾。王弼的「勤能行之，其志必獲」又著實言過矣。

不脫離安身立命根基的人才能長久，形體消散而精神長存的人才算長壽，談的是久、壽之道。

「不失其所」的「所」只是一種借代，實指賴以生存的依託之基，是人的立身之本。「不失其所」，即能守其宅、能守其業、能守其本、能堅持原則操守。守住其所，可保長安，故久。有些人不能生存，就是沒有找到「其所」。要做到「不失其所」，就要掌握生存能力，適應生存環境，給自己找到能永久存身之所。

「死而不亡」之「死」，只是形體死亡；「不亡」，是精神永存，也叫「不朽」。

人雖死，但其精神、美德、功績、著述永存，故壽。

談到「不朽」，我想到了《左傳 · 襄公二十四年》魯國下卿叔孫豹出使晉國，與范宣子談什麼是「不朽」：

魯襄公二十四年春天，叔孫豹出使去晉國，范宣子迎接他，詢問說：「古人有這樣的話說『死了不朽』，說的是什麼意思呢？」叔孫豹沒有回答。范宣子說：「從前匄的祖先，從虞以上是陶唐氏，在夏朝是御龍氏，在商朝是豕韋氏，在周朝是唐杜氏，晉國主持中原盟會時是范氏，『不朽』說的應該就是這個意思吧？」叔孫豹說：「據我聽到的，這叫『世代享有俸祿』，不是『不朽』。魯國過去有位大夫叫臧文仲，死了以後，他的言論留在世上，『不朽』說的應該是這個意思吧。我聽說，人死之後，最好的是留下高尚的德行，其次是留下卓越的功績，再次是留下經典的言論，即使久遠也不被遺忘——這才叫『不朽』。至於讓姓氏得以傳承，來守住祖宗的廟宇，世代不絕祭祀，沒有哪個國家不是這樣。使世代延續做高官，不能被稱作『不朽』。」

古往今來死而不亡的「不朽」之人眾矣，但這並不是取決於一個人在世時有多麼大的官位、有多少財富，而在於他是否立德、立功、立言。堯、舜當屬立德一類，治水的大禹當屬立功一類，老子、孔子當屬立言一類。其實立德、立功、立言往往兼容，如孔子。可見，能達到「死而不亡」境界的古人，沒有一個不是有所作為，如果在「無為」狀態下，必然是湮沒無聞，連「長生久視」都做不到，更不要說「久壽」了。

本章的「勝人者」、「強行者」，並不是老子所讚賞，所以他說「勝人者有力」。只是「有力」而已，這是客觀的評價，並不是鼓勵效仿，因為按老子的觀點，「物壯則老，是謂不道，不道早已」（第二十三章）；而且老子主張不爭，「不爭而善勝」（第八十一章）才是道之本。老子主張順應道，順應自然，不要與自然抗爭，他的「強行者」應該是努力者，是朝著可以透過努力而實現的目標不懈前行者。「勝人」是與「自勝」比較的概念，都是以「弱之勝強，柔之勝剛」（第七十八章）為原則的。「強行」是與「知足」比較的概念，因為不知足，所以要努力，進而達到「知足」；強行是努力做，並不是逆天、逆道、逆自然而為。

成語「知人者智」、「自知者明」、「勝人者有力」、「自勝者強」、「知足者富」、

「強行者有志」、「不失其所者久」、「死而不亡者壽」、「自知之明」衍生於本章。

第三十四章

【原文】

大道泛兮，其可左右①。萬物恃之以生而不辭②，功成而不名有③，衣養萬物而不為主④，常無慾⑤。可名於「小」，萬物歸焉而不為主⑥；可名為「大」，以其終不自為大，故能成其大⑦。

【通釋】

大道寬廣啊，它可以靠左邊走也可以靠右邊走。萬物依憑它來生存也不拒絕，建立了功勳也不標榜擁有，養育庇護了萬物也不做主宰，一直沒有慾望。可以用「小」來稱呼它，萬物歸向它也不當主宰者；可以用「大」來稱呼它，因為它始終沒把自己看作大，所以才能成就它自己的大。

【注釋】

① 大道泛兮，其可左右：大道寬廣啊，它可以靠向左邊行也可以靠向右邊行。泛，寬闊，寬廣。左右，用作動詞，靠向左靠向右，即靠左側行走或靠右側行走（運行）。

② 萬物恃之以生而不辭：萬物依憑它來生存也不拒絕。恃，依賴。之，代詞，指「大道」。以，順承連接詞，相當於「來」，王弼本此處原為「而」，因此句有兩個用法相同的「而」，故據他本將第一個「而」改成「以」。而，在這裡相當於「也」。辭，推辭，拒絕。

③ 功成而不名有：建立了功勳也不標榜擁有。名，動詞，標榜。有的版本無此「名」字。有，擁有。

④ 衣養萬物而不為主：養育庇護了萬物也不做主宰。衣，音ㄧˋ，用如動詞，覆蓋，庇護。

⑤ 常無慾：總是沒有慾望。常，經常，恆久，一直，經久不變。參見第一章注

釋①等注釋。

⑥ 可名於「小」，萬物歸焉而不為主：可以用「小」來稱呼它，萬物歸向它卻
　　不充當主宰者。名於「小」，把它叫作「小」。名，稱名。「可名於『小』」
　　似應為「可名以『小』」。焉，兼詞，於之，向它。為，充當。

⑦ 可名為「大」，以其終不自為大，故能成其大：可以稱它為大，因為它始終
　　沒把自己看作大，所以才能成就它的大。自為大，自己認為大。為，認為。

【意義歸納】

　　本章由「大道泛兮，其可左右」領起，講「道」遍及宇宙，要因循它但不必僵化、
刻板，讚揚了「道」無慾自謙、無私奉獻的美德。

【文法分析】

```
                              並列            並列
  大道泛兮，其可左右。萬物恃之以生而不辭，‖ 功成而不名有，‖ 衣養萬
    因果（前果後因）      因果（前果後因）        並列        因果
物而不為主，│常無慾。可名於「小」，‖ 萬物歸焉而不為主；│可名為「大」，‖
（前果後因）    因果
以其終不自為大，‖‖ 故能成其大。
```

　　「大道泛兮，其可左右」是個單句，主語是復指短語，「其」復指的內容是「大
道泛兮」，「可左右」是謂語，其中「左右」是名詞用作動詞。

　　「萬物恃之以生而不辭，功成而不名有，衣養萬物而不為主，常無慾」是一個
雙重複句。因為「常無慾」，才能做到「萬物恃之以生而不辭，功成而不名有，衣
養萬物而不為主」，這是第一重，為因果關係；「萬物恃之以生而不辭，功成而不
名有，衣養萬物而不為主」內部是並列關係，為第二重。

　　下面將「可名於『小』，萬物歸焉而不為主；可名為『大』，以其終不自為大，
故能成其大」這句話的句子間關係再分析一遍：

　　「可名於『小』，萬物歸焉而不為主」與「可名為『大』，以其終不自為大，
故能成其大」是第一重，為並列關係。第二重有兩個，都是因果關係：其一，因為
「萬物歸焉而不為主」，所以「可名於『小』」；其二，因為「以其終不自為大，

故能成其大」，所以「可名為『大』」。第三重一個，也是因果關係，「以（因為）其終不自為大」，所以「能成其大」，「以」與「故」是關聯詞。

【考辨】

注意，「可左右」的「左右」不是動詞「把握」、「調度」意思的「左右」。而是「可左行、可右行」的意思。

有的研究者為本章所加句讀使語義不清。因此，在為本章加句讀時必須要明確：

第一，「萬物歸焉而不為主」，是自小，因此「可名於『小』」；「以其終不自為大，故能成其大」，是真大，故「可名為『大』」。

第二，「萬物恃之以生而不辭，功成而不名有，衣養萬物而不為主」是「常無慾」的表現。

「可名於『小』」中的「於」似有問題，「可名於『小』」似應為「可名以『小』」。

【解讀與點評】

大道的「其可左右」即既「可名於『小』」又「可名為『大』」。正如第一章點評所說，道可以沿著它前行，但沒有固定不變的因循模式：可以憑藉不同的工具，也可以步行；可以靠近左側一些，也可以偏向右側一點；可以小跑，也可以漫步；甚至可以背對著它逆行……

其實，「可名於『小』」的原因是「萬物歸焉而不為主」，「可名為『大』」的原因是「以其終不自為大，故能成其大」。已然「成其大」，當然「可名為『大』」，因為「其終不自為大」，所以「能成其大」。

不知「宇宙」一詞產生於何時，《道德經》中雖沒有直接出現「宇宙」這個概念，但《道德經》的道理已經涉及了宇宙「自然」。

為什麼說「大道泛兮」呢？因為「道」充斥了整個世界，存在於天地萬物之中。「道」大，為無形之狀，無體之象；「道」、「泛」，衣養萬物，其可左右，然而它卻樸實無華，寂然無聲，又「淡乎其無味」（第三十五章）。

第三十五章

【原文】

執大象，天下往①。往而不害，安平太②。樂與餌，過客止③。道之出口，淡乎其無味④。視之不足見，聽之不足聞，用之不足既⑤。

【通釋】

掌握著大象，天下就會來歸附。歸附沒有害處，都安定太平。快樂的生活和豐富的食物，使來往的客人留下來。道說出口，淡淡的它沒有味道。見它見不到，聽它聽不到，用它用不完。

【注釋】

① 執大象，天下往：掌握著大象，天下就會來歸附。執，把握，掌握。大象，大道之象。往，歸附，來附。

② 往而不害，安平太：歸附沒有害處，都安定太平。「安平太」三字同義，都是太平安樂、沒有戰爭的意思。安，安定。平，太平。太，古本多作「泰」，寬裕，平安。

③ 樂與餌，過客止：快樂的生活和豐富的食物，使來往的客人留下來。樂與餌，泛指各種生活享受。樂，快樂。餌，美食。過客，過路人，此處指尚未決定歸往「大象」的人。止，留下來。

④ 道之出口，淡乎其無味：道說出口，平淡的沒有味道。之，放在「道」與「出口」這個主謂短語之間，取消該短語的獨立性。淡乎，淡淡的。其，代詞，它，指道。

⑤ 視之不足見，聽之不足聞，用之不足既：見它見不到，聽它聽不到，用它用不完。之，代詞，指「道」。不足，不能。既，用盡，用完。「用之不足既」有版本為「而用之不可既」。

【意義歸納】

本章透過道之「大象」使天下往的道理再次揭示了道的特點。

【文法分析】

```
        因果              因果              因果
  執大象，│天下往。往而不害，│安平太。樂與餌，│過客止。道之出口，
                    並列              並列
〔淡乎〕其無味。視之不足見，│聽之不足聞，│用之不足既。
```

「道之出口，淡乎其無味」是個單句。這個單句的主語是「道之出口」與「其」是復指成分作主語，「無」是謂語，「味」是賓語，「淡乎」是狀詞。「淡乎」相當於「淡淡的」，這句話直接解釋過來就是：「道說出口，淡淡的沒有味道。」「道之出口」是個主謂短語，「之」是放在這個主謂短語之間的助詞。

【考辨】

王弼版本的「用之不足既」，在諸多版本中為「用之不可既」，如河上公本，有的版本還加了一個「而」，為「而用之不可既」。長沙馬王堆帛書與郭店竹書均為「不可既」。其實，「足」可釋為「能」、「能夠」。「視之不足見，聽之不足聞」與「用之不足既」完全可以平行並列，沒必要改成「用之不可既」。為什麼有的版本改動了呢？這是因為改動者把三句的關係搞錯了，把原本的並列關係看成是轉折。

【解讀與點評】

這裡我們再回顧一下「道」、「德」、「朴」的概念，結合「大象」談談幾者的關係。

「道」是抽象、客觀存在的、不以人們主觀意志為轉移的不可對抗的法則；「德」是循道而行的優秀特質；「朴」是道的本質屬性，是道的思想核心；「大象」則是道的外在表現。

「大象」是恍惚存在的現象，是形象，是影像，是氣象，是不可感又可感的抽象，是循道而行展現出來的景象。如欣欣向榮的景象，如富庶的景象，如風調雨順的景象，如幽靜安寧的景象，如和諧安定的景象等，此「大象」應該是正面之象，

所以天下趨之。「大象」就是道之表象，是道的外在表現，是道釋放出來的正能量。正是道展現出的「大象」，從而使得天下人趨附。用孟子話來說，大象使「天下之士皆悅而願立於其朝」，「天下之商皆悅而願藏於其市」，「天下之旅皆悅而願出於其路」，「天下之農皆悅而願耕於其野」，「天下之民皆悅而願為之氓」，連「鄰國之民」也「仰之若父母」矣。（《孟子‧公孫丑上第六章》）大象是大道智慧的產物。

　　與「大象」相對應的是「假象」和「亂象」。「假象」和「亂象」是逆道而行結果，是道釋放出來「負能量」，如過度開採和過度建築形成的經濟繁榮就是「假象」，它造成的環境與大氣污染，帶來的經濟危機就是「亂象」。

　　「天下」指的是天下的民眾，此民眾不是聖人任用的具有「朴」的特質的官員，所以不能指望這些民眾會有多麼高的境界，他們要求的僅僅是快樂和吃得好；也不要以為天下民眾是奔「道」而來，他們是奔著由道產生的「大象」而來。老子「不以知（智）治國（第六十五章）」的思想，決定了他不會主張用「道」招天下人來，而是任憑循道而行產生的「大象」使天下人嚮往——當然，這還不指「小國寡民（第八十章）」。「過客」乃遊走之人，游移無定所之人，是被「安平太」的「樂與餌」的「大象」吸引來的人。

　　為什麼會「道之出口，淡乎其無味」呢？因為道雖然客觀存在，但它有「朴」的本質屬性，不可以「巧飾」，「信言不美，美言不信（第八十一章）」。「視之不足見，聽之不足聞，用之不足既」已經說得很清楚了。儘管道沒有味道，但循道而行展現出來的大象卻欣欣向榮，讓天下人來歸附。

第三十六章

【原文】

　　將欲歙之，必固張之[①]；將欲弱之，必固強之[②]；將欲廢之，必固興之[③]；將欲取之，必固與之[④]：是謂微明——柔弱勝剛強[⑤]。魚不可脫於淵[⑥]，國之利器不可以示人[⑦]。

在亂世讀老子

世界殘酷，**道德經**讓你有顆柔軟的心

【通釋】

想要合攏它，就一定要先讓它張開；想要削弱它，就一定要先讓它壯大；想要廢棄它，就一定要先讓它興盛；想要奪取它，就一定要先讓它擁有：這就叫稍稍露出一點光亮——以柔弱戰勝剛強。魚不能脫離深水，涉及國家利益的器物不能給人看。

【注釋】

① 將欲歙之，必固張之：想要收縮它，就一定要先讓它張開。將欲，如果要。歙，音ㄒㄧˋ，同「翕」，收縮，合攏。固，義同「必」，「必固」同義連用，一定要。張，使……張開。之，不確指代詞。

② 將欲弱之，必固強之：想要削弱它，就一定要先讓它壯大。弱，削弱。強，使……強壯。

③ 將欲廢之，必固興之：想要廢棄它，就一定要先讓它興盛。廢，廢棄，廢止。興，使……興盛。

④ 將欲取之，必固與之：想要奪取它，就一定要先讓它擁有。取，奪取。與，給，給予；為保持一致，處理成「使……擁有」。

⑤ 是謂微明——柔弱勝剛強：這就叫作隱匿光明——柔弱戰勝剛強。微，用作動詞，微弱顯現，隱匿，使不顯露。

⑥ 魚不可脫於淵：魚不能從深水中離開。脫，脫離，離開。於，從。淵，深水，泛指魚生存的水域。

⑦ 國之利器不可以示人：涉及國家利益的器物不能給人看。國，封國，諸侯國。利器，讓人看了想據為己有的重要器物，炫耀國家實力的器物，涉及國家利益的器物。示人，給人看。

【意義歸納】

本章透過物極必反的道理，提出「微明——柔弱勝剛強」的主張。

【文法分析】

　　將欲歙之，必固張之；將欲弱之，必固強之；將欲廢之，必固興之；將欲
　　　　　（也就是）　　　　　　　　　　　　並列
取之，必固與之：是謂微明——柔弱勝剛強。魚不可脫於淵，｜國之利器不可
以示人。

　　「將欲歙之，必固張之；將欲弱之，必固強之；將欲廢之，必固興之；將欲取
之，必固與之：是謂微明——柔弱勝剛強」是一個複雜單句。「將欲歙之，必固張
之；將欲弱之，必固強之；將欲廢之，必固興之；將欲取之，必固與之」是「是」
復指的內容，共作主語，「謂」是謂語，「微明——柔弱勝剛強」是賓語。需要強
調的是「謂」帶的賓語不只是「微明」，還有「柔弱勝剛強」。因此我在「柔弱」
前加了破折號，這個破折號把二者連繫在了一起，大致相當於「即」、「也就是」，
這個破折號是句中破折號，被連接的內容是同一成分。

　　主語中的復指成分「將欲歙之，必固張之；將欲弱之，必固強之；將欲廢之，
必固興之；將欲取之，必固與之」是一個二重複句短語。第一重並列，第二重假設。
這個複句短語內部的關係為：

　　　　　假設　　　　並列　　　　　假設　　　　並列　　　　　假設
　　將欲歙之，‖ 必固張之；｜將欲弱之，‖ 必固強之；｜將欲廢之，‖ 必固
　　　　並列　　　　　假設
　興之；｜將欲取之，‖ 必固與之

　　「歙之」、「弱之」、「廢之」、「取之」與「張之」、「強之」、「興之」、
「與之」看似結構一致，但「歙」、「弱」、「廢」、「取」、「與」可以處理成
及物動詞「合攏」、「削弱」、「廢棄」、「奪取」、「給予」；而「張」、「強」、
「興」則是不及物動詞或活用為不及物動詞，可以按使動用法處理。為了保持一致，
我將「與」進行了「技術處理」。

　　「是謂微明——柔弱勝剛強」是去掉了復指成分的單句，我們把它摘出來，是
為了方便分析。它的文法成分分析為：

　　是謂微明——柔弱勝剛強

在亂世讀老子

世界殘酷，**道德經**讓你有顆柔軟的心

【考辨】

前人多在「微明」後加句號，讓「柔弱勝剛強」獨立。其實「微明」與「柔弱勝剛強」都是「是謂」的賓語。

孤立處理「柔弱勝剛強」，使它游離於本句之外；將它與「微明」看作為一體再解讀，便豁然開朗：「這就叫作隱匿光明——以柔弱克制剛強。」

【解讀與點評】

微明，本來是微露光明，即將大部分光明都隱匿起來，顯現微弱的光。

「魚不可脫於淵，國之利器不可以示人」是個挺有特點的複句，看起來前後像是存在因果關係，但是，它們不互為因果。從修辭角度看，「魚不可脫於淵，國之利器不可以示人」運用了比喻修辭手法：就像「魚不可脫於淵」一樣，「國之利器不可以示人」，這種沒有喻詞的譬喻叫「略喻」：魚本來該深藏的水裡才能存活，魚脫於淵必亡；國之利器是國家的重器和機密，示人必失，必害國。因為「魚脫於淵」就是「失其所」，「國之利器示人」也可能會「失其所」（第三十六章）。關於「略喻」可參見第二十四章的【解讀與點評】。

在《道德經》中，與「微明——柔弱勝剛強」近似的表述還有「守柔曰強（第五十二章）」、「強大處下，柔弱處上（第七十六章）」、「弱之勝強，柔之勝剛（第七十八章）」。對此，有人認為是「權詐之術」，是「用陰謀」。四個「將欲……，必固……」是手段，它是「微明」、「柔弱勝剛強」的表現，「將欲」後面的內容應該是結果，「必固」後面的內容應該是過程。「結果」用「將欲」，這似乎是希望得到的；「過程」用「必固」，這似乎又在強調不擇手段，然而實施這個過程並非聖人之力可為，而是「道」在起作用，是遵循物極乃返的規律：「物壯則老，是謂不道，不道早已（第三十章）。」實際上聖人仍是以無為的態度順應於「道」，「歙之」、「弱之」、「廢之」、「取之」的不僅僅是治人之事，也有事天之事，從這一點來看，說本章鼓吹「權詐」大過，若說「權變」尚可。「權變」的目的是讓行為合道而「無遺身殃（第五十二章）」。本章所言，仍是老子的思想認識，並不是鼓勵「權詐」。當然「張之」、「強之」、「興之」、「與之」的過程可能會

暫時犧牲一些人的利益，但是沒有暫時的代價，可能將付出更大的代價。正所謂「善有善報，惡有惡報；不是不報，時候未到」。

「微明——柔弱勝剛強」就是「光而不耀（第五十八章）」，就是「韜光養晦」，示弱不示強。魚不「脫於淵」，就是「處下」，就是「不失其所（第三十三章）」；「國之利器」不示人，就是不示強，此乃守常之舉。關於「利器」具體是指什麼，學者多有爭辯，其實從「不示強」的角度看，它就是炫耀國家實力的器物，是涉及國家利益、讓人覬覦的重要器物，是給人看後就會給國家帶來危險的東西。「示人」應該是「給他人看」，是說話者以外的人，不是本國之人。「國之利器」示人的結果就像「脫淵之魚」，就像有核武的國家一定要管制好機密一樣。

本章有成語「柔弱勝剛強」和「魚不可脫於淵」。

第三十七章

【原文】

道常無為而無不為①，侯王若能守之，萬物將自化②。化而欲作，吾將鎮之以無名之樸③。夫無名之樸亦將無慾④。不欲以靜，天下將自定⑤。

【通釋】

道總是不做又沒有不做，侯王如果能堅守它，萬物將自己化育。化育如果產生慾望，我將用沒有名聲的樸鎮住它。那沒有名聲的樸也將沒有慾望。沒有慾望就清靜，天下就會自己安定。

【注釋】

① 道常無為而無不為：道恆久不做又沒有不做的。常，恆久。無為而無不為，不做卻沒有不做。不做就是做了，該做的就是不做。無為，不做事。任憑事物自然成長，不施加外力影響。而，連接詞，相當於「又」。無不為，沒有不做。無不，沒有不。

② 侯王若能守之，萬物將自化：侯王如果能堅守它，萬物將自己化育。自化，

自我化育，自己發展變化。

③ 化而欲作，吾將鎮之以無名之朴：化育中如果產生慾望，我將用沒有名聲的朴使它鎮定。欲作，有慾望產生。作，起，產生。而，連接詞，如果。鎮，壓，使鎮定。無名，沒有名聲。

④ 夫無名之朴亦將無慾：那沒有名聲的朴也將沒有慾望。此句王弼本為「無名之朴夫亦將無慾」，將「夫」置於「亦」前，不符合老子時代的文法規律。

⑤ 不欲以靜，天下將自定：沒有慾望就清靜，天下就會自己太平。以，連接詞，相當於「就」。自定，自己安定，自然安定。「定」，有版本作「正」。

【意義歸納】

本章根據道「無為而無不為」的屬性，提出去除慾望，持道守朴的主張。

【文法分析】

因果　　　　　假設　　　　　　　假設

道常無為而無不為，∣侯王若能守之，‖萬物將自化。化而欲作，∣吾將

因果

鎮之以無名之朴。夫無名之朴〔亦將〕無欲。不欲以靜，∣天下將自定。

「化而欲作，吾將鎮之以無名之朴。」由於有「將」，「化而欲作」只是一種可能，所以我把此句確定為假設關係，而不是因果關係：「化」如果「欲作」，那麼「吾將鎮之以無名之朴」，「而」是「如果」的意思，為關聯詞。

「夫無名之朴亦將無慾」這句話中，主語是「無名之朴」與「夫」，「亦將」是狀詞，「無慾」是謂語。

【考辨】

「夫無名之朴亦將無慾」這句話在王弼本中為「無名之朴夫亦將無慾」，「夫」的位置似有違當時的語言常規。河上公本無「夫」。「夫」是個用於議論開始時的詞，應放在句首，也就是說，這句話應該這樣說：「夫無名之朴亦將無慾。」直釋成今天的話就是：「那無名之朴也要沒有慾望。」如果按王弼本的「無名之朴夫亦將無慾」，直釋成今天的話就成了：「無名之朴那也將沒有慾望」，不通，據移。

【解讀與點評】

自化,自己化育。化,變化繁育。「天下將自定」這句話有版本作「天地將自正」。定,穩定,安定。欲,慾望。作,興起,產生。鎮,壓。化而欲作,萬物發展變化,就又產生了慾望,這個時候需要「鎮之以無名之朴」,用無名之朴壓住慾望之火。朴是合於道的,像未經加工的原木那樣純粹的特質,是宇宙的本真,是原始的質樸,是清淨無為、素樸無華的境界。像道一樣,「朴」亦無名,所以稱之為「無名之朴」。「鎮」突出了主觀與外力的作用。「鎮」當是「心使氣」(第五十五章)的過程,會精元之氣鎮住慾望之火。由此可見老子的「無為」並非不為,實乃透過「為」而達到「不為」。

本章有成語「無為而無不為」,另「無為而無不為」又見第四十八章。

第三十八章

【原文】

上德不德,是以有德①;下德不失德,是以無德②。上德無為而無以為③,上仁為之而無以為④,上義為之而有以為⑤,上禮為之而莫之應⑥,則攘臂而扔之⑦。故失道而後德⑧,失德而後仁,失仁而後義,失義而後禮。夫禮者,忠信之薄而亂之首⑨;前識者,道之華而愚之始⑩。是以大丈夫處其厚,不居其薄⑪;處其實,不居其華⑫——故去彼取此⑬。

【通釋】

重視德的人不炫耀德,所以保持了德;不尊崇德的人刻意不讓表現出的德失去,所以沒有德。重視德的人不炫耀德,也沒有炫耀的目的,重視仁的人行仁,並沒有獲取好處的目的,重視義的人行義,就有除暴安良的目的,重視禮的人推行禮如果發現誰沒有響應,就綰起衣袖拉著他依禮做事。所以失去道後才顯現出德的重要,失去德後才顯現出仁的重要,失去仁後才顯現出義的重要,失去義後才顯現出禮的重要。那推行禮就是忠信的缺失和惑亂的開端;前面的認知(對道來說)是浮華的

東西和迂腐的開始。因此大丈夫保持那道德的厚重，不認同那禮儀的淺薄；保持那道德的務實，不認同那禮儀的浮華——所以去除淺薄浮華，堅持厚重務實。

【注釋】

① 上德不德，是以有德：重視德的人不炫耀自己的德，因此保持了德。上，用如動詞，以……為上，崇尚，重視。這裡的「上」兼有與「下」對應的意思。德，本指遵循道的原則行事的特質。（參見第二十一章注釋①及該章【解讀與點評】）。第一個「德」，名詞，重視德的人。不德，不炫耀德。第二個「德」，名用如動詞，顯示德，炫耀德。第三個「德」，名詞。

② 下德不失德，是以無德：不尊崇德的人不讓刻意表現出的德失去，所以沒有德。下德，輕視德的人，不尊崇德的人。下，以……為下，輕視，不尊崇。失德，失去表現出來的德，失去炫耀德的機會。失，使……失去。

③ 上德無為而無以為：重視德的人不炫耀德，也沒有炫耀的目的。無為，不做事，不表現德。而，連接詞，大致相當於「也」。無以為，沒有什麼目的，這裡是「沒有炫耀的目的」。無以，沒有什麼，無所，沒有……原因，沒有……目的，沒有……需求，與「有以」義相對。

④ 上仁為之而無以為：重視仁的人行仁，並沒有獲取好處的目的。為之，行仁。之，指代「仁」。而，連接詞，大致相當於兼表語氣的「並」。王弼本此句上有「下德為之而有以為」，疑為後人所加，造成了邏輯思維混亂，據刪。

⑤ 上義為之而有以為：重視義的人行義，就有除暴安良的目的。為之，行義，行俠仗義。之，指代「義」。而，連接詞，大致相當於「就」。有以為，有除暴安良的目的。有以，有什麼，有所，有……原因，有……追求，有……倚仗，與「無以」義相對，參見第二十章注釋⑬。

⑥ 上禮為之而莫之應：重視禮的人推行禮如果發現誰沒有響應。為之，推行禮。之，代詞，指「禮」。而，連接詞，相當於「如果」。莫之應，誰沒有響應。莫，沒有誰，這裡是「誰沒有」。「莫之應」是賓語前置，在這個否定短語中，代詞「之」作賓語，置於動詞謂語「應」的前面。

⑦ 則攘臂而扔之：就綰（ㄨㄢˇ）起衣袖拉著他依禮做事。攘臂，捲起袖子露出手臂。《廣韻》：「揎袂（ㄒㄩㄢ　ㄇㄟˋ）出臂曰攘。」扔，牽引，拉扯。《廣雅釋詁》：「扔，引也。」之，指代沒響應的人。

⑧ 故失道而後德：所以失去道以後才顯現出德的重要。而後，以後。德，動詞，顯現出德的重要。下文的「仁」、「義」、「禮」用法相同。

⑨ 夫禮者，忠信之薄而亂之首：那推行禮是忠信缺失和惑亂的開端。本句是一個判斷句。夫，那。忠信之薄，忠信的不足。之，的。薄，淺薄，解釋為「缺失」、「不足」。亂，混亂，惑亂。首，開頭，開端。

⑩ 前識者，道之華而愚之始：前面的認知是浮華的東西和迂腐的開始。本句也是一個判斷句。前識者，前面的認知，指「上仁」、「上義」的「為之」和「上義」的「有以為」。華，浮華。愚，迂腐。

⑪ 是以大丈夫處其厚，不居其薄：因此大丈夫保持那道德的厚重，不認同那禮儀的淺薄。處，音ㄔㄨˇ，持有，保持。前一個「其」，代詞，那，指代「道」與「德」。厚，厚重。居，義同「處」，持有，選取，認同。後一個「其」指代「禮」。薄，淺薄，澆薄。

⑫ 處其實，不居其華：保持那道德的務實，不認同那禮儀的浮華。實，務實，實在。華，浮華，虛華。

⑬ 故去彼取此：所以去除淺薄浮華堅持厚重務實。彼，指禮的淺薄和浮華。此，指「道」與「德」的厚重和務實。參見第十二章注釋⑦

【意義歸納】

本章提出要去除虛華、居厚處實的主張。

在亂世讀老子

世界殘酷，**道德經**讓你有顆柔軟的心

【文法分析】

<pre>
          因果   並列   因果
  上德不德，‖ 是以有德；| 下德不失德，‖ 是以無德。上德無為而無以為，
並列   並列   並列   假設
 | 上仁為之而無以為，| 上義為之而有以為，| 上禮為之而莫之應，‖ 則攘臂
             承接   承接   承接
而扔之。故失道而後德，| 失德而後仁，| 失仁而後義，| 失義而後禮。夫禮
                           並列
者，忠信之薄而亂之首；| 前識者，道之華而愚之始。是以<u>大丈夫處其厚，不</u>
                    （結論是）
<u>居其薄；處其實，不居其華——故去彼取此。</u>
</pre>

　　「上德無為而無以為，上仁為之而無以為，上義為之而有以為，上禮為之而莫之應，則攘臂而扔之」是一個雙重複句。第一重是並列關係；第四個分句為第二重，是假設關係。在「上禮為之而莫之應，則攘臂而扔之」中，關聯詞是「……而……則……」，「而」就是「假使」、「如果」，「則」就是「就」。

　　「夫禮者，忠信之薄而亂之首」與「前識者，道之華而愚之始」兩個分句分別是判斷句，其基本句式為「……者……」，釋成今天的語言句式就是「……是……」。分析其中一個分句：

　　<u>夫禮者</u>，忠信之薄而亂之首

　　「夫禮者」是主語，「忠信之薄而亂之首」是並列短語作謂語，「忠信之薄」和「亂之首」分別是偏正短語，「之」是相當於「的」的助詞。它們的文法成分分析為：

　　（忠信）之薄

　　（亂）之首

　　在「是以大丈夫處其厚，不居其薄；處其實，不居其華」這個單句中，「大丈夫」是主語，「處其厚，不居其薄；處其實，不居其華」這個雙重複句短語作謂語。這個複句短語內部的關係為：

<pre>
        並列   並列   並列
  處其厚，‖ 不居其薄；| 處其實，‖ 不居其華
</pre>

「故去彼取此」前的破折號相當於「結論是」、「由此得出結論」。

【考辨】

本章是《道德經》中最混亂的一章，因此在分析本章時需要花費更多精力。

本章是「德經」篇之首。人們一般認為，《道德經》是專門論述「道」與「德」的著作，實際上，全篇對「道」與「德」談的也確實多了一些。吳澄認為，「德經」篇之首為「上德不德」，故以「德」名篇。「篇名非有意義，釋者乃謂上篇專言『道』，下篇專言『德』，其失甚矣」、「《道經》、《德經》云者，各以篇首一字名其篇，後人因合二篇之名而稱為《道德經》，非以『道德』二字名其書也。」

道家後學極力否定儒學，否定禮，乃至否定仁義。為了突出道與德，一些「排斥異己」的思想被揉進了《老子》，即《道德經》中，以至於造成文本的思維混亂。可以肯定的說，《道德經》被嚴重篡改就是從分章開始。

首先，王弼本在「上德無為而無以為」之句後有「下德為之而有以為」一句。「下德」是個讓人說不清楚的概念，如果它只與「上德」對應尚不覺得有什麼問題，但是它一旦同時與「上仁」、「上義」、「上禮」相對應，就有些說不清楚了。也就是說，不好確定「下德」在這些概念中應該處於什麼位置；換句話說，無法確定「下德」是不是比「上仁」更優。按「失道而後德，失德而後仁，失仁而後義，失義而後禮」來推敲，「下德」當比「上仁」更優，因為「下德」也是「德」。然而，「下德為之而有以為」之「有以為」真的不如「上仁」高尚，又怎麼能居於「上仁」之前呢？況且，下德的「為之而有以為」與「上義」的「為之而有以為」相等，而且因為「下德不失德」，「是以無德」，已經「無德」了，還怎麼去跟「上仁」、「上義」等比較？「下德」實乃冒充「有德」。綜上，我以為，「下德」至多可以與「下仁」、「下義」、「下禮」形成比較，但是「下仁」、「下義」、「下禮」這些概念不存在，因此我的結論是，「下德」實乃是一個不應該引進的概念。

其次，「德」、「仁」、「義」、「禮」都是抽象的概念，「德」以「有無」來論，要嘛循道而行是「有德」，要嘛不循道而行是「無德」，無法分出上下，因為沒有中間道路可走。「為之而有以為」就是不循道而行，就是「無德」。

207

在亂世讀老子
世界殘酷，**道德經**讓你有顆柔軟的心

　　再次，推崇「道」與「德」本無可厚非，與「道」和「德」相比，「仁」、「義」、「禮」居下可以，但沒理由貶低「仁」、「義」、「禮」，這種貶損，恰恰違背了老子「無為」的本意。「夫禮者，忠信之薄而亂之首」很像道家後學排儒之言。老子始作《道德經》的時間應大大早於《論語》，是時，儒家還沒有成形。儒道之爭始於老子後學，他們或拐彎抹角的抑儒，或強烈貶儒反儒。「善者不辯，辯者不善（第八十一章）」，在百家爭鳴中，道家後學貶低儒學的「好鬥」風格背「道」而馳。

　　再次，「大丈夫」這是本章出現的稱謂，我對此稱謂有所懷疑，如此稱呼有些怪異。《道德經》全篇均以「聖人」為典範，獨此出現了「大丈夫」稱謂，與全篇不協調，且陽剛之「大丈夫」有悖老子推崇的柔、雌。經查《左傳》，既沒有「大丈夫」一詞，也沒有「丈夫」一詞。老子以後一百餘年的《孟子・滕文公》始出現「大丈夫」一詞，是時正是百家爭鳴最激烈的時期，極可能是在這個時期，「大丈夫」稱謂進入了被整理的《道德經》中。

　　再次，「愚」是老子推崇的：「我愚人之心也哉（第二十章）」，「古之善為道者，非以明民，將以愚之（第六十五章）」。而「前識者，道之華而愚之始」將「愚」用在了被否定的「禮」上，有悖於老子的本意。

　　再次，不存在「失道而後德」一說。統觀《道德經》中的「德」，如「道」一樣含義豐富，但基本義是循道而行的思想境界和處世的品格，它也是一個十分抽象的概念。「道」是萬物的載體，也是「德」的載體。「德」依靠「道」而存在，「道」失而「德」失，「德」失則背「道」。不存在「失道而後德」，更不存在「失德而後仁」等觀點。

　　再次，不應該出現否定「忠信」的「忠信之薄」之說，因為《道德經》多次談到了「信」，老子是肯定「信」的。「信」不可否定，「忠信」並列，當然也就不否定「忠」，不否定「忠」當然就不能否定與之連繫緊密的「禮」。如果從統治者治禮是「為」的角度來分析，道家後學當然要貶斥「禮」了，他們認為禮是忠信不足的產物，並且是惑亂的開始。但是我想老子至少並不反對淳樸的不刻意為之的禮儀，老子為人辦理喪事非禮而何！孔子向老子學習的就是「禮」，又怎麼能說老子否定「禮」呢？第三十章老子談到了「君子居則貴左，用兵則貴右」，這就是「禮」，

「偏將軍居左，上將軍居右——言以喪禮處之。殺人之眾，以悲哀莅之；戰勝，以喪禮處之」更是直接談到了「禮」，而本章卻極力否定「禮」。

綜上諸多問題，我們有理由懷疑第三十八章是被嚴重篡改曲解的一章。

【解讀與點評】

儘管矛盾多現，但我還是努力盡量用與全篇不矛盾的意思來對本章進行解讀。

「上德」行事不刻意去做什麼，但又什麼都做，不違道，順其自然。重視德的人不刻意去炫耀德行，所以保持了德；重視德的人沒有炫耀德的目的。

「下德」是刻意去做某些事，很在意自己的聲名，又想方設法隱藏自己的刻意；骨子裡不尊崇德，又刻意讓自己表現出有德，有炫耀德的迫切願望，沽名釣譽，所以沒有德。

「上仁」的「為之」是行仁，「無以為」是行仁不圖回報。重視仁的人行仁並不希望從行仁中獲取好處。

「上義」必然要「為之」，是出於義的考慮去做事，當然「有以為」。這個「有以為」就是除暴安良、扶弱濟貧，這就是行義的目的。

「上禮」是行事要堅持禮儀的尺度，對違禮的行為進行教化，所以「莫之應，則攘臂而扔之」。

只能這樣理解「故失道而後德，失德而後仁，失仁而後義，失義而後禮」：當天下「失道」後才感覺到「德」的重要，「失德」後才感覺到「仁」的重要，「失仁」後才感覺到「義」的重要，「失義」後才感覺到需要「禮」。換個角度說，前幾個概念的關係就是，因為有「德」才能堅守「道」，才不至於「失道」；因為有仁人之心，才會堅守「德」，才不至於「失德」；因為有行俠仗義之心，才可能守仁，才不至於「失仁」。

「夫禮者，忠信之薄而亂之首」中的「薄」本來是「淺薄」、「澆薄」之意，但必須以「缺失」之意來理解，否則會形成意義衝突。那禮是「忠信」缺失的產物，使用禮的手段是天下惑亂開始——注意，此處是「惑亂」，不是「禍亂」。

「前識者，道之華而愚之始」。以往學者對「前識者」的解釋大多牽強附會，

我從本章中找到了根據。「前識者」即「前面的認知」，當指「為之」和「有以為」的內容。

從「無為」與「有為」的「為之」角度來看，只有上德「無為」，其他都是「有為」。「為之」者有「上仁」，有「上義」。

從「無以為」與「有以為」角度來看，只有「上德」與「上仁」、「無以為」，「上義」，當然還隱含著「上禮」則都「有以為」。

再研究本章幾個詞語概念。

「無為」：不做事，不炫耀。

「無以為」：沒有某種目的，分別為「沒有炫耀德的目的」、「沒有刻意表現自己仁義的目的」。

「有以為」：有某種目的，如「有除暴安良的目的」。

「道」主張「無為」，它沿自己的軌跡運行，也「無以為」；「德」是循道而行的特質，它當然「無為」且「無以為」了；而「仁」、「義」、「禮」都是「有為」，而且「義」還「有以為」。道家後學據此標準當然要「排斥異己」。甚至排斥「仁」，到最後就形成了「無為」就是連「行仁」之事也不做的觀點——「天地不仁，以萬物為芻狗；聖人不仁，以百姓為芻狗（第四章）」。

第三十九章

【原文】

昔之得一者①：天得一以清②，地得一以寧③，神得一以靈④，谷得一以盈⑤，萬物得一以生⑥，侯王得一以為天下正⑦。其致之⑧：天無以清，將恐裂⑨；地無以寧，將恐廢⑩；神無以靈，將恐歇⑪；谷無以盈，將恐竭⑫；萬物無以生，將恐滅⑬；侯王無以正，將恐蹶⑭。故貴以賤為本，高以下為基⑮；是以侯王自謂「孤」、「寡」、「不穀」⑯。此非以賤為本耶？非乎⑰？故至數譽無譽⑱，不欲琭琭如玉⑲，珞珞如石⑳。

【通釋】

從前得道的情況是：天得到道才清明，地得到道才安寧，神得到道才顯靈，谷得到道才充盈，萬物得到道才滋生，王侯得到道才成為天下的統領。如果放棄道：天不能清明，恐怕要開裂；地不能安寧，恐怕要毀滅；神不能顯靈，恐怕要止歇；谷不能充盈，恐怕要枯竭；萬物不能滋生，恐怕要斷絕；侯王不能做統領，恐怕要下跌。所以貴以賤為根本，高以低為基礎。因此侯王自稱「孤」、「寡」、「不穀」，這不是以賤為根本嗎？不是嗎？所以屢屢給予的極高的獎譽等於沒有獎譽，不想做光耀的美玉，只做粗璞的石頭。

【注釋】

① 昔之得一者：從前獲得道的情況是。之，放在「昔」與「得一」這個主謂短語之間取消該短語的獨立性。得一，得到道。得，獲得。一，具有特定屬性的道。者，⋯⋯的（人或事）。

② 天得一以清：天得到道才清明。以，連接詞，相當於「就」、「才」等。清，清澈，清明。

③ 寧：安寧。

④ 神得一以靈：神得到道才靈驗。神，事物的養育者和命運的主宰者。參見第六章注釋①。靈，靈驗，顯靈。

⑤ 谷得一以盈：谷得到道才充盈。谷，兩山之間的低地，也泛指低窪之地。盈，充滿，充盈。

⑥ 生：滋生。

⑦ 侯王得一以為天下正：侯王得到道才成為天下的統領。正，音ㄓㄥ，君主，首領。王弼本此句為「侯王得一以為天下貞」，據河上公本等版本改。

⑧ 其致之：如果放棄道。其，如果。致，送出，引申為放棄。之，代指上文的「一」即「道」。

⑨ 天無以清，將恐裂：天不能清明，恐怕要裂開。無以，不能，沒有憑藉，沒有辦法，參見第三十八章注釋③。將，要。恐，恐怕。

⑩ 廢：毀壞。

⑪ 歇：歇止，消失。

⑫ 竭：枯竭，乾涸。

⑬ 滅：滅絕。

⑭ 侯王無以正，將恐蹶：侯王不能處在統領位置，恐怕要失敗。正，王弼本作「貴高」，據傅奕本等改回。蹶，音ㄐㄩㄝˊ，跌倒，引申為失敗，從君主的位置上下來，被推翻。

⑮ 故貴以賤為本，高以下為基：所以貴以賤為根本，高以低為基礎。貴，尊貴，富貴。賤，低賤，貧賤。本，根本。下，下面，低處，與高相對。基，基礎。

⑯ 是以侯王自謂「孤」、「寡」、「不穀」：因此侯王自稱「孤」、「寡」、「不穀」。自謂，自稱。「孤」、「寡」、「不穀」都是當時君主的謙稱。孤，孤獨無助。寡，缺少德行，即「寡德之人」。不穀，不善。

⑰ 此非以賤為本邪？非乎：這不是以賤為根本嗎？不是嗎。邪，音一ㄝˊ，語氣助詞。兩個「非」，均為「不是」的意思。

⑱ 故至數譽無譽：所以屢屢給予的極高的獎譽等於沒有獎譽。此句王弼本為「故至數輿無輿」，它本此句有「至譽無譽」，也有的為「至數譽無譽」，據它本將「輿」改為「譽」。至，極高。數，音ㄕㄨㄛˋ，屢次，屢屢。

⑲ 不欲琭琭如玉：不想做泛著光的美玉。琭琭，玉有光澤的樣子。琭，音ㄌㄨˋ。

⑳ 珞珞如石：（只做）粗璞的石頭。本句不完整，前面似應有「而」之類表示「只願」意思或表示「做」意思的詞語，珞珞，石頭粗璞的樣子。珞，音ㄌㄨㄛˋ。

【意義歸納】

本章闡釋的是得道與失道的不同結果，強調守一抱璞持道的重要意義。全章共分兩層。

第一層：「昔之得一者：天得一以清，地得一以寧，神得一以靈，谷得一以盈，萬物得一以生，侯王得一以為天下正。其致之：天無以清，將恐裂；地無以寧，將恐廢；神無以靈，將恐歇；谷無以盈，將恐竭；萬物無以生，將恐滅；侯王無以正，將恐蹶。」

對比談得道與失道的不同結果。

第二層：「故貴以賤為本，高以下為基，是以侯王自謂『孤』、『寡』、『不穀』。此非以賤為本邪？非乎！故至數譽無譽，不欲琭琭如玉，珞珞如石。」透過「貴以賤為本，高以下為基」進一步強調守一抱璞。

【文法分析】

昔之得一者：天得一以清，地得一以寧，神得一以靈，谷得一以盈，
　　　　　　　　　　　　　　　　　假設　　　　　　　並列
萬物得一以生，侯王得一以為天下正。其致之：‖天無以清，將恐裂；‖地無
　　並列　　　　　　　並列　　　　　　　　並列
以寧，將恐廢；‖神無以靈，將恐歇；‖谷無以盈，將恐竭；‖萬物無以生，
　　　並列　　　　　　　　　　　並列　　　　　　因果
將恐滅；‖侯王無以正，將恐蹶　故貴以賤為本，‖高以下為基：‖是以侯王
　　　　　　　　　　　　　　　　　　　　　　　　　　因果
自謂「孤」「寡」「不谷」。此非以賤為本邪？非乎？故至數譽無譽，‖不欲
　　　　並列
琭琭如玉，‖珞珞如石。

「昔之得一者：天得一以清，地得一以寧，神得一以靈，谷得一以盈，萬物得一以生，侯王得一以為天下正」是個單句。「昔之得一者」的意思是「從前得道的情況」，這是個偏正短語，「者」相當於「……的情況」。

定語部分「昔之得一」是個主謂短語，「之」是放在主謂短語之間取消獨立性作用的助詞，「昔」是主語，「得」是謂語，「一」是賓語。

昔之得一

然而「昔之得一者」又隱含著謂語，這個謂語大致相當於現代漢語的「有」、「情況是」，「天得一以清，地得一以寧，神得一以靈，谷得一以盈，萬物得一以生，侯王得一以為天下正」是一個並列複句短語，它是「昔之得一者」的具體內容，作賓語。所以要將「者」看作「是」，當作謂語。

「者」後冒號是提示，表明下面的內容是「昔之得一者」的具體內容。

下面對這個複句短語中的幾個有代表性的短語作文法分析。

「天得一以清」是緊縮複句形式的主謂短語（這一組組合均如此），「天」是

主語，「得」是謂語，「一」是賓語，「以」是連接詞，相當於「就」，它與「清」作補語。這個短語的文法成分分析為：

　　天得一〈以清〉

　　「侯王得一以為天下正」也是緊縮複句形式的主謂短語，不同的是謂語部分是連動短語，「得」、「為」是動詞謂語，「天下正」是偏正短語，與「一」分別作兩個動詞的賓語。這個短語的文法成分分析為：

　　侯王得一〔以〕為（天下）正

　　「其致之：天無以清，將恐裂；地無以寧，將恐廢；神無以靈，將恐歇；谷無以盈，將恐竭；萬物無以生，將恐滅；侯王無以正，將恐蹶」是複句。「其致之」的意思，即「如果放棄它」。其，用於議論，表示假設語氣，如果。致，送，放棄。之，它，指「一」即「道」。

　　請注意，我在「昔之得一者」、「其致之」與「高以下為基」後均使用了冒號，這三個冒號表明它後面是列舉解說的內容，但前者是單句，後兩者是複句。「其致之」與它後面的內容是假設關係，同時它後面的內容又是對「其致之」的具體解說；「高以下為基」後面的內容是對「貴以賤為本，高以下為基」的解說。只有用冒號，才能恰如其分地表現前後之間複雜的邏輯關係。

　　在「故至數譽無譽，不欲琭琭如玉，珞珞如石」這個複句中，第一重是因果關係，因為「故至數譽無譽」，所以「不欲琭琭如玉，（而）珞珞如石」。第二重是並列關係，這個並列是「相反」的。

【考辨】

　　王弼本的本章與他本多有不同。

　　「侯王得一以為天下正」，在王弼本中此句為「侯王得一以為天下貞」，據河上公本等版本改。

　　「侯王無以正，將恐蹶」，在王弼本、河上公本等多本中均作「侯王無以貴高，將恐蹶」，吳澄本為「侯王無以為貞而貴高，將恐蹶」，可見，此「貴高」取自「貴以賤為本，高以下為基」。不倫不類的取義方法，不僅使語義不清，還使得語句表

達不簡潔。「貴高」大概是「點評」之語取代原文的典型例子，據傅弈等本改回。

「故至數譽無譽」句，王弼本中為「故至數輿無輿」，在它本中此句為「至譽無譽」，也有的為「至數譽無譽」，據它本將「輿」直接改為「譽」。

「不欲琭琭如玉，珞珞如石」似應為「不欲琭琭如玉，而珞珞如石」。也就是說「琭琭如玉」與「珞珞如石」是取捨關係，中間至少缺了一個「而」。我也試圖同時以「放棄」來解釋，既「不欲」、「琭琭如玉」也「不欲」、「珞珞如石」，但解釋不通。

【解讀與點評】

「得一者」，依道而行有所得者。得，獲得。一，數之始，物之根，道之本，是第四十二章的「道生一」的「一」，是第二十四章的「抱一為天下式」的「一」，是適合於一類乃至一個具體事物的道，是道的一個方面乃至一個點；是一條基本原則，是一條基本規律；是相對具體的「道」。

「貴以賤為本，高以下為基」就是「得一」。賤，初始狀；下，就是處下。意思是沒有「賤」、「下」，何來「貴」、「高」！

「侯王自謂『孤』、『寡』、『不穀』」。自謂，自稱。「孤」、「寡」、「不穀」都是當時君主的謙稱。因為，對繼承了君位的國君而言，「先王離我而去，拋棄了我，使我孤獨」，故自稱「孤」。孤，謂「孤獨之人」；寡，謂「寡德之人」；不穀，謂「不善之人」。「孤獨之人」、「寡德之人」、「不善之人」都需要臣民的匡扶。

「此非以賤為本邪」是用反問的形式來表達肯定的意思，語氣更加強烈，但還不夠，因此又以「非乎」再追問。

「故至數譽無譽」，極高的榮譽，屢屢被授予，等於沒有增加什麼榮譽。「總統」、「總司令」、「元帥」、「最高統帥」等，「偉大」、「英明」、「永遠正確」等，加很多稱謂，加封很多稱號，給予極多讚譽，位置已經高得不能再高了，頭銜多得已經沒有什麼用處了，譽美之詞已達到無以復加的程度，就等於沒增加什麼封號，沒增加什麼讚譽。所以最高的稱譽不用譽美之詞，猶如侯王稱「孤」、「寡」、「不穀」一樣。

215

為什麼「不欲琭琭如玉」而要「珞珞如石」呢？琭，玉旁。珞，也是玉旁。如果說「琭琭」是形容玉之華麗，「珞珞」則是形容未經雕琢的玉石的質樸和粗璞。「如石」而不是石。石乃玉之本。珞珞，粗璞貌。粗璞，是未經加工的玉。「朴」是未經加工的原木，「璞」是未經加工的玉，它們的特質是一樣的。「如石」只是表象，它有著玉的特質，如同聖人的「被褐懷玉」（第七十章）。「褐」粗麻布衣，就是「璞」。珞珞，就是保持玉的內在的璞，保持原始的璞，保持本真，是謂「返璞歸真」。「不欲琭琭如玉，而珞珞如石」就是「不想做那光彩晶瑩的美玉，只做內在具有玉的特質而表面像石頭的那樣粗璞的玉石」，這正是「知白守黑」、「知雄守雌」、「知榮守辱」（第二十八章）之道。

本章的「數譽無譽」應為成語。

第四十章

【原文】

反者道之動①，弱者道之用②。天下萬物生於有，有生於無③。

【通釋】

相反的促進是道發展的動力，弱小是道的依託。天下萬物從既有的物質中產生，既有的物質是從沒有開始。

【注釋】

① 反者道之動：相反的促進是道發展的動力。反，相反，作動詞，相反的促進。

② 弱者道之用：弱小是道的依託。用，用具，憑藉，依託。

③ 天下萬物生於有，有生於無：天下萬物從既有的物質中產生，既有的物質是從沒有開始。有，作名詞，存在的物質。無，作名詞，天地之始，虛無的空間。參見第一章注釋③④。

《道德經》中的「吾」與「我」
第四十章

【意義歸納】

本章主要是談道的相反相成屬性。

【文法分析】

　　　　並列　　　　　　　　　　　並列
反者道之動，｜弱者道之用。天下萬物生於有，｜有生於無。

「天下萬物生於有」這個單句的主語部分是「天下萬物」，其中「天下」是定語；「生」是謂語，「於有」是介賓短語作補語。它的文法成分分析為：

（天下）萬物生〈於有〉

「有生於無」中的「有」當作名詞用，作主語。它的文法成分分析為：

有生〈於無〉

【考辨】

「反者」與「弱者」是兩種事物狀態，構成並列。關於「反者」之「反」的含義後世學者有過諸多爭論，一日「反」，一日「返」。第二十五章的【解讀與點評】中曾就此進行了分析：「相反」與「返回」這兩個意思在《道德經》中膠著在一起，很難判別，「返回」是以舊的終結為前提，「終結」正與「運行」、「相反」。

從《道德經》主要的觀點來看，對本章中的「反」字，我更同意取「相反相成」之意的「反」，因為它是與強弱、有無放在一起討論的概念。「萬物生於有」，是典型的「道之用」。「有生於無」，是典型的「道之動」。「相反」才能「相成」，相反止是推動道發展的動力。始「有」必弱，「無」乃「有」之反。王弼通行本中用「反」不用「返」，其表達了對立統一的思想。「對立統一」的思想並非西洋人所獨有，只是我們的先人沒為它命名罷了。「反者」應該是「相反」的意思。因為下面還有「弱者」。這是一組有關聯的概念，對道來講，「反者」、「弱者」都有價值。

【解讀與點評】

「反者道之動，弱者道之用」——相反是促進道發展的動力，弱小是道的依託。

因為「反（返）」是回歸，回歸是再生的基礎，歸根曰靜，是謂復命（第十六章）；因為「反」是相背，「萬物負陰而抱陽」（第四十二章），沒有「反」，何以為「正」！「道之動」正是「動之徐生」（第十五章）之「動」。「弱」是事物成長的階段，最具發展潛力，而「物壯則老」（第三十章）；「天下莫柔弱於水，而攻堅強者莫之能勝」，「弱之勝強」（第七十八章），「強大處下，柔弱處上」（第七十六章）。「道之用」正是「有之以為利，無之以為用」之「用」，「無之以為用」正是典型的「道之用」。（第十一章）。

「天下萬物生於有，有生於無」。「天下有始，以為天下母」（第二十五章）說明初「有」生於「無」。「有生於無」與「有無相生」（第二章）的道理是一致的。因為「有」也會成為「無」，繼而再「有」，循環往復，除了天地之始的「無」在「有」之先外，「有」與「無」一直是相因相生，「有無相生」。從無到有，這是一個過程，然後才能「一生二，二生三，三生萬物」（第四十二章）。

第四十一章

【原文】

上士聞「道」，勤而行之①；中士聞「道」，若存若亡②；下士聞「道」，大笑之③——不笑，不足以為「道」④。故建言有之⑤：明道若昧⑥，進道若退⑦，夷道若纇⑧；上德若谷⑨，大白若辱⑩，廣德若不足⑪，建德若偷⑫，質真若渝⑬；大方無隅⑭，大器晚成⑮，大音希聲⑯，大象無形⑰——道隱無名⑱。夫唯道，善貸且成⑲。

【通釋】

有智慧的士聽了「道」，努力去實行它；智慧普通的士聽了「道」，將信將疑；沒有智慧的士聽了「道」，為它大笑——如果不笑，就不能稱為「道」。所以有這樣的話：顯明的道好像幽暗，前進的道好像在倒退，平坦的道好像有坎坷；高尚的品德好像空蕩蕩，最白的顏色好像黑黝黝，寬容的品德好像不充足，有建樹的品德

好像在偷懶，純真的特質好像在變化；大的方形沒邊角，大的器物後完成，大的音沒有聲，大的物象沒有形——道隱隱約約說不出名。然而只有道，善於依託和施予將萬物促成。

【注釋】

① 上士聞「道」，勤而行之：有智慧的士聽了「道」，努力去實行它。上士，智慧最高的士。士，商周時代社會中的貴族階層。參見第十五章注釋①和該章的【解讀與點評】。勤，勤勉。而，連接詞，相當於「地」。

② 中士聞「道」，若存若亡：智慧一般的士聽了「道」，為它大笑將信將疑。若存若亡，若有若無，似有似無，即似信似不信，將信將疑。亡，音ㄨˊ，通無。

③ 下士聞「道」，大笑之：沒有智慧的士聽了「道」，為它大笑。大笑，為……大笑。之，代指「道」。下士悟性低，冥頑不靈，無法理解「道」，所以覺得「道」可笑。

④ 不笑，不足以為「道」：如果下士不笑，也就不能稱為「道」了。本句話隱含假設關係。足以，能夠。為，稱作。

⑤ 故建言有之：所以就流傳著這樣的建議。建言，立言，建設性的話，建議。之，代詞，代指後面的一系列內容。

⑥ 明道若昧：顯明的道好像幽暗。昧，幽暗不明。

⑦ 進道若退：前進的道好像倒退。進，前進，前行。退，後退，倒退。

⑧ 夷道若類：平坦的道好像坎坷。夷，平坦。類，原本為「纇」（ㄌㄟˋ），缺點，毛病，引申為凸凹不平。

⑨ 上德若谷：高尚的品德好像空蕩的山谷。谷，兩山間低地，比喻空虛。

⑩ 大白若辱：最白的顏色好像是黑的。辱，同「（黑辱）」，黑色。

⑪ 廣德若不足：寬容的品德好像不充足。廣德，廣大、寬容的品德。足，充足。

⑫ 建德若偷：有建樹的品德好像偷懶。建德，立德，有建樹的品德。偷，苟且，馬虎，即怠惰、偷懶，不作為。

⑬ 質真若渝：特質純真好像在變化。質，特質，本質。渝，改變，變化。

⑭ 大方無隅：大的方形沒有邊角。方，方形。隅，角，借指邊和角。

⑮ 大器晚成：大的器物很晚完成。大器，大的可用之器。晚，遲，後。成，完成，成熟。

⑯ 大音希聲：最大的聲音是沒有聲音。希，無聲，第十四章：「聽之不聞曰希。」

⑰ 大象無形：最大的物象是沒有形狀。象，物象。形，形體，形狀。

⑱ 道隱無名：道看不到沒有名。隱，因無形而看不見。無名，不可名狀。

⑲ 夫唯道，善貸且成：只有道，善於施予來成就萬物。貸，借入或借出；引申為憑藉、依託或施予。且，連接詞，作用同「而」，相當於「來」或「將」。成，成就，促成。

【意義歸納】

本章針對不同人對道的態度分析了道與德的本質屬性和外在特點。

全章共分為兩層。

第一層：「上士聞『道』，勤而行之；中士聞『道』，若存若亡；下士聞『道』，大笑之──不笑，不足以為『道』。」列舉了上中下三類士人對道的不同態度。「不笑，不足以為『道』」是過渡。

第二層：「故建言有之：明道若昧，進道若退，夷道若纇；上德若谷，大白若辱，廣德若不足，建德若偷，質真若渝；大方無隅，大器晚成，大音希聲，大象無形──道隱無名。夫唯道，善貸且成。」以「建言」的形式，介紹了道的外在特點、德的本質特點和道的本質特點，這些特點都是圍繞「道隱無名」來說。

【文法分析】

　　　　　　　假設　　　　並列　　　　　假設　　　　　並列　　假設
上士聞「道」，‖勤而行之；∣中士聞「道」，‖若存若亡；∣下士聞‖
（這是因為）　　假設
「道」，大笑之──不笑，‖‖不足以為「道」。故建言有之：明道若昧，進道

若退，夷道若纇；上德若谷，大白若辱，廣德若不足，建德若偷，質真若渝；
（所有這些表明）
大方無隅，大器晚成，大音希聲，大象無形──道隱無名。夫唯道，善貸且成。

　　「上士聞『道』，勤而行之；中士聞『道』，若存若亡；下士聞『道』，大笑
之──不笑，不足以為『道』」是一個雙重複句。第一重是「上士」、「中士」與「下
士」三種類型的並列，第二重是假設他們分別聞道的不同表現。「大笑之──不笑，
不足以為『道』」中的破折號是句中破折號，兼表因果關係，且此破折號單對「下
士聞『道』，大笑之」而用，它的意思是「這是因為」。「不笑，不足以為『道』」
本身也是一個假設關係的複句，由於破折號的引入，它成為第三重。分析這個複句
組合，我們可以看出，此句語言現象錯綜複雜，要清晰分析語言並不容易。

　　「故建言有之：明道若昧，進道若退，夷道若纇；上德若谷，大白若辱，廣德
若不足，建德若偷，質真若渝；大方無隅，大器晚成，大音希聲，大象無形──道
隱無名」是個複雜單句。「建言」是主語，「有」是謂語，「之」是賓語，冒號後
到句號是「之」復指的內容，與「之」共作賓語。冒號有提示作用。

　　「明道若昧，進道若退，夷道若纇；上德若谷，大白若辱，廣德若不足，建德
若偷，質真若渝；大方無隅，大器晚成，大音希聲，大象無形──道隱無名」這些
內容並不是簡單的一次性並列。實際上「道隱無名」是對全部四字句的概括總結。
所以在它前面我用了破折號，這個破折號也是句中破折號，它的意思是「所有這些
表明」、「所有這些是說」。

　　「明道若昧，進道若退，夷道若纇；上德若谷，大白若辱，廣德若不足，建德
若偷，質真若渝；大方無隅，大器晚成，大音希聲，大象無形」這些文字又分成三組，
三組之間是一重並列。第一組是「明道若昧，進道若退，夷道若纇」，揭示了「道」

的外在特點；第二組是「上德若谷，大白若辱，廣德若不足，建德若偷，質真若渝」，揭示了「德」的本質特點；第三組是「大方無隅，大器晚成，大音希聲，大象無形」，揭示了「道」的本質屬性。然後是各組內部的二重並列。

這個複句短語內部的關係為：

並列　　　　並列　　　　並列　　　　並列　　　　並列

明道若昧，‖ 進道若退，‖ 夷道若纇：｜上德若谷，‖ 大白若辱，‖ 廣德

並列　　　　並列　　　　並列　　　　並列　　　　並列　　　　並列

若不足，‖ 建德若偷，‖ 質真若渝：｜大方無隅，‖ 大器晚成，‖ 大音希聲，‖

大象無形——道隱無名

【解讀與點評】

「上士」、「中士」、「下士」各代表一定的人群，並不一定確指整個貴族階層，它的指向是有決策能力的統治者。

「聞道」不同於「為道」，「行之」才是「為道」。「上士聞道」有「學道」、「心向道」、「悟道」之意，非中士、下士之「聞道」。「下士」、「大笑之」是形象的描繪。「不笑，不足以為道」，言外之意是說道並非是常人所能理解的。上士體道，是以「勤而行之」；中士對道似懂非懂，所以「若有若無」；下士冥頑不靈，根本不懂道，聽起來還覺得可笑，所以「大笑之」。

建言，建議之言，建樹之言，勸勉之言，開導之言，如成語「建言獻策」之「建言」，不可能是書名，因為《道德經》的觀點源於老子，語言源自老子，如「大音希聲」、「大象無形」都是老子始用，讓他到哪裡引用？老子針對人們對道不理解，針對「下士」的「大笑之」來展開分析，透過比喻、形容，形象的闡釋道與德的特點，這些特點內涵豐富而深刻，是「下士」所不能理解。

「明道若昧，進道若退，夷道若纇」三句似乎是在說「道路」，其實都是在說「道理」，說「道」之理，說「道」給人的表面印象，介紹了「道」的外在特點：本來明白易懂的道理好像難以理解，促人上進的道理好像在引人後退，引人依道而行的道理好像不合情理。道理可能就是這樣的簡單：看上去並不光明的道，卻是康莊大道；看上去的曲折之道，可能是最捷徑之道；看上去不平坦的道，可能是坦途。漢字常

由本義衍伸出譬喻義和引申義，《道德經》中的「道」就經常使用譬喻義。

「上德若谷，大白若辱，廣德若不足，建德若偷，質真若渝」說的是道的「內在特質」，它以「德」的形式出現，揭示了德的本質屬性。「上德若谷」，所以包容、深邃。「大白若辱」，質地純真而不潔白耀眼。「廣德若不足」，心胸寬廣、寬容而不自滿，所以「若不足」。「建德若偷」，有建樹的特質是不張揚，不多為，所以「若偷」。建德，有建樹的品德。若偷，好像偷懶。偷，怠惰，實際是「無為」，是「嗇」（第五十九章）。「質真若渝」，特質純真得像可以改變，像在變化，因為「聖人無常心，以百姓心為心」，因為「善者吾善之，不善者吾亦善之」；「信者吾信之，不信者吾亦信之」（第四十九章），所以「若渝」。

「大方無隅，大器晚成，大音希聲，大象無形」說的是道的本質屬性。「大方無隅」是道的體現，猶喻大的方正品格沒有稜角，大的方形找不到邊角。「大器晚成」猶喻有道行的人建樹遲緩。因其大，需要累積、成長的過程，故「晚成」。「大音希聲」猶喻合於道的言語微弱很難聽得到，然而「不言而善應（第七十三章）」。「大象無形」，視之不見，搏之不得，是說大的道行、大的成就非常自然，讓人看不到、感覺不到。「道隱無名」，因為「道」無形、無聲、無味、無體，隱含於萬事萬物之中，它不顯露，不易察覺，又來得太自然，所以不為人所知。

有一個問題，「善貸且成」的「貸」有沒有借助自然之力的意思？「貸」有「借入」和「借出」兩方面含義，從兩個角度考慮引申下來有「借出」的「施予」之意，也有「借入」的「憑藉」和「依託」之意。從「施予」之意看，「善貸」體現了道施予而促成萬物，「萬物恃之以生而不辭，功成而不名有，衣養萬物而不為主，常無慾」（第三十四章）的無私特質。從「憑藉」、「依託」之意看，「善貸」就是「用人之力」（第六十八章），就是「反者道之動，弱者道之用」（第四十章），就是「用其光，復歸其明」的「習常」之功。「貸」，具有暫時性的特徵：借入要歸還，借出要收回，如果不遵從道，收回的過程正是違道者付出「代價」的過程。

「若存若亡」、「明道若昧」、「進道若退」、「夷道若類」、「上德若谷」、「大白若辱」、「廣德若不足」、「建德若偷」、「質真若渝」、「大方無隅」、「大器晚成」、「大音希聲」、「大象無形」、「道隱無名」都可作成語，有的已經為

人們熟知。

第四十二章

【原文】

道生一，一生二，二生三，三生萬物①。萬物負陰而抱陽②，沖氣以為和③。人之所惡，唯「孤」、「寡」、「不穀」，而王公以為稱④。故物或損之而益，或益之而損⑤。人之所教，我亦教之⑥。強梁者不得其死，吾將以為教父⑦。

【通釋】

道產生一種物態，一種物態產生兩種物態，兩種物態產生多種物態，各種物態形成了萬物。萬物背對著陰而正對著陽，激盪的陰陽之氣來調和。人們討厭的正是「孤」、「寡」、「不穀」，可王公卻把它當作稱謂。所以削減事物，實際是在增加它，有的增加而實際是在削減它。人們告誡我的話，我也將它告誡別人。強悍的人不知曉自己是怎樣死的，我要把它當作告誡人的主要內容。

【注釋】

① 道生一，一生二，二生三，三生萬物：道產生一種物態，一種物態產生兩種物態，兩種物態產生多種物態，各種物態構成了萬物。一，某一種事物。三，表示多數，許多事物。

② 萬物負陰而抱陽：萬物背對著陰而正對著陽。負，背對著。抱，迎，擁抱，面對著。

③ 沖氣以為和：激盪的氣來中和。沖氣，激盪之氣，即「陰陽二氣相互激盪」。沖，激盪。氣，陰陽二氣。以，連接詞，相當於「來」。為，做。和，中和，調和。

④ 人之所惡，唯「孤」、「寡」、「不穀」，而王公以為稱：人們討厭的正是「孤」、「寡」、「不穀」，可王公卻把它當作稱謂。所惡，討厭的。唯，正是。孤、寡、不穀，參見三十九章注釋⑯。為，傅奕本、帛書甲乙等版本為「自」。

⑤ 故物或損之而益，或益之而損：所以削減事物，實際是增加它，有的增加它
而實際是削減它。或，有時，有的。損，減損，削減。益，增益，增加。

⑥ 人之所教，我亦教之：別人告誡我的，我也將它去勸誡別人。人，別人，他
人。之，放在「人」與「所教」之間，取消該短語的獨立性。所教，教誨的，
勸誡我的。教，音ㄐㄧㄠˋ，訓誨，勸誡，告訴。後一個「之」是代詞，代
指他人。

⑦ 強梁者不得其死，吾將以為教父：強悍的人不知曉自己是怎樣死的，我要把
它當作告誡人的主要內容。強梁者，強悍勇武的人。不得，不能得到，不知
曉。其，自己。教父，勸誡人的主要內容，隱含「反面老師」的意思。父，
音ㄈㄨˇ，男性長者。《說文》：「父，家長舉教者。」

【意義歸納】

本章分析了萬物產生的過程，闡釋了事物的陰陽損益的道理，告誡人們不做「強
梁者」。全章共分為三層。

第一層：「道生一，一生二，二生三，三生萬物。萬物負陰而抱陽，沖氣以為
和。」分析萬物的產生，闡釋萬物的陰陽沖氣之理。

第二層：「人之所惡，唯『孤』、『寡』、『不穀』，而王公以為稱。故物或
損之而益，或益之而損。」以王公自稱「孤」、「寡」、「不穀」引出「損益」的
道理。

第三層：「人之所教，我亦教之。強梁者不得其死，吾將以為教父。」強調不做「強
梁者」。

【文法分析】

```
          承接        承接        承接
   道生一，｜一生二，｜二生三，｜三生萬物。萬物負陰而抱陽，沖氣以為
                        轉折
和。人之所惡，唯「孤」「寡」「不谷」，｜而王公以為稱。故物或損之而益，
        因果                        因果
或益之而損。人之所教，｜我亦教之。強梁者不得其死，｜吾將以為教父。
```

　　「道生一，一生二，二生三，三生萬物」是承接關係的複句，邏輯中是傳承關係，不可逆，如果用帶箭頭的連接號「→」表示「生」，就是：

　　道→一→二→三→萬物。

　　「萬物負陰而抱陽，沖氣以為和」是單句，「萬物」是單句的主語，「負陰而抱陽，沖氣以為和」是並列複句短語作謂語。「負陰而抱陽」自身是兩個動賓短語構成的並列短語，「沖氣以為和」是目的關係的緊縮複句短語。

　　作為分句的「人之所惡，唯『孤』、『寡』、『不穀』」是單句，「人之所惡」相當於現代漢語中的「的字短語」作主語，「唯」作謂語，「『孤』、『寡』、『不穀』」作賓語，這個單句的文法成分分析為：

　　<u>人之所惡</u>，唯「孤」、「寡」、「不穀」

　　其實「人之所惡」雖然相當於「的字短語」，但它實乃是以主謂短語的形式出現的，因為這個短語中的「之」是放在主謂短語之間起取消獨立性作用的助詞：

　　<u>人之所惡</u>

　　「故物或損之而益，或益之而損」是單句，「物」是主語，「或損之而益，或益之而損」是並列關係的複句短語作單句的謂語。

【解讀與點評】

　　道是「天下母」，所以它「生一」。

　　那麼，這就產生了一個問題，道「生」什麼？「一」是個數目，道作為事物運行的法則，作為不可抗拒的客觀規律，它「生」的自然是具體事物運行的法則，是具體事物的客觀規律。「道生一」猶如「道產生出所有事物的客觀規律和運行法則」，即「普遍的規律」、「普遍適應的法則」；「一生二」猶如「普遍的事物規律、法則會衍生出某一類事物的規律、法則」，這些規律法則具有一類事物的相對特殊性；「二生三」是依次的延伸和拓展，同時它的規律和法則更具有特殊性。「道生一」並不意味著道只生「一」，道可能要生出多個「一」，因為它是立體的、漫無邊際的。其實萬物的客觀規律和運行法則均為道所生。

　　「道生一，一生二，二生三，三生萬物。」一是數之始，二是一之子，三是二

之子、一之孫，以至於無窮。在古時，「三」又是一個表示多數的概數。在本段話中，「三生」還表示了一個完整的過程，所以三能生萬物。「萬」也不是一個確定的數，這裡只是表示極其繁多，萬物又是一個運動變化的概念。

「一生二，二生三，三生萬物」是道的產生和繁衍過程，規律也罷，道理也好，道由一事一物拓展並互為連繫，互相影響，運用於「萬物」，而「萬物」都有的普遍規律是「負陰而抱陽，沖氣以為和」。「負陰而抱陽」中的一陰一陽只是一個比喻，它可能是一正一反、一長一短、一大一小、一前一後……

最初王公稱自己為「孤」、「寡」、「不穀」，是在自謙，老子以「示弱」來分析它。

「或損之而益，或益之而損」與第三十六章「將欲……之，必固……之」是一樣的道理。何謂「損之而益」，何謂「益之而損」？比如重臣，權力太大，負荷過重，日理萬機，必積勞成疾；或權傾朝野，形成剛愎的性情，積怨必多，成眾矢之的。削弱權力，減輕負荷，便會放鬆，便會自省，健康身心。

「人之所教，我亦教之」，意思是別人勸誡我的，我也用它來勸誡別人。既為了把這些道理告訴更多的人，也是從俗、從眾，正如「人之所畏，不可不畏」（第二十章）一樣。「人們勸誡什麼，我也勸人什麼」，告訴人那些普通的道理，這些普通的道理就是順乎自然的道理。「強梁者不得其死」就是「堅強者死之徒」、「兵強則滅，木強則折」（第七十六章）的道理。對道來說，正面勸誡的道理是「順之乃吉」，反面勸誡的道理是「逆之乃凶」。「強梁者」是「善人之資」（第二十七章），是反面教員。「強梁者」顯然不是稱「孤」、「寡」、「不穀」的王公，因為稱「孤」、「寡」、「不穀」是示弱，「強梁者」是示強。其實中外歷史上的「強梁者」不乏其人，如夏桀、商紂、周厲王、周幽王、秦二世、隋煬帝、北齊高洋等，令人扼腕的是他們「不得其死」的教訓，並未被後世所有帝王所借鑑：如二次世界大戰中的希特勒，當代的海珊、格達費等，也都是「不得其死」的「強梁者」。

本章有成語「萬物負陰而抱陽」、「強梁者不得其死」。

第四十三章

【原文】

天下之至柔馳騁天下之至堅[1]，「無有」入「無間」[2]，吾是以知無為之有益[3]。不言之教，無為之益，天下希及之[4]。

【通釋】

天下最柔弱的物質，才能在天下最堅硬的物質中自由自在運行，就像「似乎不存在的物質」進到了「似乎沒有空隙的物質」中，我因此知曉不做的好處。沒有言辭的教化，不做的好處，天下少有人認識到這些。

【注釋】

① 天下之至柔馳騁天下之至堅：天下最柔弱的物質，才能在天下最堅硬的物質中自由遊蕩。天下之至柔，指極柔的事物，一般理解為空氣與水。之，助詞，的。至，極。馳騁，任意活動，隨意遊蕩。「馳騁」後省略了「於」。堅，名詞，堅硬的事物。

② 「無有」入「無間」：「似乎沒有」進入到了「不存在空間的事物」。無有，什麼也沒有，其實是主觀感覺的「沒有」，而實際客觀存在著，一般認為是看不見的「沖氣」，即「道」。無間，主觀感受的沒有空隙的物質。

③ 吾是以知無為之有益：我因此知曉不做有好處。之，放在「無為」與「有益」這個主謂短語之間取消該短語的獨立性。

④ 不言之教，無為之益，天下希及之：不用言辭的教化，不用刻意做的好處，天下少有人認識到這些。不言，不說話。言，動詞，說話。之，的。益，好處。希及之，很少能趕上它們。希，少。及，趕上，達到，這裡解釋為「認識到」，「做到」。之，這一點，這些。

【意義歸納】

本章透過至柔馳騁至堅的道理說「無為」有益。

【文法分析】

因果（前果後因）　　　　因果

天下之至柔馳騁天下之至堅，‖「無有」入「無間」，│吾是以知無為之

有益。<u>不言之教，無為之益，天下希及之</u>。

　　「天下之至柔馳騁天下之至堅，『無有』入『無間』，吾是以知無為之有益」
是一個複句單位。因為「天下之至柔馳騁天下之至堅，『無有』入『無間』」，所
以「吾」、「知無為之有益」，這是第一重，因果關係，「是以」是關聯詞。「天
下之至柔馳騁天下之至堅」與「『無有』入『無間』」是第二重，為因果關係，而
不是並列關係：因為「『無有』入『無間』」，所以「天下之至柔馳騁天下之至堅」，
前果後因。

　　下面對「天下之至柔馳騁天下之至堅」這個分句作文法成分分析。「天下之至柔」
是偏正短語作主語，「馳騁」作謂語，前面省略了「於」的「天下之至堅」是偏正
短語作補語：

　　天下之至柔<u>馳騁</u>〈天下之至堅〉

　　在「吾是以知無為之有益」這個單句中，「吾」是主語，「知」是謂語，「無
為之有益」是賓語。

　　<u>吾</u>〔是以〕<u>知</u>無為之有益

　　「無為之有益」是個主謂短語。「無為」是主語。「有益」是謂語部分，「之」
是放在這個主謂短語之間的助詞。

　　<u>無為</u>之<u>有益</u>

　　「不言之教，無為之益，天下希及之」是單句，「不言之教，無為之益」是並
列短語作主語，「天下希及之」是主謂短語作謂語。

　　「天下希及之」這個主謂短語的主語是「天下」，「希」是狀詞，「及」是謂語，
「之」是賓語，這個短語的文法成分分析為：

　　<u>天下</u>〔希〕<u>及</u>之

　　本章共有六個「之」，除最後一個「之」是代詞外，其餘均為助詞。

229

在亂世讀老子

世界殘酷，**道德經**讓你有顆柔軟的心

【考辨】

本章的「不言之教，無為之益」與「天下希及之」搭配存在問題。「及之」的意思是「趕上它」、「達到它的標準」、「符合它的要求」、「得到它」，在解讀中我將這句釋為「認識到這些」。其實「不言之教」與「無為之益」各自同「天下希及之」的搭配是不一樣的：「不言之教」的「天下希及之」是「天下少有人做到這一點」；「無為之益」的「天下希及之」是「天下少有人得到它」——這種語言現象令人匪夷所思。

【解讀與點評】

「天下之至柔馳騁天下之至堅」使我們一下子想到水與氣（空氣）。水和空氣都是極柔，又都具有相當強的滲透力，見縫插針，無孔不入。至，極。馳騁，自由進入並影響（控制）。有人試圖用「役使」來釋「馳騁」，這違背了老子的本意，老子雖認為「弱之勝強，柔之勝剛」，但他不主張主動「為」，「役使」就是主動「為」。「馳騁於」、「至堅」中的「至柔」當是「道」之「沖氣」，「至柔」之物實乃是不以人的主觀意志為轉移的客觀存在的「道」，雖然「用之或不盈」（第四章），然而它卻「沖氣以為和」（第四十二章）。

「『無有』入『無間』」的意思是「『似乎不存在的東西』進入到了『似乎不存在的空間』」。無，主觀感覺不到。「無有」是「視之不見，聽之不聞，搏之不得」的道體，表面上的「無有」，實際上的「有」。「無間」是一個個的完整、看不出空隙的事物，這些事物表面上看不到縫隙，但實際上已經被「無有」潛入了，感覺不到、推敲不到的「無有」，滲透進感覺不出存在空隙的事物，這些事物必然受到「無有」的影響。「『無有』入『無間』」是個潛移默化的過程，大有「隨風潛入夜，潤物細無聲」之勢。「無有」正是「視之不見」、「聽之不聞」、「品之無味」、「搏之不得」的「道」。

「不言之教」猶言「用事實說話」，然而「不言而善應」（第七十三章），就是「無為之益」。但是很少有人能明白「不言之教，無為之益」這個道理，也很少有人能做到這一點，所以老子說「天下希及之」，因為只有循道而行的聖人才能做到「處

無為之事，行不言之教」（第二章）。

　　本章有成語「無有入無間」、「不言之教」、「無為有益」。「不言之教」另見第二章。

第四十四章

【原文】

　　名與身孰親①？身與貨孰多②？得與亡孰病③？——甚愛必大費，多藏必厚亡④，故知足不辱⑤，知止不殆⑥，可以長久⑦。

【通釋】

　　功名和自身性命哪個親近？自身性命和財物哪個多？獲得和失去哪個有害？過分愛惜一定要付出大的代價，聚斂多一定喪失的更多，所以知道滿足不會招致恥辱，知道止步不會遭遇危險，能夠長久生存。

【注釋】

① 名與身孰親：功名和自身性命哪個親近。名，功名，虛名，名譽。身，自身，指身家性命。

② 身與貨孰多：自身性命和財物哪個多。貨，財產，財富。多，與「少」相對。

③ 得與亡孰病：獲得和失去哪個有害。亡，失去，損失。病，害處。

④ 甚愛必大費，多藏必厚亡：過分愛惜一定要付出大代價，儲備多一定喪失的更多。王弼本此句上有「是故」二字，河上公本、帛書甲本無，乙本缺，據刪。甚愛，過分愛惜。費，耗費，花費，付出代價。多藏，多儲藏，儲藏的財富多。厚亡，多喪失，喪失的財富多。

⑤ 故知足不辱：所以知道滿足不會招致恥辱。王弼本此句前無「故」，據《郭簡》、帛書甲本補。足，滿足。辱，用作動詞，招致恥辱。

⑥ 知止不殆：知道止步不會遭遇危險。止，止步，停止。殆，危險，用作動詞，遭遇風險。

231

⑦ 可以長久：能夠長久生存。久，用作動詞，長久生存。

【意義歸納】

本章闡述的是「知足」、「知止」、「可以長久」的道理。

【文法分析】

（道理就是）　　並列

名與身孰親？身與貨孰多？得與亡孰病？甚愛必大費，‖ 多藏必厚
　　　　　因果　　　　　並列　　　　　因果
亡，| 故知足不辱，‖‖ 知止不殆，‖ 可以長久。

嚴格的說，「甚愛必大費，多藏必厚亡」是直接回應前面三個問句，所以我在三個問句與「甚愛必大費，多藏必厚亡」之間用了破折號，這個破折號是句子之間的破折號，這個破折號相當於「道理就是」。然而「甚愛必大費，多藏必厚亡」又與「故知足不辱，知止不殆，可以長久」有必然的邏輯連繫，所以我將它們當作一個複句分析：

因為「甚愛必大費，多藏必厚亡」，所以「知足不辱，知止不殆，可以長久」，這是第一重因果關係，關聯詞是「故」。「甚愛必大費」與「多藏必厚亡」是第二重並列關係；因為「知足不辱，知止不殆」，所以「可以長久」這個因果關係也是第二重。「知足不辱」與「知止不殆」是並列關係，為第三重。

【考辨】

開篇的三個問句雖為並列關係，但每個問句的答案並不都是後者，回答與取捨並無規律，因為三者的邏輯順序不一致，取捨順序也不一致。用來回答「孰親」、「孰多」、「孰病」的分別為後者「身」、「貨」，前者「得」；而要選擇的分別應該是「身」（後者）、「身」（前者）、「亡」（後者），見下表：

預備項	問題	要回答的選項	實際應取捨的	
名、身	孰親	身親（後者）	存身（後者）	棄名（前者）
身、貨	孰多	貨多（後者）	保身（後者）	捨貨（後者）
得、亡	孰病	得病（前者）	寧失（後者）	勿得（前者）

【解讀與點評】

本章先以設問的形式提出了三個選項：「名與身孰親？身與貨孰多？得與亡孰病？」以淺顯的方式提出了深刻的問題，其選項顯然明確。然而，在這淺顯的道理面前，人們常常迷失，在實際行動上做出錯誤的選擇。「甚愛必大費，多藏必厚亡」是從反面得出結論。這個結論是經驗的總結。進而又得出了正面的結論：「知足不辱，知止不殆，可以長久」。

《道德經》第十三章曾提出「以身為天下」，這裡選擇棄名存身是不是與之矛盾呢？回答是否定的，它與「以身為天下」說的是兩回事，又恰恰從兩個不同角度回應了同一個道理。

「甚愛必大費」——為追逐名利，人們往往要付出相當高的代價。身家性命與財物哪個多？生命對於我們只有一次，財物夠用足矣，為身外之物而送命不值得。世人多擺不正榮辱福禍安危的關係，慕虛名以為榮，多得財富以為福，汲汲以求之，「得之若驚，失之若驚」（第十三章），孰不知樹大招風，虛名害身；也不知「金玉滿堂，莫之能守」（第九章）。所以要善於急流勇退，更要懂得懸崖勒馬，金盆洗手。「知足」是必要條件，「知止」是具體行動。「知足」、「知止」的無非名與利。

本章有成語「甚愛必大費，多藏必厚亡」、「知足不辱」、「知止不殆」。「知止不殆」另見第三十二章。

第四十五章

【原文】

大成若缺，其用不弊①；大盈若沖，其用不窮②；大直若屈③；大巧若拙④；大辯若訥⑤。躁勝寒，靜勝熱，清靜為天下正⑥。

【通釋】

大的完美好像有缺憾，它的功用不會匱乏；大的飽滿好像有空隙，它的功用無窮無盡；大的筆直好像彎曲；大的靈巧好像笨拙；大的辯解好像不會說。跺腳可以

在亂世讀老子

世界殘酷，**道德經**讓你有顆柔軟的心

戰勝寒冷，安靜不動可以克制燥熱，清靜無為是天下正確之道。

【注釋】

① 大成若缺，其用不弊：大的完美好像有缺憾，它的功用不會匱乏。成，完滿，完美。用，功用。弊，困頓，匱乏。

② 大盈若沖，其用不窮：大的飽滿好像有空缺，它的功用無窮無盡。盈，滿，充滿，飽滿。沖，空虛，空缺。窮，窮盡。

③ 大直若屈：大的筆直好像彎曲。直，筆直。屈，彎曲。

④ 大巧若拙：大的靈巧好像笨拙。巧，靈巧，機靈。拙，笨拙。

⑤ 大辯若訥：大的辯解好像不會說。辯，善辯，善於言談。訥，不善言談。

⑥ 躁勝寒，靜勝熱，清靜為天下正：跺腳可以戰勝寒冷，安靜可以克制燥熱，清靜無為是天下正確之道。躁，疾步、跺腳而生熱。正，音ㄓㄥ，長官，首領。

【意義歸納】

本章透過對表象和真相的差別的描述，強調清靜無為的道理。

【文法分析】

```
            轉折        並列        轉折        並列        並列
    大成若缺，‖ 其用不弊；│ 大盈若沖，‖ 其用不窮；│大直若屈；│大巧
      並列              並列      並列
若拙；│大辯若訥。躁勝寒，‖ 靜勝熱，│清靜為天下正。
```

「大成若缺，其用不弊；大盈若沖，其用不窮；大直若屈；大巧若拙；大辯若訥」是一個雙重並列關係的複句。實際上「大成若缺」、「大盈若沖」、「大直若屈」、「大巧若拙」、「大辯若訥」是一組並列，然而「大成若缺」與「大盈若沖」有後續成分，而「大直若屈」、「大巧若拙」與「大辯若訥」分別都是孤立的存在，沒有「其用不……」。不管它們有沒有後續成分，我都將它們看成同級並列，為第一重。有後續成分的分別為第二重，是轉折關係。

「躁勝寒，靜勝熱，清靜為天下正」是一個雙重複句。就像「躁勝寒，靜勝熱」的道理一樣「清靜為天下正」，這是一個略喻構成的並列複句，因為是比喻，很像

因果關係，但是它們不互為因果。要注意的是「靜≠清靜」。

【考辨】

在此我要說一下分號與逗號的正確使用問題：如果本章不存在「其用不……」，即本章為「大成若缺大盈若沖大直若屈大巧若拙大辯若訥」，那麼各句之間只能用逗號：「大成若缺，大盈若沖，大直若屈，大巧若拙，大辯若訥」。因為，句與句之間用逗號也表示並列關係，不是只有分號可以表示並列關係，逗號也可以表示並列關係；逗號表示第一層並列，分號是比逗號大一輩的並列，甚至句與句之間有時還用句號表示更高層次的並列。

要注意的是，《郭簡》中的本章「躁勝寒，靜勝熱，清靜為天下正」的內容與第五十四章放在了一起，但仔細分析，它們的連繫很勉強，不能作為合章的依據。

【解讀與點評】

「躁勝寒，靜勝熱」是經驗之談。從「躁勝寒，靜勝熱」的規律現象中，老子得到了感悟，從而在「躁勝寒」與「靜勝熱」的比較中得出了「清靜為天下正」的結論。顯然「躁動」之熱不可取。因循規律而動與「躁勝寒，靜勝熱」一樣，既可實現事物的相輔相成，又能達到「守中」（第五章）少為乃至「無為」的境界。「重為輕根，靜為躁君」，「輕則失根，躁則失君」（第二十六章，），顯然可取的是「靜重」，「天下正」強調了「清靜」的地位，道出了「清靜」的可貴。

大的完美好像有缺憾，但並不影響它的作用；大的飽滿好像有空隙，但它有無窮無盡的功用；大的筆直看起來好像有點彎曲，但它將筆直無限延伸下去；大的靈巧顯得有些笨拙，但它以最大的靈活面對生長的萬物；大的辯解好像不會說，但它用事實說話，表達了顛撲不破的真理。「五大」正是道之德，是優秀的特質。

「大成若缺」、「大盈若沖」、「大直若屈」、「大巧若拙」、「大辯若訥」、「清靜為天下正」都可作為成語，有的已被頻繁使用。

第四十六章

【原文】

天下有道，卻走馬以糞①；天下無道，戎馬生於郊②。

罪莫大於可欲③，咎莫大於欲得④，禍莫大於不知足⑤——故知足之足常足矣⑥。

【通釋】

天下有道，退下戰馬來耕耘；天下無道，耕馬當作戰馬用。

沒有比荒淫無度更大的罪孽了，沒有比貪得無厭更大的災難了，沒有比不知道滿足更大的禍患了——只有知道滿足的滿足才會一直滿足。

【注釋】

① 天下有道，卻走馬以糞：天下有道，退下戰馬來耕田。卻，退下，使……退下。走馬，善跑的馬，指戰馬。以，連接詞，相當於「來」。天下有道，天下在合於道的規律中運行，統治者按正確的原則治理國家。糞，翻土施肥，即耕耘。

② 天下無道，戎馬生於郊：天下無道，戰馬從耕田的馬匹中挑選出來。天下無道，統治者不按正道治理天下。戎馬，征戰的馬，戰馬。生，產生。於，從。郊，城邑外圍的田地。《爾雅》：「邑外謂之郊，郊外謂之牧，牧外謂之野，野外謂之林。」徵調耕田之馬為戰馬，故曰「戎馬生於郊」。

③ 罪莫大於可欲：沒有比荒淫無度更大的罪孽了。王弼本無此句。「罪莫大於可欲，咎莫大於欲得，禍莫大於不知足」這句，在河上公本中為「罪莫大於可欲，禍莫大於不知足，咎莫大於欲得」，與後文「故知足之足常足矣」銜接不順。據郭店出土楚竹書等版本加入「罪莫大於可欲」，並調整理順。罪，罪過，罪孽。於，比。可欲，能引起慾望的事物，指對引起慾望的事物過分享受，即過度淫慾。

④ 咎莫大於欲得：沒有比貪得無厭更大的災難了。咎，災難。欲得，想得到的，
指對財物等利益的過分要求。

⑤ 禍莫大於不知足：沒有比沒完沒了索求更大的禍患了。禍，禍患。不知足，
對身外利益無限度的索求。

⑥ 故知足之足常足矣：只有知道滿足的滿足才會一直滿足。之，的。常，恆久。

【意義歸納】

本章的前後內容表達的意思差距較大，所以我將本章直接分成兩段。

本章第一段以馬的不同用途來揭示天下的「有道」與「無道」。

本章第二段提出告誡：貪慾是災難的根源。

【文法分析】

```
        假設          並列          假設
天下有道，‖卻走馬以糞；｜天下無道，‖戎馬生於郊。
        並列          並列          （結論是）
罪莫大於可欲，｜咎莫大於欲得，｜禍莫大於不知足——故知足之足常足矣。
```

「天下有道，卻走馬以糞；天下無道，戎馬生於郊」是一個雙重複句。首先是「天
下有道，卻走馬以糞」與「天下無道，戎馬生於郊」形成鮮明對比，這第一重是並
列關係。它們各自又都是假設關係，如果「天下有道」就會「卻走馬以糞」；如果「天
下無道」，就會「戎馬生於郊」，分別為第二重。

雖然「罪莫大於可欲，咎莫大於欲得，禍莫大於不知足」與「故知足之足常足矣」
看似存在因果連繫，然而「故知足之足常足矣」卻是反推得出的結論，而且它的意
思是「只有知道滿足的滿足才會一直滿足」，所以我在這二者之間使用了破折號。
這個破折號相當於「結論是」。

【考辨】

關於本章，我想談兩個問題。

首先，「罪莫大於可欲，咎莫大於欲得，禍莫大於不知足——故知足之足常足矣」
這句與王弼版本有差異。王弼版本中並沒有「罪莫大於可欲」這句話。河上公版本

為「罪莫大於可欲，禍莫大於不知足，咎莫大於欲得」。有「罪莫大於可欲」，但「禍莫大於不知足」在「咎莫大於欲得」前，與後文「故知足之足常足矣」銜接不順。因此，本書據郭店楚竹書等加入「罪莫大於可欲」並改順。

第二，「天下有道，卻走馬以糞；天下無道，戎馬生於郊」與「罪莫大於可欲，咎莫大於欲得，禍莫大於不知足——故知足之足常足矣」語境意義差距過大，連繫得十分勉強。

「罪莫大於可欲，咎莫大於欲得，禍莫大於不知足——故知足之足常足矣」這句話，除個別字有差異外，郭店楚竹書版本中也有這段文字，但它是獨立存在，並無「天下有道，卻走馬以糞；天下無道，戎馬生於郊」這句作上文。

丁四新認為，帛書甲本在「天下有道」和「罪莫大於可欲」二句前分別有一個圓點（「·」）符號，將這兩段文本分隔開來。「天下有道」一段文本亦當由《老子》他章文本拆分而來，這個分析是有道理的。「天下有道，卻走馬以糞；天下無道，戎馬生於郊」與「罪莫大於可欲，咎莫大於欲得，禍莫大於不知足——故知足之足常足矣」可能並不在一起，是有人將它們組合在一起，這種組合可能是盲目的。這個分析也從側面揭示了《道德經》的衍生過程，足以說明，今天我們見到的任何一本《道德經》都不可能是老子的原本。

如果要找與「罪莫大於可欲，咎莫大於欲得，禍莫大於不知足——故知足之足常足矣」能連繫起來的文字，「天下有道，卻走馬以糞；天下無道，戎馬生於郊」並不是選擇的對象，它與第四十四章的「名與身孰親？身與貨孰多？得與亡孰病」的三問倒是可以連繫起來。

郊，國都城邑外圍的農田。《爾雅》有「邑外謂之郊，郊外謂之牧，牧外謂之野，野外謂之林」之說。按《爾雅》區分，郊是生產農作物的田地所在，牧是放養牲畜的地方，再向外就是荒野、森林。「戎馬生於郊」就是戰馬從農田中產生。這裡沒說小馬是大馬生下來的，這不用說。至於戎馬在戰場上生小馬更是「奇談怪論」，哪個將領敢騎著或者驅趕著要生產的母馬上戰場？更何況那時還不是單騎對戰，作戰時是以駟馬駕的戰車衝在前面。駟馬一車實際是一百人的作戰單位，有專門的管理人員負責馬匹，怎麼能讓懷孕的母馬上戰場呢？

另外，「故知足之足常足矣」看似應該解釋成「只有知道滿足的滿足才會一直滿足」，其中「故」看似應該解釋成連接詞「只有」，但只是找到「故」的連接詞用法，並沒有找到可以解釋成「只有」的明確根據。

【解讀與點評】

「天下有道」就是天下在合於道的規律中運行。退下戰馬去耕田，這是和平時期的景象。有一個典故叫「馬放南山」，出自《尚書‧武成》，說的是周武王克商後的舉措：「王來自商，至於豐，乃偃武修文，歸馬於華山之陽，放牛於桃林之野，示天下弗服。」其實，「馬放南山」只是一種說法，指的是更多的馬要投放到耕耘中。

「天下無道」就是不按正道治理天下。讓耕田的馬去服役顯然不是常態。實際上，「戎馬生於郊」就是因為頻繁、大規模發動戰爭，既有的征戰之馬不夠用，為了作戰不得不將耕田之馬徵調到戰場上。「師之所處，荊棘生焉；大軍之後，必有凶年」，這就是戰爭對民生的間接危害；耕田之馬用於戰事，必然還要徵調耕田之人，勢必會直接影響農業生產，「縱有健婦把鋤犁，禾生隴畝無東西」（杜甫〈兵車行〉），這種狀態下農田歉收乃至荒蕪是必然的，不用戰爭過後，「凶年」就已經出現了。

什麼是「可欲」？第三章的「不見可欲，使民心不亂」中的「可欲」就是「可以引起慾望的事物」；而「罪莫大於可欲」中的「可欲」就是「對引起慾望事物的貪求。「罪莫大於可欲」就是「沒有比荒淫無度更大的罪孽」。「欲得」就是「要得到的」，當然不是指得到一點就能滿足的。「不知足」即「對身外之物沒完沒了索求」。其實，「罪莫大於可欲，咎莫大於欲得，禍莫大於不知足」反覆強調的是，對身外之物的貪慾是罪孽、災難、禍患的根源。但是，「可欲」、「欲得」、「不知足」，哪個是針對美色、哪個是針對財物、哪個是針對官位名利而言無法確定。「罪莫大於可欲，咎莫大於欲得，禍莫大於不知足」此乃「人心不足蛇吞象」也。

如果非要將「罪莫大於可欲，咎莫大於欲得，禍莫大於不知足」與「天下有道，卻走馬以糞；天下無道，戎馬生於郊」連繫起來看，「可欲」、「欲得」、「不知足」是擴充地盤、發動戰爭的根源。戰爭因「可欲」、「欲得」、「不知足」而產生，「可欲」、「欲得」、「不知足」是造孽，是罪、咎、禍之根源。

本章可產生成語「天下有道」、「戎馬生郊」、「知足之足」。

第四十七章

【原文】

不出戶，知天下①；不窺牖，見天道②。其出彌遠，其知彌少③。是以聖人不行而知④，不見而名⑤，不為而成⑥。

【通釋】

不出家門，就能知曉天下發生了什麼事；不望向窗外，就能看見天道怎樣運行。那些出行越遠的人，知曉的道理就越少。所以說聖人不遠行就知曉天下的事情，不看就能說出事物的名稱，不去做就能完成事情。

【注釋】

① 不出戶，知天下：不出家門，就能知曉天下發生的事情。戶，門。知，知曉，這裡是「能知曉」的意思。天下，指天下發生的事情。

② 不窺牖，見天道：不望向窗外，就能看見天道運行的軌跡。窺，從小孔向外看。牖，音一ㄡˇ，窗。見，音ㄐㄧㄢˋ，看見，這裡是「能看見」的意思。天道，自然運行的軌跡。

③ 其出彌遠，其知彌少：那些出行越遠的人，知曉的道理越少。其，不確指代詞，指出行彌遠而知彌少之人。彌，越，更加。

④ 是以聖人不行而知：所以聖人不出行就知曉天下的事情。而，連接詞，相當於「就」。知，知曉。「知」後省略了賓語「知」的內容。行，出行。

⑤ 不見而名：不看就能說出事物的名稱。名，用作動詞，說出名字。

⑥ 不為而成：不去做就能完成事情。意思是說，順應萬物本性，不刻意施加外力，而使萬物自然成長。為，做，施加外力。成，促成，成就。

【意義歸納】

本章以聖人「不為」為例強調「無為」。

【文法分析】

　　　　　　　　　並列　　　　　　　　　　　　並列
　不出戶，知天下；｜不窺牖，見天道。其出彌遠，｜其知彌少。是以<u>聖人</u>

<u>不行而知，不見而名，不為而成</u>。

　　「不出戶，知天下；不窺牖，見天道」是並列關係的複句，組成這個複句的兩個分句分別是具有轉折關係的緊縮複句。下面我對其中一個分句「不出戶，知天下」進行文法分析。在這個分句中，「不出戶」是主語，「知」是謂語，「天下」是賓語。這個分句的文法成分分析為：

　　<u>不出戶</u>，<u>知天下</u>

　　「是以聖人不行而知，不見而名，不為而成」是一個單句，主語是「聖人」，謂語是「不行而知，不見而名，不為而成」這個並列短語。

【考辨】

　　本章的語言並不難理解，但存在著一些違反邏輯思維的問題；後人的解讀也存在了一些邏輯問題。

　　「不出戶，知天下；不窺牖，見天道」與「其出彌遠，其知彌少」應該存在因果連繫。但是「不出戶，知天下」與「不窺牖，見天道」沒有主語，按後文的意思，這兩個分句的主語當是「聖人」，而「其出彌遠，其知彌少」中的主語「其」指的一定不是「聖人」。這樣問題就產生了：聖人「不出戶，知天下；不窺牖，見天道」與他人（其）「出彌遠」，卻「知彌少」是不可比的，也就是說，聖人能「不出戶，知天下；不窺牖，見天道」與他人（其）「出彌遠」，卻「知彌少」不應該存在必然的因果連繫，而且沒法證明他人「出彌遠」，卻「知彌少」。主觀認定他人「出彌遠」卻「知彌少」既沒有根據，也不符合道理——這是老子為了推崇所謂聖人，在表達上出現的疏漏。這個疏漏，降低了《道德經》的說服力。

　　對「不見而名」的「名」，《韓非子·解老》認為通「明」，一直以來也有一些學者將「不見而名」與「不自見，故明」（第二十二章）及「見小曰明」（第五十二章）連繫起來解釋，這種曲解將本來簡單的問題複雜化了。「不見而名」與「見小曰明」是完全不同的兩回事，「名」≠「明」。「不見而名」的「名」是「說出名稱」，是「名」的動詞化；「見小曰明」的「明」是「明智」，是「聰明之舉」。「不見而名」的「見」是「ㄐㄧㄢˋ」，是看見；「見小曰明」的「見」是「ㄒㄧㄢˋ」，是顯現。「不行而知，不見而名，不為而成」中的「行」、「見」、「為」的動作都是由一個共同的主語發出。

　　古人說「讀萬卷書，行萬里路」，我想這是一個正確的主張，老子雖然不一定能夠做到「讀萬卷書，行萬里路」，但他一定沒少讀書，也出行過。我真的不明白老子為什麼常常提出自相矛盾的問題，在《道德經》中，他一再主張「絕學無憂」（第十九章），認為「為學日益，為道日損，損之又損，以至於無為，無為而無不為」（第四十八章），即使把「學（ㄒㄧㄠˋ）」解釋成「效仿」或「教導」之義也讓人難以理解，而且老子本人並未「絕學」。既然要「絕學」，怎麼還能「不行而知，不見而名，不為而成」呢？難道聖人是「生而知之」者？既然推崇聖人，就是有意強調聖人的可效仿性，讓有天下有國有家者向聖人看齊。難道讓所有人都成為「生而知之」者？顯然，「不行而知」絕非「絕學」的結果，而是讀書等接受教育的結果；「不見而名」也應該建立在學習和正確的經驗積累的基礎上。在「不行而知，不見而名，不為而成」中，只有「不為而成」是治人事天可借鑑的態度，道理就是善於順應事物的客觀規律而動，不妄為；而在「絕學」的前提下，「不行而知，不見而名」效仿不來。

【解讀與點評】

　　「其出彌遠，其知彌少」，為什麼會出現這種情況？「不出戶」、「不窺牖」、「不行」、「不見」都是「不為」，而「出」是有為。「不出戶，知天下；不窺牖，見天道」是建立在總結經驗、把握規律基礎上的理性認識。而「其出彌遠，其知彌少」者是不曉道、不悟道的盲動，聖人知曉道、感悟道、遵循道，他的「不行而知，

不見而名，不為而成」是建立在對道的深刻認識和理解基礎上的——只能這樣理解這段文字，否則這個觀點將不成立。

本章有成語「不行而知」、「不見而名」、「不為而成」。

第四十八章

【原文】

為學日益，為道日損①，損之又損，以至於無為②，無為而無不為③。取天下常以無事④；及其有事，不足以取天下⑤。

【通釋】

專注仿效慾望一天天成長，致力修道慾望一天天減少，減少再減少，就達到了不做什麼的境界，什麼都不特意去做又沒有不做的。要一直在沒有什麼圖謀的情況下取得天下，如果有所圖謀，就不能取得天下。

【注釋】

① 為學日益，為道日損：刻意效仿慾望一天天成長，致力修道慾望一天天減少。為學日益，用心效仿慾望一天比一天增多。為學，用心於效仿。學，音，ㄒㄧㄠˋ，教，效仿。請參見第十九章注釋⑧。日，名詞作狀詞，一天天。益，增加，增多。增多的應該是「慾望」。

② 損之又損，以至於無為：減少再減少，就達到了不做的境界。損之又損，減少它再減少它。實際上第二個「損」後省略了代指「慾望」的「之」。又，相當於「再」。以，連接詞，這裡相當於「就」。至於，到了，達到了。

③ 無為而無不為：不做又沒有不做的。參見第三十七章注釋①。

④ 取天下常以無事：長久以沒有什麼目的取得天下。以，介詞，靠，憑。取，取得，獲取，占有。常，恆久。無事，無所圖謀，沒有建功立業的目的。事，建立功業的目的。《廣韻》：事，「使也，立也，由也。」《釋名》：「事，偉也，偉立也，凡所立之功也。」

⑤ 及其有事，不足以取天下：如果他有所圖謀，就不能夠取得天下。及其，如果他。及，如果。其，不確指代詞，指取天下者。足以，能夠。

【意義歸納】

本章是前章的繼續，強調以「為道」的「無為」態度，在「無事」的前提下「取天下」。

【文法分析】

<pre>
            並列   承接   轉折
  為學日益，｜ 為道日損，‖ 損之又損，以至於無為，‖‖‖ 無為而無不為。取
        因果（前果後因） 假設
天下常以無事；｜ 及其有事 ‖ 不足以取天下。
</pre>

「為學日益，為道日損，損之又損，以至於無為，無為而無不為」是一個關係比較複雜的複句。首先，「為學日益」與「為道日損，損之又損，以至於無為，無為而無不為」構成對比並列，這是第一重；「損之又損，以至於無為，無為而無不為」承接「為道日損」，這是第二重；雖然「損之又損，以至於無為」，但是「無為而無不為」，這是第三重，轉折關係。

「損之又損，以至於無為」是個單句。「損之又損」是動詞短語作主語，「以至於無為」是謂語部分。「以」作狀詞。要注意「至於」二字結合緊湊，相當於「到了」、「達到」，不能把「於」當作一般介詞看待。這個單句的文法成分分析為：

損之又損，〔以〕<u>至於無為</u>

「取天下常以無事，及其有事，不足以取天下」是一個雙重複句。因為「及其有事，不足以取天下」，所以「取天下常以無事」，這是因果關係複句，是前果後因，為第一重；如果「其有事」，則「不足以取天下」，是假設關係，為第二重，「及」是「如果」的意思，為關聯詞。

【考辨】

「為學日益」中的「學」取「ㄒㄧㄠˋ」音「效仿」義，才使老子的一貫表述不矛盾。

《道德經》中的「吾」與「我」

第四十八章

「無為而無不為」在《道德經》中兩見，第三十七章「道常無為而無不為」說的是「道」如何，本章說的是「人」應該如何，人因循道行事，也應該做到「無為而無不為」。

本章的「取天下常以無事；及其有事，不足以取天下」的「無事」，正是第五十七章「以無事取天下」中的「無事」，也是該章「我無事而民自富」的「無事」，是第六十三章「為無為，事無事，味無味，大小多少」中的「無事」，它自身又與「有事」對應。無事，即無所圖謀，沒有建功立業的目的，沒有據為己有的打算。事，建立功業的目的，這些目的必將引起紛亂，是禍端。「事」，本來很簡單而且應該很好理解的一個字，居然讓人大傷腦筋。我揣摩了好久，感覺「無事」應該區別於「無為」，它與「無為」在意義上應該有所區別。於是產生了上述的初步解釋，並找到了根據。《廣韻》：「事，使也，立也，由也。」《釋名》：「事，偉也，偉立也，凡所立之功也。」而且，在《道德經》的第十七章中也找到了「功成事遂」這個佐證：此「事」與「功」意同。

【解讀與點評】

從「取天下」的角度來看，老子此言是寫給統治者的，他向統治者提出了取天下的原則。全章強調「無為」，包括「取天下」，也要以無為的態度在「無事」的情況下順其自然的取天下。「取」還是「有為」，但前提是「無事」，絕不「強為」。

「為學日益」的「學」是刻意而專注的效仿。「效仿」是「學」的本義，「日益」的是「有為」，是對他人的效仿，是對外物的追求及無休止的慾望，你富有，我要趕上你，還要超過你。這「日益」的東西正是「為道日損」的東西。

「損之又損，以至於無為。」正所謂「絕學無憂」、「少私寡慾」（第十九章），沒有了對慾望的追求就會「無為」，「無為」合於道，所以「無不為」。「損之又損」減損的是無止的仿效，是財富，是慾望。無官一身輕，無餘財一宅清，無慾一心靜。

實際上，《道德經》中的「無為」並不是什麼都不做，而是做該做的，這就達到了「無為而無不為」。本職所在必須為，而且要「為之於未有，治之於未亂」，該為的不為，就會讓易事變難、小事變大。「無為而無不為」的尺度其實並不難把

握：遵紀守法，恪守職業道德、社會公德、家庭美德的事都可以做，反之就不能做。比如醫生，「救死扶傷」是天職，絕不能「見死不救」，治病、療傷、救人當屬於「無不為」的範疇，能診治的不推諉，自己治不了指明出路，但在其他出路不允許或不可能時，要在告知患方的同時，竭盡全力而「為」。什麼地方要「無為」呢？如果五十塊錢的藥是最好的治病之藥，就不要為了自己獲取額外收入，使用超過五十塊的藥，這就是「無為」；看一次就能夠治好的病，不要讓患者來看第二次、第三次，這就是「無為」；除了收取了正常的醫藥費外，不收住院、手術的「紅包」，這就是「無為」；不為了炫耀自己的醫術高超、醫德高尚，請病患送錦旗，這就是「無為」；不在患者家屬面前誇海口、打包票，這就是「無為」。每一個職位、每一個角色都有自己的「無為而無不為」。本職所在，要盡心盡力，盡職盡責，要食其祿、盡其責，做到「無不為」；有悖「道德」的事要「無為」。

「無事」，沒有建立功業的想法。因無所圖謀，所以就不會貪占；因不想建功立業，所以就不會整事兒。

本章有成語「為學日益」、「無為而無不為」，另「無為而無不為」又見第三十七章。

第四十九章

【原文】

聖人無常心，以百姓心為心[1]。善者吾善之，不善者吾亦善之，德善[2]；信者吾信之，不信者吾亦信之，德信[3]。聖人在天下歙歙焉[4]，為天下渾其心[5]，百姓皆注其耳目[6]，聖人皆孩之[7]。

【通釋】

聖人沒有固定的思想，把百姓的思想當作自己的思想。好人我善待他，不好的人我也善待他，以善待人為德；誠信的人我信任他，不誠信的人我也信任他，以信任人為德。聖人無所事事的生活在天下，治理天下讓自己的思想與百姓的思想融合，

百姓都專注用他們自己的眼睛看用耳朵聽，聖人將他們都當作孩子看。

【注釋】

① 聖人無常心，以百姓心為心：聖人沒有固定的思想，把百姓的思想當作自己的思想。無常心，沒有固定的思想。心，思想。以百姓心為心，把百姓的心當作（自己的）心。以，把。

② 善者吾善之，不善者吾亦善之，德善：好人我好好對待他，不好的人我也好好對待他，以善待人為德。第一個「善」，善良。第二個「善」用作動詞，善待，好好對待，以善意對待。者，⋯⋯的人。之，代詞，他。德，用作動詞，意動作法，以⋯⋯為德。第五個「善」，善待人。

③ 信者吾信之，不信者吾亦信之，德信：誠信的人我信任他，不誠信的人我也信任他，以信任人為德。第一個「信」，誠信，守信。第二個「信」，信任。第五個「信」，信任人，相信人。

④ 聖人在天下歙歙焉：聖人在天下無所事事。在，用作動詞，與後面的「為」用法一致，生活在。歙歙，音ㄒㄧˋ　ㄒㄧˋ，輕輕鬆鬆無所作為的樣子。因無為而治，無所事事，所以輕鬆。焉，助詞。王弼本無此「焉」字，但他在點評中用了「焉」字，據景龍本、傅奕本等補。

⑤ 為天下渾其心：治理天下讓自己的思想與百姓的思想融合。為，動詞，統治，治理。渾，渾然，融合，使⋯⋯渾然，讓⋯⋯融合。其心，聖人自己的心。

⑥ 百姓皆注其耳目：老百姓都專注用自己的耳朵聽用眼睛看。王弼本脫此句，只有「各用聰明」的點評，據河上公本補。注，專注。其耳目，百姓自己的耳朵、眼睛。其，自己的，指百姓自己。

⑦ 聖人皆孩之：聖人都將他們當作孩子看待。孩，用作動詞，意動用法，以⋯⋯為孩子，把⋯⋯當作孩子。之，代詞，他們，指百姓。

【意義歸納】

本章描述聖人「以身為天下」的表現。全章共分三層。

第一層：「聖人無常心，以百姓心為心。」說的是聖人以百姓思想為主導。

第二層：「善者吾善之，不善者吾亦善之，德善；信者吾信之，不信者吾亦信之，德信。」說的是聖人以善待人、信任人為德。

第三層：「聖人在天下歙歙焉，為天下渾其心，百姓皆注其耳目，聖人皆孩之。」說的是聖人為天下渾其心。

【文法分析】

```
                                              並列              因果
    聖人無常心，以百姓心為心。善者吾善之，|||  不善者吾亦善之，||  德善；
 並列            並列                    因果
|信者吾信之，||| 不信者吾亦信之，|| 德信。聖人在天下歙歙焉，為天下渾
    條件                    因果
心，|百姓皆注其耳目，||聖人皆孩之。
```

在「聖人無常心，以百姓心為心」這個單句中，謂語部分其實是因果關係的複句短語，其複句短語間關係為：

```
    因果（先果後因）
 無常心，| 以百姓心為心
```

「聖人在天下歙歙焉，為天下渾其心，百姓皆注其耳目，聖人皆孩之」是一個雙重複句：先有聖人的「歙歙焉」、「渾其心」，再有「百姓皆注其耳目」，這是第一重，為條件關係；又因為「百姓皆注其耳目」，所以「聖人皆孩之」，這是第二重，為因果關係。

「聖人在天下歙歙焉，為天下渾其心」是單句。「聖人」作主語，「在天下歙歙焉，為天下渾其心」這個並列短語作謂語。這個單句的文法成分分析為：

聖人在天下歙歙焉，為天下渾其心

「在天下歙歙焉」與「為天下渾其心」又分別為動詞短語。

「在天下歙歙焉」既是動賓短語又是動補短語，其中「在」與下面的「為」的用法相同，均為動詞謂語，「天下」是賓語，「歙歙焉」是補語，它的文法成分分析為：

在天下〈歙歙焉〉

「為天下渾其心」是個連動短語，它的文法成分分析為：

為天下渾其心

有人可能會對「在天下歙歙焉」與「為天下渾其心」這兩個短語的分析提出異議，分別將「在天下」、「為天下」看作狀詞，「在天下時」、「為天下時」，將「歙歙焉」看作謂語，將「渾其心」看作動賓短語，其中的「渾」為使動用法。這樣看來，雖然也能說通，但從古漢語原句的文法和現代漢語文法對釋的角度考慮，還是取第一種分析：「在天下歙歙焉」對釋為「歙歙焉在天下」，「為天下渾其心」對釋為「渾其心為天下」，對釋後的「歙歙焉」、「渾其心」分別可以作狀詞。

【考辨】

「聖人無常心」中的「無常心」，有人認為應該是「常無心」。謬矣！事實上，聖人一直保持著「有心」，只是他「以百姓心為心」，在這個問題上糾纏，是忽略了問題的根本。

有人認為「德」應為「得」，這是他忽略了《道德經》強調的根本。「道德」經圍繞「道」與「德」做文章，「德」非「得」。在《道德經》中，「道」是抽象的，又是具體的動態的；「德」也是抽象的，又是具體的動態的。「德」作為特質，體現在對待「道」的態度上，進而體現在對待人與事物的態度上。

學者對「歙歙」的討論比較多，蔣錫昌的《老子校詁》認為是描寫「無慾之狀」；高亨的《老子正詁》則認為「猶汲汲」，是描寫急急忙忙的樣子；任繼愈的《老子新譯》認為是描寫「諧和的樣子」。

高亨「猶汲汲」之說不能成立，因為聖人反對兢兢業業、殫精竭慮的治天下行為，聖人的態度是「不為」；任繼愈的《老子新譯》認為是描寫「諧和的樣子」，「和諧」可以成立，但「諧和的樣子」應為「熙熙」，釋成「和樂的樣子」，而這裡是「歙歙」，而且動作的發出者、主語是聖人，聖人「熙熙」是聖人獨樂，似又與二十章之「熙熙」矛盾；蔣錫昌的「無慾之狀」的認識是對的，但對其的解釋還不夠。

【解讀與點評】

「聖人無常心」，意思是聖人沒有固定的執政模式，沒有一成不變的思想，他

「以百姓心為心」，想百姓之所想，急百姓之所急，幫百姓之所需，順應百姓的呼聲，與人民同甘苦，共患難。聖人順應自然，順應客觀，因時而變，所以說「無常心」。

「德善」與「德信」中的「德」用作動詞的意動用法，是「以……為（美）德」的意思。「德善」就是「以善待人為德」，「德信」就是「以善信人為德」。「德善」就是「與人為善」，「德信」就是「與人為信」。聖人把善待人、善信人作為應有的特質，「德善」、「德信」不是暫時的姿態，是「聖人」包容的「常態」。德善，以與人為善為德。因為「德善」，所以聖人「常善救人，故無棄人」（第二十七章）。「德」不是物質利益的回報，所以不是索取，而是一種思想境界、處世態度。「德善」、「德信」是「德」的外在表現的兩個重要方面，「守善」、「守信」就是堅守了美德，堅守了道德，不善、失信就是缺德。

「歙歙」同「翕翕」。翕，合羽而不飛，「翕翕」即無所事事的樣子。焉，形容詞詞尾。「歙歙焉」是清靜無為、超然於物外的態度。為國者在治理國家時如果能達到這種境界，處理政務不妄為，天下將和平寧靜。

「為天下渾其心」，是因為聖人「以百姓心為心」，所以「渾其心」。「渾」乃「渾然」，「使……渾然」，「渾其心」就是將自己的思想同百姓的思想融合，想百姓之所想，思百姓之所思。「德善」、「德信」正是「渾其心」的表現。

「百姓皆注其耳目」中的「注」是「專注」、「注意」、「注目」、「關注」之意，是使動用法，「使……關注」。「其」是百姓「自己的」。「注其耳目」就是「讓自己的耳目關注」。耳用於聽，目用於看，百姓專注聖人怎麼說，怎麼做，進而效仿。「百姓皆注其耳目」，是唯（聖人）馬首是瞻，聖人怎麼做，百姓就怎麼做。

「聖人皆孩之」的「孩之」，是意動用法，意思是「以之為孩」、「將百姓當作孩子」。聖人將百姓當作自己的孩子，是親民愛民。「孩之」，就要讓他們吃飽——「實其腹」，讓他們精神愉快——「虛其心」，讓他們身體健康——「強其骨」，讓他們無知（智）無慾沒有雜念——「弱其志」（第三章），像孩子一樣保持純潔的本真。「聖人皆孩之」不僅有關懷，還體現了以身示範的表率作用。「百姓皆注其耳目」與「聖人皆孩之」，也是一種「互動」，這是一種和諧的境界。

「善者吾善之，不善者吾亦善之，德善；信者吾信之，不信者吾亦信之，德信。」

這句話是用第一人稱代詞「吾」來說話，這是站在聖人的角度說話。

　　要始終把握循道而行、順應萬物而無為這一主旨，來分析老子推崇的聖人。本章描述的恰恰是聖人「以身為天下」（第十三章）的表現。本章也可以作為老子「愚民」思想的詮釋，也就是說，老子的「愚民」與「自愚」連繫在一起，是以天下和平安定，百姓生活得到保障為前提，而且他希望聖人「和其光，同其塵」（第五十六章），與百姓「同愚」。

　　本章描述的是聖人循道而行的狀態，體現了聖人之德，意思是說這樣做才符合「道」、符合「德」，雖沒有直接說「道德」，但實際講的全是「道德」。需要強調的是，儘管這樣，「聖人」是人，不是「道」，「聖人」與「道」不可混為一談（參見第二章的【解讀與點評】）。

　　本章有成語「聖人無常心」。

第五十章

【原文】

　　出生入死①：生之徒十有三②，死之徒③十有三，人之生動之死地亦十有三④。夫何故？以其生生之厚⑤。蓋聞善攝生者⑥，陸行不遇兕虎⑦，入軍不被甲兵⑧：兕無所投其角⑨，虎無所措其爪⑩，兵無所容其刃⑪。夫何故？以其無死地⑫。

【通釋】

　　人生下來到走向死亡：出生後能自然生長到晚年的人，約占十分之三，生下來便死去的人，約占十分之三，出生後因活動走向死地的人也約占十分之三。為什麼會這樣？因為人類繁衍不息。聽說善於維護生命的人，在大地上行走不會遇到兕牛和猛虎的傷害，上戰場不會被兵器傷害：兕沒有使用角進攻的機會，虎沒有使用爪撕擄的機會，武器沒有殺傷的機會。為什麼會這樣？因為他沒處在死亡的境地。

【注釋】

① 出生入死：從出生到走向死亡，即人的一生。《韓非子‧解老》：「人始於生而卒於死，始謂之出，卒謂之入，故曰出生入死。」

② 生之徒十有三：出生以後自然生長到晚年的占十分之三。徒，一類人，……的。十有三，十分之三。王弼《老子注》：「『十有三』猶云十分有三分也。」有，用於整數和分數之間。

③ 死之徒：生下來便死去的。根據老子的表述，生下來便死去的比例相當高。

④ 人之生動之死地亦十有三：人生下來因後天活動走向死地的也占了十分之三。第一個「之」，放在「人」與「生」這個主謂短語之間，是取消該短語獨立性的助詞。動，活動，如為生計奔波，為義氣毆鬥。第二個「之」，動詞，走向。

⑤ 夫何故？以其生生之厚：為什麼會這樣？因為人類繁衍不息。以，因為。生生之厚，繁衍眾多。生生，不斷繁衍的樣子。「以其生生之厚」在河上公版中為「以其求生之厚」。

⑥ 蓋聞善攝生者：聽說善於維護生命的人。蓋，發語詞。攝生，維護生命。攝，護持，保養。

⑦ 陸行不遇兕虎：在大地上行走不會受到兕牛和猛虎的傷害。陸行，在陸地上行走。「陸行」，有版本作「陵行」。兕，音ㄙˋ，古書上說的類似犀牛的一種野獸，形狀像牛，頭上一隻角。

⑧ 入軍不被甲兵：上戰場不會被兵器傷害。入軍，上戰場。被，遭遇，蒙受。甲兵，戰衣和兵器，這裡是偏義複詞，只指兵器；又活用為動詞「為兵器所傷」。

⑨ 兕無所投其角：兕沒有使用角的地方，即兕沒有使用角進攻的機會。無所，沒有……的機會。參見第二十章注釋⑦。投，放置，這裡是「攻擊」的意思。

⑩ 虎無所措其爪：虎沒有放爪的地方，即虎沒有使用爪撕摅的機會。措，放置，這裡指「用……撕摅」。

⑪ 兵無所容其刃：兵器沒有容納的地方，即兵器沒有殺傷的機會。容，容納，

引申為插入、刺入。

⑫ 以其無死地：因為他沒處在死亡的境地。其，指善攝生者。死地，死亡的境地。

【意義歸納】

本章透過對人類繁衍生息的生死因素的分析，來闡釋循道的「善攝生者」無死地的道理。

全章共分兩層：

第一層：「出生入死：生之徒十有三，死之徒十有三，人之生動之死地亦十有三。夫何故？以其生生之厚。」分析人「出生入死」的比例。

第二層：「蓋聞善攝生者，陸行不遇兕虎，入軍不被甲兵：兕無所投其角，虎無所措其爪，兵無所容其刃。夫何故？以其無死地。」闡釋「善攝生者」無死地的道理。

【文法分析】

出生入死：生之徒十有三，死之徒十有三，人之生動之死地亦十有三。夫何

故？以其生生之厚。蓋聞善攝生者，陸行不遇兕虎，入軍不被甲兵：兕無所投其

角，虎無所措其爪，兵無所容其刃。夫何故？以其無死地。

「出生入死：生之徒十有三，死之徒十有三，人之生動之死地亦十有三」是個單句。這個單句沒有主句。

「出生入死」是一個動詞短語，它的意思是「人從出生到死亡這個過程有下列情況」，所以，它後面的「生之徒十有三，死之徒十有三，人之生動之死地亦十有三」實際上是它的賓語。這個賓語本身又是一個並列的複句短語：

並列　　　　並列
生之徒十有三，｜死之徒十有三，｜人之生動之死地亦十有三

「出生入死」與「生之徒十有三，死之徒十有三，人之生動之死地亦十有三」有總分關係，「生之徒十有三，死之徒十有三，人之生動之死地亦十有三」是具體

分述「出生入死」的三種情況。接下來就是講「出生入死」的「三種情況」：「生之徒」，即「出生以後自然生長到晚年者」；「死之徒」，即「生下來便死去者」；「人之生動之死地」，即「生下來因後天活動走向死地者」。

「蓋聞善攝生者，陸行不遇兕虎，入軍不被甲兵：兕無所投其角，虎無所措其爪，兵無所容其刃」也是一個無主語的單句，「聞」是謂語，「聞」的賓語是一個雙重複句短語。

下面分析「善攝生者，陸行不遇兕虎，入軍不被甲兵：兕無所投其角，虎無所措其爪，兵無所容其刃」這個複句短語的內部關係。因為「兕無所投其角，虎無所措其爪，兵無所容其刃」，所以「善攝生者，陸行不遇兕虎，入軍不被甲兵」，這是先果後因的因果關係，為第一重；第二重是並列關係。這個複句短語的內部關係分析為：

因果（先果後因）　　　並列

善攝生者，陸行不遇兕虎，入軍不被甲兵：｜兕無所投其角，‖虎無所措

並列

其爪，‖兵無所容其刃

在「善攝生者，陸行不遇兕虎，入軍不被甲兵：兕無所投其角，虎無所措其爪，兵無所容其刃」這個複句短語中，「善攝生者，陸行不遇兕虎，入軍不被甲兵」是主謂短語，「善攝生者」是短語的主語，「陸行不遇兕虎，入軍不被甲兵」是並列短語作大短語的謂語，它的文法成分分析為：

善攝生者，陸行不遇兕虎，入軍不被甲兵。

我在「出生入死」和「甲兵」後都使用了冒號，表示冒號後的內容是對前面語句的解說。

【考辨】

眾多學者把「生生之厚」與第七十五章中「以其上求生之厚」連繫，認為是「求生之厚」之誤。謬矣！「生生之厚」非「求生之厚」，生生之厚並不等於求生之厚，「生生之厚」與「求生之厚」談的是兩個問題。「生生之厚」之「生生」如成語「生

生不息」之「生生」。

　　「以其生生之厚」這句話在河上公本中為「以其求生之厚」。後人多把這句話解釋成「求生之厚」正是源於此。王弼也把「生生之厚」釋為「求生之甚」表達「貴生」的意思，後人多沿襲。「以其求生之厚」係傳抄者在錯誤理解基礎上妄改所致。生下來便死去、後天行動走向死地怎麼能是「求生之厚」的結果呢？而且如果將「生生」釋為「過分奉養生命」，我們再用它來套解「生生不息」，這個「生生不息」就變成了「過分的奉養就會生命不停止」，顯然，此種解釋大謬。

　　這裡還需要討論一個問題，即三個「十有三」之和不足「十」。這就給後人留下了一個懸念，這大概是老子始料不及的。對此，大家只有妄測，有人提出有「不生不死」之徒。

　　「生死之道以十言之，三者各居其三矣，豈非生死之道九，而不生不死之道一而已乎？」蘇轍揣測尚有十之一者「不生不死之道」係「《易》所謂『寂然不動』者也」，並認為「老子言其九，不言其一，使人自得之，以寄無思無為之妙也。」。

　　我認為，老子既然沒有再說「十有一」，那就是把三個「十有三」之和當作了「十」。老子的三個「十有三」只是個模糊的概念，是大致估算的判斷，猶如我們今天說的三分之一。那時，人們常將事物分成十等份，然後取捨，有時推測也用「十之八九」之類。那麼為什麼不說「三有一」呢？大概是因為老子之時還沒有這種表述方法。當時單獨用的「三」是表示多數的一個概念，「三生萬物」即是一個佐證，它不是整數概念。在「十有三」中，「十」是整數概念，是「全部」這個概念，「三」是表多數的「部分」這個概念。

　　結論是，這裡的「十有三」就是「約占十分之三」的意思。

　　在這裡還要談一下標點符號的使用。正確使用標點符號有助於釐清語言之間的邏輯關係。

　　「出生入死生之徒十有三死之徒十有三人之生動之死地亦十有三」這句話，王弼本中的句讀是這樣的：

　　「出生入死。生之徒十有三，死之徒十有三。人之生動之死地，亦十有三。」

　　河上公本是這樣的：

「出生入死。生之徒十有三，死之徒十有三，人之生，動之死地十有三。」

（河上公本無「亦」）

首先，這兩個版本讓「出生入死」獨立存在，使它與後面的內容無法連繫；其次，他們都在「人之生動之死地亦十有三」之間嵌入了隔號，肢解了本來是一個整體的句子，而且王弼版本在「死之徒十有三」後用的還是句號，明顯將「人之生動之死地亦十有三」割裂出去了。

我首先將「生之徒十有三死之徒十有三人之生動之死地亦十有三」直接處理成三個並列的單句，把王弼本「人之生動之死地，亦十有三」、河上公本「人之生，動之死地十有三」中的逗號去掉；然後在「出生入死」與「生之徒十有三，死之徒十有三，人之生動之死地亦十有三」之間加了冒號，表示前後之間是解說與被解說的關係；發揮了標點符號「會說話」的作用。

另外，我在「陸行不遇兕虎，入軍不被甲兵」後也使用了冒號，明確了它與「兕無所投其角，虎無所措其爪，兵無所容其刃」也是解說與被解說的關係。

【解讀與點評】

「夫何故」、「以其生生之厚」的一問一答不是單純的針對「人之生動之死地亦十有三」而言，而是針對前面「生之徒」、「死之徒」、「人之生動之死地（之徒）」這三個「十有三」來問答。

「出生入死」是一個過程，人人都要經歷的，只是長短不一。從出生到死亡，情況各異：自然生長到晚年的是「生之徒」，生下就死去的是「死之徒」，先是活下來後又由於各種因素非正常死亡的是「人之生動之死地之徒」。為什麼會這樣呢？因為人類繁衍不息，「生生之厚」。用「生生之厚」來回答自然法則使之出現「生之徒」、「死之徒」、「人之生動之死地（之徒）」。

「夫何故」的意思是為什麼會這樣，為什麼有生有死、有先死有後死？這是針對「生之徒」、「死之徒」、「人之生動之死地」三種情況提出的問題。「以其生生之厚」的意思是因為人類繁衍不息。「以其生生之厚」概括了三個「十有三」來分析。「夫何故」隱含了「人何以猶甚眾」之問。也可以這樣理解，「為什麼會出

現三個『十有三』」？因「生生之厚」而物競天演，自然淘汰，適者（善攝生者）生存。「善攝生者」何以無死境？依道而行，知曉怎麼趨吉避凶。「生生之厚」不同於「貴生」。要注意，「求生」不等於「貴生」。老子生活在原始的農耕時代，由於醫療技術落後等原因，「死之徒」占「十有三」，這個比例相當高；加之戰爭、統治者暴戾虐殺，「人之生動之死地」的非正常死亡比例也相當高。

「人之生動之死地」是指「人出生後存活了，但由於各種原因走向死地」。走向死地的原因有很多，如為生計而奔波，為義氣而鬥毆，為美色而征伐，為遊樂而歷險，為戰爭而陷陣，為吃食而中毒，為積勞而成疾，為無助而凍餒，為疫病而殃及……如死於戰爭人禍，如陸行遇兕虎，如入軍遭兵刃。「動之死地」之「動」，既有「赴死者」之主動情況，亦有「赴死者」之被動情況。「死之徒」是被自然淘汰的，「入之死地」是被「道」淘汰的。「生之徒」即「善攝生者」，「善攝生者」即循道而行者。

本章先後兩次出現「夫何故」的設問與自答，分別回答了三個「十有三」的原因是「生生之厚」，三個「不死」的原因是「無死地」。

本章對「善攝生者」予以肯定，旨在宣揚「善攝生」之道。「善攝生者」就是第五十五章之「含德之厚」的「益生」者，是「心使氣」者。「善攝生者」係有道者，「善攝生者」之「無死地」是尊道貴德的結果。何謂「尊道貴德」？「守柔」，「見小」，「處下」，「為之下；「知足」，「知止」；守慈，守儉；「後其身」，「外其身」；「以身後之」，「以言下之」，「善攝生」者「終日行不離靜重」（第五十二章、第七十六章、第六十八章，第三十三章、第四十四章、第四十六章、第六十七章、第二十六章、第七章、第六十六章）等。

因為「善攝生者」懂得規律，順應規律，知曉躲避禍患。「善攝生」就是珍重生命，就是不任性，不碰運氣，不亂跑，不亂吃，不暴飲暴食，不亂玩，不貪不占，不樹敵，不爭強，不炫富，不恃才，不傲物，不冒險，不自卑，不貪慕虛榮等等。

下面還要針對老子的「以其無死地」的結論說說我的不同看法。

老子認為「善攝生者，陸行不遇兕虎，入軍不被甲兵：兕無所投其角，虎無所措其爪，兵無所容其刃」的原因是他「無死地」。

是不是「善攝生者」總能找到存身的機會？我認為絕對的情況是不存在的，比如要使「善攝生者」做到「入軍不被甲兵」可能就有些難度，一是可能會出現「善攝生者」為使自己存生而犧牲他人的情況，二是由於長官命令或指揮失誤，迫使「善攝生者」進入「死地」。

怕「遇兇虎」我們可以不「陸行」，但足「不出戶」不見得就絕對安全，比如瞬間的地震，比如美國對日本投放核彈，這些天災人禍的情況。火車本來應該安全，可居然也會翻覆；樓房本來應該堅固，可居然也會坍塌⋯⋯突然降臨的災禍，罹難者都不是「善攝生者」嗎？「善攝生者」只是老子憑主觀想像編造出來的。人們可以趨吉避凶，趨利避害，這樣或許可以盡可能避免一些「動之死地」的情況，但是沒有絕對，只有相對。

還需要再補充一點的是，「服食藥餌以求長生」這類事產生於老子以後，恰恰是偽道家所為。「攝生」係老子後道家及偽道家從理論到實踐進行探索的過程。這種探索恰恰是「有為」，有悖老子所言之道——當然，我並不否定「服食藥餌以求長生」的探索行為，只是認為它並非老子所提倡。

本章有成語「出生入死」和「生生之厚」。

第五十一章

【原文】

道生之①，德畜之②，物形之③，勢成之④，是以萬物莫不尊道而貴德⑤。道之尊，德之貴，夫莫之命而常自然⑥，故道生之，德畜之，長之育之⑦，成之熟之⑧，養之覆之⑨——生而不有⑩，為而不恃⑪，長而不宰⑫，是謂玄德⑬。

【通釋】

道產生了它們，德畜養了它們，物為它們賦予了外形，環境為它們提供了成長的條件，因此萬物沒有不遵循道和崇尚德的。遵循道，崇尚德，沒有誰命令它們就始終保持這個本有的常態，所以道產生它們，德畜養它們，使它們生長使它們發育，

使它們完善使它們成熟，為它們提供營養為它們提供庇護——生成卻不占有它們，幫助卻不依賴它們，成就卻不主宰它們，這就叫作高尚的品德。

【注釋】

① 道生之：道產生了他們，道使它們活下來。之，代詞，指萬物。

② 德畜之：德畜養了它們。畜，音ㄒㄩˋ，養。

③ 物形之：外物為它們賦予形體。物，指事物依託的形體或憑藉。形，為動用法，為……賦予外形。

④ 勢成之：態勢為它們提供了成長的條件。勢，態勢，情勢，即外部環境，諸如土地、氣候等環境。成，為動用法，為……提供成長條件。

⑤ 是以萬物莫不尊道而貴德：因此萬物沒有不遵循道和崇尚德的。尊，同「遵」，遵循，因循，遵從。貴，崇尚。

⑥ 道之尊，德之貴，夫莫之命而常自然：遵從道，崇尚德，沒有誰命令它們就始終保持本有的常態。道之尊，遵從道，賓語前置短語，為了突出賓語「道」，讓它置於動詞「尊」前，「之」起輔助作用。德之貴，崇尚德，賓語前置短語。莫之命，即「莫命之」，沒有誰命令它們。在「莫之命」這個否定短語中代詞「之」作賓語，置於動詞「命」的前面。莫，沒有誰。常，恆久，始終等。自然，本來的狀態，用作動詞，保持本來的狀態（參見第十七章注釋⑦、第二十三章注釋①、第二十五章注釋⑩等注釋）。

⑦ 長之育之：使它們生長使它們發育。「長」、「育」都為使動用法，使……生長，使……發育。

⑧ 成之熟之：使它們完善使它們成熟。成，使……完善。熟，使……成熟。「成之熟之」，王弼本中原為「亭之毒之」，河上公本作「成之熟之」，古本多與河上公同，據改。

⑨ 養之覆之：為它們提供營養為它們提供庇護。養，為……提供營養，為動用法。覆，覆蓋，引申為庇護，為動用法，為……提供庇護。

⑩ 生而不有，生成卻不占有。（參見第二章注釋⑫）

⑪ 為而不恃，幫助卻不依賴。（參見第二章注釋⑬）

⑫ 長而不宰，促成卻不主宰。長，促成。宰，主宰。

⑬ 是謂玄德：這就叫作高尚的品德。玄德，高尚的品德。玄，高深，高尚。

【意義歸納】

本章闡釋道有造化萬物而不據為己有的美德，因而萬物也「尊道而貴德」的道理。

【文法分析】

```
        並列        並列        並列        因果
 道生之，‖德畜之，‖物形之，‖勢成之，｜是以萬物莫不尊道而貴德。
                    因果
道之尊，德之貴，夫莫之命而常自然，｜故道生之，德畜之，長之育之，成之
        然而卻
熟之，養之覆之──生而不有，為而不恃，長而不宰，是謂玄德。
```

「道生之，德畜之，物形之，勢成之」一連串四個主謂短語，與「萬物莫不尊道而貴德」構成了一個因果關係的複句，關聯詞是「是以」。四個「之」都是代詞，泛指天下事物，即「萬物」。

在「道之尊，德之貴，夫莫之命而常自然，故道生之，德畜之，長之育之，成之熟之，養之覆之」這個因果關係的複句中，「故」是關聯詞。

在「道之尊，德之貴，夫莫之命而常自然」這個單句中，主語「道之尊，德之貴」是個並列短語，謂語「夫莫之命而常自然」是個主謂短語，這個單句的文法成分分析為：

道之尊，德之貴，夫莫之命而常自然

「道之尊」即「尊道」，「德之貴」即「貴德」。為了突出「道」與「德」，借助助詞「之」使賓語前置到動詞謂語前。

我在「生而不有」前用了破折號，這個破折號意思是「然而卻」，既表示轉折，又在「劃界」

「生而不有，為而不恃，長而不宰，是謂玄德」這個單句的主語是並列短語與

代詞「是」共同構成的，「是」是復指「生而不有，為而不恃，長而不宰」的，謂語是「謂」，賓語是「玄德」。要注意的是，「玄德」指的是「生而不有，為而不恃，長而不宰」，而不是指「道生之，德畜之，長之育之，成之熟之，養之覆之」。

【考辨】

「成之熟之」原本為「亭之毒之」。在《道德經》各版本中，多假借之字，出土的帛書本、竹書本比例甚高，流傳的諸傳本皆將此改通順了，但弼本未改，而所有研究者又都認為「亭之毒之」即「成之熟之」，《河上公章句》、蘇轍的《道德真經注》、《道德真經吳澄注》此處都是「成之熟之」，所以我也直接用「成之熟之」替代了「亭之毒之」。

我極力主張盡量採取直釋的形式解讀古漢語文本，下面我要談一點解讀古代文本的體會。

古代漢語文法是後人依據已有古代文本的規律總結出來的。我們認為的「使動」、「意動」、「為動」應該就是當時人的語言（至少是書面語言）習慣。我們在釋讀原文時，有的能用「使動」、「意動」、「為動」，有的不能用；有的可以用，有的不必用；有的可用可不用。原文結構一致，釋文結構可能不一致，解讀角度具有多樣性。比如解讀「道生之，德畜之，物形之，勢成之」這幾句，我們可以全部使用「使動」來處理其中的動詞，就形成了如下的解釋：

道使它們生產，德使它們繁衍，物化使它們有形，情勢使它們成長。

我們也可以不用「使動」來處理其中的動詞，而形成下面的解釋：

道生育它們，德繁衍它們，物化賦予它們形態，環境成就它們。

但要注意，其中「物化賦予它們形態」，結構還是與其他三句不一致。

【解讀與點評】

「萬物莫不尊道而貴德」的原因是「道生之，德畜之，物形之，勢成之」，其中「物形之，勢成之」亦因於「道生之，德畜之」。從「萬物莫不尊道而貴德」來看，「生之」、「畜之」、「形之」、「成之」是「道」與「德」的自覺行為，是「莫之命而常自然」。

對於「道生之，德畜之，物形之，勢成之」這句話，張岱年分析說：「一物由道而生，由德而育，由已有之物而受形，由環境之情勢而鑄成。道與德乃事物之發生與發展之基本根據。」萬物由「道」產生，「道」普遍存在；「道」又內在於萬物，成為萬物各自的本性而獨特的存在。本章可以給我們的啟示是「尊道而貴德」，就是依據自然規律做事，就是讓事物因循應有的規律成長發展。因此，我將「尊」之「尊重」義延伸為「遵從」義。尊，原本是「尊奉」的意思，與「貴」相近，但這裡「尊」的對象是「道」，更突出了「遵循」的意義。所以由「尊」到「遵」，我們既可以體會詞語不同意義內在的關係，又可以感覺詞語發展的脈絡。

「故道生之，德畜之，長之育之，成之熟之，養之覆之」是具體敘述道是怎麼做的，「生而不有，為而不恃，長而不宰」說的是道之德。道做了那麼多卻「生而不有，為而不恃，長而不宰」。這是「道」內在的最大美德，「是謂玄德」。「玄德」在《道德經》中兩章三見（另見六十五章）。

本章有成語「尊道貴德」。

第五十二章

【原文】

天下有始，以為天下母[1]。既得其母，以知其子[2]；既知其子，復守其母[3]，沒身不殆[4]。塞其兌，閉其門，終身不勤[5]；開其兌，濟其事，終身不救[6]。見小曰明，守柔曰強[7]；用其光，復歸其明[8]，無遺身殃[9]：是為習常[10]。

【通釋】

天下有源起，把它當作天下的根本。得到了它的根本，就可以知曉具體事物的特性；知曉具體事物的特性，再堅守它的根本，終身不會出現危險。堵住那些入口，關閉那些出口，終身不用辛勞；打開那些出入口，以外力幫助它們行事，終身不可挽救。呈現微小才叫明智，保持柔弱才叫頑強；使用那些光亮，又恢復了自己的光明，不為自己留下災難：這叫作因循常道。

【注釋】

① 天下有始，以為天下母：天下有源起，把它當作天下的根本。始，起始，起源。以為，把……當作。天下母，天下的根本，即「道」。第二十五章：「有物混成，先天地生……可以為天下母。」

② 既得其母，以知其子：得到了它的根本，就可以知曉具體事物的特性。既，已經，在……之後。得，把握，掌握。其，代詞，前一個指代「天下萬物」，後一個指「道」。其子，道之子，即具體事物體現的道。

③ 復守：又堅守。復，又。守，堅守，操持。

④ 沒身不殆：終身不會出現危險。沒身，終身。沒，同歿。殆，危險。

⑤ 塞其兌，閉其門，終身不勤：堵住那出口，關閉那入口，終身不用勞碌。「塞其兌，閉其門」是「互文」形式，又是比喻表達，即自我封閉，閉目塞聽，達到無智無慾的狀態。塞，音ㄙㄜˋ，堵住，堵塞。其，不確指代詞，自己，它，它們。兌，《說文》：兌，說也。《易‧說卦》：「兌為口。」口，言之所由出，故「兌」為「說」的本義。門，出入之口。勤，辛勞，辛苦，勞碌。

⑥ 開其兌，濟其事，終身不救：打開那出入口，（以外力）幫助它們行事，終身不可挽救。開，有版本為「啟」，打開。濟，幫助。事，用作動詞，行事，做事。救，挽救。

⑦ 見小曰明，守柔曰強：呈現微小才叫明智，保持柔弱才叫剛強。見，音ㄒㄧㄢˋ，表現，顯現。

⑧ 用其光，復歸其明：使用那光亮，又恢復了自己的光明。第一個「其」，指「道」。光，光亮，比喻道的能量。復歸，又恢復。復，又，再。第二個「其」，自己的。明，光明。

⑨ 無遺身殃：不要為自己留下災難。無，不要。遺，為動用法，為……留下。身，自身。殃，災禍，災難。

⑩ 是為習常：這叫作因循常道。是，這。為，音ㄨㄟˊ，叫作。習，傅奕本、蘇轍本、吳澄本、帛書甲本等版本中均為「襲」，承襲，因，因循。常，永

263

恆不變的道理，即「常道」。

【意義歸納】

本章談的是「大道」與「小道」的關係，是處理具體事物的思想方法，強調在「既得其母，以知其子；既知其子，復守其母」的前提下承襲常道，保持無為無慾，「見（ㄒㄧㄢˋ）小」、「守柔」。

【文法分析】

```
      因果                        因果          並列        並列
  天下有始，∣ 以為天下母。既得其母，‖ 以知其子；∣ 既知其子，‖‖ 復守
    條件            並列        條件        並列        並列      假設
其母，‖ 沒身不殆。塞其兌，‖‖‖ 閉其門，‖ 終身不勤；∣ 開其兌，‖‖‖ 濟其事，‖

終身不救。見小曰明，守柔曰強；用其光，復歸其明，無遺身殃：是為習常。
```

「天下有始，以為天下母」是一個複句，因為它前後不共用一個主語。

「天下有始」是主謂短語句，「天下」是主語。「有」是謂語，「始」作名詞用是賓語。它的文法成分分析為：

　　天下有始

「以為天下母」是動賓短語，它的主語被忽略了。這個短語的謂語是「以為」，賓語是「天下母」這個偏正短語。它的文法成分分析為：

　　以為天下母

「既得其母，以知其子；既知其子，復守其母，沒身不殆」是一個三重複句。第一重為並列關係。其實這個並列關係隱含著一種互為條件，要先「得其母」，然後才能「知其子」；「知其子」後，又「守其母」；「知其子」不是目的，只是守其母的必要條件。第二重有兩個關係：一個是因果關係，因為「得其母」，所以才「知其子」；一個是條件關係，只有「既知其子，復守其母」，才能「沒身不殆」。第三重有一個關係，「知其子」而「守其母」，是並列關係。

「塞其兌，閉其門，終身不勤；開其兌，濟其事，終身不救」是一個三重複句。第一重是，「塞其兌，閉其門，終身不勤」與「開其兌，濟其事，終身不救」形成對比，

為並列關係。第二重有兩個，形式雖然一樣，但複句及邏輯關係稍有差別：「塞其兌，閉其門」，才能「終身不勤」，是條件關係；如果「開其兌，濟其事」，就會「終身不救」，是假設關係。第三重是兩個並列關係，「塞其兌」與「閉其門」並列，「開其兌」與「濟其事」並列。

「見小曰明，守柔曰強；用其光，復歸其明，無遺身殃：是為習常」是一個複雜單句。這個單句的主語是「見小曰明，守柔曰強；用其光，復歸其明，無遺身殃」與「是」，這是復指成分作主語，謂語是「為」，「習常」是賓語。

「見小曰明，守柔曰強；用其光，復歸其明，無遺身殃」這個被復指的成分是一個複雜的複句短語。第一重是條件關係，只有「見小曰明，守柔曰強；用其光，復歸其明」，才能「無遺身殃」。「見小曰明，守柔曰強」與「用其光，復歸其明」是第二重，為因果關係，因為「見小曰明，守柔曰強」，所以要「用其光，復歸其明」。「見小曰明」與「守柔曰強」是並列關係，為其中一個第三重；「用其光」與「復歸其明」是承接關係，為另一個第三重。這個複雜的複句短語內部關係為：

並列　　　　因果　　　承接　　　　條件

見小曰明，‖‖守柔曰強；‖用其光，‖‖復歸其明，｜無遺身殃

請注意這個複句短語的第一重並沒有出現在「分號」之處，原因是此分號是用於兩個有近似於並列關係的語言單位之間的。於此，我們可以這樣說，複句短語內部關係是複雜的，在正確使用標點符號的情況下，分號也不是絕對的區分複句短語層次的標誌。

還要注意的是，「見小曰明，守柔曰強；用其光，復歸其明，無遺身殃：是為習常」這個複雜單句中的冒號，通常情況下這類冒號用於先分後總的語言單位中。

【考辨】

有人在解釋本章時居然用了「光芒萬丈過一生」的題目，恰恰是在跟老子唱反調，與道義相違。不僅在本章強調「見小」、「守柔」，老子還說過要「微明，柔弱勝剛強」（第三十六章）。「光芒萬丈」是示強，必致身殃。

【解讀與點評】

「母」，大道；「子」，具體事物的道。王弼說：「母，本也；子，末也。得本以知末，不捨本以逐末也。」

在「塞其兌，閉其門，終身不勤」中，「兌」、「門」皆隱喻，是與外界接觸的通道。王弼說：「兌，事欲之所由生也。門，事欲之所由從也。」塞兌、閉門就是自我封閉，從而達到無智無慾無為、無事永逸的境界，所以「終身不勤」。

下面我們再分析一下「見小曰明，守柔曰強；用其光，復歸其明，無遺身殃：是為習常」這幾句話。

見，音ㄒㄧㄢˋ，表現，顯現。「見小」與「守柔」都是主觀能動表現出來的態勢。王弼釋「見」為「現」：「為治之功不在大，見大不明，見小乃明；守強不強，守柔乃強也。」何謂「見小」？「見小」與「守柔」的角度是一致的，都是自身外在的表現，而不是對外物如何，如果以「見」為「ㄐㄧㄢˋ」，「小」就成了身外之物了，體現不出本身。

「用其光，復歸其明」的第一個「其」指「道」。「用其光」，就是借用道的光亮，依道而行；第二個「其」為「自己的」，「復歸其明」，即「又展現出自己的光明」。這種光明「其上不皦，其下不昧」（第十四章），因「見小」、「守柔」，似乎顯得黯淡，所以要用道之光來補充，又保持了事物自身的光明。

「無遺身殃」是「見小曰明，守柔曰強」的結果。

「習常」就是因循常規，堅守常道。「知常曰明」（第十六章），「光而不耀」（第五十一章）。

本章有成語「現小曰明」、「守柔曰強」。

第五十三章

【原文】

使我介然有知，行於大道，唯施是畏①。大道甚夷，而民好徑②。朝甚除③，田甚蕪④，倉甚虛⑤；服文彩⑥，帶利劍⑦，厭飲食⑧，財貨有餘⑨，是謂盜

竽⑩——非道也哉⑪！

【通釋】

假如我稍有一點常識，在大道上走，只是怕小路傾斜難行。大道很平坦，可百姓卻喜歡抄小路。朝政很荒廢，農田很荒蕪，倉庫很空虛；穿著華麗的服裝，佩戴著鋒利的長劍，享受著豐富的飲食，這簡直是強盜首領——真不道啊！

【注釋】

① 使我介然有知，行於大道，唯施是畏：假如我稍有一點常識，在大道上走，只是怕小路傾斜難行。使，假使，假如。介然，很小的樣子。介，同「芥」，細小，微小。知，音ㄓˋ，頭腦，常識。唯施是畏，只怕路坎坷曲折。這是古漢語的一種賓語前置句式，等於「唯畏施」，唯同惟，僅僅，只。是，助詞，作用同「之」，輔助賓語「施」置於動詞「畏」的前面。參見第二十一章注釋①的「惟道是從」。施，音ㄧˊ，同迤，地勢傾斜延長，坎坷曲折，這裡指的是小路的狀況。

② 大道甚夷，而民好徑：大道很平坦，可百姓卻喜歡走小路。大道，大路，比喻遵循規律辦事的光明大道。夷，平。而，表轉折。民，百姓，這裡表面上是說百姓，實際針對的是統治者。此「民」字在景龍本、李約本、《次解本》作「人」。當時的「民」、「人」的使用是有區別的：將統治階層的人稱作「人」，將普通百姓稱作「民」。徑，斜路，小路。

③ 朝甚除：朝政很廢弛。朝，朝堂，指朝政。除，廢弛，混亂。

④ 蕪：荒蕪。

⑤ 虛：空。

⑥ 服文彩：穿著華麗服裝。服，穿著。文彩，帶花紋的華麗服裝。

⑦ 帶利劍：佩戴著鋒利的長劍。利劍，珮飾之物。

⑧ 厭飲食：享受著豐富的飲食。厭，吃飽喝足。

⑨ 財貨有餘：占據揮霍著無盡的財富。財貨，占有的財富，占有的財寶，享用的財富。有餘，有富餘。

267

⑩ 是為盜竽：這簡直是強盜首領。盜竽，強盜首領。《韓非子‧解老》說，竽在古代屬「五音之長」，所以用竽來比喻首領。「盜竽」在王弼與河上公本中為「盜誇」，在帛書乙本中為「盜杆」。

⑪ 非道也哉：真不道啊。非，不是。也哉，助詞連用增強語氣。

【意義歸納】

本章告誡統治者要行於大道，不要做不道的盜竽。全章共分兩層。

第一層：「使我介然有知，行於大道，唯施是畏。大道甚夷，而民好徑。」透過比喻闡釋「大道甚夷」可行，可有人不行。

第二層：「朝甚除，田甚蕪，倉甚虛；服文彩，帶利劍，厭飲食，財貨有餘，是謂盜竽。」透過對比痛斥盜竽不道。

【文法分析】

　　　　　　　　　　　　　　　　　　　　　　轉折
　　使<u>我介然有知，行於大道，唯施是畏</u>。大道甚夷，｜而民好徑。朝甚除，
　　　　　　　　　　　　　　　　　　　（這樣做）
田甚蕪，倉甚虛；服文彩，帶利劍，厭飲食，財貨有餘，是<u>謂盜竽</u>——非道也哉！

「使我介然有知，行於大道，唯施是畏」是單句，因為它只有一個主語。這個單句的主語是「我」，謂語是「介然有知，行於大道，唯施是畏」的假設關係的複句短語，「使」是「假使」的意思，它本來應該在主語「我」的後面，卻被放在了主語前面，因為它是關聯詞，在這裡作為獨立成分處理。

「介然有知，行於大道，唯施是畏」是雙重複句短語。如果「介然有知，行於大道」，那麼「唯施是畏」，是假設關係，為第一重；「介然有知」與「行於大道」是並列關係，為第二重。這個複句短語內部間的關係為：

　　　　　　並列　　　　**假設**
　　介然有知，‖行於大道，｜唯施是畏

「唯施是畏」的意思就是怕（路）不正，怕（路）難行。唯，只，就。施，同「迤」，道路傾斜難行。是，助詞，作用相當於作助詞用的「之」，它使「施」這

個賓語前置到動詞「畏」前。畏，懼怕。要理解「唯施是畏」，可參見第二十一章【解讀與點評】對「惟道是從」的解釋與點評。這個短語的文法成分分析為：

〔唯〕施是畏

「朝甚除，田甚蕪，倉甚虛；服文彩，帶利劍，厭飲食，財貨有餘，是謂盜竽」是個複雜單句，這個單句的主語是「朝甚除，田甚蕪，倉甚虛；服文彩，帶利劍，厭飲食，財貨有餘」與代詞「是」組合的復指短語，謂語是「謂」，賓語是「盜竽」。

主語中被復指的成分「朝甚除，田甚蕪，倉甚虛；服文彩，帶利劍，厭飲食，財貨有餘」是一個雙重並列關係的複句短語。第一重是「朝」、「田」、「倉」的「困窘」與個人的「文彩」、「利劍」、「飲食」、「財貨」富有奢靡，形成的對比並列；第二重是各自內部的並列。下面分析這個複句短語內部之間的關係：

並列　　　並列　　　並列　　　並列　　　並列　　　並列
朝甚除，‖田甚蕪，‖倉甚虛；｜服文彩，‖帶利劍，‖厭飲食，‖財貨有餘

緊接著「朝甚除，田甚蕪，倉甚虛；服文彩，帶利劍，厭飲食，財貨有餘，是謂盜竽」的是痛斥的話「非道也哉」，它是針對「朝」、「田」、「倉」的「困窘」與「個人」的富有奢靡而言，所以我在「列舉比較」與「痛斥」之間用了一個破折號，這個破折號相當於「這樣做」、「這樣的人」。

【考辨】

「使我介然有知，行於大道，唯施是畏」中的「知」，音ㄓˋ，頭腦，常識。這個「知」已經有「知覺」的意思，與第四十章「反」的「相反」與「返回」，第五十一章「尊」的「尊敬」與「遵從」的情形相似。然，詞尾助詞。

「民好徑」，景龍本、李約本、《次解本》中為「人好徑」。當時的「民」、「人」的使用是有區別的：將統治階層的人稱作「人」，將普通百姓稱作「民」。「而民好徑」，說的是「民」，下文卻說統治者如何，因此有人認為「民」應該為「人」。其實，「人」雖然為統治階層的人，但也不足以代表「人主」，無論是「人」，還是「民」，指代的對象不會發生變化，沒有改動的必要。而且我覺得用「民」並不妨礙意思的表達。正因「人」與「民」有區別，老子才用「民」而不用「人」，這

是含蓄的表達方式。《道德經》中老子並沒有鋒芒畢露的批評「人主」。如第三十章「以道佐人主者，不以兵強天下」的表達。有權決定「以兵強天下」的不是「佐人主者」，而是「人主」，他是統治階層的首領。

「盜竽」二字有版本為「盜誇」，帛書乙本作「盜杅」，宜作「盜竽」。《穀梁傳》釋為「盜」：「非其所取而取之謂之盜。」「竽」，古簧管樂器，形似笙而較大，管數亦較多。《韓非子‧解老》說，竽為五音之長，演奏時一般竽先發音，所以用竽來比喻首領。

【解讀與點評】

「使我介然有知，行於大道，唯施是畏」、「介然有知」的意思是稍稍有一點常識，稍稍有一點頭腦。介然，稍稍的、微小的樣子。介，同「芥」，言其小，我從這句話中感覺到老子有施展抱負行於大道的意願。

從「大道甚夷」和「而民好徑」來看，「使我介然有知，行於大道，唯施是畏。大道甚夷，而民好徑」顯然是運用了比喻的表達方式，用人行走的道比喻客觀規律運行的軌跡，用客觀規律運行的軌跡的道來比喻人們走的道，「道」的本義與譬喻義在《道德經》中已經交融。

王弼對「大道甚夷，而民好徑」這句話進行了點評，大致意思是，大道平平坦坦，有人還捨棄不走，偏喜好走邪道，何況有人特意在大道中央設置障礙來阻擋呢！「好徑」，實則是不走正路，喜好抄小路，走捷徑，走歪門邪道。「大道甚夷，而民好徑」本身是一種比喻表達。抄小道，走捷徑，這是人們的習慣。普通百姓是這樣，「人主」亦然。走路是這樣，做事情也是這個道理；「人主」如此，百姓亦然。本章開篇並沒有直接提到統治者，說「人好徑」太鋒芒畢露，這不是老子主張的表現方式，說「民好徑」並不影響表達，也不影響後面「非道也哉」的痛斥。「民好徑」也罷，「人好徑」也罷，「服文彩，帶利劍」、「是謂盜竽」已將所指和盤托出，顯然說的是「不道」的統治者。這些統治者不行「大道」，專走捷徑，甚至走歪門邪道，所以造成了「朝甚除，田甚蕪，倉甚虛」的局面，還不思悔改，「服文彩，帶利劍」以炫耀。「朝甚除，田甚蕪，倉甚虛；服文彩，帶利劍，厭飲食，財貨有餘」是「好徑」的具體表現。「好

徑」必然會做「盜竽」，「好徑」必然要背離「大道」——「非道也哉」！

「朝甚除，田甚蕪，倉甚虛」與「服文彩，帶利劍，厭飲食，財貨有餘」形成了鮮明的對比：一方面，朝政不理，朝綱紊亂，因而造成田地荒蕪，因而形成倉廩空虛。此倉既有民之小倉，尤其應指「國庫」。另一方面，統治者穿著華麗的服裝，佩戴著鋒利的寶劍，享受著肥美的食物，揮霍著無盡的財富。「服文彩，帶利劍，厭飲食，財貨有餘」是炫富，而所服之文彩，所帶之利劍，所厭之飲食，所據之財貨皆非道而取之。

實際上，在「朝甚除，田甚蕪，倉甚虛」的情況下，統治者還以「服文彩，帶利劍，厭飲食，財貨有餘」的方式炫富，真是「盜誇」的表現。此炫富非一般強盜之炫富，因為他是統治者，所以他是強盜首領。

「也哉」兩個助詞連用起到增強語氣作用，表現出強烈的憤慨之情。老子「是謂盜竽」、「非道也哉」的感慨是對當時荒淫無恥官僚集團的痛斥。

本章產生成語「盜竽非道」、「盜竽不道」。

第五十四章

【原文】

善建者不拔[1]，善抱者不脫[2]，子孫以祭祀不輟[3]。修之於身，其德乃真[4]；修之於家，其德乃餘[5]；修之於鄉，其德乃長[6]；修之於國，其德乃豐[7]；修之於天下，其德乃普[8]。故以身觀身[9]，以家觀家，以鄉觀鄉，以國觀國，以天下觀天下。吾何以知天下然哉[10]？以此。

【通釋】

善於建立的不可拔除，善於保持的不會失落，子孫憑這些世代祭祀祖先不會中斷。在自身修持它，那品德才純真；在家庭修持它，那品德才富餘；在鄉邑修持它，那品德才綿長；在封國修持它，那品德才豐滿；在天下修持它，那品德就會普及。所以要用個人修道的情況來考量個人，用家庭修道的情況來考量家庭，用鄉邑修道

的情況來考量鄉邑，用封國修道的情況來考量封國，用天下修道的情況來考量天下。我根據什麼知曉天下是怎麼樣的狀態的呢？就根據這個。

【注釋】

① 善建者不拔：善於營建的不可拔除。建，建樹，營建。拔，拔除。

② 善抱者不脫：善於保持的不會失落。抱，持。脫，脫離，脫落，脫手。

③ 子孫以祭祀不輟：子孫憑這些世代祭祀祖先不會中斷。以，憑藉，後省略賓語「善建」、「善抱」。祭祀，猶言承繼祖業。輟，停止，斷絕。

④ 修之於身，其德乃真：在自身修持它，那品德才純真。修，因循，修持。之，本段中的「之」全部指「道」。因為「德」來自「道」，以「道」修身，才會有「德」。於，從，在。身，自身。其，代詞，自己的，指身。以下的四個「其」分別指「家」、「鄉」、「國」、「天下」。德，品德，循道之德。乃，才，就。真，純真。

⑤ 修之於家，其德乃餘：在家庭修持它，那品德才富餘。意思是說，用「道」來治家，「德」就會變得多起來，以至化及全家人。家，一般認為是大夫的采邑，但考慮到本段中「身」、「家」、「鄉」、「國」、「天下」外延不斷擴大，這裡的「家」，應該既有大夫的封地之意，也有家庭之意，不是所有的大夫都有封地的。餘，富餘。

⑥ 修之於鄉，其德乃長：在鄉邑修持它，那品德才綿長。鄉，行政層級，不同歷史階段範圍有所不同。《周禮‧大司徒》：五州為鄉（二千五百家）。《廣雅》：十邑為鄉（三千六百家）。長，綿長。

⑦ 修之於國，其德乃豐：在封國修持它，那品德才豐滿。國，指諸侯國，王弼本為「國」，帛書甲本和簡本、《韓非子‧解老篇》、傅奕本等為「邦」。豐，豐富，豐厚。

⑧ 修之於天下，其德乃普：在天下修持它，那品德就會普及。天下，指當時周天子名下的全國疆土。普，普及，普遍。

⑨ 故以身觀身：所以用個人修道的情況考量個人。以，用，靠，憑。身，自身，

前一個「身」指個人修道的情況，後一個「身」是「自身」。觀，觀察，考量。下面的「家」、「鄉」、「國」、「天下」用法相同。

⑩ 吾何以知天下然哉：我根據什麼知曉天下是怎樣的狀態呢？何以，憑什麼，根據什麼。然，代詞，這裡指天下的狀態。

【意義歸納】

本章闡釋了持道修德的重要性。全章共分三層。

第一層：「善建者不拔，善抱者不脫，子孫以祭祀不輟。」闡釋道理：為後代留下的最好資本是「以德修道」。

第二層：「修之於身，其德乃真；修之於家，其德乃餘；修之於鄉，其德乃長；修之於國，其德乃豐；修之於天下，其德乃普。」闡釋道理：有多大的德就會澤被多大範圍。

第三層：「故以身觀身，以家觀家，以鄉觀鄉，以國觀國，以天下觀天下。吾何以知天下然哉？以此。」得出結論：「以德修道」是考量天下的標準。

【文法分析】

```
              並列        因果                    條件
   善建者不拔，‖善抱者不脫，│子孫以祭祀不輟。修之於身，‖其德乃真；
並列        條件        並列        條件        並列        條件
│修之於家，‖其德乃余；│修之於鄉，‖其德乃長；│修之於國，‖其德乃
      並列        條件                  並列        並列        並列
豐；│修之於天下，‖其德乃普。故以身觀身，│以家觀家，│以鄉觀鄉，│
      並列
以國觀國，│以天下觀天下。吾〔何以〕知天下然哉？以此。
```

「善建者不拔，善抱者不脫，子孫以祭祀不輟」是一個雙重複句。因為「善建者不拔，善抱者不脫」所以「子孫以祭祀不輟」這是第一重；「善建者不拔」與「善抱者不脫」是並列關係，為第二重。

「修之於身，其德乃真；修之於家，其德乃餘；修之於鄉，其德乃長；修之於國，其德乃豐；修之於天下，其德乃普」也是一個雙重複句。第一重為並列關係，以分

號為標誌。這種並列關係順序不能隨意變動，概念外延由小至大；第二重為條件關係，只有「修之於身」，才能「其德乃真」；只有「修之於家」，才能「其德乃餘」。「乃」釋成「才」、「就」，作關聯詞。

「故以身觀身，以家觀家，以鄉觀鄉，以國觀國，以天下觀天下」這個複句與上個複句有因果關係，「故」是關聯詞。

【考辨】

「修之於身」這句話，在《郭簡》中為「修之身」，所以有人就把「之」當作介詞看，實為不妥。「修之身」實為省略了「於」。「之」無介詞之說。

「修之於鄉，其德乃長」這句話中，「長」有兩個讀音，一個為「ㄔㄤˊ」，一個為「ㄓㄤˇ」，兩個解釋似乎都能成立。讀「ㄓㄤˇ」音時乃「兄長」之「長」，「其德」就是處於領導地位的品德；讀「ㄔㄤˊ」音時，是「綿長」、「久遠」的意思。從「子孫以祭祀不輟」這整句話的意思來考慮，還是取「ㄔㄤˊ」音的「綿長」之義為好。

「修之於國，其德乃豐」這句話中，「國」，指諸侯國，有版本為「邦」，係漢代避高祖劉邦諱而改。帛書甲本和簡本、《韓非子·解老篇》、傅奕本等版本中為「邦」，老子最初使用的應該是「邦」，且「邦」與「豐」押古韻。王弼本所用的抄本經過漢代為避劉邦諱改「邦」為「國」。本書共十一章二十八次使用了「國」。在「邦」與「國」的選擇上，考慮到流行的眾多版本使用「國」已久，有些帶「國」的句子已經令人耳熟能詳，特予以保留。但需要強調的是，《道德經》中的「國」實際上是諸侯的封國，是諸侯的領地，當時表示統一國家的詞是「天下」。

藉此，我還想再談一談處理《道德經》與儒家思想的關係問題。我以為，既不應刻意以道家的思想排斥孔子，排斥儒家思想，也不應強行將道家思想與儒家思想綁在一起。至少孔子與老子的思想不應該截然對立，但二者在處世進取的態度上有明顯差別。有的學者多從距離本義很遠的角度生發出許多感慨議論，訓詁不足，顧左右而言他之風太過。

【解讀與點評】

「善建者不拔，善抱者不脫，子孫以祭祀不輟。」建，營造。拔，拔除。「善建」強調穩固根基。抱，持守，占據，擁有。脫，脫落，脫手。「善抱」強調堅守擁有。「善建」與「善抱」是創業與守成之道，所「建」所「抱」的是「德」，是持道的美德，是品格境界，是文化底蘊，是思想觀念，是堅守道的態度，適用於其身、其家、其鄉、其國乃至天下。祭祀，本為宗祧（ㄊㄧㄠ）傳承中的後人祭奠先人的活動。不輟，不停止。有後人不停祭奠先人，說明宗祧在延續。而且這裡延續的宗祧指的應該是統治者。「子孫以祭祀不輟」是婉轉的說法，其意是指「子孫世代延續昌盛」。

「善建者」為什麼會「不拔」？「善抱者」為什麼會「不脫」？是什麼讓「子孫以祭祀不輟」？吳澄說：「植一木於平地之上，必有拔而偃僕之時；持一物於兩手之中，必有脫而離去之日。善建者以不建為建，則永不拔；善抱者以不抱為抱，則永不脫。善於保國延祚者亦然。無心於留天命而天命自留，故子孫世世代代祭祀不輟——有如善建善抱者也。」「善建者不拔，善抱者不脫，子孫以祭祀不輟」就是「根深蒂固」的「長生久視之道」。

「修之於身，其德乃真」中「之」是代詞，是「修」的對象，指的正是「道」。所以「修之於身」等於「修道於身」。「其德」乃修道之德，乃守道、尊道、循道之德。真，純真。「道」具有「朴」的屬性，修持道，這種品德就純真。

「修之於家，其德乃餘。」餘，富餘，富有。「德」雖然是抽象的，但它必然要透過外在的事物來顯現。家庭也好，家族也罷，有了循道之德才能保持昌盛富有。

「修之於鄉，其德乃長。」「綿長」就會得以延續。哪個地方修道哪個地方就會有好風氣，「其德」猶如淳厚的民風。

「修之於國，其德乃豐。」豐，豐厚，豐富。在諸侯國內修持道，「其德」就會豐厚，就會惠及域內之民。

「修之於天下，其德乃普。」普，普及，遍及。在天下普及循道之德，將出現昇平之景象。

「以身觀身」即以個人表現出來的道德修養來看其整個人。「以家觀家」、「以鄉觀鄉」、「以國觀國」、「以天下觀天下」理同。此「天下」乃指當時周天子名

下的全國疆土。要知道天下只有一個，不存在以我的天下觀察另一個天下的道理，當然也不存在以我個人表現出來的道德修養觀察別人的道德修養的道理，我修道與別家子孫昌盛與否何干？「以身觀身，以家觀家，以鄉觀鄉，以國觀國，以天下觀天下」就是用修道情況來考量一個人、一個家族、一個鄉邑、一個諸侯國乃至整個天下。

何謂「道德」？「道」與「德」的結合恰與我們今天談的「道德」相吻合。此「德」是建立在「修道」基礎上的，是修道之德，是透過修道來立德，以美德促修道。

道家的修身，是從循道的角度提出，此修身即修從道之德。「早服謂之重積德」（第五十九章），「修」就是不妄為。從修身開始，然後「修之於家」、「修之於鄉」、「修之於國」，最後至「修之於天下」：身→家→鄉→國→天下，不斷外延擴大。這可以從兩個角度理解：一是從自身開始，修持推而廣之，使這種修持影響至天下；一是把「修道」這個原則依次用在治家、治鄉、治國、治天下上。無論從哪個角度看，這種修持都是非小民百姓所能做的。「修之於身」、「修之於家」、「修之於鄉」、「修之於國」、「修之於天下」提法類似於《大學》的「修齊治平」，只是修的內容和提法有差異。

本章有成語「善建不拔」、「善抱不脫」。

第五十五章

【原文】

含德之厚，比於赤子①：蜂蠆虺蛇不螫②，猛獸不據③，攫鳥不搏④，骨弱筋柔而握固⑤；未知牝牡之合而朘作，精之至也⑥，終日號而不嗄，和之至也⑦。知和曰常⑧，知常曰明⑨；益生曰祥⑩，心使氣曰強⑪。

【通釋】

懷有品德的厚重，能同剛出生的男嬰比較：毒蟲不咬他，猛獸不撲他，凶鳥不抓他，筋骨柔弱拳頭卻握得很緊；不知曉雌雄交配的道理的小生殖器卻挺起來，是

生命本能的精氣發揮了作用，成天號哭聲音卻不嘶啞，是平和無慾的元氣發揮了作用。知曉保持生命本能的平和元氣就叫把握了天道，知曉保持天道就叫作明智；使生命延長就是吉利，意識能夠控制精元之氣就叫作強健。

【注釋】

① 含德之厚，比於赤子：懷有品德的厚重，能同剛出生的男嬰比較。含，包含，懷有。厚，豐厚，厚重，深厚。比於，同……可比較。比，相比。於，同。赤子，紅孩兒，剛出生的男嬰。

② 蜂蠆虺蛇不螫：各種毒蟲不咬他。蜂蠆虺蛇，泛指毒蟲，河上公本中此四字即作「毒蟲」。蜂，飛蟲螫人者。蠆，音ㄔㄞˋ，蠍子一類的毒蟲。虺，音ㄏㄨㄟˇ，傳說中一種似龍似蛇的常在水中的動物。螫，毒蟲或毒蛇咬刺。

③ 猛獸不據：猛獸不撲他。猛獸，虎豹熊羆一類野獸。據，抓。

④ 攫鳥不搏：凶鳥不抓他撲他。攫鳥，用爪搏擊的兇猛之鳥，如鷹、雕之類。攫，用爪抓取。搏，撲擊。《禮記‧儒行》疏：「以腳取之為攫，以翼擊之為搏。」

⑤ 骨弱筋柔而握固：筋骨柔弱拳頭卻握得很緊。握固，拳頭攥得很緊。

⑥ 未知牝牡之合而朘作，精之至也：不知曉雌雄交配的道理的小生殖器卻翹起來，是生命本能的精氣達到了極致。這一句是判斷句。未知，不知曉。牝牡之合，雌性和雄性交配。朘，音ㄐㄩㄢ，男孩的生殖器。作，翹起來，挺起來。精之至，精元之氣達到極度純一。精，沒有受到「污染」的精元之氣。之，放在「精」與「至」這個主謂短語之間，取消該短語的獨立性。至，達到極致。

⑦ 終日號而不嗄，和之至也：成天號哭聲音卻不嘶啞，是平和無慾的元氣達到了極致。本句也是一個判斷句。號，音ㄏㄠˊ，大聲哭。嗄，音ㄕㄚˋ，聲音嘶啞。和，平和無慾。

⑧ 知和曰常：懂得保持生命本能的平和元氣就叫把握了常規。常，事物持久運行的規律現象，用作動詞，按常規行事。可參見第十六章注釋⑤。

⑨ 知常曰明：懂得保持常道叫作明智。可參見第十六章注釋⑥。

⑩ 益生曰祥：有益生命就是吉祥。益生，對生命有好處，即精誠純一、平和無

慾的狀態有益於生命。祥，吉祥，祥瑞。

⑪ 心使氣曰強：思想控制精元之氣叫作強健。心使氣，即意志控制著自己的慾望。心，指人的思想意志。使，役使，駕馭，支配。氣，即上文說的「精」，能控制慾望的精元之氣。強，強健。本句下王弼本有「物壯則老，謂之不道，不道早已」，在第三十章已經出現，係分章者在錯誤理解的基礎上分章所致，或者係點評者錯誤理解以點評植入的，故刪。

【意義歸納】

本章是《道德經》中專門談被推崇的道之「德」的一章，強調應具有赤子一樣的「厚德」。

【文法分析】

　　　　　　　總分　　　　　並列　　　　　並列　　　　　並列
含德之厚，比於赤子：∣蜂蠆虺蛇不螫，∭ 猛獸不據，∭ 攫鳥不搏，∭ 骨弱
　　　並列　　　　　　　　　　　　　並列
筋柔而握固；∥未知牝牡之合而朘作，精之至也，∭ 終日號而不嗄，和之至也。
　　承接　　　　並列　　　　並列
知和曰常，∥知常曰明；∣益生曰祥，∥心使氣曰強。

「含德之厚，比於赤子」後的冒號，表示前後之間是總分關係。「蜂蠆虺蛇不螫，猛獸不據，攫鳥不搏，骨弱筋柔而握固」與「未知牝牡之合而朘作，精之至也；終日號而不嗄，和之至也」都是赤子的表現，要將它們看作一個複句單位。所以在「精之至也」後我沒有使用分號，本章古文本中，「未知牝牡之合而朘作，精之至也；終日號而不嗄，和之至也」是兩個判斷句組合，它們之間本來要使用分號的，但在一個複句單位內只能使用一個「輩分」的分號。

下面分析「含德之厚，比於赤子」這個單句。這個單句的主語「含德之厚」是偏正短語，謂語是「比」，「於赤子」是補語，這個單句的文法成分分析為：

含德之厚，比〈於赤子〉

「未知牝牡之合而朘作，精之至也；終日號而不嗄，和之至也」是由兩個並列關係的分句構成。下面分析其中一個分句。

「未知牝牡之合而朘作，精之至也」這個分句是一個判斷句，典型的句型是「……，……也」。「未知牝牡之合而朘作，精之至也」相當於「未知牝牡之合而朘作是精之至也」，主語是「未知牝牡之合而朘作」，謂語是「精之至也」，它的文法成分分析為：

還可以再進一步把這個分句拆開細分析。

「未知牝牡之合而朘作」是具有轉折關係的緊縮複句短語，「精之至也」是主謂短語，其中的「之」是放在主謂短語之間的助詞：

<u>精</u>之至也

「知和曰常，知常曰明；益生曰祥，心使氣曰強」是一個雙重複句。「知和曰常，知常曰明」與「益生曰祥，心使氣曰強」，為第一重，是並列關係。「知和曰常」與「知常曰明」是承接關係，為其中的一個第二重；「益生曰祥」與「心使氣曰強」為另一個第二重，並列關係。

【考辨】

蜂蠆虺蛇，在河上公本中此四字為「毒蟲」。

我極疑心「物壯則老，謂之不道，不道早已」是錯簡重出，因第三十章已見此語，只是「謂之」在那一章為「是謂」。正是這段話使得一直以來的《道德經》研究者曲解了「益生曰祥，心使氣曰強」的意思。本章與第三十七章「果而不得已，果而勿強」的「人主」之強截然不同，本章是從正面角度讚頌道。這裡說的「祥」與「強」，與老子的「物壯則老，是謂不道」說的不是一回事，它是圍繞「赤子」而談。

「物壯則老，謂之不道，不道早已」放在這裡，在邏輯上自相矛盾，是一種誤導，它是後人在錯誤理解的基礎上進行分章或點評所留下的痕跡。由「是謂」變成「謂之」，恰恰是點評留下的不完全一致的痕跡。

有的研究者認為這裡的「祥」是「災殃」之意，其實不然。全本《道德經》「祥」算本章凡四見：第三十一章「夫唯兵者不祥之器」、「兵者不祥之器」，第七十八章「受國不祥」。這三見都直接用了「不祥」，「不祥」就是「不吉利」、「不吉祥」。因此，這個「祥」應解釋為「吉祥」。

出現「不祥」和「慾望支配精氣叫作強」的解釋的原因是下文出現了「物壯則老，謂之不道，不道早已」這段話。《郭簡》已經在本章出現「物壯則老，是謂不道」，可見這個錯誤出現的較早，至此把許多研究者引上歧途，由此還出現了對「祥」與「強」的曲解，它與第三十章似重出。「物壯則老，謂之不道，不道早已」是本章當刪，還是第三十章的當刪？有人以為三十章的當刪，我卻以為本章的當刪。「赤子」、「益生」、「心使氣」皆天性，此「強」是合道之「強」，再用「不道」就自相矛盾了。

無獨有偶。恰恰是對第三十章「果而不得已，果而勿強」也出現曲解，所以，有人總感覺第三十章的結尾不該出現「物壯則老，是謂不道，不道早已」這句話。我的考辨有兩個重點：一是用最常規的解釋處理幾個關鍵字，而且這種解釋是一貫的；二是保證一章的不矛盾性，同時透過不同角度的分析，保證老子思想的不矛盾性。後人「釋老」雖也注意考慮保持老子思想的一貫性，但在章節中往往忽略邏輯思維的一貫性，顧此失彼。比如用「求生之厚」套解「生生之厚」，比如將「能蔽不新成」（第十五章）與「敝則新」（第二十二章）混為一談。

【解讀與點評】

「含德之厚，比於赤子」指的對象是誰？是道，道之純粹猶如剛出生的男嬰，不受侵襲，不受阻撓，赤子所具有的品德它都具有；任何依道而行的人，也都會像赤子一樣「知和」，懂得「益生」，能做到「心使氣」，因此五毒不侵，妖邪不擾。

「蜂蠆虺蛇不螫，猛獸不據，攫鳥不搏」，真有這種情況嗎？老子及古人是怎麼形成這個認識的呢？在這裡我們要講一個故事。

在老子生活的時代，楚國有一個著名宰相（令尹）子文，姓鬬，名穀於菟，《左傳‧宣公四年》就補記了子文的名字來源：子文的父親與妘君的女兒私通，生了子文，「妘夫人（子文的姥姥）使棄諸夢中，虎乳之。妘子（子文的姥爺）田，見之，懼而歸。夫人以告，遂使收之。楚人謂『乳』、『穀』，謂『虎』、『於菟』，故命之曰『穀於菟』……實為令尹子文。」

用現代語言解釋上面引述的文字就是：

「妘夫人派人把子文丟到雲夢澤中，有隻老虎餵養了他。妘子打獵，見到了這

個場面，恐懼的回到家中。妘夫人將實情告訴他，於是他便派人把子文抱回來。楚人把『乳』稱作『穀』，把『虎』稱作『於菟』，所以就給子文取名為『穀於菟』……實際上就是後來的令尹子文。」

「知和日常，知常日明」先承上談「知和」即為「明」，繼而認定「和」有「益生」的屬性，「和」就是「心使氣」，得出「益生日祥，心使氣日強」的結論。

「祥」與「強」是圍繞「赤子」而談，厚德而保持「赤子」本色，才能像赤子一樣，「蜂蠆虺蛇不螫，猛獸不據，攫鳥不搏，骨弱筋柔而握固」，才能像赤子一樣，「未知牝牡之合而朘作」；才能「終日號而不嗄」；才能「精之至」、「和之至」；才能「明」。這就是循道而行，這就是真「祥」，這就是真「強」。

說道「含德之厚」，像赤子一樣，「蜂蠆虺蛇不螫，猛獸不據，攫鳥不搏」正是第五十章所稱的道的「善攝生」。說道「未知牝牡之合而朘作」、「終日號而不嗄」、「精之至」、「和之至」，是「知常」，是「益生」，是「心使氣」。此「心使氣」之強是真強健，是「摶氣致柔」的頑強，不是「剛強」之假強。「心使氣」正是「馭氣」，「摶氣致柔」（第十章）是養性之道，當然「益生」，當然「祥」。「心使氣日強」，即第三十三章中所講的「自勝者強」。「知和」是達到「心使氣」的必要條件。「知常日明」全篇兩見，另一見在第十六章。

「益生日祥，心使氣日強」猶第五十二章「見小日明，守柔日強」，此「益生」與「心使氣」是自然而為，是天道。

由「含德之厚，比於赤子」，可以看出，《道德經》中的「德」是「純天然」的，未經後天加工改造的特質，具有「朴」的特點。

赤子，紅孩兒，初生之子，未經後天加工雕琢。老子用赤子來比喻深厚修養的境界，能返回到嬰兒般的純真柔和。「精之至」是形容精神充實飽滿的狀態，「和之至」是形容心靈凝聚和諧的狀態，老子主張用這樣的辦法就能防止外界的各種傷害而免遭不幸。如果縱慾貪生，使氣逞強，就會遭殃，危害自己，也會危害別人。

本章產生成語「赤子德厚」、「骨弱筋柔」。

第五十六章

【原文】

知者不言，言者不知①。塞其兌，閉其門②；挫其銳，解其紛③；和其光，同其塵④，是謂玄同⑤。故不可得而親，不可得而疏⑥；不可得而利，不可得而害⑦；不可得而貴，不可得而賤⑧，故為天下貴⑨。

【通釋】

明智的人不說，說的人不明智。堵住那出口，關閉那入口；磨去那鋒芒，解開那紛亂；融進那光芒，匯入那塵埃，這就叫作大同。所以不能夠親近他，也不能夠疏遠他；不能夠給他利益，也不能夠危害他；不能夠使他富貴，也不能夠讓他貧賤，所以被天下人看重。

【注釋】

① 知者不言，言者不知：明智的人不說，說的人不明智。知者，真正懂得道的人。知，同「智」。

② 塞其兌，閉其門：堵住那出口，關閉那入口。參見第五十二章注釋⑤。其，不確指代詞。

③ 挫其銳，解其紛：磨去那鋒芒，解開那紛亂。挫，打磨。銳，鋒芒。紛，紛亂之緒。「挫其銳，解其紛；和其光，同其塵」，王弼本第四章中也出現了這幾句。

④ 和其光，同其塵：融進那光芒，匯入那塵埃。和，音ㄏㄜˊ，融入。光，光芒，光亮。同，混同，匯入。塵，塵埃。

⑤ 是謂玄同：這就叫作大同。玄同，大同。玄，形容混同的程度深。

⑥ 故不可得而親，不可得而疏：所以不能夠親近他，也不能夠疏遠他。可得，能夠。而，連接詞，連接能願詞與一般動詞。親，親近。疏，疏遠。「親」與「疏」後均省略了不確指代詞「之」，以下的「利」、「害」，「貴」、「賤」

後均省略了不確指代詞「之」。

⑦ 不可得而利，不可得而害：不能夠給他利益，也不能夠危害他。利，給……
利益。害，危害，把……危害。

⑧ 不可得而貴，不可得而賤：不能夠讓他富貴，也不能夠使他貧賤。貴，使……
富貴。賤，使……貧賤。

⑨ 故為天下貴：所以被天下人看重。為，音ㄨㄟˊ，介詞的被動用法。貴，看重。

【意義歸納】

本章提出為道要實現玄同。全章共分兩層。

第一層：「知者不言，言者不知。」推崇「不言」——為了達到「玄同」而「不
言」。

第二層：「塞其兌，閉其門；挫其銳，解其紛；和其光，同其塵，是謂玄同。
故不可得而親，不可得而疏；不可得而利，不可得而害；不可得而貴，不可得而賤，
故為天下貴。」講的是要實現「玄同」。

這一層先講實現「玄同」的方法：「塞其兌，閉其門；挫其銳，解其紛；和其
光，同其塵」；然後講的是實現「玄同」達到的境界：「不可得而親，不可得而疏；
不可得而利，不可得而害；不可得而貴，不可得而賤，故為天下貴」。

【文法分析】

<pre>
          並列
   知者不言， ｜言者不知。塞其兌，閉其門；挫其銳，解其紛；和其光，同
                    並列   並列   並列
 其塵，是謂玄同。故不可得而親，‖‖ 不可得而疏；‖ 不可得而利，‖‖ 不可得而
    並列   並列   因果
 害；‖ 不可得而貴，‖‖ 不可得而賤，｜故為天下貴。
</pre>

「塞其兌，閉其門；挫其銳，解其紛；和其光，同其塵，是謂玄同」是個單句，
「塞其兌，閉其門；挫其銳，解其紛；和其光，同其塵」與代詞「是」是復指成分，
共作主語，「謂」是謂語，「玄同」是賓語。

「故不可得而親，不可得而疏；不可得而利，不可得而害；不可得而貴，不可

得而賤，故為天下貴」是一個三重複句。因為「不可得而親，不可得而疏；不可得而利，不可得而害；不可得而貴，不可得而賤」，所以「為天下貴」，「故」是關聯詞，這是第一重，為因果關係；「不可得而親，不可得而疏」與「不可得而利，不可得而害」、「不可得而貴，不可得而賤」構成並列，這是第二重；這三個並列成分內部也分別並列，為第三重。

「故為天下貴」是個偏正短語，也是個被動句式，「故」是關聯詞，「為」表示被動。「為天下貴」就是「被天下看重」。這個偏正短語的文法成分為：

故〔為天下〕貴

「不可得而親，不可得而疏；不可得而利，不可得而害；不可得而貴，不可得而賤」分別從「親」與「疏」、「利」與「害」、「貴」與「賤」這三個角度談「知者」達到的「玄同」境界。如果用不及物動詞（自動詞）來解釋，就是「親近不得，疏遠不得；利誘不得，為害不得；看重不得，輕視不得」；但「親疏」、「利害」、「貴賤」並不是動詞，而是形容詞活用為動詞，「親、疏，利、害，貴、賤」均是形容詞活用為動詞。所以在解釋時必須要體現出來。這樣就形成了「不能夠親近他，不能夠疏遠他；不能夠給他利益，不能夠把他危害；不能夠使他富貴，不能夠讓他貧賤」三組有差別的解釋。

【考辨】

我疑心最後一句的「故為天下貴」也是點評之語的植入。「故為天下貴」《道德經》全篇兩見（另見第六十二章），如果沒有這一句，「不可得而親，不可得而疏；不可得而利，不可得而害；不可得而貴，不可得而賤」仍然是「塞其兌，閉其門；挫其銳，解其紛；和其光，同其塵，是謂玄同」的思想延續。不親不疏、不利不害、不貴不賤，難道不是「塞其兌，閉其門；挫其銳，解其紛；和其光，同其塵」的結果嗎？不是「玄同」的境界嗎？本章強調的是「玄同」不是「故為天下貴」，由於理解得不夠才用「故為天下貴」點評，而使後人誤以為「故為天下貴」就是原文內容。

相傳《道德經》五千言，儘管不可能是五千整數，但也不會超出太多。我對傳世的《道德經》進行了整理，刪除了個別重複的內容，又加入了標點後仍然遠遠超

過六千言，經過整理並去掉標點、章號後還達到了五千二百三十多字。可想而知，有多少點評之語被植入進原文？

下面，我們再討論一個問題。

「知者不言，言者不知」在《郭簡》中為「智之者弗言，言之者弗智」。「之」處在賓語位置，應為代詞，但其指代不清。按《郭簡》中的內容，有「之」時「知」為「ㄓ」。此「之」的出現，絕對對「知者弗言，言者弗知」的初始理解產生影響。無「之」時「知」可以為「智」。釋作「知」意思則不順，釋作「智」時邏輯思維則順暢。由《郭簡》可見，人們對「知」的理解有差異。

【解讀與點評】

「不言」只是智者表現的一個側面，如第八十一章尚有「知者不博，博者不知」。智者為什麼要「不言」呢？因為不用多說，因為「希言自然」（第二十三章）、「多言數窮」（第五章），多說無益。

「塞其兌，閉其門；挫其銳，解其紛；和其光，同其塵，是謂玄同」中的「其」，是個不確指代詞，指向應該一致，否則就違反了「同一律」這個邏輯思維的基本規律。我試圖將所有「其」釋成「自己」：「塞其兌，閉其門；挫其銳，解其紛」是自身修養的需要，應該指向「自己」，但「和其光，同其塵」就解釋不通了；我又試圖將所有「其」釋成「他人」，但與老子的「無為」的思想矛盾，所以只好將「其」模糊一點處理，釋作「那」。

「塞其兌」，正是為了不胡言亂語；「閉其門」，正是為了不胡思亂想。「塞其兌，閉其門」是閉目塞聽、消除慾望的有效手段。「挫其銳」，是為了消除鋒芒，守鈍示弱；「解其紛」，是為了消解紛亂，守住清靜。「挫其銳，解其紛」是堅守無為的必要措施。「和其光」，是融入光芒、不出類拔萃，是從眾；「同其塵」，是融入塵埃，是從俗。「和其光，同其塵」是實現玄同的理想境界。「玄」，深遠也，廣大也。「玄同」即「大同」，是天下大治的景象。可能有人會說，老子提出的「玄同」不就是「閉目塞聽」、「同流合污」嗎？不錯，《道德經》中老子正是這樣的主張，然而這個主張是有前提的，比如老子主張「不尚賢」、「不貴難得之貨」、「不見可欲」（第三章），比如老

子主張「為之於未有，治之於未亂」（第六十四章）等；我們應該認識到，當我們無力改變現實的時候，比如國際格局，我們非得為堅持真理拚個你死我活嗎？

是誰「不可得而親，不可得而疏；不可得而利，不可得而害；不可得而貴，不可得而賤」？從前面看這仍然是一個模糊概念。我認為，應該是《道德經》點化的有道者，也就是說《道德經》（老子）希望有道者達到這個程度，達到這個境界，如果從「故為天下貴」看，當是聖人一類的體道修德者。親近不得，疏遠不得；利誘不得，為害不得；看重不得，輕視不得，因此為天下貴，此乃「長生久視之道」。

本章產生成語「智者不言」、「言者不智」。

第五十七章

【原文】

以正治國，以奇用兵，以無事取天下[1]。吾何以知其然哉？以此[2]：天下多忌諱，而民彌貧[3]；民多利器，國家滋昏[4]；人多技巧，奇物滋起[5]；法令滋彰，盜賊多有[6]。故聖人云：我無為而民自化[7]，我好靜而民自正[8]，我無事而民自富[9]，我無慾而民自朴[10]。

【通釋】

用正當的思想方法治國，以出其不意的原則用兵，以沒有功利目的統領天下。我根據什麼知曉應該這樣呢？根據以下原因：天下制定的規矩越多，那百姓就越貧困；百姓手中精良的器具越多，國家就越混亂；人掌握的技巧越多，奇巧的物品就越來越多；法令條文越明晰，盜賊就越多。所以聖人說：我不做什麼百姓自然效仿，也不做什麼，我喜歡清靜百姓就自然安定，我不多事百姓就自然富裕，我沒有貪慾百姓就自然純樸。

【注釋】

① 以正治國，以奇用兵，以無事取天下：用正當的方法治理國家，以出其不意的原則用兵，以沒有什麼目的統領天下。正，正常。這裡的「正」作名詞，

正確的原則，正常的方法，正常的思維方式，即循道而行。無事，沒有什麼目的，沒有什麼圖謀。奇，奇特，作名詞，特殊的手段，與「正」相對。用兵，指揮作戰。取，獲取，占有，統領。可參見第二十九章注釋①。

② 吾何以知其然哉？以此：我是根據什麼來知曉應該這樣做的呢？根據這些。其，它，代詞，代指「以正治國，以奇用兵，以無事取天下」。然，代詞，這樣。此，代詞，指以下「天下多忌諱，而民彌貧；民多利器，國家滋昏；人多技巧，奇物滋起；法令滋彰，盜賊多有」的內容。

③ 天下多忌諱，而民彌貧：天下制定的規矩越多，百姓就越貧困。多，越多，與下文的「彌」呼應，下文的「多」用法類似。忌諱，指不許說、不許做的事。彌，副詞，越發，更加。

④ 民多利器，國家滋昏：百姓手中精良的器具越多，國家就越混亂。利器，精良的器物。滋，越發，更加。昏，昏暗，混亂。

⑤ 人多技巧，奇物滋起：人掌握的技巧越多，奇巧的物品就越來越多。技巧，王弼本為「伎巧」，據它本改。奇物，奇特的物品。所謂「奇物」應該包括精良的武器、先進的生產工具、特製的娛樂器械、為炫耀高貴而製作的奢侈品等。

⑥ 法令滋彰，盜賊多有：法律條例越明晰，盜賊就越多。彰，明，清楚。

⑦ 我無為而民自化：我不做什麼，人民自然就效仿追隨。自，自然，自己就。化，效仿，追隨。《說文》：化，教行也。

⑧ 我好靜而民自正：我喜歡清靜，人民就自然安定。好，喜好。正，定，安定。《周禮‧天官》：宰夫令群吏，正歲會，正月要。《注》正，猶定。

⑨ 我無事而民自富：我無所圖百姓就自然富裕。無事，因無所圖而無所作為，不生事端，因無所圖而不盤剝人民，因無所圖而不擾民、不勞民，民得以致富。

⑩ 我無慾而民自樸：我沒有慾望百姓就自然純樸。無慾，沒有慾望。樸，純樸。

在亂世讀老子

世界殘酷，**道德經**讓你有顆柔軟的心

【意義歸納】

本章提出了清靜無為的以正治國的方略。全章共分三層。

第一層：「以正治國，以奇用兵，以無事取天下。」提出治國用兵取天下的原則。

第二層：「吾何以知其然哉？以此：天下多忌諱，而民彌貧；民多利器，國家滋昏；人多技巧，奇物滋起；法令滋彰，盜賊多有。」解釋確定這些原則的理由。

第三層：「故聖人云：我無為而民自化，我好靜而民自正，我無事而民自富，我無慾而民自朴。」以聖人的口吻強調治國要保持清靜無為。

【文法分析】

```
          並列          並列
以正治國，│以奇用兵，│以無事取天下。吾〔何以〕知其然哉？以此：天

下多忌諱，而民彌貧；民多利器，國家滋昏；人多技巧，奇物滋起；法令滋彰，

盜賊多有。故聖人云：我無為而民自化，我好靜而民自正，我無事而民自富，我

無慾而民自朴。
```

在「以此：天下多忌諱，而民彌貧；民多利器，國家滋昏；人多技巧，奇物滋起；法令滋彰，盜賊多有」這個單句中，「以」是謂語，「此」與冒號後的內容復指，共作「以」的賓語。「以此」之「此」係下文所言之內容，故「此」後用冒號。

「天下多忌諱，而民彌貧；民多利器，國家滋昏；人多技巧，奇物滋起；法令滋彰，盜賊多有」是一個雙重複句短語，第一重是並列關係，分號表示這一層次的並列；四個並列分句內部又是因果關係，為第二重。整個複句短語內部的關係為：

```
          因果          並列          因果          並列          因果
天下多忌諱，‖而民彌貧；│民多利器，‖國家滋昏；│人多技巧，‖奇
     並列          因果
物滋起；│法令滋彰，‖盜賊多有
```

「故聖人云：我無為而民自化，我好靜而民自正，我無事而民自富，我無慾而民自朴」是主謂短語構成的單句，主語是「聖人」，「云」是謂語，「云」的內容「我

無為而民自化，我好靜而民自正，我無事而民自富，我無慾而民自朴」是並列關係的複句短語作賓語。注意，「談」、「知道」、「認為」這類詞後面帶的內容無論加不加冒號，都是賓語。「我無為而民自化，我好靜而民自正，我無事而民自富，我無慾而民自朴」這個複句短語的內部關係為：

　　　　並列　　　　　　　並列　　　　　　　並列

　　我無為而民自化，┃我好靜而民自正，┃我無事而民自富，┃我無慾而民自朴

「聖人云」的內容是一個並列的複句短語，只有一個層次，句間用逗號，不可用分號——不能用分號剝奪逗號的職責。

【解讀與點評】

「以正治國，以奇用兵，以無事取天下」都應該是合道的處事態度。正，是常態，是正確之法。奇，是「出其不意」，是「讓人意料不到」。無事，就是不抱特殊目的，不盲目追求政績，就是順其自然，就是不多事。取，取得，占有，統領，此「取」是與「捨」相對之「取」。治國與用兵不同，「正」與「奇」是一般規律與特殊規律的關係。治國必正，用兵宜奇，取天下當以無事。「以正治國」是原則，是大政方針，「以奇用兵」乃「戰術」之策，「以無事取天下」，是取天下的出發點，是穩定天下的重要保證。

為什麼「天下多忌諱，而民彌貧」呢？忌諱，心畏而不敢為就是「忌」，噤而不得言就是「諱」。「多忌諱」就是規範太多，規定不許做的事太多。苛捐雜稅也是造成「民彌貧」的一種忌諱。

為什麼「民多利器」會帶來「國家滋昏」的結果呢？利器為謀家、謀國之器，氾濫於民間，當為動亂之器。《道德經》連普通的「什伯之器」（第八十章）都主張「不用」，「利器」就更不主張用了。「利器」存在於民間，當然是混亂形成的重要原因。我想當初秦始皇統一天下後採取「銷鋒鏑」收天下兵器的措施，無疑是出於穩定統治的目的，大概當時的兵器就算利器了，只是秦始皇連菜刀之類的日常必需之物都收繳，實在是做得太過。說到這裡，不能不談現代一些國家允許槍械私有的問題。現代槍械攜帶方便，殺傷力大，如果什麼人都可以輕易獲得，必然會造

在亂世讀老子

世界殘酷，**道德經**讓你有顆柔軟的心

成大傷害、大災難，偶爾傳來槍擊案的消息，總是讓人震驚。有人為私人持有槍械辯解，認為只有持有槍械才能保護個人財產，認為如果剝奪了個人擁有槍械的權力，可能會使暴力犯罪增加，沒必要限制個人擁有槍支等等，所有這些觀點都站不住腳，正如不能讓所有國家都擁有核武的道理一樣，不能讓所有人都擁有槍支。在編輯本章時，我接連聽到兩個資訊，一個是網路上可以自由訂製高仿真面具，一個是網路上可以自由購買開鎖器，我覺得高仿真面具和開鎖器這兩個東西都可以稱作「利器」了，如果氾濫，必然成災。電子解碼器等已經侵犯了人們的隱私權和財產權，這類「利器」不可不控制。

就拿鎖與開鎖器這一對矛盾組合來分析：最早的鎖鑰大概就是門閂之類，發展到金屬鎖不知經歷了多少年，這個過程中也有解鎖的行為，無非是根據「機關」來解鎖。現代開鎖器的產生，必將促進鎖變得越來越複雜，使開鎖器解不開；而為了解開更精密的鎖，開鎖器也將變得越來越複雜，由機械鎖向電子鎖發展，向電子感應鎖發展；繼而再出現電子感應干擾技術的開鎖器，再出現抗干擾的鎖；再出現機械加電子抗干擾鎖⋯⋯如果把鎖看作「道」的話，那開鎖器就是「魔」，「魔高一尺，道高一丈」，此消彼長。解決的最好辦法就是不上鎖，那麼一切矛盾就都沒有了，但這個最好時機早已過去。上鎖、開鎖都是人類為自己設計的鎖，都是道德缺失，仁、義、禮、信不足的產物，從這個角度考慮，科技的進步在一定程度上是道德、仁義禮信的倒退。

奇物，稀奇之物，奇特之物。比如，對於點油芯的油燈而言，帶罩的燈是奇物；對於一般的帶罩的燈而言，豆油燈是奇物；對於豆油燈來講，煤油燈是奇物；對於煤油燈來講，電燈是奇物。奇物是階段性的、物與物之間比較出來的，久之不奇。其實，奇物是生產力，是技術進步，它會促進人類社會向前發展。對有利於提高生產力、有利於人類社會生存的奇物應該持歡迎態度。當然，奇物的出現對社會是一種衝擊，可能需要平衡，特別是出於「不道」目的而製造的奇物。奇物如果掌控在「不道」的人的手裡，對它確實是天下混亂的禍根。比如第二次世界大戰中，德日法西斯使用毒氣，使成千上萬的人罹難，至今殘留的毒氣還在繼續造成危害；又比如一九六七到一九七一年的越戰，美軍在越南叢林大量使用橙劑，以破壞對方

戰士的埋伏地點。美軍於一九六八年和一九六九年在韓國也使用過橙劑，在軍事分界線以南的非軍事區噴灑。橙劑是一種工業合成的毒液，作用是使植物葉子一夜掉光，幾乎可殺死所有植物種類。橙劑的有效成分二噁英（1,4- 戴奧辛）是一種劇毒，會使大量人員死亡、致殘，一旦使用，它的危害可能幾十年內都無法消解。在一九九一年的波斯灣戰爭、一九九四到一九九五年轟炸波士尼亞與赫塞哥維納，以及一九九九年轟炸南聯盟時，美國還使用了貧化鈾彈，嚴重破壞這些地區的生態環境，也對人員造成了直接和間接傷害。當然，還有更可怕的核武，一九四五年日本的戰敗已成定局，但日本政府仍不宣布投降，美國便於八月六日、九日先後在日本的廣島和長崎投下兩顆原子彈。

「利器」當屬「奇物」範疇，「奇物」包含「利器」，如核武。任何利器或奇物其實都是「雙刃劍」，好人用它抑惡利民，壞人用它作惡害民。從這一點來講，當然「國之利器不可以示人」（第三十六章）了——核武的技術不能輕易「示人」。

「法令滋彰，盜賊多有」這種辯證關係似乎讓人難以理解。「法令滋彰」為什麼會「盜賊多有」呢？首先，沒有壞人就不需要法令，顯然法令是人心不穀的產物，人心不穀源於其上不正。其次，法令是以政、以刑治民。子曰：「道之以政，齊之以刑，民免而無恥。」（《論語·為政》）在法制社會，如果內心深處沒有仁義禮信，人們就可能要規避法令，鑽法令的漏洞。如果沒有達到「我無為而民自化，我好靜而民自正，我無事而民自富，我無慾而民自樸」的境界，當然會「盜賊多有」。從這一點來說道儒觀點相似，只是後者稍有差異在「禮」上。

「吾何以知其然哉」的「其」，本來指代「以正治國，以奇用兵，以無事取天下」，但下文在列舉反面現象回答正面觀點時，只回應了「以正治國」，沒有回應「以奇用兵」與「以無事取天下」。第六十九章的「行無行，攘無臂，執無兵，扔無敵」才是對「以奇用兵」的回應。

四個「我……而民自……」是聖人表率作用，是「不言之教」，體現了「無為之益」（第四十三章）。

老子生活的時代，社會動亂不安，面對統治者倚仗武力肆意橫行，為所欲為，造成天下「民彌貧」、「國家滋昏」、「盜賊多有」的嚴峻的現實，老子提出「無

為」、「好靜」、「無事」、「無慾」的治國主張。他的政治主張雖然具有積極意義，但在當時不可能被執政者所接受，也絕對沒有實現的可能性。總之，這一章是老子對「無為」的社會政治觀點的概括，有合理的一面，同時又充滿了脫離實際的幻想。當然，頭腦清醒的統治者如果能採納老子的一些主張來為政治民，還是會有益處。

　　本章產生成語「以正治國」、「以奇用兵」。

第五十八章

【原文】

　　其政悶悶，其民淳淳①；其政察察，其民缺缺②。禍兮，福之所倚③；福兮，禍之所伏④——孰知其極⑤！其無正，正復為奇，善復為妖⑥，人之迷其日固久⑦。是以聖人方而不割⑧，廉而不劌⑨，直而不肆⑩，光而不耀⑪。

【通釋】

　　誰執政無所作為，誰的百姓就淳樸厚道；誰執政要求苛刻，誰的百姓就總有缺失。災禍啊，幸福依傍著它；幸福啊，災禍伴隨著它——誰知曉最後是什麼結果！還是不要那麼正了吧，正過頭就是扭曲，善過頭就是妖孽，人們被這種現象迷惑已經很久了。因此聖人做事方正卻不傷害別人，品德廉潔卻不損害他人利益，為人正直卻不任性，散發光亮卻不耀眼。

【注釋】

① 其政悶悶，其民淳淳：誰執政無所作為，誰的百姓就淳樸厚道。其，不確指代詞，泛指某執政者。悶悶，默無聲息的樣子，讀為ㄇㄣˊㄇㄣˊ。淳淳，厚道的樣子。

② 其政察察，其民缺缺：誰執政要求苛刻，誰的百姓就總有缺失。察察，精明苛察的樣子，以苛察小事來顯示精明。缺缺，有欠缺的樣子。缺，欠缺，缺失。

③ 禍兮，福之所倚：災禍啊，幸福依傍著它。倚，依傍，伴隨。之，放在「福」與「所倚」這個主謂短語之間，取消該短語的獨立性。

④ 福兮，禍之所伏：幸福啊，災禍伴隨著它。伏，潛藏於其中，引申為伴隨。

⑤ 孰知其極：誰知曉最後會是什麼結果。孰，誰。其，不確指代詞，代指任何
一事物。極，終極，最後的結果。

⑥ 其無正，正復為奇，善復為妖：還是不要太正了，正過頭會扭曲，善過頭是
妖孽。其，語氣副詞，大致相當於「還是」，如《左傳・僖公三十三年》中「攻
之不克，圍之不繼，吾其還也」中的「其」字。無，不要。正復，正了再正，
過正。復，再，又。《說文》：「復，重衣也，從衣，復聲」。例《桃花源記》：
「復前行，欲窮其林。」為，變為，變成，走向。奇，音ㄐㄧ，不正，傾斜，
引申為扭曲、邪惡。善，善良。與「惡」相對。妖，邪惡，妖孽。

⑦ 人之迷其日固久：人們被它迷惑已經很久，人們不懂這個道理由來已久。之，
放在「人」與「迷」這個主謂短語之間，取消該短語的獨立性。迷其，被其
迷失。其，代詞，它，指過正與過善。日，日子，時間。固，本來。久，長久。

⑧ 方而不割：做事方正卻不傷害別人。方，方正。割，作動詞，損害他人。

⑨ 廉而不劌：品德廉潔卻不損害他人利益，為人有稜角卻不傷害別人。廉，有
稜角。《九章算術》：「邊謂之廉。」《廣雅・釋言》：「廉，稜也。」劌，
音ㄍㄨㄟˋ，作動詞，劃傷人。

⑩ 直而不肆：為人正直卻不任性，性情正直卻不放肆。直，正直，直率。肆，
作動詞，放縱，任意行事。

⑪ 光而不耀：散發光亮卻不耀眼，自身有光芒卻不刺眼。光，用作動詞，發光。
耀，用作動詞，過分明亮，發出刺眼的光。

【意義歸納】

本章提出了「不可過正」的為政之道，透過禍福相倚的道理，告誡統治者為政
不要極端。

第一層：「其政悶悶，其民淳淳；其政察察，其民缺缺。」對比為政的不同態
度和不同結果。

第二層：「禍兮，福之所倚；福兮，禍之所伏，孰知其極！」提出禍福相倚的道理。

第三層：「其無正，正復為奇，善復為妖，人之迷其日固久。」講道理，說為什麼要「其無政」：過頭就是「奇」與「妖」。

第四層：「是以聖人方而不割，廉而不劌，直而不肆，光而不耀。」以「聖人」不極端的為政說事。

【文法分析】

因果　　　　　並列　　　　　因果　　　　　　　　　　　　　並列
其政悶悶，‖其民淳淳；│其政察察，‖其民缺缺。禍兮，福之所倚；│
（這種事情）　　　　　因果（前果後因）並列　　　　轉折
福兮，禍之所伏──孰知其極！其無正，‖正復為奇，‖‖善復為妖，│人之迷其

日固久。是以聖人方而不割，廉而不劌，直而不肆，光而不耀。

「其政悶悶，其民淳淳；其政察察，其民缺缺」是個雙重複句。第一重是並列關係；第二重分別是因果關係，因為「其政悶悶」，所以「其民淳淳」；因為「其政察察」，所以「其民缺缺」。

「禍兮，福之所倚」這個單句的主語是「禍」，謂語是「福之所倚」。它的文法成分分析為：

禍兮，福之所倚

「福之所倚」是主謂短語，「之」是放在主謂短語之間起取消獨立性作用的助詞。

「孰知其極」是針對「禍兮，福之所倚；福兮，禍之所伏」的疑問，這裡的破折號相當於「這樣的情況」。

「其無正，正復為奇，善復為妖，人之迷其日固久」是個三重複句。雖然「其無政，正復為奇，善復為妖」，但「人之迷其日固久」為第一重，是轉折關係。因為「正復為奇，善復為妖」，所以要「其無正」，這是第二重，為先果後因的因果關係。第一個「其」，表語氣的副詞，相當於「還是……吧」。「正復為奇」與「善復為妖」為第三重，是並列關係。

將「人之迷其日固久」摘出來分析。這個單句的主語是主謂短語「人之迷其」，謂語是主謂短語「日固久」。

人之迷其日固久

在「人之迷其」這個主謂短語中，「之」是放在「人」與「迷其」這個主謂短語之間取消該短語的獨立性的助詞。這個短語的文法成分分析為：

人之迷其

「日固久」這個主謂短語的文法成分分析為：

日〔固〕久

需要強調的是，朗讀「人之迷其日固久」這句話的邏輯停頓要放在「其」後，為「人之迷其／日固久」。

「是以聖人方而不割，廉而不劌，直而不肆，光而不耀」是單句。這個單句中，「是以」是關聯詞，「聖人」是主語，「方而不割，廉而不劌，直而不肆，光而不耀」是並列複句短語作謂語，這個謂語的內部關係為：

　　並列　　　　並列　　　　並列
　方而不割，　｜廉而不劌，　｜直而不肆，　｜光而不耀

其實「方而不割」等句自身還是轉折關係的緊縮複句。

【考辨】

在「其無正，正復為奇，善復為妖」這句話中，「其」是語氣副詞，大致相當於「還是」，例如《左傳‧僖公三十三年》有：「攻之不克，圍之不繼，吾其還也。」無，不要。正復，正了再正，過正。復，再，又。我在注釋中舉了兩個例子。其實，在《道德經》中不乏「復」作「重複」、「再」、「又」的解釋的例子。比如第十四章的「復歸於無物」、第十六章的「吾以觀復」、第五十二章的「復守其母」與「復歸其明」、第六十四章的「復眾人之所過」、第八十章的「使民復結繩而用之」，或可直接用「重複」、「再」或「又」來解釋，或帶有「重複」、「再」和「又」的痕跡。

在這裡我需要強調的是，一直以來，在對《道德經》解釋中，沒有人這樣處理過「其無正，正復為奇，善復為妖，人之迷其日固久」，使解釋含混不清，前後矛盾。按我的解釋，前後通暢，道理深刻，符合老子本意——這才是對《道德經》的正確解讀。

在亂世讀老子

世界殘酷，**道德經**讓你有顆柔軟的心

【解讀與點評】

政，正也（《說文》），為政講求的就是正。老子贊同的是「其政悶悶，其民淳淳」，反對「其政察察，其民缺缺」。「其政悶悶」就是「以無事取天下」（第五十七章）的表現。「其政悶悶」就是「下知有之」（第十七章），就是「聖人在天下歙歙焉，為天下渾其心」，「百姓皆謂『我自然』」（第四十九章）的執政。就是執政平平淡淡，不追求政績，不顯耀。悶悶，讀為「ㄇㄣˊ ㄇㄣˊ」，默默無聲息，清靜而無為。不煩民，不擾民，不勞民，就會「我無慾而民自朴」（第五十七章），使民保其質樸，形成淳厚的民風，故曰「其民淳淳」。其實這正是鞏固基礎，生存成長的長久視事之道（見下章）。

「禍兮，福之所倚；福兮，禍之所伏」正是基於對「其政悶悶，其民淳淳；其政察察，其民缺缺」這個現象的哲學分析；正是基於對「持而盈之」、「揣而銳之」（第九章），追求完美，不可長保的經驗總結。正是因為「至察」則「缺缺」，正是因為禍福相倚相伏，所以「孰知其極」，所以要「其無正」。「孰知其極」即誰知曉什麼時候是盡頭、誰知曉最後是什麼結果，這是疑問，也是告誡。「禍福相倚」雖然是一個值得信奉的道理，但並不是本章談的重點。

「其無正」，就是「還是不要追求什麼絕對正確吧」。「其無正」之「正」即過正、太正，下文的「善」即過善、太善。「奇」與「妖」，都是反常態的事物，害人的東西，是邪惡。老子提出的「其無正」以及整篇《道德經》所取的態度，很有些「中庸」的味道，即所謂「守中」（第五章）的原則。

「正復為奇，善復為妖」正是上文說的「極」。「正復為奇」，正到極點就變得邪惡；「善復為妖」，善到極點就變成了妖孽。正極了就是「極左」，就是邪惡；善極了就是「極右」，就是妖孽。極左、極右都是向相反的方向發展。凡事不可過，過頭就會扭曲，極左和極右都會害人，所以萬事都不能太正。「其無正」正是基於前文「孰知其極」感慨而生發出來的態度。奇，音ㄐㄧ。「奇」就是不正，就是傾斜，就是扭曲，就是邪惡，此「奇」與第七十四章的「而為奇者，吾得執而殺之」之「奇」義同。

《伊索寓言》中就有一則「農夫與蛇」的寓言：冬日的一天，農夫發現一條凍

僵了的蛇。他很可憐蛇，就把牠放在懷裡；當身上的熱氣溫暖蛇以後，蛇很快甦醒了，露出了殘忍的本性，給了農夫致命的傷害。」寓言裡農夫犯的致命錯誤就是「過善」。

文化大革命就是「過正」，五四時期出現的新文化運動也存在過正的問題，尤其是對傳統文化的盲目否定，至今還影響著中華文化及教育的發展，可能還需要好幾代人後才能匡正。

有個成語叫「矯枉過正」，它正是老子所反對的。「正復為奇，善復為妖」與孔子說的「過猶不及」的道理一樣。

「人之迷其日固久」中的「其」指的是什麼？指的就是上文的「奇」、「妖」，以「正」的面目出現的「奇」，以善的面目出現的「妖」。人們以為「恆正」、「恆善」就是好，不懂得「正復為奇，善復為妖」，所以以為其所迷。

我們提倡愛護動物，保護動物，不肆意傷害動物，不虐待動物，但不應該妨礙人類正常享用動物。當我們在保護老虎的生存時，必然會有更多動物葬身虎口；狗是畜類，牠也吃其他動物。人類為了生存，必然要豢養和食用畜禽，不能為了保護動物，而阻止人們自然食用動物。君子可以遠庖廚，但不能說食用動物的人是偽君子，也不能干涉人家吃畜禽；如果為保護畜禽傷害了人，就更失去了本心。

人權應該保護，隱私權也需要保護，但是應該明確的是，隱私權不是違法犯罪權，絕不能混淆是非。極端人權保護主義者以保護隱私為名，指責警察局公開扒手的照片，然而這些人卻不明白維護扒手的所謂隱私，就是對被偷盜對象的侵害，也是對正常社會秩序的限制和干擾！如果照此推理，那麼通緝罪犯也是侵犯了人權，何其荒唐！

當我們將「犯罪嫌疑人」這個稱謂引入司法程序後，「罪犯」就不存在了。其實，現場正在作案——犯罪之人就是「罪犯」，暫時不能確定某人是不是「罪犯」，才應該被稱為「嫌疑人」，在司法審理過程中則是以「被告」來稱呼。已經確定的「罪犯」還稱為「嫌疑人」，這就是過頭；對已經定案的罪刑、已經通緝歸案的人，還隱晦其名、隱去其貌，也是太過。

這些都是「正復為奇，善復為妖。人之迷其日固久」在當今社會的表現。正如「唯之與阿，相去幾何？善之與惡，相去若何」（第二十章）一樣，「正奇善惡」表面

297

上看沒什麼區別，只在於過頭與不過頭的一念之間。

我們處世為人，不要將他人和事物想得太好，也不要將他人和事物想得太壞。就其本質而言，好人再好，他也要「食人間煙火」，也有七情六慾，未必像傳言的那樣潔白無瑕；壞人再壞，他也是父母生養，未必像想像的那麼一無是處。將人看得太好，就會高不可攀；將人看得太壞，就會恨之入骨，這些都不可取。老子的「正復為奇，善復為妖」的論斷相當具有辯證精神。

聖人的「方而不割，廉而不劌，直而不肆，光而不耀」，與「正復為奇，善復為妖」形成了鮮明對比。「方而不割，廉而不劌，直而不肆，光而不耀」都是不極端。「光而不耀」正是「其上不皦，其下不昧」（第十四章），正是「微明」（第三十六章）。

本章有成語「禍兮，福之所倚；福兮，禍之所伏」，另衍生出成語「禍福相倚」、「福禍相依」。正確解釋的「正復為奇」、「善復為妖」宜為成語，且可以衍生出成語「正奇善惡」，意思是正過了頭就會扭曲，善過了頭就是妖孽。

第五十九章

【原文】

治人事天莫若嗇①，夫唯嗇，是謂早服②；早服謂之重積德③；重積德，則無不克④；無不克，則莫知其極⑤；莫知其極，可以有國⑥；有國之母，可以長久⑦，是謂深根固柢長生久視之道⑧。

【通釋】

治理百姓、對待上天，沒有比什麼都不做更高明的了，只有不做，這才叫早早順從；早順從叫重視修養遵從道的品德；重視修養遵從道的品德，就沒有不能承擔的；什麼都能承擔，就沒有誰知曉他有多大本領；沒人知曉他有多大本領，能靠這一點統領國家；掌握了治理國家的道，就能憑藉它長久存在，這就是深深紮根、鞏固基礎、長久生存，因而讓人長久看見的道。

【注釋】

① 治人事天莫若嗇：統治百姓、對待上天沒有比什麼都不做更高明的了。事天，對待自然。事，侍奉，對待。天，指自然。嗇，音ㄙㄜˋ，愛惜，收斂。《說文》：「嗇，愛濇也。」《禮記‧郊特牲禮》疏：「種曰稼，斂曰嗇。」《儀禮‧少牢禮》注：「收斂曰嗇。」「嗇」就是只收不出，是遵從自然而無為，即不付出少付出，不做少做。

② 夫唯嗇，是謂早服：只有不做，才叫早早順從。夫唯嗇，只有做到嗇。夫唯，相當於「只有」，「正因為」。嗇，作動詞，做到嗇。早服，早早順從。服，從，順從。「服」後省略了賓語「道」字。

③ 早服謂之重積德：早順從叫重視積累德行。重積德，重視積累德行，重視修養品德。積，修養，積累。德，遵循道的原則行事的特質。參見第二十一章注釋①及該章【解讀與點評】。

④ 重積德，則無不克：重視修養品德，就沒有不能承擔的。無不克，沒有不能承擔的。克，能，承擔。

⑤ 無不克，則莫知其極：沒有什麼不能承擔的，就沒有誰知曉他究竟有多大本領。莫知其極，沒有人知曉他的能力的極限，即他的能量無法估量。其，不確指代詞，他的，指守「嗇」之人。極，終極，極限。

⑥ 莫知其極，可以有國：不知曉他有多大本領，就能憑此統治國家。可，能。以，憑。「以」後省略了賓語。有，占有，掌握。

⑦ 有國之母，可以長久：掌握治理國家的道，就能憑藉它長久存世。有國之母，掌握治國之道。之，助詞，的。母，指「道」。

⑧ 是謂深根固柢長生久視之道：這就是深深紮根、鞏固基礎、長久生存可以看見的道。深，使……深。根，樹根，引申為事物的源起或根基。《廣雅‧釋詁一》：「根，始也。」固，使……穩固。柢，樹根的底部，引申為事物的本源或基礎。《說文》：「柢，木根也。」《爾雅‧釋言》：「柢，本也。」「根」與「柢」均為樹根。「根」指樹根接近地面的部位，為淺根；「柢」指樹木深入地底的根，為深根。久視，長久可見。

【意義歸納】

本章主要是講「治人事天莫若嗇」的道理。

【文法分析】

> 因果
>
> 治人事天莫若嗇，｜夫唯嗇，是謂早服；早服謂之重積德；重積德，則無不
>
> 克；無不克，則莫知其極；莫知其極，可以有國；有國之母，可以長久，是謂深
>
> 根固柢長生久視之道。

全章均為因果關係的複句。正因為「夫唯嗇，是謂早服；早服謂之重積德；重積德，則無不克；無不克，則莫知其極；莫知其極，可以有國；有國之母，可以長久，是謂深根固柢長生久視之道」，所以「治人事天莫若嗇」。

「治人事天莫若嗇」的主語是「治人事天」這個並列短語，謂語是「莫若嗇」。整個短語的文法成分分析為：

治人事天莫若嗇

作為「因」的分句，「夫唯嗇，是謂早服；早服謂之重積德；重積德，則無不克；無不克，則莫知其極；莫知其極，可以有國；有國之母，可以長久，是謂深根固柢長生久視之道」，是一個複雜單句，第二個「是」和它前面的全部內容都是復指短語作主語，第二個「謂」是謂語，「深根固柢長生久視之道」是賓語。這個複雜單句的文法成分分析為：

夫唯嗇，是謂早服；早服謂之重積德；重積德，則無不克；無不克，則莫知其極；莫知其極，可以有國；有國之母，可以長久，是<u>謂</u>（深根固柢長生久視）之道

在這個複雜單句中，被代詞「是」復指的成分「夫唯嗇，是謂早服；早服謂之重積德；重積德，則無不克；無不克，則莫知其極；莫知其極，可以有國；有國之母，可以長久」是一個承接關係的複句短語。這個複句短語內部的關係為：

承接　　　　　　承接　　　　　　　承接
夫唯嗇，是謂早服；｜早服謂之重積德；｜重積德，則無不克；｜無不克，
　　　承接　　　　　　　承接
則莫知其極；｜莫知其極，可以有國；｜有國之母，可以長久

　　下面我們再展開分析「夫唯嗇，是謂早服；早服謂之重積德；重積德，則無不克；無不克，則莫知其極；莫知其極，可以有國；有國之母，可以長久，是謂深根固柢長生久視之道」這個分句中部分短語的文法成分。

　　在「夫唯嗇，是謂早服」這個短語中，「夫唯嗇」與「是」是復指成分作主語，「謂」是謂語，「早服」是賓語。整個短語的文法成分分析為：

　　夫唯嗇，是謂早服

　　「早服謂之重積德」這個短語中，主語是「早服」，謂語是「謂」，「之」與「重積德」是雙賓語。整個短語的文法成分分析為：

　　早服謂之重積德

　　「重積德，則無不克」是一個隱含著條件和因果關係的主謂短語。

　　在「重積德，則無不克」這個短語中，「重積德」是動賓短語作主語，「則」是狀詞，「無不克」是謂語。整個短語的文法成分分析為：

　　重積德，〔則〕無不克

　　「無不克，則莫知其極」是隱含著假設關係的主謂短語。

　　在「無不克，則莫知其極」這個短語中，「無不克」是動詞短語作主語，「則」是狀詞，「莫知其極」是主謂短語作謂語。整個短語的文法成分分析為：

　　無不克，〔則〕莫知其極

　　在「莫知其極，可以有國」這個短語中，「莫知其極」是主謂短語作主語，「可以」是狀詞，「有」是謂語，「國」是賓語。整個短語的文法成分分析為：

　　莫知其極，〔可以〕有國

　　「莫知其極」這個主謂短語的文法成分分析為：

　　莫知（其）極

　　「莫知其極，可以有國」是一個隱含著條件關係的主謂短語。

301

「有國之母，可以長久」是一個隱含著假設關係的主謂短語。

在「有國之母，可以長久」這個短語中，「有國之母」是偏正短語作主語，「可以」作狀詞，「長久」作謂語。整個短語的文法成分分析為：

有國之母，〔可以〕長久

全句的賓語「深根固柢長生久視之道」是偏正短語，並列短語「深根固柢長生久視」是修飾成分，即定語，「之」是助詞，相當於「的」，「道」是中心詞。

本分句的主語中被復指的成分，是由一連串具有傳承關係的承接複句短語組成，「夫唯嗇，是謂早服；早服謂之重積德；重積德，則無不克；無不克，則莫知其極；莫知其極，可以有國；有國之母，可以長久」這句話運用了頂真的修辭手段，這也是本章的一大特點，在邏輯上具有傳承關係，很像數學推論。

【考辨】

有些訓詁者對「長生久視」之「視」釋義不通，或過於抽象似未解釋，只有丁四新有「目視」一說。通俗點說「久視」就是「長久的看」，誰來看呢？他人。

【解讀與點評】

「治人事天莫若嗇」中的「嗇」字本義為收斂，只收取，不放棄、不付出。收取什麼？收取上天的賜予；不放棄、不付出什麼？不放棄上天的賜予，不付出辛勞。當然，「治人事天莫若嗇」之嗇，不可「雁過拔毛」，真能守住「一毛不拔」，當是上乘之「嗇」。「嗇」就是「無為」，就是「不做」。「嗇」當然包括節儉，不講排場，不鋪張，不舉辦勞民傷財、興師動眾的慶典，不浪費，不準備若干棟豪宅……

「治人」和「事天」當為並列關係。有此能事者，當為統治者，即「人主」。「治人」與「事天」以「嗇」為原則，這是「治國安邦」之方略。

「治人」之嗇，表現為「其政悶悶」（第五十八章），就是不多為，不妄為，不制定那麼多規矩，不勞民傷財，就是不頻出政令，不玩花樣，不做政績。

「事天」之嗇，就是順應天地自然的規律，就是敬畏自然，不違背自然規律行事，不移山造田，不抽空地下水，不破壞環境。

治人事天之「嗇」就是不做，即「無為」，即不刻意為之，就是不主觀干預，

而是遵循客觀規律。能夠做到這些就是早服。

　　服，從也。服，就是順從。順從什麼？順從「道」。為什麼要「早服」呢？「早服」就是及早遵循事物固有的規律，不做無謂的對抗。只有「早服」，才能在災難來臨之時有備無患。《韓非子‧解老》中說：「夫能嗇也，是從於道而服於理者也。眾人罹於患，陷於禍，猶未知退而不服從道理。聖人雖未見禍患之形，虛無服從道理以稱早服。」這種解釋十分正確。可惜韓非也沒能跳出禍患的怪圈，死時才四十七歲。

　　本書第二十一章中有「孔德之容，唯道是從」這句話，「德」從「道」而來，只有「早服（道）」，才會「積德」。積德，與人們常說的「行好」、「行善」的「積德」只是在內容上有些差異，其表現的意義實質應該一樣。這裡的「德」是循道而行之「德」，「積」是修養過程，「積德」就是第五十四章談到的「修德」，「積德」就是不逆天，不逆眾，就是順從。

　　「無不克」之「克」，可以釋作「能」，可以釋作「承擔」、「擔負」。「無不克」就是「無不能」，就是「沒有不能承擔的」。

　　「莫知其極」就是不知曉他有多大極限，不知曉他有多大本事。少做乃至不做才會順民心，順天意，就沒有什麼事情是辦不好的，秩序穩定，環境清靜，天下安定，達到這種「無不能」的程度，誰知曉他有多大本事，這樣的人當然可以統治一方，統治天下。

　　不做少做，通俗些說就是不麻煩、少麻煩。而去做的人常常做不好：擾民、坑民，違背民心勢必會造成社會動盪。對此老子必然反對，有識之士當然不齒。從「早服（道）」到「莫知其極」的過程，也即「無為而無不為」的過程。

　　「有國」就是有一方領地，「有國之母」的「母」即第五十二章所言的「天下母」，「母」乃「大道」是也。「有國之母」實質上是「有國」再加上「尊道」。

　　道本來視之不見，聽之不聞，品之無味，搏之不得，但是它以變化了的物象形式顯示它的存在。事物的存在是可視的，比如一個人，他活著，就會經常出現在周圍人的視線中；他活得長久，人們就能長久看到他。「長生」，所以能「久視」。「母」這個「大道」就是「長生久視」之道。

　　本章有成語「治人事天莫若嗇」、「治人事天」、「深根固柢」、「長生久視」。

第六十章

【原文】

治大國若烹小鮮①。

以道蒞天下，其鬼不神②；非其鬼不神，其神不傷人③；非其神不傷人，聖人亦不傷人④。夫兩不相傷，故德交歸焉⑤。

【通釋】

治理國家就像烹煮小魚一樣。

用道治理天下，那鬼就不靈驗了；不是那鬼不靈驗，而是鬼的神靈不傷害人；不只是鬼的神靈不傷害人，聖人也不傷害人。他們互不傷害，所以他們的品德交融回歸到本來狀態。

【注釋】

① 治大國若烹小鮮：治理大國就像烹小魚一樣。烹，煮，燉。小鮮，小魚。

② 以道蒞天下，其鬼不神：按道治理天下，那鬼就不靈驗了。以，介詞，按。蒞，臨，面對，統治。其，代詞，指天下。鬼，人死為鬼。《說文》：「鬼，人所歸為鬼。」《禮記・祭法》：「其萬物死皆曰折，人死曰鬼。」這裡的「鬼」當指「產生怪異現象之源」。神，名詞作動詞，靈驗，顯示神靈，作祟。

③ 非其鬼不神，其神不傷人：並不是那鬼不靈驗，而是鬼的神靈不傷害人。非，不是，這裡是「並不是」的意思。第二個「神」是名詞，神靈。傷，傷害。

④ 非其神不傷人，聖人亦不傷人：不只它的神靈不傷害人，聖人也不傷害人。這裡的「非」是「不只」的意思。

⑤ 夫兩不相傷，故德交歸焉：他們互不傷害，所以他們的品德交融回歸到初始狀態。夫，用於議論的開始，兼有代詞的作用。相，互相。交，交融。歸，回歸，返回。焉，兼詞，於之，於是，在那裡，到原來的狀態。

【意義歸納】

「治大國若烹小鮮」與它後面的文字往一起揉有些勉強，故分成兩段。

第一段緊承前章的「治人事天莫若嗇」而言，「治大國若烹小鮮」講的是「少為」。

第二段講的是「按道行事就不會出現怪異之事」。

【文法分析】

治大國若烹小鮮。
　　　　　　假設（條件）　　承接　　　　　　　並列　　　　　　承接
以道蒞天下，‖其鬼不神；｜非其鬼不神，‖其神不傷人；｜非其神不傷
　　遞進　　　　　　　　　因果
人，‖聖人亦不傷人。夫兩不相傷，｜故德交歸焉。

「治大國若烹小鮮」這個單句的主語是動賓短語「治大國」，謂語部分是「若烹小鮮」，「若」是謂語，「烹小鮮」是賓語。

在「以道蒞天下，其鬼不神；非其鬼不神，其神不傷人；非其神不傷人，聖人亦不傷人」這個雙重複句中，第一重是頂真形式的表達，所以不按「並列」關係處理，而按「承接」關係來看。第二重關係各異，「以道蒞天下」與「其鬼不神」，既可以按因果關係處理，也可以按假設或條件關係處理。假設關係在邏輯上也是假言條件關係。其實「以道蒞天下」與「其鬼不神」之間在邏輯上是充要條件關係，如果「以道蒞天下」，就會「其鬼不神」；而且只有「以道蒞天下」，才會「其鬼不神」；因為「以道蒞天下」，所以「其鬼不神」。

「非其鬼不神，其神不傷人（並不是其鬼不神，而是其神不傷人）」，這句話是個典型的並列（對立）關係的複句。「非其神不傷人，聖人亦不傷人（不只其神不傷人，聖人也不傷人）」這句話是個遞進關係的複句。

下面我選擇複句中的幾個分句，作複句內部關係分析和文法成分分析。

「以道蒞天下」這個分句是一個動賓短語，其中「以道」是「蒞」的狀詞，「天下」是賓語，這個短語的文法成分分析為：

〔以道〕蒞天下

305

「其鬼不神」是主謂短語：

<u>其鬼</u>〔不〕<u>神</u>

「非其鬼不神」是動賓短語，要把「非」看作謂語：

<u>非其鬼不神</u>

「其神不傷人」是主謂短語，「其神」是主語，謂語部分是「不傷人」，其中「人」是賓語。

<u>其神</u>〔不〕<u>傷人</u>

【解讀與點評】

「治大國若烹小鮮」這個單句在修辭上其實是用了譬喻，喻體是「治大國」，喻依是「烹小鮮」，「若」是喻詞。河上公點評：「鮮，魚也。烹小魚不去腸，不去鱗，不敢撓，恐其糜也。治國煩則下亂，治身煩則精散。」其實，「烹小鮮」的重點在於烹煮過程中不宜用鏟子來回翻動，強調的是少做。

「烹小鮮」，一言舉重若輕，因為畢竟是「小鮮」；一言不可煩擾：不宜多為，不宜大為。「烹」自然是一種「為」。為了吃小鮮，必須得經過「烹」的工序。然而要讓小鮮完整，就不能總翻動。不翻動、少翻動就是「無為」、「少為」，這個比喻非常形象。

「以道蒞天下，其鬼不神；非其鬼不神，其神不傷人。」蒞，臨，面對。其，那些，復指天下。其鬼，天下的鬼。鬼，本指人死為鬼，這裡泛指可以作祟的事物，製造怪異現象者。《禮記‧祭法》說：「其萬物死皆曰折，人死曰鬼。此五代之所不變也，七代之所更立者，禘郊宗祖，其餘不變也。」「道」之「其鬼」應該是害人、逆天、違道而形成的怪異。第一個「神」，用作動詞，靈驗，顯靈，即「作祟」。其「神」之「神」，名詞。

「以道蒞天下，其鬼不神」，就是循道而行，清靜無為。循道而行，清靜無為，連「鬼」都不傷人。按道行事，天下昇平，就會展現大象，不會出現怪異現象；不「以道蒞天下」，屢屢多事多為亂為，執政昏暗，就會呈現亂象。接二連三的煤礦事故居然能屢禁不止，洪水居然能吞噬一所小學，土石流居然可能埋沒一個小村子，「百

年大計」建起來的樓房僅使用一二十年，居然就在瞬間變成瓦礫。「祟」由人生，許多災難的發生，並非天災，實乃人禍。本章的主旨在告訴人們，循道而行，不胡作非為，就不會出現怪異的事情，正所謂「邪不侵正」。

「非其鬼不神，其神不傷人；非其神不傷人，聖人亦不傷人。」這裡的兩個「非」的含義稍有差別：「非其鬼不神」中的「非」，可以釋成「不是」、「並不是」；「非其神不傷人」中的「非」，要釋成「不只」。

聖人為什麼不傷人？聖人是循道而行的典範，從來不做害人、逆天、違道一類傷天害理的事情，天道當然會庇護他，他的作為與天道相合，所以「德交歸焉」。「德交歸焉」，德行交融回歸到一起。焉，兼詞，在那裡，在一起。「以道蒞天下」者當是聖人之列。「德交歸焉」故「其鬼不神」。聖人當世，循道而行，道得以正常運行，沒有偏離，不會產生怪異現象，其表現就是「其鬼不神」、「其神不傷人」。聖人的品德就是「不傷人」，「天道」鬼之神「不傷人」與聖人「不傷人」的品德交織在一起，就會出現大治、「大順」的局面。

老子似乎也是無神論者，但他肯定天帝的存在，第四章「象帝之先」可證；然而老子認為「帝」產生於道後。而且老子肯定神的存在，第三十九章「神得一以靈」可證；然而「神」受道影響，循道則神不靈。老子肯定鬼的存在，本章可證；守道則鬼不傷人，顯然，在老子這裡，「道」才是至高無上之神，「道」在位，神則靈，鬼亦不祟。

如果要將本句與「治大國若烹小鮮」連繫，此「道」即「無為」、「少為」之道，即「治人事天莫若嗇」之道。

本章有成語「治大國若烹小鮮」。

第六十一章

【原文】

大國者下流，天下之交，天下之牝①。牝常以靜勝牡，以靜為下②。故大國以下小國，則取小國③；小國以下大國，則取大國。故或下以取，或下而取④。

307

大國不過欲兼畜人，小國不過欲入事人⑤——夫兩者各得其所欲，大者宜為下⑥。

【通釋】

　　大國是下游，是天下交匯處，是天下的母性。母性總是以柔靜的本性戰勝雄性的剛猛，以柔靜處在下位。所以大國以謙卑的態度對待小國，就會獲取小國的認同；小國以謙卑的態度對待大國，就會獲取大國的認同。所以有時是大國用謙卑來爭取小國的擁戴，有時是小國用謙卑來爭取大國的保護。大國不過想得到更多小國的擁戴，小國不過想在大國的庇護下獲得安定——這兩方面各自滿足了自己的需求，大國應該處在下位。

【注釋】

① 大國者下流，天下之交，天下之牝：大國是下游，是天下交匯處，是天下的母性。全句是判斷句，……者……，即「……是……」，這裡有三個謂語。下流，水之下游。交，交匯，交集。牝，音ㄆㄧㄣˋ，雌性的鳥獸，也泛指母體，含有雌柔的意思。參見第六章注釋①。

② 牝常以靜勝牡，以靜為下：母性總是以柔靜的本性戰勝剛猛的雄性，以柔靜處在下位。以，前一個「以」是憑藉的意思，後一個「以」是「因為」的意思。牡，雄性鳥獸，含有「剛猛」的意思。

③ 故大國以下小國，則取小國：所以大國以謙卑的態度對待小國，就會獲取小國的認同。以下，用謙下的態度對待。以，用。下，用作動詞，謙卑對待。取，獲取……好感，獲取……認同。

④ 故或下以取，或下而取：所以有時大國用謙卑來爭取小國的擁戴，有時小國用謙卑來爭取大國的保護。或，不確指代詞，有時，有的。實際前一個「或」是指大國，後一個「或」指的是小國。以、而，這裡的用法一樣，都是連接詞，相當於「來」。

⑤ 大國不過欲兼畜人，小國不過欲入事人：大國不過想得到更多小國的擁戴，小國不過想在大國的保護下獲得安定。兼畜，同時得到更多小國的擁護。入

事，到大國來事奉大國，指結交討好依傍大國，求得庇護。

⑥ 夫兩者各得其所欲，大者宜為下：大國和小國各自滿足了自己的需求，大國
應該處在下位。夫，置於句首用於議論，同時兼有代詞的作用。兩者，指大
國和小國。宜，應該。

【意義歸納】

本章闡釋了大國應該謙卑對待小國的道理。全章共分兩層。

第一層：「大國者下流，天下之交，天下之牝。牝常以靜勝牡，以靜為下。」以「下
流」、「天下之交」、「天下之牝」比喻大國，並以比喻的方式提出了「為下」的觀點。

第二層：「故大國以下小國，則取小國；小國以下大國，則取大國。故或下以取，
或下而取。大國不過欲兼畜人，小國不過欲入事人——夫兩者各得其所欲，大者宜
為下。」分析大國與小國的欲求，得出「大者宜為下」的結論。

【文法分析】

　　大國者下流，天下之交，天下之牝。牝〔常〕〔以靜〕勝牡，〔以靜〕為
　　　　　　　假設　　　並列　　　　假設
〈下〉。故大國以下小國，‖則取小國；│小國以下大國，‖則取大國。故或
　　　　選擇　　　　　　　　　　　並列　　　　　（這就是）
下以取，│或下而取。大國不過欲兼畜人，│小國不過欲入事人——夫兩者各
　　　因果
得其所欲，│大者宜為下。

「大國者下流，天下之交，天下之牝」是一個單句，同時它又是一個綜合判斷句，
這個句子按今天的語言形式來處理，實際是「大國是下流，是天下之交，天下之牝」。
這個單句的主語是「大國者」，謂語是一個因果關係的複句短語「（因為）下流，（所
以為）天下之交，天下之牝」。這個複句短語內部關係為：

　　　　　　因果　　　　並列
（大國者）下流，│天下之交，‖天下之牝

「天下之交，天下之牝」是並列短語，「天下之交」與「天下之牝」分別為偏
正短語。其實「大國者下流」本身是一個判斷短語：「……者……」，即「……

是⋯⋯」。

「牝常以靜勝牡，以靜為下」是一個單句，只有一個主語「牝」，謂語部分是一個連動成分，「以靜」是狀詞，「勝」、「為」是動詞謂語，「牡」是賓語，「下」是補語：

牝〔常〕〔以靜〕勝牡，〔以靜〕為〈下〉

在「大國不過欲兼畜人，小國不過欲入事人」與「夫兩者各得其所欲」之間存在邏輯連繫，所以我在這兩者之間加上了破折號，這個破折號相當於「這就是」。「夫兩者各得其所欲」是「因」，得出「大者宜為下」的「果」，即結論。

【解讀與點評】

從修辭角度來看，「大國者下流，天下之交，天下之牝」又是綜合譬喻。全句的喻體是「大國」，喻依有三個，是「下流」、「天下之交」、「天下之牝」，這是隱藏了喻詞「是」的略喻。

「大國者下流」，下流指的是水流下端，水匯聚的地方——天下之交，天下之牝。交，彙集之處，如今人所言的政治文化中心，經濟樞紐。牝，雌性之體；柔，可以孕育。「牝常以靜勝牡，以靜為下」，正是守靜之道，正是處下之道，正是「柔之勝剛」（第七十八章）之道。

「或下以取，或下而取」中的「以」與「而」的意思、用法是一樣的，一個用「以」，一個用「而」，靈活變化，給人不呆板的感覺。同樣的，「或下以取，或下而取」的兩個「下」，一個是「大國以下小國」，一個是「小國以下大國」；「或下以取，或下而取」的兩個「取」，一個是大國「取小國」，一個是小國「取大國」。「取」，在這裡的意思是「得到理解」、「得到同情」、「獲得認可」、「獲得支持」。或者大國謙和取得小國的認可，或者小國謙和而獲得大國的認可。「以下小國」，就是以謙下的態度對待小國；「取小國」，就是得到小國的擁戴。「以下大國」，就是以謙下的態度對待大國；「取大國」，就是得到大國的尊重和保護。對大國來講，謙下是「懷柔」的策略；對小國來講，謙下是自保的策略。

「大國不過欲兼畜人，小國不過欲入事人」，兼畜人，同時控制小國，庇護著

小國使之從屬於自己；同時占有人脈，指得到更多小國的擁戴，像春秋五霸得到各小國的擁戴一樣。入事人，歸附大國，靠大國來保護自己。大國的「兼畜」並非直接吞併，而是讓小國依附和聽命於自己；小國的「入事」並非心甘情願的讓人統轄，任人擺布，而是求得安穩的無奈之舉。「不過欲」之說應屬「不實之詞」。兼畜，統轄使順從；入事，聽命使滿意。對大國而言，「為下」的是姿態，不是放棄原則：「為下的是不趨小利，而不是放棄利益」。「兼畜人」本義為兼併占有，在這裡引申為獲取擁戴，既欲兼畜人，必「以言下之」，「以身後之」（第六十六章）。

老子之時，大國的「兼畜」、小國的「入事」表現得相當複雜，《左傳‧襄公二十四年》就記錄了小國與大國關係的一個典型事例：

范宣子主持晉國的國政，各諸侯國進貢財寶的負擔沉重，鄭國人對此很憂慮。二月，鄭國國君到晉國去拜見晉君。子產托子西帶信告訴范宣子說：「您執政晉國，四面相鄰的各諸侯國沒聽說您有什麼美德，只聽說您向諸侯索取的財寶多，我對此感到困惑。我聽說君子統領國家，沒有缺少財寶的憂慮，只有沒有好名聲的困擾。那諸侯國的財寶集中在貴國的庫房裡，諸侯就會產生二心；如果先生您依賴這些財寶，那晉國就會對您產生二心。諸侯對晉國有二心，晉國就崩潰了；晉國對您有二心，您的家族就崩潰了，為什麼要自取敗亡，還如何享有財寶呢！那好名聲是品德的外表，品德是國家的基礎，保有基礎不崩潰，不正是人們努力追求的嗎！有美德就能安樂，安樂就能長久。《詩經》說：『樂只君子，邦家之基。』說的就是要保有美德啊！『上帝臨女，無貳爾心』，說的就是要保有美名啊！寬厚的思想使美德彰顯，那美名就會伴隨美德傳揚，因此遠方的人來投奔近處的人得安寧。難道不是讓人對您說『是您讓我生存』，實際卻認為『您靠榨取我來生存』嗎？大象有牙齒才讓自身焚燬，就是因為它有財寶。」范宣子認為子產說得好，於是就減輕了諸侯進貢的財寶。這次鄭國國君到晉國朝拜，就是因為進貢財寶過多的原因，並請晉國討伐陳國。鄭國國君向范宣子行跪拜禮表示感謝，范宣子辭讓。子西擔當晉見的相禮，說：「以小小的陳國，仗恃大國也敢對我國欺辱侵犯，我的國君因此向您請罪呢，怎麼敢不行跪拜禮！」

這段文字記錄的是鄭國子產以書信遊說晉國執政范宣子的過程。子產是鄭穆公

的孫子，姓公孫，名僑，是春秋時鄭國的賢相，時任鄭國正卿，在鄭簡公、鄭定公時執政二十二年。鄭國是夾在晉楚兩國之間的一個中等諸侯國，在子產執政之前，鄭國飽受晉楚兩國侵擾。而在子產執政期間，正是晉楚兩國戰事頻繁時期（晉國經歷了悼公、平公、昭公、頃公、定公五世，楚國經歷了共王、康王、郟敖、靈王、平王五世），鄭國地處要衝，子產周旋於這兩大國之間，有禮有節，使鄭國能夠在晉國和楚國兩大強國之間得到尊重和安寧，彰顯了傑出政治家和外交家的風範。子產身為小國執政，是處理小國與大國關係的能人高手，他的主要特點就是不卑不亢，妥善處理了「小國以下大國」的關係。子產的話很到位，他很「善言」，客氣規勸了范宣子。子產說范宣子的話可能與道家的觀點不一樣，但他的效果是一樣的。這裡的晉國執政范宣子表現得也相當好，可以說他表現出「大國以下小國」的高姿態，從善如流並且謙和，樹立了晉國的威信。

「大國以下小國，小國以下大國」顯然老子是針對當時周王朝權力衰落，諸侯國之間頻發戰爭的現狀提出，這雖然是基於對當時各諸侯國關係的分析，但對今天處理國際問題仍有積極的參考意義。

今天有一些大國也表現過「下流」的姿態，但這種「下流」有明顯的軍事、政治、經濟目的，並且具有極強的針對性，不能一視同仁。

小國本來弱小，需要跟在大國後面，避免令大國產生不滿，這是一般現象、一般規律。大國本來強大，所以經常表現出自恃，讓大國謙卑對待小國，頗有些難度，所以老子強調「大者宜為下」。這一點是本章的主旨，這一點也可以作為國際關係的準則，可惜從古至今都很難做到。

本章所談的國際關係與今天的國際關係並不完全相同，當時的大國小國均是諸侯國，是分封制的產物，共同尊奉一個「天子」，儘管這個「天子」名存實亡——這倒很像今天的「聯合國」；但大國的懷柔策略、小國的「自重」表現，是處理好國際關係的重要因素。大國的「懷柔」就是尊重小國的合理要求，給小國休養生息創造條件，不恃強凌弱；小國的「自重」就是不會無原則巴結，不左搖右擺，不製造是非，這些都是處理當今國際關係應取的態度。在國際交往中，大者要形成主導，以平衡來維護國際和平；小者要依傍大者，藉和平環境，順大國之勢謀求發展。

第六十二章

【原文】

　　道者萬物之奧，善人之寶，不善人之所保[①]。美言可以市尊，美行可以加人[②]。人之不善，何棄之有[③]！故立天子，置三公[④]，雖有拱璧以先駟馬[⑤]，不如坐進此道[⑥]。古之所以貴此道者何[⑦]？不曰以求得有罪以免邪[⑧]？故為天下貴[⑨]。

【通釋】

　　道是萬物之尊，是善人的寶貝，是不善人安身立命的護身符。美好的語言能換來尊重，美好的行為能抬高身價。人即使不好，有什麼可拋棄的！所以，天子即位，任命三公，即使先以駟馬之輿接引，再奉以大璧昭告上天的禮儀，不如坐著參悟這道。古時把這個道看得貴重的原因是什麼呢？不是說靠它來求得有罪而得到免除嗎？所以被天下看重。

【注釋】

① 道者萬物之奧，善人之寶，不善人之所保：道是萬物之尊，是善人的寶貝，是不善人的護身符。全句皆為判斷句，……者……，即「……是……」，形式同前章的「大國者下流，天下之交，天下之牝」。奧，古時祭祀設神主或尊者居坐之處，神主之位。《說文》：「奧，室之西南隅。」所保，保身之物。保，保護。

② 美言可以市尊，美行可以加人：美好的語言能換來尊重，美好的行為能抬高身價。市，買，換得。尊，尊重，尊貴。美行，美好的行為，王弼本「行」前原無「美」字，據《淮南子》的〈道應訓〉、〈人間訓〉補。加人，指抬高人的身價。加，使程度高。

③ 人之不善，何棄之有：人即使不好，有什麼可拋棄的。第一個「之」，放在「人」與「不善」之間，取消該短語的獨立性。第二個「之」也是助詞，在「何

313

棄之有」中，「有」是謂語，「何棄」是賓語，這是疑問句式的賓語前置句，「之」幫助賓語前置。棄，拋棄，參見第二十七章注釋⑥。

④ 故立天子，置三公：所以天子即位，任命三公。立天子，確立天子，即天子即位。置，設置，任命。三公，古代朝廷中三位最高的官員，周代為太師、太傅、太保。

⑤ 雖有拱璧以先駟馬：即使先以駟馬之輿接引，再奉以大璧昭告上天的禮儀。雖，即使。有，音一ㄡˋ，同「又」，再。拱璧，古代用於祭祀的一種大型玉璧，為天子禮天之器，這種璧徑長一尺二，因其須用雙手拱執，故名。璧，平圓形中心有孔的玉。以，連接詞，作用同「而」。先駟馬，先以駟馬，即先用駟馬之輿接引。駟馬，即「四匹馬之輿」，也就是「四匹馬拉著帶有車廂的高級車子」，用作動詞，以駟馬之輿接引。

⑥ 不如坐進此道：不如坐著參悟這道。坐進，坐著參悟，坐著品味。進，研習，修習，參悟，即進修。

⑦ 古之所以貴此道者何：古時把這道看貴重的原因是什麼。之，放在「古」與「所以貴此道者」這個主謂短語之間，取消該短語的獨立性。所以……者，……的原因。何，是什麼。

⑧ 不曰以求得有罪以免邪：不是說靠它來求得有罪而得到免除嗎。第一個「以」可以看作它後面省略了代指「道」的「之」，也可以直接把「以」當作連接詞，釋作「來」。第二個「以」是連接詞，作用同「而」。

⑨ 故為天下貴：所以被天下看重。本句在第五十六章有見，疑為植入的點評之語，參見該章注釋⑨。

【意義歸納】

本章強調了道是萬物的主宰，做一切事都不如遵從道。全章共分為三層。

第一層：「道者，萬物之奧，善人之寶，不善人之所保。美言可以市尊，美行可以加人。人之不善，何棄之有！」強調道是「善人之寶，不善人之所保」。

第二層：「故立天子，置三公，雖有拱璧以先駟馬，不如坐進此道。」建議舉行「立

天子，置三公」的儀式不如「坐進此道」。

第三層：「古之所以貴此道者何？不曰以求得有罪以免邪？故為天下貴。」分析古時貴道的原因就是求得免罪。

【文法分析】

並列

道者萬物之奧，善人之寶，不善人之所保。美言可以市尊，｜美行可以加人。

人之不善，何棄之有！故立天子，置三公，雖有拱璧以先駟馬，不如坐進此道。

古之所以貴此道者何？〔不〕曰以求得有罪以免邪？故〔為天下〕貴。

「道者萬物之奧，善人之寶，不善人之所保」是一個典型的判斷句式，形式為「⋯⋯者⋯⋯」，只是「⋯⋯」包含了三個內容。這個單句的主語是「道者」，謂語是由「萬物之奧，善人之寶，不善人之所保」這個並列短語共同充當。這個句式與第六十一章的「大國者下流，天下之交，天下之牝」大體一致，這句話同樣用了綜合譬喻。

「美言可以市尊，美行可以加人」是個並列關係的複句。表面上看，這個複句似乎與「人之不善，何棄之有」存在因果關係，當我們仔細研究每句話之間的連繫時卻發現，與「人之不善，何棄之有」連繫最緊密的實際是第一句「道者萬物之奧，善人之寶，不善人之所保」。因為「道者」是「不善人之所保」，所以「人之不善，何棄之有」。

「何棄之有」是疑問句賓語前置句，「有」是謂語，「何棄」是賓語。「何⋯⋯之有」是個典型的固定句式，解釋成現代語言就是「有什麼⋯⋯的」。

「故立天子，置三公，雖有拱璧以先駟馬，不如坐進此道」是個單句。「故」是關聯詞，「立天子，置三公」這個並列短語說的是事，作主語；「雖有拱璧以先駟馬，不如坐進此道」這個轉折關係的複句短語說的是做法，作謂語。

「雖有拱璧以先駟馬，不如坐進此道」這個複句短語內部的關係為：

轉折

雖有拱璧以先駟馬，｜不如坐進此道

這裡有必要研究一下「雖有拱璧以先駟馬」這個並列短語。「以」是連接詞，相當於「而」。實際上這個句子是「雖有拱璧而先以駟馬」的省略，意思就是「先以駟馬之輿接引再加上拱璧之禮」，用文字表述時，大禮寫在前面，小禮寫在後面。

「古之所以貴此道者何」這個問句的主語是「古之所以貴此道者」，「古之所以貴此道者」就是「古時看重此道的原因」；謂語是「何」，「何」就是「是什麼」。「貴」是形容詞用作動詞，下面的「貴」字同樣如此。

「不曰以求得有罪以免邪」這個問句是動賓短語，「不曰」，意思是「不是說」，作謂語，「曰」的內容是「以求得有罪以免」，直釋的意思是「來求得有罪而免除」，作賓語。

「以求得有罪以免」也是動賓短語，「以」作狀詞，「求得」是謂語，「有罪以免」是賓語，這個短語的文法成分分析為：

〔以〕求得有罪以免

有人這樣句讀「不曰：以求得」，這樣的冒號標點不妥，將轉述之言當成了直接引述，也使語言節奏出現問題。「不曰以求得有罪以免邪」這句話的停頓節奏應為：

不曰／以求得／有罪以免邪

【考辨】

關於「奧」。《說文》：「奧，室之西南隅。」奧即神主之所，位於房屋內西南角，家中尊者居坐之處，也是祭祀的神主之位。《論語‧八佾》記載：王孫賈問曰：「『與其媚於奧，寧媚於灶』何謂也？」子曰：「不然。獲罪於天，無所禱也。」這裡的「奧」即「奧神」。

「美言可以市尊，美行可以加人」這句話，在王弼版本中為「美言可以市，尊行可以加人」。但是這樣一來明顯可以感覺語言殘缺不全，因此據《淮南子》的〈道應訓〉、〈人間訓〉補全。

研究者幾乎一致認為，與「人之不善，何棄之有」連繫最緊密的實際是第一句「道

者萬物之奧，善人之寶，不善人之所保」，「美言可以市尊，美行可以加人」與「人之不善，何棄之有」連繫不夠緊密。「人之不善，何棄之有」似應直接放在「道者萬物之奧，善人之寶，不善人之所保」之後。我也感覺老子原本的「美言可以市尊，美行可以加人」不當在此，因為它表達的意思與前後銜接都有問題，而不是「人之不善，何棄之有」失位。

「故為天下貴」這個句子第五十六章有見，我在前文中曾寫明，我認為第五十六章的「故為天下貴」是植入的點評之語，本章的「故為天下貴」也多此一舉，同樣有植入點評之語之嫌。

【解讀與點評】

「道者萬物之奧」，意思就是「道是萬物之尊」，即「道是萬物的主宰之神」。「善人之寶」意思是「善人的法寶」，「不善人之所保」意思是「不善人的護身符」。「寶」與「保」同音，但本義有所區別。「道」是善人的珍貴之器，寶貝之寶；不善人的護身之符，保全之保。意思雖不同，但作用相同，無論是善人還是不善之人，依道而行都可以免災。善人不依道而行，是棄其寶，雖行善事以善為，但因逆道而得咎；不善人不依道而行，是棄其符，本為不善又不道，必遭天譴不可保全。

為什麼說「人之不善，何棄之有」呢？因為「聖人常善救人，故無棄人」（第二十七章）。我竭力從看似有關聯的角度分析。「美言可以市尊，美行可以加人」的意思是「美好的語言能換來尊重，美好的行為能讓人高看」。老子認為「信言不美，美言不信」（第八十一章），由此可見以「美言市尊」是不善人之舉。真有美行之人應該是善人。然而，不善人亦可以有美行，他們要以「美行加人」，以美行來提高身價，所以這裡的「美行」也是不善人之舉，所以綴以「人之不善，何棄之有」。不善人的「美言」，即「說好聽的話」，說好聽的話不討人嫌。不善人的「美行」即「行善事」，比如資助貧困、捐助災民，「行善事」可以抬高本來讓人瞧不起而降低的身價。

怎樣理解「雖有拱璧以先駟馬，不如坐進此道」這句話？

首先要知道「拱璧」與「駟馬」是用來做什麼。可以明確的是「拱璧」與「駟馬」

是用來「立天子，置三公」的。是「送禮」嗎？「拱璧」是天子的禮天之器，那是屬於天子的東西，又有誰會送給他？「駟馬」指的是由四匹馬拉的一乘車。天子不缺此車，「三公」也不缺。所以「拱璧」與「駟馬」不是用來「送禮」。

其次要注意「坐進此道」的內涵。「坐」就有「不為」在其中。「坐進此道」之「坐進」，「坐」為「不動」，即「不為」；「進」是「修習」、「參悟」，「坐進」也是一種「無為」。「坐進此道」是「無為」，而「有拱璧以先駟馬」就是「有為」。「雖有拱璧以先駟馬，不如坐進此道」強調的就是「有為不如無為」。「坐進此道」與「立天子，置三公，雖有拱璧以先駟馬」形成比較，「坐進」而「不為」，就是不鋪張，這合乎第五十九章所說的「嗇」，修習「道」比加冕冊封儀式好多了。

再次，要知道「拱璧」與「駟馬」哪個貴重。「拱璧」是大璧，徑長尺二，是天子禮天之器，是鎮國之寶；因其須雙手拱執，故名「拱璧」。「駟馬」不過是四匹馬拉的一掛有車廂的車，這類東西在當時民間也可湊齊。許多人都熟悉「和氏璧」這個典故，此璧當時價值連城。拱璧雖不及和氏璧，但在當時也比一乘車馬要貴重得多。

再次，還要知道「拱璧」與「駟馬」哪個先哪個後。「雖有拱璧以先駟馬」這個短語實際是「雖有拱璧而先以駟馬」的變化，將「拱璧」置前，以強調「拱璧」的重要。「拱璧以先駟馬」其實是一種隆重的禮儀形式，用「駟馬」之車將「天子」或「三公」接來，然後以「拱璧」這個禮天之器的最高禮節昭告天地，有如後世的「加冕典禮」、「築壇拜將」、「授勳儀式」。昭告天地祖宗是天子即位（包括繼位）的一種必須禮節，天子拜授三公也要這樣的禮節，這是最高禮遇。顯然「駟馬」無法與「拱璧」匹敵。那個時代送大禮和舉行重大儀式時，小禮在先，大禮在後；記錄表達時則為大禮在先，小禮在後。

下面我們再研究一下「立天子」之「立」。

「天子」本來是世襲繼承，應為「繼位」，當然要舉行即位大典。為什麼要「立天子」呢？「立」本為「確立」。正常情況下是由前任君主直接將位置傳給後任君主，其中後任君主多為嫡長子。但到了春秋老子生活的時代，周王朝已經衰落，特別是當有的「君主」沒有指定後嗣時，他死後就要由大臣從他的子孫中選定一位做君主，

有時權勢大的大臣還會殺了既有的君主再立新君,《左傳 · 昭公七年》和《左傳 · 昭公二十二年》都記錄了周王朝這樣的立君過程,其中魯昭公二十二年曾在一年內立過兩個君主,老子應該是親身經歷了這三次「立天子」的過程。被選定的嗣君之前沒在宮裡生活,所以需要將其迎進宮,再舉行即位儀式,祭祀宗廟,昭告上天。「置三公」的禮節類此,也要祭祀宗廟,昭告上天。新天子進宮的過程應該是乘駟馬之輿「遊街」的過程,是「儀式」的一部分內容,駟馬之輿是有車箱的高規格車子。「拱璧」是「加封」過程,是儀式的主體。

「不曰以求得有罪以免邪」是回答「道者」、「不善人之所保」的,「有罪以免」乃不善者循道之果。求得免罪是貴道、尊道、守道之舉。

本章有成語「坐進此道」。

第六十三章

【原文】

為無為①,事無事②,味無味③,大小多少④——圖難於其易,為大於其細⑤;天下難事必作於易,天下大事必作於細⑥,是以聖人終不為大,故能成其大⑦。夫輕諾必寡信,多易必多難⑧,是以聖人猶難之,故終無難矣⑨。

【通釋】

把無為當作為,把沒有功績當作功績,把沒有味道當作味道,把小當作大把少當作多——對付困難從那容易開始,做大事從那小事開始;天下難事一定是從容易做的事發展演變而來,天下大事一定是從小事發展演變而來,因此聖人始終不做大事,所以能夠成就大事。輕易許諾一定缺少信用,把事情看得很容易一定會遇到很多困難,因此聖人把做事情看得很困難,所以最終沒有困難了。

【注釋】

① 為無為:把無為當作有為。第一個「為」,意動用法,以……為為,把……當作為。「無為」是賓語。

319

② 事無事：以無目的為目的，把沒有目的當作目的，把沒有功績看成最大的功績。第一個「事」，意動用法，以……為事，把……當作有事。「無事」是賓語。事，建功立業。參見第四十八章注釋④的「取天下常以無事」。

③ 味無味：以無味為味，把無味當作味。第一個「味」，意動用法，以……為味，把……當作有味。「無味」是賓語。味，味道。參見第三十五章注釋④的「道之出口，淡乎其無味」。

④ 大小多少：以小為大以少為多，把小當作大把少當作多。大小，以小為大。大，形容詞意動用法，以……為大。「小」是賓語。多，形容詞意動用法，以……為多。「少」是賓語。王弼本在「大小多少」後還有「報怨以德」，因與前後連繫不上，而且郭店楚竹簡亦無此句，故摘出，據文義挪至第七十九章。

⑤ 圖難於其易，為大於其細：對付困難從那容易開始，做大事從小事開始。意思是說解決困難從那容易解決的時候著手，成就大事從那細小之處著眼。圖，設法對付。難，作名詞，難事。於，從。其，不確指代詞。易，作名詞，容易之事。為，做。大，作名詞，大事。細，作名詞，小事。

⑥ 天下難事必作於易，天下大事必作於細：天下的難事一定從容易的事發展演變而來，天下大事一定從小事發展演變而來。必，一定。作，興起，發展變化而來。易，做名詞，容易做的事。細，作名詞，小事。

⑦ 是以聖人終不為大，故能成其大：因此聖人始終不做大事，所以能夠成就他的大事。終，始終。成，成就。其，代詞，他的。

⑧ 夫輕諾必寡信，多易必多難：那輕易許諾的人一定缺少信用，把做事看得很容易的人必然會遇到過多的困難。夫，用於議論開始，兼有指代作用。輕，輕易。諾，允諾，許諾。寡信，缺少信用。易，用作動詞，把做事看得容易。

⑨ 是以聖人猶難之，故終無難矣：因此聖人把做事看得很難，所以最終沒有困難了。猶，語氣副詞，還。難之，以之為難。第一個「難」，用如動詞意動用法，以……為難。之，泛指做的事。

【意義歸納】

本章主要強調無為要從小事做起，全章共分兩層。

第一層：「為無為，事無事，味無味，大小多少——圖難於其易，為大於其細；天下難事必作於易，天下大事必作於細，是以聖人終不為大，故能成其大。」強調要把小事當作大事，只做小事。

第二層：「夫輕諾必寡信，多易必多難，是以聖人猶難之，故終無難矣。」從反面說把事看小，就會「多易必多難」。

【文法分析】

```
       並列      並列       並列      （也就是说）        並列
  為無為，｜事無事，｜味無味，｜大小多少──圖難於其易，‖‖ 為大於其
因果（前果后因）        並列                因果              因果
細；‖ 天下難事必作於易，‖‖ 天下大事必作於細，｜ 是以聖人終不為大，‖ 故
        並列          因果             因果
能成其大。夫輕諾必寡信，‖ 多易必多難，｜是以聖人猶難之，‖ 故終無難矣。
```

「為無為，事無事，味無味」與「大小」、「多少」結構一致。其中第一個「為」，第一個「事」，第一個「味」都是意動用法；「大」、「多」也是意動用法。

本章多使用意動用法。意動是詞類活用現象，這種用法是將一般動詞，或者其他詞類活用為意動詞，即「以賓語為如何」，「認為賓語是什麼」，「把賓語如何」：

為無為，就是以「無為」為為，認為「無為」是為，把「無為」當作為。「為」是一般動詞意動。

事無事，就是以「無事」為事，認為「無事」是事，把「無事」當作事。「事」是名詞用作意動詞。

味無味，就是以「無味」為味，認為「無味」是味，把「無味」當作味。「味」是名詞用作意動詞。

大小，就是以「小」為大，認為「小」是大，把「小」當作「大」。「大」是形容詞用如動詞意動。

多少，就是以「少」為多，認為「少」是多，把「少」當作「多」。「多」是

形容詞用如動詞意動。

難之，就是以「它」為難，認為「它」難，把「它」看作難。「難」是形容詞用如動詞意動。

摘出「報怨以德」後，下面的「圖難於其易，為大於其細」等內容就好解釋了，所以我在二者之間使用了破折號，這個破折號表示二者有必然連繫，相當於「也就是說」，破折號用於兩個複句之間。

「圖難於其易，為大於其細；天下難事必作於易，天下大事必作於細，是以聖人終不為大，故能成其大」是一個三重複句組合。因為「圖難於其易，為大於其細；天下難事必作於易，天下大事必作於細」，所以「聖人終不為大，故能成其大」，這是第一重，為因果關係，「是以」是關聯詞。因為「天下難事必作於易，天下大事必作於細」，所以要「圖難於其易，為大於其細」，這是第二重，為因果關係，原句是「前果後因」。因為「聖人終不為大」，「故能成其大」，也是第二重，因果關係，「故」是關聯詞。「圖難於其易」與「為大於其細」是其中的一個第三重，為並列關係；「天下難事必作於易」與「天下大事必作於細」是另外一個第三重，也是並列關係。

如果在「圖難於其易，為大於其細」後使用句號，它與「天下難事必作於易，天下大事必作於細」的組合，就會超出複句範圍，而實際上它們的連繫相當緊密。雖然「圖難於其易，為大於其細」後使用的是分號，但它卻不是整個複句的第一重所在，複句的第一重不一定都在分號後面。「夫輕諾必寡信，多易必多難」是第二重。

「夫輕諾必寡信，多易必多難，是以聖人猶難之，故終無難矣」是一個複句。因為「輕諾必寡信，多易必多難」，所以「聖人猶難之，故終無難矣」，這是因果關係，為第一重，「是以」是關聯詞；因為「聖人猶難之」所以「終無難矣」，這是第二重，也是因果關係，「故」為關聯詞。

【考辨】

除了對「大小多少」的解釋一直令眾學者糾纏不清外，王弼本在「大小多少」後還有「報怨以德」，也令歷來研究者難以達成統一解釋。有人認為，「報怨以德」

放在這裡似與前後沒什麼連繫，它應該歸屬於第七十九章，放在「和大怨，必有餘怨」與「安可以為善」之間，形成「和大怨，必有餘怨；報怨以德，安可以為善」，使第七十九章內容邏輯關係更嚴密。但這樣處理的話，雖然令本章與第七十九章的內容確實通暢，但難以確定是否是老子本意：如果將「報怨以德」單獨放在本章，就是對「報怨以德」持肯定態度；如果把它挪至第七十九章，就形成了「報怨以德，安可以為善」，就是對「報怨以德」持否定態度。因而不敢肯定「報怨以德」就應該在第七十九章，我想方設法試圖在本章中解釋「報怨以德」，又總感覺非常勉強。而且郭店楚竹簡版本中的這個內容確實沒有「報怨以德」，因而從本章排除的理由更充分了。且放在第七十九章來分析，能說得通。因此挪至第七十九章。

【解讀與點評】

「為無為，事無事，味無味，大小多少」是中心思想，「圖難於其易，為大於其細」是具體操作原則，「天下難事必作於易，天下大事必作於細」是這樣做的充分理由，「是以聖人終不為大，故能成其大」是舉例證明，以「聖人」來證明。

再接下來老子又從正反兩個方面進一步分析：「輕諾必寡信，多易必多難」是從反面講道理，「聖人猶難之，故終無難矣」是舉「聖人」正面的例子。為什麼「聖人猶難之，故終無難矣」呢？這個因果關係之間實際上有具體的操作環節，因「難之」而謹慎面對，認真的對待，就會化大為小，化難為易，正是下章所說的「慎終如始，則無敗事」。

「為無為，事無事，味無味」強調的就是「無為」，以不胡作非為的態度作為，不以一定要建功立業的態度做事，以不強求美味的態度品味，耐得住寂寞，安心於平淡，安心於基礎工作，這是應有的治人事天的態度，是應有的生活態度。「大小多少」說的正是從小事做起，「大小」是從形體角度看問題，「多少」是從數量角度看問題。「圖難於其易，為大於其細；天下難事必作於易，天下大事必作於細」正是對「大小多少」的詮釋：何為「以小為大以少為多」？對付困難從相對容易之處開始，做大事從小事開始；因為天下的難事本來是從容易做的事發展演變而來，天下大事本來是從小事發展演變而來。以小為大，就不會把小事變大，以少為多，

就不會把簡單的問題變複雜。

「為無為」的「無為」是《道德經》反覆強調的內容，理解起來比較容易。「事無事」是本章新出現的，而「無事」在第四十八章有見：「取天下常以無事，及其有事，不足以取天下」，這句話中的「有事」是「有建功立業的目的」，「無事」就是「無建功立業的目的」，「事無事」就是把沒有目的當作目的，也就是沒有個人意圖，沒有野心，沒有對政績的強烈追求。其實，為政保持穩定就是最大的政績。「味無味」的「無味」第三十五章有見：「道之出口，淡乎其無味」，這句話中的「無味」是說道的一個外在表現「品之不得其味」。「味無味」就是品味無味，把無味當作味，就是「甘於平淡」，這正是守道的態度。

將「無味」加入道的外在表現特點行列，就成了：視之不見，聽之不聞，品之無味（「體味」不僅用鼻，還要用口，所以用「品」），搏之不得。從視覺、聽覺、味覺、觸覺四個角度來表達道不可體驗。

總之，「為無為，事無事，味無味，大小多少」要表達的意思就是以無為的態度去做事，甘於寂寞，甘於平淡，不為自己制定過於苛求的努力目標，不摻雜個人私慾。有了這個前提，就會做小事，就會滿足於少，不求多，這就是「圖難於其易，為大於其細」。

接下來以「聖人」為例講道理，聖人的「不為大」就是不託大。聖人始終不做大事，所以能成就他的大事。言外之意就是，想成大事，必須從小事做起，這正是「一宇之不掃，何以掃天下」的道理。從本章我們可以看出，老子所謂的「無為」並非什麼都不做，而是把該做的做了。順應天道做小事，重視全程，重視始終，重視累積，就會成就大事。老子的「無為」，不但「有為」，而且還很謹慎、細緻。

由本章對無為的分析看，老子的「為無為則無不治」並不等於「無為而治」，單純的「無為而治」的說法並沒有正確表達老子的本意。

本章有成語「圖難於易」、「為大於細」、「輕諾寡信」、「多易多難」。

第六十四章

【原文】

其安易持①，其未兆易謀②，其脆易泮③，其微易散④——為之於未有，治之於未亂⑤。合抱之木，生於毫末⑥；九層之台，起於累土⑦；千里之行，始於足下⑧。民之從事常於幾成而敗之⑨，慎終如始，則無敗事⑩。是以聖人欲不欲，不貴難得之貨⑪；學不學，復眾人之所過⑫，以輔萬物之自然而不敢為⑬。

【通釋】

事物穩定時容易把持，事物未出現徵兆時容易謀劃，事物脆弱時容易折斷，事物微弱時容易消滅——要在事情還沒發生時就防備，要在事物還沒混亂時就治理。合抱粗的大樹，是由細小的嫩芽長成的；九層的高台，是用一筐筐的土堆起來的；千里的行程，是憑雙腳一步一步走出來的。人們做事常常在幾乎就要完成時卻失敗了，終結時像開始時一樣謹慎，就不會出現失敗的事。所以聖人以沒有慾望為追求，不把珍奇之物當作寶貝；把不施以教育當作施以教育，重複眾人應有的失敗經歷，來輔助萬物順應自然而不敢透過外力影響它。

【注釋】

① 其安易持：事物穩定時容易把持。其，不確指代詞，指某一事物，當為有不良發展傾向的事物。安，安穩。持，把持，把握，控制。

② 其未兆易謀：事物未出現徵兆時容易謀劃。兆，指不好的徵兆、苗頭。

③ 其脆易泮：事物馬上要折斷時容易分開。脆，易折斷。泮，音ㄆㄢˋ，分解，分開。

④ 其微易散：事物微弱時容易消滅。微，微小，微弱。散，消散，消滅。

⑤ 為之於未有，治之於未亂：在還沒發生時就防備，在還沒混亂時就治理。為，動詞，去做。之，不確指代詞，指要防備控制的事物。於，在……時，從……時。未，沒有。有，出現。治，治理。亂，混亂。

⑥ 合抱之木，生於毫末：合抱粗的大樹是由細小的嫩芽長成的。本句是一個判斷句，下兩句相同。合抱，用雙手合攏去抱。之，助詞，的。木，樹。於，由，從，用，憑，在。毫末，毛的尖端，比喻細小。毫，長而尖銳的毛。

⑦ 九層之台，起於累土：九層的高台是用一筐又一筐的土堆積而成的。起，疊積。累，連續，堆積；有人釋為「纍」，運土的筐子。

⑧ 千里之行，始於足下：千里的行程是從腳下開始走的。始，開始起步。

⑨ 民之從事常於幾成而敗之：人們做事情常常在將要完成時卻讓它失敗了。此句上王弼本有「為者敗之，執者失之。是以聖人無為故無敗，無執故無失。」這幾句第二十九章已經出現，屬於重出，且放於此不倫不類，據刪。幾，音ㄐㄧ，幾乎，將要。而，轉折連接詞。敗，使……失敗。之，代詞，指所為之事。

⑩ 慎終如始，則無敗事：謹慎終結像開始時一樣，就不會出現失敗的事。慎終如始，像開始時一樣謹慎對待終結。猶言「自始至終謹慎」。無，沒有。

⑪ 是以聖人欲不欲，不貴難得之貨：所以聖人以沒有慾望為追求，不把珍奇之物當作寶貝。欲不欲，以不欲為欲。第一個「欲」是意動用法，以……為欲，把……當作欲。「不欲」是第一個「欲」的賓語。不貴難得之貨，不看重難以得到的物品，不把珍奇之物當作寶貝。貴，意動用法，以……為貴，把……當看貴重。參見第三章注釋③。

⑫ 學不學，復眾人之所過：把不教導當作教導，重複眾人應有的犯錯誤的經歷。學，音ㄒㄧㄠˋ，教。《廣雅》：學，教也。《禮記‧文王世子》：凡學（ㄒㄧㄠˋ）世子及學（ㄒㄩㄝˊ）士（凡是世子及學士都要接受教導）。《禮記‧學記》：兌命曰「學（ㄒㄧㄠˋ）學（ㄒㄩㄝˊ）半」（教人是學習的一半），其此之謂乎？不學，以不學為學，以不教導為教導。第一個「學」是意動用法，以……為教導，把……當作教導。復，重複。所過，犯過的錯誤，失敗的經歷，實際是必須有的挫折經歷過程。

⑬ 以輔萬物之自然而不敢為：來輔助萬物順應自然而不敢透過外力影響它。以，連接詞，作用同「而」，這裡相當於「來」。輔，輔助，有「順從」的意思。

之，動詞，走向，趨向。自然，本來的樣子，參見第十七章注釋⑦。而，轉折連接詞。為，多做事。

【意義歸納】

本章的思想實與前一章相關聯，是對「圖難於其易，為大於其細；天下難事必作於易，天下大事必作於細」這個道理的進一步闡發，強調事物都有累積發展的過程，做事要順應規律謹慎為之。全章共分四層。

第一層：「其安易持，其未兆易謀，其脆易泮，其微易散——為之於未有，治之於未亂。」從一個側面談防患於未然。

第二層：「合抱之木，生於毫末；九層之台，起於累土；千里之行，始於足下。」以淺顯的譬喻闡釋深刻的道理，談事物發展要有一個累積壯大的過程。

第三層：「民之從事常於幾成而敗之，慎終如始，則無敗事。」談做事自始至終都要謹慎。

第四層：「是以聖人欲不欲，不貴難得之貨；學不學，復眾人之所過，以輔萬物之自然而不敢為。」談要順應自然規律，尊重事物發展應有的過程。

【文法分析】

```
        並列        並列        並列      （因此要）        並列
  其安易持，｜其未兆易謀，｜其脆易泮，｜其微易散——為之於未有，｜
                      並列              並列
治之於未亂。合抱之木，生於毫末；｜九層之台，起於累土；｜千里之行，始
                      並列          條件
於足下。民之從事常於幾成而敗之，｜慎終如始，‖則無敗事。是以聖人欲不欲，

不貴難得之貨；學不學，復眾人之所過，以輔萬物之自然而不敢為。
```

「其安易持，其未兆易謀，其脆易泮，其微易散」是並列關係的複句，它與「為之於未有，治之於未亂」存在因果關聯，由於沒有關聯詞，且又不好加其他標點，所以我在它們之間加了破折號，這個破折號相當於「因此要」。加了破折號後，我把它們處理成兩個複句單位。

327

「民之從事常於幾成而敗之，慎終如始，則無敗事」是雙重複句。「民之從事常於幾成而敗之」與「慎終如始，則無敗事」形成對比，為第一重，是並列關係；只有「慎終如始」，才會「無敗事」，這是第二重，是條件關係。

「民之從事常於幾成而敗之」這個句子的主語是主謂短語「民之從事」（「之」取消獨立性）；「常於幾成」與「而」分別為狀詞，「敗」是「使……敗」，為使動用法，作謂語；後一個「之」指敗事，是賓語。這個單句的文法成分分析為：

　　民之從事〔常於幾成〕〔而〕敗之

在「是以聖人欲不欲，不貴難得之貨；學不學，復眾人之所過，以輔萬物之自然而不敢為」這個複雜單句中，「聖人」是主語，後面的內容都是「聖人」的做法，是複句短語作謂語。

我們對這個複句短語內部進行分析：「欲不欲，不貴難得之貨」與「學不學，復眾人之所過」是第一重，為並列關係。因為「欲不欲」，所以「不貴難得之貨」，為因果關係，是其中的一個第二重；「學不學，復眾人之所過」的目的是「以輔萬物之自然而不敢為」，這是另一個第二重，為目的關係。「學不學」的目的是「復眾人之所過」，為目的關係，是第三重。

　　　　因果　　　　　並列　　　目的　　　　　　目的
　　欲不欲，‖不貴難得之貨；｜學不學，‖｜復眾人之所過，‖以輔萬物之自然而不敢為

【考辨】

各版本在「千里之行，始於足下」後有「為者敗之，執者失之。是以聖人無為故無敗，無執故無失」這句話。這幾句在第二十九章有見，屬於重出，且放於此不倫不類，或為錯誤理解而植入的點評內容，據刪。去掉「為者敗之，執者失之。是以聖人無為故無敗，無執故無失」後整章意思變得非常簡明。「民之從事常幾於成而敗之，慎終如始，則無敗事」正是「合抱之木」、「九層之台」、「千里之行」之類。

在解讀本章過程中，我有一個反覆的認識過程。開始時把「學不學」解釋成「把

不學當作學」，怎麼品味都覺得難以自圓其說，當找到「學」的「ㄒㄧㄠˋ」讀音、「教導」的解釋後，本章解釋起來就通順了。

「是以聖人欲不欲，不貴難得之貨；學不學，復眾人之所過，以輔萬物之自然而不敢為」這幾句強調的是「無為」，與前面的「為之於未有，治之於未亂」明顯牴牾：「為」與「無為」本來是一對矛盾概念，老子反覆強調「無為」，而字裡行間卻滲透了許多「有為」。「為之於未有，治之於未亂」不但「有為」，而且是「先為」。這本身與「無為」相矛盾，而且「為之」與「不敢為」又自相矛盾。既說「為之於未有，治之於未亂」，又說「以輔萬物之自然而不敢為」。可見，這裡「為之」、「治之」應該是「以輔萬物之自然」之「為」之「治」。

本章的內容與上一章有重要的連繫，元代的吳澄曾把兩章揉在一起，不過他組合的也有問題。

再談一個問題，被我們奉為經典的成語「千里之行，始於足下」並非老子原創。目前發現的最早文本郭店楚竹簡缺六字，只有「足下」二字；其後的《馬帛》甲本為「百仞之高，始於足下」，乙本為「百千之高，始於足下」，「百仞之高，始於足下」顯然說的是攀高山，更突出其艱難辛苦；「千里之行，始於足下」說的是履平地，更突出其行程之多。都有累積的過程，從量上看千里更多，從難度上來看「百仞」更難。僅這一個例子，就足可以說明《道德經》原著雖為老子，但我們今天所見的文本，不知道經過了多少人的加工和改編。這些加工和改編，有的不失其原意，語言更流暢，這是應該認同的，如本例；有的背離原本，背離老子本意，與《道德經》一貫思想格格不入，是應該被改正，如第十八章、第十九章；當然還有一些值得推敲、應該挪移的內容，如上章所言的「報怨以德」。

「欲不欲」、「學不學」與上一章的「為無為」、「事無事」、「味無味」句式相同。欲不欲，以不欲為欲，想的是沒有慾望。前一個「欲」為意動，以……為欲。學不學，以不學為學，學的是不學（注意「學」音ㄒㄧㄠˋ）。前一個「學」為意動，以……為學。「不貴難得之貨」的「貴」，也是意動用法，以……為貴。

在亂世讀老子

世界殘酷，**道德經**讓你有顆柔軟的心

【解讀與點評】

本章從正反兩個角度強調事物發展有量變的積累過程，因「其安易持，其未兆易謀，其脆易泮，其微易散」，所以要對有不良發展傾向的事物採取「為之於未有，治之於未亂」的措施。「合抱之木，生於毫末；九層之台，起於累土；千里之行，始於足下」是人們都能理解的客觀道理，可惜「民之從事常於幾成而敗之」，以其不能「慎終如始」，如果「慎終如始」就不會有「敗事」。從這種邏輯關係考慮，「為者敗之，執者失之。是以聖人無為故無敗，無執故無失」放在這裡也不對。

怎樣理解「其安易持，其未兆易謀，其脆易泮，其微易散——為之於未有，治之於未亂」呢？從全章來看，本章著力談的是累積的作用，這一層是從防患於未然的角度來談。正是因為事物發展有從微弱到壯大的過程，所以對不良的徵兆應該在它還弱小時就予以控制，或者說予以正確引導，防微杜漸。「為之於未有」——不良傾向還沒有產生時就加以正確引導，使不良傾向沒有產生的條件；「治之於未亂」——對已經出現徵兆的不良傾向，在它還沒形成勢力時就治理，不讓它繼續發展。這是從反面解讀「合抱之木，生於毫末；九層之台，起於累土；千里之行，始於足下」。

其實，「其安易持，其未兆易謀，其脆易泮，其微易散——為之於未有，治之於未亂」是我們從《道德經》中能汲取的最具現實性的思想。「其安易持，其未兆易謀，其脆易泮，其微易散」的道理非常簡單，可是在現實中它也最容易被忽視。社會分工越來越細，然而應該有人管的事情，卻常常出現沒人管或管不好的情況。任何一個機關把它該做好的工作做好，社會自然就會穩定。比如警察局負責治安，對百姓的所有報案都應該記錄、有回應；有案不受理，接案不處理，自然會縱容犯罪，甚至草菅人命。在監視器遍布的環境下，仍然有偷盜，甚至在接到報案發現線索後，仍然不能處理，顯然是警察局的失責；接到兒童走失案後數日，兒童卻在轄區內殞命，警察局有不可推卸的責任。各司其職，「天下將自定」（第三十七章）。

對「合抱之木，生於毫末；九層之台，起於累土；千里之行，始於足下」這句話，可以從兩個角度來理解。一是從正面角度理解：事物發展有累積壯大的規律，做任何事情都需要過程，謹慎對待做事的整個過程，善始善終；一是從反面理解：不良傾向也是由小到大發展的，要抓住苗頭，或加以正確引導，使之改善，或予以扼制。

這裡講的與前一章「圖難於其易，為大於其細；天下難事必作於易，天下大事必作於細」所講道理一致。

「民之從事常於幾成而敗之，慎終如始，則無敗事」，列舉的是反面現象，講的是正面道理：做事情自始至終都要謹慎，這是正面解讀「合抱之木，生於毫末；九層之台，起於累土；千里之行，始於足下」。

怎樣理解「欲不欲，不貴難得之貨；學不學，復眾人之所過，以輔萬物之自然而不敢為」呢？

「欲不欲」的目的是扼制慾望，「不貴難得之貨」道出了實質。做到了「欲不欲」就會「少私寡慾」。「學不學」的目的是「復眾人之所過」。「復眾人之所過」就是「重複別人犯過的錯誤」，而不是「糾正別人犯過的錯誤」。「糾正別人犯過的錯誤」之說與「以輔萬物之自然而不敢為」相衝突。「學不學」，不透過外力施加影響，所以就會重複錯誤，如小孩學走路，必須經過爬，必須有摔倒的經歷，然後才能走，沒有這個經歷的人不是完善的人，他永遠不會走。「復眾人之所過」這是認識客觀世界的一個必需的過程，猶如我們說一個人由不成熟到成熟的過程，不成熟就有「過」，成熟之後就會克服這些「過」。「眾人之所過」，應該是必須有的一種經歷，它是人生的必然經歷，是一個體驗和感悟的過程。「學不學」的最終目的是「以輔萬物之自然而不敢為」。「以輔萬物之自然而不敢為」就是不偷工減料，不投機取巧，重視全過程，慎終如始，要一步一步走下來，每一步都很重要，少一步差一步都不行。這就是「以輔萬物之自然而不敢為」。慎終如始，這個過程是不是「為」呢？其實要想做到「慎終如始」需要「搏氣致柔」（第十章），需要「心使氣」（第五十四章）。

「民之從事常幾於成而敗之，慎終如始，則無敗事。」談的是做事自始至終都要謹慎的道理，這是真理。瑞士曾有一對戀人，用了五年時間環遊世界，冒險旅行，足跡遍布亞洲、中東、南美洲等多個危險重重的地方，其中不乏一些世上最危險的地方——兩人曾一起穿越撒哈拉沙漠，曾一起在亞馬遜熱帶雨林中跋涉，還從巴基斯坦山區險遭的綁架中逃脫；然而在結束環球旅行、安全回家的兩天後，兩人卻意外被火車撞死。這對戀人在艱難的旅行中謹慎，所以沒有出事，在家門口反而疏忽大意，就是由於沒有能「慎終如始」。

「其安易持」、「其未兆易謀」、「其脆易泮」、「其微易散」、「為之於未有，治之於未亂」、「合抱之木，生於毫末」、「九層之台，起於累土」、「千里之行，始於足下」、「慎終如始」都可作為成語，有的已為人們熟知。

第六十五章

【原文】

古之善為道者，非以明民，將以愚之①。民之難治，以其知多②。故以知治國，國之賊③；不以知治國，國之福④。知此兩者亦稽式⑤。常知稽式，是謂玄德⑥。玄德深矣遠矣⑦，與物反矣⑧，然後乃至大順⑨。

【通釋】

古代善於把握治國之道的人，不是為了使百姓精明，而是為了使百姓不胡思亂想。百姓難治理是因為他們想太多。所以用智謀治理國家是國家的災難，不用智謀治理國家是國家的福分。明確了這兩點，也就明確了治國的原則。始終明確治國的原則，就是具備了玄德。玄德深邃高遠，與世俗認識相反，這樣做以後就能達到大順。

【注釋】

① 古之善為道者，非以明民，將以愚之：古時善於按道治國的人，不是為了使百姓精明，而是為了使百姓什麼都不想。本句是一個綜合判斷句。前一個「之」，助詞，的。非，不是。以，表示目的關係的連接詞，為了。明民，使百姓精明。明，使……精明。將，要。愚之，使他們愚鈍。愚，使……愚鈍，因愚鈍而不胡思亂想。後一個「之」，代詞，指前文的「民」。

② 民之難治，以其知多：百姓難治理是因為他們會想太多。本句是解說性判斷句。之，放在「民」與「難治」這個主謂短語之間，取消該短語的獨立性。以，因。其，他們，指「民」。知，同「智」。

③ 故以知治國，國之賊：所以用智謀治理國家是國家的災難。本句也是判斷句，下句同。以，用，憑藉。之，助詞，的。賊，害，災害，災難。

④ 福：福分。

⑤ 知此兩者亦稽式：知曉這兩種情況也就有了考察標準。知，動詞，知道。兩者，實際為一個問題的兩個方面，即「以知治國」的壞處和「不以知治國」的好處。亦，相當於「也是」，「也就」。稽式，原則，考察標準。稽，考證，考察。式，模式，標準。

⑥ 常知稽式，是謂玄德：始終明確考察標準，這就叫具備了玄德。常，恆久，一直。知，因知曉而把握。玄，深遠巨大。參見第一章注釋⑧和第六章注釋①。

⑦ 玄德深矣遠矣：玄德深邃高遠。深，深邃。遠，高遠。

⑧ 與物反矣：與世俗認識相反。物，事物，這裡指一般的事理，世俗的認知。反，相反。

⑨ 然後乃至大順：這之後就能非常順利。然後，這樣以後。然，代詞，指以上講的情況。乃，就，才。大順，非常順利。

【意義歸納】

本章談的是老子的治國觀。老子認為，把握「不以知治國」的「稽式」就具有了「玄德」，就會達到「大順」。全章共分兩層。

第一層：「古之善為道者，非以明民，將以愚之。民之難治，以其知多。故以知治國，國之賊；不以知治國，國之福。知此兩者亦稽式。」提出要把握不以智治國的稽式。

「古之善為道者，非以明民，將以愚之」是說「古之善為道者」的做法，「民之難治，以其知多」是說為什麼要這樣做，「故以知治國，國之賊；不以知治國，國之福」得出「不以知治國」是稽式的結論。

第二層：「常知稽式，是謂玄德。玄德深矣遠矣，與物反矣，然後乃至大順。」分析把握不以智治國的稽式就具備了玄德的意義。

在亂世讀老子

世界殘酷，**道德經**讓你有顆柔軟的心

【文法分析】

　　古之善為道者，非以明民，將以愚之。民之難治，以其知多。故以知治國，
　　　　並列
國之賊；｜不以知治國，國之福。知此兩者亦稽式。常知稽式，是謂玄德。玄
　　　　　承接
德深矣遠矣，與物反矣，｜然後乃至大順。

　　「古之善為道者，非以明民，將以愚之」是單句，主語「古之善為道者」相當
於現代漢語中的「的字短語」，謂語「非以明民，將以愚之」是個並列關係的複句
短語，是「不是……而是……」的關係。

　　「民之難治，以其知多」是一個解釋性判斷句，主語由「民之難治」這個主謂
短語充當，謂語是「以其知多」。直釋判斷句，就要在主語謂語之間加「是」。這
句直釋後為「百姓難以治理的原因是他們智慧多」。「之」是放在「民」與「難治」
這個主謂短語之間取消該短語的獨立性的助詞。

　　在「故以知治國，國之賊；不以知治國，國之福」這個複句中，兩個分句分別
都是判斷式單句，釋後為「……是……」的形式，這兩句話的意思是「所以用智謀
治理國家是國家的災難，不用智謀治理國家是國家的福分」，「故」為關聯詞。

　　「常知稽式，是謂玄德」是一個單句。「常知稽式」與「是」是復指短語作主語，
「謂」是謂語，「玄德」是賓語。

　　在「玄德深矣遠矣，與物反矣，然後乃至大順」這個承接複句中，「玄德深矣
遠矣，與物反矣」是單句，主語是「玄德」，謂語是遞進關係的複句短語「深矣遠矣，
與物反矣」。這個單句的文法成分分析為：

　　玄德深矣遠矣，與物反矣

【解讀與點評】

　　「古之善為道者」中的「為」是「把握」的意思，「道」是「正確的治國之道」
的意思。「非以明民」，不是為了使百姓精明（聰明）。何為「明」？見多識廣、
內心清楚為明。「將以愚之」，就是要讓百姓愚鈍。「以」是表示目的的連接詞。
為什麼要實行「愚民之策」呢？百姓難治理是因為他們想太多。結論是，用智謀治

理國家，是國家的災害；不用智謀來治理國家，是國家的福分。

「知此兩者亦稽式」的「兩者」，實際為一個問題的兩個方面，即「以知治國」的壞處和「不以知治國」的好處；「稽式」就是考察衡量的標準。稽→考→考察，考核，考證；式→模式，標準。是否「以知治國」是考察衡量統治者是否「善為道」的標準。

「常知稽式，是謂玄德」，「常知稽式」就是始終明確並遵循標準。「玄德」就是深邃的品德，高大的品德。「玄德深矣遠矣」揭示了這種品德的內涵。「與物反矣」之「物」是客觀存在，是世俗的認知：世俗認為百姓聰明為好，主張「明民」，而「與物反」者卻主張讓百姓保持原始的「朴」，主張「愚民」，「與物反矣」就是「與世俗的認知相反」。「然後乃至大順」。「然」代指「愚民」之策，「愚民」就會達到國家「大順」。

本章是老子為統治者支著。治國是否以智，不局限於是否愚民，還在於統治者用不用心計。用不用智，首先在統治者。「以知治國」，跟百姓要心機，想方設法欺騙百姓，算計百姓，是真愚弄百姓；統治者用智，百姓也鬥智，「刁民」即與統治者鬥智之民。「不以知治國」，不跟百姓要心機，百姓也就不用心思，這就達到了「愚之」。這也暗合了第三章老子舉的聖人之治的例子：「聖人之治，虛其心，實其腹；弱其志，強其骨——常使民無知無慾，使夫知者不敢為也。」百姓愚，就會做順民，不作亂，當然就會達到大順。

老子愚民的初衷，是讓百姓保持原始的「朴」，而且前提是治國不以「智」，古今中外不乏統治者借用老子「愚民」之策治國，然而他們只借用了老子的「封閉」之策，仍然對百姓要心機，以智愚民。當然，世界錯綜複雜，愚民不是永遠能行得通，同時治國不以「智」也不可能。

第六十六章

【原文】

江海所以能為百谷王者，以其善下之，故能為百谷王①。是以聖人欲上民，必以言下之②；欲先民，必以身後之③。是以聖人處上而民不重④，處前而民

不害⑤，是以天下樂推而不厭⑥。以其不爭，故天下莫能與之爭⑦。

【通釋】

江海能成為百川的首領的原因，是它善於處在百川的下游，所以能成為百川的首領。因此聖人要做人民的統領，必須用謙卑的言語對待人民；要做人民的帶頭人，必須把自身利益放在人民利益的後面。所以聖人處在人民之上，而人民並不感到壓迫，處在人民之先，而人民並不感到妨害。因此天下人都樂意擁戴他而不討厭他。因為聖人不與人爭，所以天下沒有誰能與他爭。

【注釋】

① 江海所以能為百谷王者，以其善下之，故能為百谷王：江海能成為百川的首領的原因，是它善於處在百川的下游，所以它能成為百川的首領。江，指長江。谷，小河流。下之，居於小河之下。之，代指「百谷」。

② 是以聖人欲上民，必以言下之：因此聖人要做人民統領，必須用謙卑的言語對待人民。上民，「上於民」的省略，在民之上，即「統領人民」。以言，把言語。下，使……處於下，即使自己的言語謙卑。

③ 欲先民，必以身後之：要做人民的帶頭人，必須把自身利益放在人民利益的後面。先民，「先於民」的省略，在民之先，走在人民前頭，即「做人民的帶頭人」。以身，把自身，把自身的利益。後之，是「後於之」的省略，放在民後面。後，用作動詞。之，指民。

④ 是以聖人處上而民不重：所以聖人處在人民之上而人民並不感到沉重。處上，是「處於民上」的省略。不重，沒有感覺沉重，沒有感覺受壓迫。

⑤ 處前而民不害：處在人民之先而人民並不感到妨害。處前，是「處於民前」的省略。害，感到有妨害。

⑥ 是以天下樂推而不厭：因此天下人都樂意擁戴他而不討厭他。推，推舉，擁戴。厭，討厭，厭惡。

⑦ 以其不爭，故天下莫能與之爭：因為聖人不與人爭，所以天下沒有誰能與他相爭。以，因。其，代詞，指代聖人。莫，沒有誰。之，代詞，也指代聖人。

【意義歸納】

本章以「江海所以能為百谷王」為喻，以聖人「以言下之」、「以身後之」為例，告誡統治者要「善下之」、「善後之」。全章共分兩層。

第一層：「江海所以能為百谷王者，以其善下之，故能為百谷王。是以聖人欲上民，必以言下之；欲先民，必以身後之。」引喻舉例，強調要「善下之」、「善後之」。

第二層：「是以聖人處上而民不重，處前而民不害，是以天下樂推而不厭。以其不爭，故天下莫能與之爭。」舉例談「善下之」、「善後之」的好處。

【文法分析】

因果

江海所以能為百谷王者，以其善下之，│故能為百谷王。是以<u>聖人</u>欲上民，

<u>必以言下之</u>；欲先民，必以身後之。是以聖人處上而民不重，處前而民不害，

因果　　　　　　　　　　　　　因果

│是以天下樂推而不厭　　以其不爭，│故天下莫能與之爭。

「江海所以能為百谷王者，以其善下之，故能為百谷王」這個複句的特點是「回還」，與第七章的「天地所以能長且久者，以其不自生，故能長生」表述方法一樣，與第十三章的「何謂寵辱若驚？寵為上，辱為下，得之若驚，失之若驚，是謂寵辱若驚」表述方法相似。這是《道德經》中屢屢出現的回還表達方式。所以我把「江海所以能為百谷王者，以其善下之」劃歸在一起，構成一個單句，這個單句再與「故能為白谷土」構成因果關係的複句。在整個複句中，「所以」是「……的原因」的意思，「以其」的「以」是「因」的意思，「故」是「所以」的意思。

「江海所以能為百谷王者，以其善下之」是解說性判斷句，釋成現代的語言就是「江海能成為百川的首領的原因，是它善於處在百川的下游」。這個單句的主語是「江海所以能為百谷王者」，謂語是「以其善下之」。它的文法成分分析為：

<u>江海所以能為百谷王者</u>，<u>以其善下之</u>

「江海所以能為百谷王者，以其善下之」這個判斷句的謂語「以其善下之」也

337

是個主謂短語。其中，「以」是關聯詞，「其」是主語，「善」是狀詞，「下」是謂語，「之」是省略了介詞的補語。強調：「之」不是「下」的賓語，而是「下」的補語，因為「之」前省略了介詞「於」，「下」對「之」沒有支配能力。「善下之」就是「善於對民謙卑」。這個主謂短語的文法成分分析為：

以其〔善〕下〈之〉

「是以聖人欲上民，必以言下之；欲先民，必以身後之」只有一個主語，也是一個單句，「是以」是關聯詞，「聖人」是主語，謂語「欲上民，必以言下之；欲先民，必以身後之」是一個並列複句短語：

是以聖人欲上民，必以言下之；欲先民，必以身後之

兩個並列短語內部又分別是假設關係：

假設　　　　並列　　假設
欲上民，‖必以言下之；｜欲先民，‖必以身後之

「是以聖人處上而民不重，處前而民不害」還是一個單句，「是以」是關聯詞，「聖人」是主語，謂語「處上而民不重，處前而民不害」是並列關係的複句短語。這個單句的文法成分分析為：

聖人處上而民不重，處前而民不害

謂語中的「處上而民不重」與「處前而民不害」分別是轉折關係的緊縮複句短語。

許多古漢語文本對「是以」、「故」的使用都比較熱衷，很像現今我們語言實踐中頻頻濫用關聯詞，常常造成邏輯關係的混亂。本章的「聖人」和「天下」前的兩個「是以」就存在問題，似乎二者是並列關係，但其實，前一個「是以」是後一個「是以」的因。

【解讀與點評】

「江海」、「為百谷王」是一個形象的譬喻，「江海所以能為百谷王者」，就是因為它「善下之」，包容大度納百川，顯然這個譬喻要揭示的正是「譬道之在天下，猶川谷之於江海」（第三十二章）的道理。

同「下之」是「下於之」的省略一樣，「是以聖人欲上民，必以言下之；欲先民，

必以身後之」中的「上民」是「上於民」的省略，意思是「在民之上」，即「統領人民」；
「以言下之」就是以謙和的態度對待人民，聽取人民的意見。「先民」是「先於民」
的省略，意思是「在民之先」，就是做人民的帶頭人，即「給人民做表率」；以身
後之，就是把自身的利益放在後面。「後之」之「後」的是「身」，是「自身的利益」。
「上民」而又「以言下之」就是「全心全意為人民服務」，「先民」而又「以身後之」
就是「吃苦在前，享受在後」。聖人的「以言下之」、「以身後之」是「天長地久」、
「外其身而身存，後其身而身先」的「長生久視之道」（第七章、第五十九章）。

第六十七章

【原文】

　　天下皆謂我道大，似不肖①。夫唯大，故似不肖②。若肖，久矣其細也夫③！
我有三寶，持而保之④：一曰慈，二曰儉，三曰不敢為天下先⑤。慈，故
能勇⑥；儉，故能廣⑦；不敢為天下先，故能成器長⑧。今舍慈且勇，舍儉且廣，
舍後且先，死矣⑨！夫慈，以戰則勝，以守則固⑩，天將救之，以慈衛之⑪。

【通釋】

　　天下人都說我道大，似乎什麼都不像。正是因為它大，所以似乎什麼都不像。
如果像個什麼，它早就變小了啊！

　　我有三件寶貝，掌握並保持著它們：第一是柔慈，第二是少做，第三是不敢做
天下的帶頭人。柔慈，所以能勇猛；少做，所以能做很多；不敢做天下的帶頭人，
所以能成為首領。如今放棄柔慈只追求勇猛，放棄少做但求做得很多，放棄處在後
面只求爭先，這是找死啊！保持柔慈，憑它作戰會取勝，憑它防守會穩固，上天要
救助他，因柔慈保護它。

【注釋】

① 天下皆謂我道大，似不肖：天下人都說我道大，似乎什麼都不像。肖，音ㄒ
　　ㄧㄠˋ，像。《說文》：「肖，骨肉相似也。」

② 夫唯大，故似不肖：正是因為它大，所以似乎什麼都不像。夫唯，正是因為。

③ 若肖，久矣其細也夫：如果像個什麼，它早就變小了。若，如果。「久矣其細也」是個倒裝短語，實則為「其細也久矣」。細，小。夫，音ㄈㄨˊ，議論句句尾起感嘆作用的助詞。

④ 我有三寶，持而保之：我有三件寶貝，掌握並保持著它們。三寶，即下文說的「慈」、「儉」和「不敢為天下先」。持，把握，掌握。保，保護，保持。之，代詞，它，指「三寶」。

⑤ 一曰慈，二曰儉，三曰不敢為天下先：第一個叫慈，第二個叫儉，第三個叫不敢做天下的首領。慈，柔慈，與「勇」相對。《增韻》：慈，「柔也，善也，仁也。」儉，少，與「廣」相對，少做。不敢為天下先，不敢在天下人之先有所作為，實際是不敢做天下的帶頭人，與「故能成器長」相對。

⑥ 勇：勇猛，奮勇。

⑦ 廣：多，作動詞，做得多，廣泛做事。

⑧ 不敢為天下先，故能成器長：不敢在天下人前面做帶頭人，所以能成為萬物的首領。器長，萬物的首領。器，物。

⑨ 今舍慈且勇，舍儉且廣，舍後且先，死矣：如今放棄柔慈而追求勇猛，放棄少做但求做得很多，放棄處在後面只求爭先，這就是找死啊。且，連接詞，相當於「而」，卻，但，只。勇，作動詞，追求勇猛。廣，用作動詞，追求廣泛做事。後，作動詞，處於後面。先，用作動詞，追求爭先，追求做帶頭人。死，找死。

⑩ 夫慈，以戰則勝，以守則固：保持柔慈，憑它作戰會取勝，憑它防守會穩固。夫，句首用於議論開始的助詞。慈，用作動詞，有了柔慈，保持柔慈。以，憑，靠，用。戰，作戰。勝，獲勝。守，防守。固，穩固。

⑪ 天將救之，以慈衛之：上天要救助他，因柔慈保衛它。將，要。之，不確指代詞，指掌握「三寶」的人。以，因。

【意義歸納】

本章由「道」的廣泛性和普遍性談到「慈」、「儉」、「不敢為天下先」道之三寶的價值意義。

本章前後意思連繫不緊密，所以我直接將本章分成兩段。

第一段：「天下皆謂我道大，似不肖。夫唯大，故似不肖。若肖，久矣其細也夫！」透過回答為什麼「道大，似不肖」，暗示道的廣泛性和普遍性。

第一層：「天下皆謂我道大，似不肖」是引言論。

第二層：「夫唯大，故似不肖。若肖，久矣其細也夫！」從正反兩個角度回應言論。

第二段：「我有三寶，持而保之：一曰慈，二曰儉，三曰不敢為天下先。慈，故能勇；儉，故能廣；不敢為天下先，故能成器長。今舍慈且勇，舍儉且廣，舍後且先，死矣！夫慈以戰則勝，以守則固，天將救之，以慈衛之。」介紹道的「三寶」。

第一層：「我有三寶，持而保之：一曰慈，二曰儉，三曰不敢為天下先。」介紹「三寶」是什麼。

第二層：「慈，故能勇；儉，故能廣；不敢為天下先，故能成器長。」介紹「三寶」的作用。

第三層：「今舍慈且勇，舍儉且廣，舍後且先，死矣！」談背離「三寶」的危害。

第四層：「夫慈，以戰則勝，以守則固，天將救之，以慈衛之。」著重談「三寶」之首「慈」的價值意義。

在亂世讀老子
世界殘酷，**道德經**讓你有顆柔軟的心

【文法分析】

<pre>
                                          因果   假設
      天下〔皆〕謂我道大，似不肖。夫唯大，│故似不肖。若肖，│久矣其細也夫！
                                                        因果
    我有三寶，持而保之：一曰慈， 二曰儉，三曰不敢為天下先。慈，‖故
        並列 因果   並列   因果   並列
    能勇；│儉，‖故能廣；│不敢為天下先，‖故能成器長。今舍慈且勇，‖舍
          並列   因果   假設   並列   因果（前果後因）
    儉且廣，‖舍後且先，│死矣！夫慈，‖以戰則勝，‖‖以守則固，│天將救之，
    因果（前果後因）
    ‖以慈衛之。
</pre>

「天下皆謂我道大，似不肖」是個單句，「天下」是主語，「皆」是狀詞，「謂」是謂語，「我道大，似不肖」是賓語。

「我有三寶，持而保之：一曰慈，二曰儉，三曰不敢為天下先」只有一個主語，是個單句，「我」是主語，「有」、「持」、「保」是連動謂語，「三寶」與「之」是賓語，冒號後的內容「一曰慈，二曰儉，三曰不敢為天下先」是復指賓語，即「三寶」，即「之」指代的內容。

「夫慈，以戰則勝，以守則固，天將救之，以慈衛之」是一個複句組合。這兩句話的意思是「如果有了慈，誰依靠它作戰就能取勝，防守就能穩固，因為天要救助他，由於他慈愛而保護他」。首先，因為「天將救之，以慈衛之」，所以，誰如果有了「慈」，就會「以戰則勝，以守則固」，這是第一重，為因果關係（前果後因）。「夫慈」與「以戰則勝，以守則固」是假設關係，是其中的一個第二重；因為他「慈」而「衛之」，所以「天將救之」，這是另一個第二重，為因果關係（前果後因），「以」是關聯詞。「以戰則勝」與「以守則固」是並列關係，為第三重。

在「夫慈以戰則勝，以守則固」中，為什麼「夫慈」不是主語呢？因為「以戰則勝，以守則固」的動作不是它發出的。實際上「以戰」、「以守」應是「以之戰」、「以之守」，省略的「之」就是慈。發出「以戰」、「以守」動作的主語不確定，可以是「你」，也可以是「我」，還可以是「他」，「夫慈」用於議論的開頭，相當於「如果有了那慈」。

《道德經》中的「吾」與「我」

第六十七章

【考辨】

有人在「謂」後加冒號，並將「我道大，似不肖」當作引用的話，以此來句讀：

天下皆謂：「我道大，似不肖。」

還有人在「我」後加冒號，並將「道大，似不肖」當作引用的話，以此來句讀：

天下皆謂我：「道大，似不肖。」

這兩種句讀都把完整的語言肢解了。無論是「我道大，似不肖」還是「道大，似不肖」都不可能是原話。其實這是設想出來的話，而且以轉述形式出現，這種情況不能加冒號或引號。而且這裡的「我」相當於「我的」，「我」已經與道合而為一了，根本不是單純的第一人稱。標點符號的使用要保持語言的完整性和連貫性，還要考慮思維及口語誦讀的合理性。

在為「慈故能勇儉故能廣不敢為天下先故能成器長」這些內容句讀時，有人不採用同一個標準，比如有人這樣句讀：

慈故能勇，儉故能廣，不敢為天下先，故能成器長。

其實這三個「故能」是一個「輩分」的，同樣，「慈」、「儉」、「為天下先」也是同一「輩分」的，「勇」、「廣」、「成器長」同樣是一個輩分的。標點符號的使用是「不能亂了輩分」的，要保持邏輯思維的一致性。

【解讀與點評】

本章涉及「勇」，涉及戰守。「勇」與戰守均因「慈」而生，因「慈」才勇於犧牲自己的利益，因「慈」而勇，因「慈」而能戰能守。老子的「慈」是發自內心的愛。從第十八章的「孝」與「慈」並舉來看，「慈」是長者對晚輩的「愛」，本章之「慈」含有對子民之愛，推而廣之就是無垠的大愛，有這種愛就能自覺維護被愛者的利益，甚至不惜犧牲生命，這就是「慈」與「勇」的關係。

再談一下解讀本章幾個關鍵詞語的思路。

單純解釋「慈」、「儉」、「不敢為天下先」可能很難明確它們的意義，如果同時分別把它們與「勇」、「廣」、「成器長」綜合比較，就能具體解讀。

「勇」為剛，所以把「慈」解釋為柔慈。

343

「儉」與「廣」對應，顯然與第五十九章的「嗇」義同，是節省，是少做，是無為。同時，透過對應解釋，我們也可以明確「廣」的含義，擴大展開，無所不為。「儉，故能廣」即無為而又無不為。

「不敢為天下先」是道之「三寶」之一，它的含義相當深刻。人們常常稱讚「帶頭人」，為什麼讚美他呢？因為第一個人有風險。其實，這種「為天下先」、「背道」，因為「勇於敢則殺，勇於不敢則活」（第七十三章）。顯然，「不為天下先」是老子主張的循道態度。為什麼「不敢為天下先，故能成器長」呢？「為天下先」者必將被淘汰，沒機會成為「器長」，只有「不為天下先」因身存，才有機會成為「器長」。

本章產生成語「敢為天下先」、「慈則能勇」、「儉則能廣」。「敢為天下先」是從「不敢為天下先」抽取的與老子之意相悖的成語。

第六十八章

【原文】

善為士者不武①，善戰者不怒②，善勝敵者不與③，善用人者為之下④：是謂不爭之德⑤，是謂用人之力⑥，是謂配天古之極⑦。

【通釋】

善於做士的人不仗恃武力，善於作戰的人不發怒，善於戰勝敵人的人不同敵人爭高下，善於用人的人會虛心聽從被用之人的意見：這就叫不爭奪的品德，這就叫用別人的力量，這就叫符合了上天和古時既有的最高原則。

【注釋】

① 善為士者不武：善於做士的人不仗恃武力。士，統領軍隊、指揮作戰的人。王弼注：「士，卒之帥也。」武，用作動詞，倚仗武力，仗恃武力。

② 善戰者不怒：善於作戰的人不發怒。怒，奮激，發怒。

③ 善勝敵者不與：善於戰勝敵人的人不同敵人爭高下。與，音ㄩˋ，對付，交

鋒，爭。王弼注：「與，爭也。」這裡指與敵人作戰。

④ 善用人者為之下：善於使用人的人會聽從被用之人的意見。為，做，處。之，代指所用的人。下，這裡指謙卑的姿態，虛心聽從被任用之人的意見。

⑤ 不爭之德：不爭奪的品德。之，助詞，的。

⑥ 用人之力：用他人的力量。用，借用。力，力量，力氣。

⑦ 配天古之極：合於上天和古時既有的最高原則。配，合。天古，上天與古代。天，上天，猶言「自然」。古，古代時。極，最高準則，指「道」。

【意義歸納】

本章是老子指揮決斷思想的一部分。談的是在軍事對抗中要循道而行，善於借力不硬做的道理。

【文法分析】

　善為士者不武，善戰者不怒，善勝敵者不與，善用人者為之下：是謂不爭之

德，是謂用人之力，是謂配天古之極。

全章是一個複雜的單句。「善為士者不武，善戰者不怒，善勝敵者不與，善用人者為之下」這個並列複句短語，與三個「是」分別構成復指成分共作主語。因為三個「是」同指一個主語，所以仍然是一個單句。謂語部分有三個，以「排比」的形式出現，三個謂語都是「謂」，三個賓語分別是「不爭之德」、「用人之力」、「配天古之極」。

下面展開分析組成這個複雜單句的複句短語和一般短語的文法成分。

主語中被復指的內容是並列關係的複句短語：

　　　　　並列　　　　並列　　　　並列
　善為士者不武，｜善戰者不怒，｜善勝敵者不與，｜善用人者為之下

「善為士者不武」是個主謂短語，「善為士者」是偏正短語作主語，「不武」是謂語部分：

　善為士者不武

在「是謂不爭之德」這個主謂短語中，作賓語的「不爭之德」是偏正短語。

在「是謂用人之力」這個主謂短語中，作賓語的「用人之力」是動賓短語：「用」是動詞謂語，「人之力」是偏正短語作賓語：

用（人）之力

在「是謂配天古之極」這個主謂短語中，作賓語的「配天古之極」是動賓短語：

配（天古）之極

【考辨】

有學者在解釋「善為士者不武」中的「士」時，刻意強調此「士」是「武士」的意思，我覺得大可不必。因為指揮作戰的人並不一定要孔武有力，比如諸葛亮；而「武士」也未必有指揮作戰的本事。

有人這樣句讀：「是謂配天，古之極（也）。」此句讀與前兩個不協調。「配天」解釋不通。「天古之極」是「天之極」與「古之極」的合併，「配天古之極」就是「合於天古之道」。

【解讀與點評】

「善為士者不武」。「不武」，就是不訴諸武力，不炫耀武力，不仗恃武力。第十五章有「古之善為士者，微妙玄通，深不可識」之說，本章之「士」即第十五章之「士」。此「士」乃指揮作戰之人，他可以做出決斷，是軍中的統帥。此士並不是專指武士，因為不憑藉武力，不硬做，不用動武，「不以兵強天下」（第三十章），就可以透過和平方式解決爭端，「不戰而屈人之兵」（《孟子》）。

「善戰者不怒」。老子曾提出「事善能」（第八章），主張容忍理智，「不怒」就是忍耐。「怒」即「動怒」、「發怒」，「動怒」、「發怒」就會失去理智，在對抗中失去理智，就會出現「不道」的問題。「不怒」就是「不被激怒」、「不發怒」、「不動怒」。善於作戰之人，不可激怒，不會像許褚那樣赤膊上陣。（羅貫中《三國演義》第五十九回：「許褚性起，飛回陣中，卸下盔甲，渾身筋突，赤體提刀，翻身上馬，來與馬超決戰。」）

「善勝敵者不與」，「不與」，就是「不交鋒」，「不爭鬥」。交鋒是正面對抗，

常常是膠著狀態，勝負之數不可判。「善勝敵者」的「不與」就是不打無把握之仗，以「迂迴」的方式來尋求更合理的勝敵之策。

「善用人者為之下」，此「用人」放在這裡，應該與軍事對抗有關，「之」是在軍事對抗中「善用人者」手下之人。「為之下」是一種姿態，就是虛心聽從被任用之人的意見，使被任用之人沒有束縛，能放開手腳。這種「為之下」是下屬充分發揮作用的保證，是克敵制勝的法寶。

「不爭」是「聖人之道」——「聖人之道，為而不爭」（第八十一章）。「不爭之德」是聖人的品德。

「用人之力」是借用他人的力量，充分發揮他人的主觀能動性，充分發揮「一班人」的作用，獲得勝利。武俠小說在描繪武俠高手時，常誇讚武林高手善於借力打力，「用人之力」當然也包括借對手之力，以力打力，達到「執無兵，扔無敵」（第六十九章）的效果。

「不武」、「不怒」、「不與」、「為下」就是「不爭」，就是「用人之力」，進而達到「配天古之極」。「配天古之極」是努力方向，是終極目標。

本章有成語「不爭之德」。

第六十九章

【原文】

用兵有言①：「吾不敢為主而為客，不敢進寸而退尺②。」是謂行無行③，攘無臂④，執無兵⑤，扔無敵⑥。禍莫大於輕敵，輕敵幾喪吾寶⑦。故抗兵相若，哀者勝矣⑧。

【通釋】

軍事指揮官這樣說：「我不敢做進攻者就只能做防守者，不敢前進一寸只好退讓一尺。」這叫作行軍作戰不用排列陣式，搏鬥廝殺不用縮袖揮臂，抓捕敵人不用使用兵器，牽制敵軍不用部署兵力。沒有比輕易與人為敵更大的災禍了，輕易與人

對抗，差點讓我失去遵從的道。所以敵對雙方兵力相當，同仇敵愾的一方獲勝。

【注釋】

① 用兵有言：軍事指揮官這樣說。用兵，使用兵力，指揮作戰，這裡用作名詞，指揮作戰的人，即軍事指揮官。有言，有話，有這樣的話。

② 吾不敢為主而為客，不敢進寸而退尺：我不敢做進攻者就只能做防守者，不敢前進一寸只好退讓一尺。主，主人，主動進攻者。而，連接詞，這裡相當於「只能」、「只好」。客，客人，被動防守者。進，前進。寸，比喻奪取的進度小。退，後退。尺，比喻退讓的幅度大。

③ 是謂行無行：這就叫行軍作戰不用排列陣式。行無行，行軍作戰不用列陣式。第一個「行」讀ㄒㄧㄥˊ，行動，行軍。無，不用，不用。後一個「行」讀ㄏㄤˊ，排列陣式。

④ 攘無臂：搏鬥廝殺不用縮袖揮臂。「攘無臂」即「無攘臂」，直接解釋為「不用捲起袖子爭鬥」，搏鬥廝殺不用縮袖揮臂，實際意思是「不用與敵人近戰肉搏」。攘，縮（ㄨㄢˇ）起衣袖，參見第三十八章注⑧。臂，露出手臂，揮臂。

⑤ 執無兵：抓捕敵人不用使用兵器。執，抓捕，抓捕敵人。兵，作動詞，使用兵器。

⑥ 扔無敵：牽制敵軍不用部署兵力。扔，牽引，這裡是「牽制」之意。參見三十八章注⑧。敵，作動詞，敵對，部署對抗的兵力。

⑦ 禍莫大於輕敵，輕敵幾喪吾寶：沒有比輕易與人為敵更大的災禍了，輕易與人對抗差點讓我失去遵從的道。輕敵，輕易與人對抗，輕易與人敵對。輕，輕易。敵，敵對，對抗。注意：「輕敵」並非「輕視敵人」的意思。幾，音ㄐㄧ，幾乎，差點。喪，喪失，引申為違背。吾寶，我道。寶，指應該堅守的道。

⑧ 故抗兵相若，哀者勝矣：所以敵對雙方兵力相當，同仇敵愾的一方獲勝。抗兵，舉兵相抗，對等抗衡的敵我雙方軍隊。相若，相當。若，王弼本為「加」，

據傅奕本、帛書本等改。哀者，懷著悲哀之情的人，即受到攻擊，不得不帶著悲哀心情去自衛反擊的人。哀，意猶「同仇敵愾」。

【意義歸納】

本章強調按道的原則應對戰爭，表達了老子的指揮決斷思想，戰略觀和戰術觀。全章共分兩層。

第一層：「用兵有言：吾不敢為主而為客，不敢進寸而退尺。是謂行無行，攘無臂，執無兵，扔無敵。」提出作戰要善於退讓，避免與敵對方正面交鋒。

第二層：「禍莫大於輕敵，輕敵幾喪吾寶。故抗兵相若，哀者勝矣。」提出不能輕易與人對抗。

【文法分析】

　　用兵有言：「吾不敢為主而為客，不敢進寸而退尺。」是謂行無行，攘無

承接

臂，執無兵，扔無敵。禍莫大於輕敵，｜輕敵幾喪吾寶。故〔抗兵相若〕，哀

者勝矣。

「用兵有言：『吾不敢為主而為客，不敢進寸而退尺』」是單句，「用兵」是主語，「有」是謂語，「言」是賓語，「吾不敢為主而為客，不敢進寸而退尺」這個複雜的主謂短語是「言」的復指成分，與「言」共作全句的賓語。

「吾不敢為主而為客，不敢進寸而退尺」這個複雜的主謂短語的主語是「吾」，謂語是由並列的兩個轉折關係的緊縮複句短語允當的。這個主謂短語的文法成分分析為：

吾不敢為主而為客，不敢進寸而退尺

「是謂行無行，攘無臂，執無兵，扔無敵」是一個單句。注意，這裡我沒有將它與「用兵有言：『吾不敢為主而為客，不敢進寸而退尺』」劃進一個組合，原因是，「是」這個代詞所指的內容只是前文引述的「吾不敢為主而為客，不敢進寸而退尺」這句話，換句話說，「是謂行無行，攘無臂，執無兵，扔無敵」不是「用兵有言」

的賓語。所以，在句讀中我對前文引述的部分加了引號。

在「是謂行無行，攘無臂，執無兵，扔無敵」這個單句中，「是」是主語，「謂」是謂語，「行無行，攘無臂，執無兵，扔無敵」是賓語。

這個賓語是由一組主謂短語構成。以「行無行」為例：

第一個「行」讀ㄒ一ㄥˊ，作主語，「無」作謂語，第二個「行」讀ㄏㄤˊ，作賓語。這個短語的文法成分分析為：

行無行

「禍莫大於輕敵，輕敵幾喪吾寶」是承接關係複句。

「禍莫大於輕敵」是主謂句。「禍」是主語，「莫」是狀詞，「大」是形容詞謂語。「於輕敵」是補語。它的文法分析為：

禍〔莫〕大〈於輕敵〉

「輕敵幾喪吾寶」是因果關係緊縮複句短語構成的主謂句。它的文法成分分析為：

輕敵〔幾〕喪（吾）寶

「輕敵」本身不是動賓短語，而是偏正短語；「輕」是「輕視」，「敵」是「敵對」。

「故抗兵相若，哀者勝矣」是單句，「故」是關聯詞，「抗兵相若」是「狀詞」，「哀者」是主語，「勝」是謂語。

【考辨】

對「行無行，攘無臂，執無兵，扔無敵」的解讀歷來比較亂，我對此的解讀也費了一些心思，特別是對「扔無敵」，我經過長時間的反覆推敲才明確了它的意義。一是考慮「行（ㄒ一ㄥˊ）、攘、執、扔」的表達形式應該基本一致，考慮「行（ㄏㄤˊ）、臂、兵、敵」的表達形式應該基本一致。二是考慮對這些內容的解讀都必須與老子的一貫思想吻合。基於這些，我對「是謂行無行，攘無臂，執無兵，扔無敵」這句話做出了釋讀。

再順便談一談標點符號使用的問題。本章涉及加不加引號、給哪些文字加引號

的問題。上面我已經談了為「吾不敢為主而為客，不敢進寸而退尺」加引號的理由。有人為《道德經》加的標點太沒道理，比如在「吾不敢為主」和「而為客」之間加逗號，將一個完整的句子給肢解了。我們在給語言加標點時，應該試著朗讀，「吾不敢為主，而為客」這樣的標點讀的時候不拗口嗎？

我總覺得「故抗兵相若，哀者勝矣」與「禍莫大於輕敵，輕敵幾喪吾寶」銜接得有些勉強。「禍莫大於輕敵，輕敵幾喪吾寶」談的是「不輕易與敵對抗」的問題，「故抗兵相若，哀者勝矣」談的是「同仇敵愾」的問題，二者之間缺少過渡。

需要強調的是「禍莫大於輕敵，輕敵幾喪吾寶」中的「輕敵」，不是「輕視敵人」的意思，而是「輕易樹敵」、「輕易與人對抗」的意思。

【解讀與點評】

「用兵有言」中的「用兵」本來是「使用兵力」、「指揮作戰」的意思，而實際應該是「用兵者」或「用兵時」，即「掌握兵權的人」、「軍事指揮官」或「指揮作戰時」、「使用戰爭手段時」。「有言」即「有話」、「有這樣的話」。這裡的「言」即「吾不敢為主而為客，不敢進寸而退尺」。「吾不敢為主而為客，不敢進寸而退尺」是老子引用用兵者的話，儘管這裡的「用兵者」是老子假託之人。「是謂行無行，攘無臂，執無兵，扔無敵」，是老子對「用兵者」之言的解讀，是對「吾不敢為主而為客，不敢進寸而退尺」的解讀。

何為主，何為客？主是主人，是主動發動戰爭者，是主動進攻者，是決定取捨選擇動向的人，是事態發展的主導者，是表面上的命運主宰者，是主動的一方。客，是客人，是不得不接受戰爭者，是被動防守者。客隨主便，客要聽從主人的安排，隨著主人而動。「不敢為主而為客」，就是不敢喧賓奪主，唯主人馬首是瞻。從這一點來看，客雖然表面上是被動的，但實際上最主動，可以以不變（只做「客」，隨主而動）應萬變（適應不斷變化了的局面），立於不敗之地。

為什麼「不敢進寸」卻要「退尺」？「進」是示強之道，「寸」極言其小。我是被動者，我處守勢，不需要「進」。與「寸」相較，「尺」大其十倍。「退尺」是忍讓之道，是示弱之道。不為主而為客，不進寸而退尺，就是不表現強悍，就是

守柔，因為「木強則折，兵強則滅」（第七十六章）。這是極富智慧的思想。

「是謂行無行，攘無臂，執無兵，扔無敵」即：

「這就叫行軍作戰不用排列陣式，搏鬥廝殺不用縮袖揮臂，抓捕敵人不用使用兵器，牽制敵軍不用部署兵力。」

行軍作戰不用排列陣式，是無陣式可排，是輕易不與人對陣，是靈活機動的作戰策略。

搏鬥廝殺不用縮袖揮臂，是不與人搏鬥廝殺，是避免與敵正面衝突，盡量不與敵方肉搏，所以不用縮袖揮臂，這是不對抗的策略。

執，抓捕。兵，兵器。抓捕敵人不用使用兵器，而是讓對方自己提出和解方案，是讓對方自動放棄作戰，繳械投降，是「不戰而屈人之兵」的策略。

扔，牽制。敵，對敵，使匹敵。牽制敵軍不用部署兵力，是沒有兵力可部署，是用其他方式牽制敵方，使敵方不敢輕舉妄動，這是以弱制強的策略。

「行無行，攘無臂，扔無敵，執無兵」是守柔、處下，是無為之道，是不擺架子，不託大，不硬做，不仗恃武力，就是以奇用兵。

「輕敵幾喪吾寶」之「寶」是什麼？是不主動挑起戰爭之「不敢為天下先」，是不多事而少為之「儉」，尤其是與殺伐對立之「慈」，這些正是老子說的「三寶」。

為什麼「抗兵相若，哀者勝」呢，它又與「輕敵幾喪吾寶」有什麼關係呢？什麼是「哀者」？哀者，懷著悲哀之情的人，即受到攻擊，不得不帶著悲哀的心情去自衛反擊的人。「哀者」是本來不願意與人敵對，卻不得不與人敵對者，是萬般無奈者。哀，意猶「同仇敵愾」。輕易與人敵對喪失的正是「三寶」。「我」是在萬般無奈的「哀兵」情況下「不得已而為之」的（第三十章）一方，因沒有退路而同仇敵愾捨生忘死的一方。因為「我」不是主動發動戰爭的一方，所以守住了「慈」。「慈，故能勇」，因此在力量相當的條件下「哀者勝」。此乃「夫慈以戰則勝，以守則固；天將救之，以慈衛之」的道理（第六十七章）。

見到「攘臂」就會想到《三國演義》中赤膊上陣的許褚；見到「列陣」，我就會想到春秋時不擒二毛、不鼓不成列的宋襄公。

《左傳‧僖公二十二年》記載了這樣一個戰例：

　　楚軍進攻宋國來救鄭國。宋襄公要與楚軍對戰，司馬魚極力勸諫說：「上天拋棄殷商很久了，您要中興它，這是不可赦免的罪過。」宋襄公不聽。冬天十一月己巳這一天，宋襄公同楚軍在泓作戰。宋人已經擺好陣式，楚軍還沒渡完河，司馬魚說：「敵軍人多我們人少，在他們正渡河時請下命令攻擊他們。」宋襄公說：「不行。」楚軍都渡過了河但還沒排開陣式，司馬魚又向宋襄公請求進攻楚軍。宋襄公說：「還不是時候。」等到楚軍排好陣式後宋軍才進攻他們，宋軍被打敗了，宋襄公被打傷了大腿，敗軍逃跑回城時，守城門的官員都被楚軍消滅了。

　　宋國人都責備宋襄公。宋襄公說：「君子不重創敵人，不活捉有白髮的人。古時候指揮作戰，不憑藉險隘。我雖然是商朝滅亡時遺留的後代，作戰也要講究不擊鼓命令士兵，向還沒排開陣式的敵人進攻。」子魚說：「您不懂得作戰。強敵被阻擋在險隘前沒排開陣式，是上天在幫助我們。攔截進攻他們，不正是好機會嗎？即使這樣還可能不能打敗他們！況且今天的強敵是來侵犯我們的，即使是頭髮都白了的敵軍，能抓獲的也要抓獲。對花白頭髮的人還憐憫什麼？訓練士兵作戰明白什麼是恥辱，追求的是消滅敵人。還沒有把敵軍打敗，為什麼不重創他們？如果不忍重創敵人，還不如不傷害他們；可憐花白頭髮的敵人，還不如歸順他們。三軍作戰要充分利用有利條件，鳴金擊鼓是為了振奮士氣。利用所有條件，險隘是可以的；用強烈的聲音壯威，一直擊鼓是可以的。」

　　宋國是商朝的遺臣，當時是個中等國家。宋襄公是宋桓公的嫡子，叫茲父；這段記錄中的大司馬叫子魚，又叫目夷，是宋桓公的庶子，是茲父的哥哥。宋襄公於魯僖公九年即位。魯僖公十八年，當時的霸主齊桓公死了。齊國是個大國，宋襄公趁齊國亂，「敗齊師於甗（一ㄢˇ），立孝公而還」。就是這個宋襄公，在魯僖公十五年冬和魯僖公十九年，兩次派兵伐曹國。其中魯僖公十九年宋襄公抓了滕國的君主嬰齊，讓邾文公在次睢之社殺了鄫國的君主祭社——這是很血腥的「人牲」祭祀，在當時也是被君子認為不道、不仁的行為。在諸侯無伯的情況下，魯僖公二十年，宋襄公就想以不大的宋國「欲合諸侯」，大有充當盟主的態勢。魯僖公二十一年春，宋人為鹿上之盟以求諸侯於楚僖公，楚曾「執宋公以伐宋」。魯僖公二十二年「夏，宋公伐鄭」。這些過程中，宋襄公都不聽子魚的勸阻，自討其禍。這次他受傷後，

不久後就死了：「夏五月，宋襄公卒，傷於泓故也。」（《左傳‧僖公二十三年》）宋襄公在位僅十四年。

誠如子魚所言，宋襄公不知曉「道」，「未知戰」。按宋襄公的軍事理論，君子打仗，不應該重創敵軍，不應該活捉頭髮花白的人，不能把敵軍阻擋在險隘前，不能向還沒有排好陣勢的敵人發起攻擊，這是典型的被後世譏笑的「宋襄之仁」。該行仁時宋襄公不仁，不該慈悲時宋襄公大發慈悲，這正是「正復為奇，善復為妖」（第五十八章）的表現。我在這裡講宋襄公，就是強調他是個不折不扣背「道」而馳的人。不知道哪位「高人」居然還把宋襄公算為「春秋五霸」之一，令人納悶！

總體來看，老子的軍事思想是以「無為」、少為、處下、守柔、守靜、穩重、示弱、避害為基調。

成語「得寸進尺」或衍生於本章。

第七十章

【原文】

吾言甚易知，甚易行[1]；天下莫能知，莫能行[2]；言有宗，事有君[3]。夫唯無知，是以不我知[4]。知我者希，則我者貴[5]，是以聖人被褐懷玉[6]。

【通釋】

我的主張很容易理解，很容易實行；可天下沒有人理解它，沒有人實行它；這些主張有來由，我要做的事有根據。正因為他們沒有了解我，所以不理解我。理解我的人少，效法我的人可貴，所以聖人雖穿粗布衣服，懷裡卻抱著美玉。

【注釋】

① 吾言甚易知，甚易行：我的主張很容易理解，很容易實行。言，話，主張。甚，副詞，很，非常。知，理解。行，推行，踐行。

② 天下莫能知，莫能行：可天下沒有人理解它，沒有人實行它。莫，沒有人。

③ 言有宗，事有君：主張有來由，事有根據。宗，宗旨，尊奉，效法。君，主心骨，

引申為根據，參見第二十六章注釋。

④ 夫唯無知，是以不我知：正因為他們沒有了解我，所以不理解我。無知，沒有了解。前一個「知」，了解，後面省略了「我」；後一個「知」，理解。不我知，即「不知我」，否定短語中代詞「我」是賓語，置於動詞「知」前，這是賓語前置短語。

⑤ 知我者希，則我者貴：理解我的人少，效法我的人可貴。希，同「稀」。則，效法，以……為準則。貴，可貴，難得。

⑥ 是以聖人被褐懷玉：所以聖人雖然穿粗布衣服，懷裡卻抱著美玉。「被褐懷玉」中，「被褐」與「懷玉」具有轉折的邏輯關係。被，同「披」，穿。褐，音ㄏㄜˊ，古人穿的粗布衣。懷，名詞用作動詞，懷抱，心中有。玉，這裡指美好的道德。

【意義歸納】

本章感慨道不為人們所知，強調道可貴。

【文法分析】

```
                    轉折              讓步
  吾言甚易知，甚易行；‖天下莫能知，莫能行；｜言有宗，事有君。夫唯
    因果              並列          因果
無知，｜是以不我知。知我者希，‖則我者貴，｜是以聖人被褐懷玉。
```

「吾言甚易知，甚易行；天下莫能知，莫能行；言有宗，事有君」這個複句間的關係有些特殊，特別是「言有宗，事有君」放在後面，有點「倒裝」的味道。實際上，幾個分句間的關係是：儘管「言有宗，事有君」，而且「吾言甚易知，甚易行」，但是「天下莫能知，莫能行」。

「吾言甚易知，甚易行」與「天下莫能知，莫能行」是一個轉折關係複句，所以中間用分號。雖然「言有宗，事有君」，但「天下莫能知，莫能行」也是一種轉折，只不過兩句話的位置顛倒了，所以我把它確定為「讓步」關係。

「夫唯無知，是以不我知」這個複句是因果關係複句，「夫唯」與「是以」是

關聯詞。

在「不我知」這個短語中，「我」這個賓語置於動詞「知」之前，這是否定短語中代詞作賓語，賓語前置。

【解讀與點評】

「言有宗，事有君」這兩句話的意思是說自己的言論、行事都不是憑空而來，而是有所依據，這個依據就是「道」。

「無知」與「不我知」的這個「不知」有什麼區別嗎？雖然都是同一個「知」，但「無知」之「知」是「了解」，「不知」之「知」是理解；「了解」是「理解」的前提，因為「沒有了解」，所以「不理解」。

「天下莫不知，莫能行」，明顯帶有失望之情。老子的失望之情應該來自對統治階層的認識。統治者惑於躁欲，所以對「吾言」、「莫能知」；迷於榮利，所以對「吾言」、「莫能行」。《道德經》傳世兩千多年，世人對老子說的道的認知依然如故，決策者、統治者中許多人背道而馳，現實社會這種情況太多太多，古今中外都有。

本章的「吾」、「我」已經與「道」合而為一了。「我」是「道」的化身，「我」即是「道」，「道」即是「我」。

則，既可釋為他動詞（及物動詞）「效法」，又可釋為自動詞（不及物動詞），用為意動用法「以……為準則」。效法我的人可貴，所以聖人雖然穿著粗布衣服，但卻有玉一樣美好的特質。

因此聖人穿著粗糙的衣服，保持著美好的品德——這本身是不是「則我」呢？「聖人被褐懷玉」是譬喻修辭表達，「被褐」就是不張揚，不鋪排，是「珞珞如石」的外在表現，是從眾，是從儉；「懷玉」是內在特質。「玉」就是循道而行的美德，雖「不欲琭琭如玉，（而）珞珞如石」（第三十九章），但內在的特質不能改變。

本章有成語「被褐懷玉」，並衍生出成語「被褐懷珠」。

第七十一章

【原文】

知不知，上矣①；不知知，病矣②。聖人不病，以其病病③；夫唯病病，是以不病④。

【通釋】

知曉本來不知曉的道，最好了；不知曉應該知曉的道，會困頓。聖人不困頓，因為他把困頓看成問題；正是因為他把困頓看成問題，所以他不會困頓。

【注釋】

① 知不知，上矣：知曉本來不知曉的道，最好了。本章王弼本為：「知不知，上；不知知，病。夫唯病病，是以不病。聖人不病，以其病病，是以不病。」根據《淮南·道應訓》引文及《御覽·疾病部》引文，參照帛書本重新整理。第一個「知」，知曉。不知，作名詞，不知曉的事物，這裡當指上一章說的「道」。上，最好。

② 不知知，病矣：不知曉應該知曉的道，會困頓的。第二個「知」，指的是應該知曉的道。病，嚴重的疾患，也指遭遇困頓。《說文》：「病，疾加也。」

③ 聖人不病，以其病病：聖人不困頓，因為他把困頓看成問題。以，因為。其，他，代指聖人。病病，把困頓看作問題，第一個「病」是動詞，意思是「把……看作病」。第二個「病」是名詞。

④ 夫唯病病，是以不病：正是因為他把困頓看成問題，所以他不會困頓。夫唯，正因為。是以，所以。

【意義歸納】

本章闡釋的是知曉道才不會遭遇困頓的道理。

在亂世讀老子

世界殘酷，**道德經**讓你有顆柔軟的心

【文法分析】

　　　　　並列　　　　　　　因果（前果後因）　　因果　　　　因果

　知不知，上矣；│不知知，病矣。聖人不病，‖以其病病；│夫唯病病，‖

是以不病。

　　在「聖人不病，以其病病；夫唯病病，是以不病。」這個複句組合中，第一重在「以其病病」後，因為「病病，是以不病」，所以「聖人不病，以其病病」，為因果關係，是前果後因，「夫唯」可以看作關聯詞。第二重有兩個，也分別是因果關係，「聖人不病」因「其病病」，「以」是關聯詞；「夫唯病病，是以不病」，「是以」是關聯詞。

【考辨】

　　本章王弼本為：「知不知，上；不知知，病。夫唯病病，是以不病。聖人不病，以其病病，是以不病。」文句混亂，根據《淮南‧道應訓》引文及《御覽‧疾病部》引文，參照帛書甲乙本改正。

　　知，本來按今義直接釋成「知道」，由於「道」是《道德經》中的一個專有概念，所以在全書中我用「知曉」來取代「知道」。另外，我在解讀古文本時主張少添加個人理解的多餘成分，但對「知不知，上矣；不知知，病矣」，我不得不從字面以外尋求答案，對原文進行了必要的添加。將「知不知，上矣；不知知，病矣」解釋成「知曉本來不知曉的道，最好了；不知曉應該知曉的道，會困頓」。

【解讀與點評】

　　本章的難點在「知」的賓語究竟指的是什麼。第七十章說：「吾言甚易知，甚易行；天下莫能知，莫能行；言有宗，事有君。夫唯無知，是以不我知。知我者希，則我者貴，是以聖人被褐懷玉。」反覆強調了「知」：「吾言甚易知」，但「天下莫能知」，「夫唯無知，是以不我知」，「知我者希」。本章是緊承前章而來，本章的「知」與「不知」當指「道」而言。

　　強調「絕學無憂」的老子不主張知之甚多，卻唯獨希望人們「進道」。「知不知」

正是「進道」（第六十三章）、悟道、得道的過程，「不知知」正是因為對「甚易知」的「道」、「莫能知」、「不我知」，所以「莫能行」，結果是「病矣」。

第七十二章

【原文】

民不畏威，則大威至①——無狎其所居，無厭其所生②。夫唯不厭，是以不厭③。是以聖人自知而不自見，自愛而不自貴④，故去彼取此⑤。

【通釋】

百姓不害怕權威，大的威脅就來了——不讓他們居住的家園安寧，不讓他們賴以生活的資料充足。正是不讓他們充足，所以他們不滿足。因此聖人正確認識而不表現自己，愛惜而不抬高自己，所以去除自以為是選擇不表現不抬高自己。

【注釋】

① 民不畏威，則大威至：百姓不害怕權威，大的威脅就來了。威，威勢，權威，威脅。

② 無狎其所居，無厭其所生：不讓他們居住的家園安寧，不讓他們賴以生活的資料充足。狎，安樂隨意，使……安樂隨意。所居，居住的地方。厭，充足，使……充足。所生，賴以生存的東西，衣食等。

③ 夫唯不厭，是以不厭：正是因為不讓（他們）充足，所以（他們）不滿足。夫唯，正是因為。第一個「不厭」是「無厭其所生」的結果，是「不充足」的意思，第二個「不厭」是「不滿足」的意思。

④ 是以聖人自知而不自見，自愛而不自貴：因此聖人正確認識自己而不表現自己，愛惜自己而不抬高自己。自知，知曉自己，了解自己，實際是「正確認識自己」。而，轉折連接詞。王弼本沒有這兩個「而」字，據帛書甲乙本補。自見，自我表現，自我顯示，實際是突出自己的威勢。見，同「現」，表現。自愛，愛惜自己。自貴，看重自己，抬高自己。

⑤ 故去彼取此：所以去除表現自我，選擇不表現和不抬高自己。彼，指「民不
　畏威，則大威至——無狎其所居，無厭其所生」的自見自貴的做法。此，指
　「自知」、「自愛」的態度。

【意義歸納】

本章透過統治者以威勢壓迫百姓的現象，與聖人不突出、不抬高自己的表現的
對比，來警示和引導統治者。

【文法分析】

　　　　　因果　（採取的手段是）　　　並列　　　　　　　　　因果
民不畏威，｜則大威至——無狎其所居，｜無厭其所生。夫唯不厭，｜是
　　　　　　　　　　　　　　　因果
以不厭。是以聖人自知而不自見，自愛而不自貴，｜故去彼取此。

「民不畏威，則大威至」是一個因果關係複句。什麼是「大威」呢？「無狎其
所居，無厭其所生」可見，「無狎其所居，無厭其所生」與「大威」有必然的連繫，
它是「大威」的具體表現，或者說是「大威」的手段，因此我在這二者之間加了破
折號，這個破折號相當於「採取的手段是」、「於是」的意思。

「夫唯不厭，是以不厭」又是直接回應「無厭其所生」的，與其有因果關聯。

在「是以聖人自知而不自見，自愛而不自貴」這個分句中，「是以」是關聯詞，
「聖人」是主語，「自知而不自見，自愛而不自貴」這個並列複句短語作謂語，單
句的文法成分分析為：

聖人自知而不自見，自愛而不自貴

「自知而不自見，自愛而不自貴」的兩個「而」，使語義的邏輯關係得以突出。

【考辨】

狎，是自由嬉戲，是隨意而安樂的表現。《左傳·昭公二十三年》有「民狎其野，
三務成功」之語，與此「狎」義同。

【解讀與點評】

「民不畏威，則大威至」是與人民為敵的政策。「無狎其所居，無厭其所生」

是「大威」的具體手段，是實施暴政，而這種暴政源起於統治者的樹立權威，而採取威脅手段，施淫威。狎，是自由嬉戲，是隨意而安樂的表現。所居，是居處的地方。厭，是充足，滿足。所生，是賴以生存的衣食等生活資料。統治者為樹威，「無狎其所居，無厭其所生」的結果當然會顯現，即民「不厭」。「夫唯不厭，是以不厭」道出了百姓與統治者對抗的原因。第一個「不厭」是「使……不充足」，是「無厭其所生」的行為，第二個「不厭」是「不滿足」。正因為不讓他們充足，所以他們不滿足。不滿足會怎麼樣？老子沒有往下說，但道理是誰都明白的。不讓百姓衣食無憂，這是一種與民對抗的態度，是不道的表現。其實歷代統治者之所以會與百姓對抗，原因不在於百姓，而在於統治者。以權勢震懾不是權威，說好聽了只是權宜之計。權威形成於身正和官風正，不來自於淫威。大治大順的時代哪裡需要施「威」！

這裡老子用聖人做榜樣，為統治者指出了應取的正確態度，「自知而不自見，自愛而不自貴」，「不自見」就是不在百姓面前耀武揚威；「不自貴」就是不高高在上，不搞特權，不脫離人民。

然而，歷史上許多統治者都很在意「威」，在意他們的權威，他們不懂得權威不等於威望。其中一個突出表現就是皇帝、官員出行鳴鑼開道要求行人迴避，這種做法是「自見」、「自貴」的表現。古時交通不發達，出行的官員也不是很多，這種情況還不至於影響很多人，可是今天如果官員出行還頻頻以警車開道，警察林立道路兩側，禁止其他車輛行駛，這樣的擾民之舉就令人不齒了。再加上聯絡人民的窗口戒備森嚴，不允許辦事的人自由出入，說輕了這是濫用特權，脫離民眾之舉；說重了就是在與民眾為敵。但凡這樣做的統治者都不明智。

第七十三章

【原文】

勇於敢則殺，勇於不敢則活[①]：此兩者或利或害[②]。天之所惡，孰知其故[③]！天之道，不爭而善勝[⑤]，不言而善應[⑥]，不召而自來[⑦]，繟然而善謀[④]。天網恢恢，疏而不失[⑧]。

在亂世讀老子
世界殘酷，**道德經**讓你有顆柔軟的心

【通釋】

在敢作敢為上有勇氣就會找死，在敢作敢為上沒有勇氣才會活下來：這兩個表現一個有利一個有害。天討厭勇於敢，誰知曉它是什麼原因！天道是不用爭奪就善於取勝，不用說話就善於回應，不用召喚就自己到來，緩慢卻善於謀劃。天這張網雖大，間隙雖寬，卻不會讓任何東西跑掉。

【注釋】

① 勇於敢則殺，勇於不敢則活：在敢做為上有勇氣就會找死，在敢做為上沒有勇氣才會活下來。勇於敢，在敢做上有勇氣，實際是敢於妄為。勇，有勇氣，奮勇。於，在……方面。敢，果敢，敢做為。殺，奔赴死亡，找死。不敢，不果敢，不敢作為。活，存活，生存，活下來。

② 此兩者或利或害：這兩種選擇有的（一個）有利有的（另一個）有害。此兩者，指「勇於敢」和「勇於不敢」。或，有的，有時，這裡的兩個「或」是「一個和另一個」，即「前一個與後一個」的關係。

③ 天之所惡，孰知其故：天討厭勇於敢，誰知曉它是什麼原因。之，放在「天」與「所惡」這個主謂短語之間，取消該短語的獨立性。所惡，討厭的東西，即指「勇於敢」。孰，誰。故，原因。本句下，王弼本尚有「是以聖人猶難之」，此句在第六十三章有見，嚴遵本、景龍碑、龍興觀碑、帛書乙本均無此（甲本缺，以字計算也無此），而且與全章也不協韻，懷疑是將點評注釋文字植入正文，據刪。

④ 天之道，不爭而善勝：天道是不用爭奪就善於取勝。本句是綜合判斷句的一部分。之，音節助詞。而，相當於「就」。勝，取勝。

⑤ 不言而善應：不用說話就善於應答。言，說話。應，回應，應答。

⑥ 不召而自來：不用召喚就自己到來。召，呼喚，召喚，號召。

⑦ 繟然而善謀：緩慢卻善於謀劃。繟然，寬鬆而舒緩。繟，音ㄔㄢˇ。而，轉折連接詞。謀，謀劃。

⑧ 天網恢恢，疏而不失：天這張網大大的，間隙寬卻不會失落。恢恢，寬闊廣

大的樣子。疏，稀，間隙大。而，轉折連接詞。失，失落，跑掉。

【意義歸納】

本章主要是講勇於妄為是找死的道理。

【文法分析】

<u>勇於敢則殺，勇於不敢則活</u>：<u>此兩者或利或害</u>。<u>天之所惡，孰知其故</u>！<u>天之</u>

<u>道，不爭而善勝，不言而善應，不召而自來，繟然而善謀</u>。<u>天網恢恢，疏而不失</u>。

「勇於敢則殺，勇於不敢則活：此兩者或利或害」是一個單句，「或利或害」是謂語，其餘是復指短語作主語。被復指的內容「勇於敢則殺，勇於不敢則活」，實際上是並列複句短語。再細分，這兩個並列成分分別為假設關係的緊縮複句短語。如果在兩個「則」前加逗號，讀起來會不連貫。

在「天之所惡，孰知其故」這個單句中，主語「天之所惡」又是個主謂短語，「天之所惡」的「之」是放在主謂短語之間取消該短語獨立性的助詞；謂語「孰知其故」也是個主謂短語。下面是展開的這兩個主謂短語的文法成分分析：

<u>天之所惡</u>

<u>孰知（其）故</u>

「天之道，不爭而善勝，不言而善應，不召而自來，繟然而善謀」是一個單句，是個綜合判斷句，釋成現代漢語，要在主語與謂語之間加「是」。「天之道」這個偏正短語是主語，「不爭而善勝，不言而善應，不召而自來，繟然而善謀」是並列複句短語作謂語。其實「不爭而善勝」、「不言而善應」、「不召而自來」、「繟然而善謀」各自又分別是轉折關係的緊縮複句短語。

在「天網恢恢，疏而不失」這個單句中，作謂語的「恢恢，疏而不失」是具有轉折關係的複句短語。他們之間雖然沒有關聯詞，但它存在轉折關係。

轉折

恢恢，｜疏而不失

「疏而不失」這個短語自身也存在轉折關係。

在亂世讀老子

世界殘酷，**道德經**讓你有顆柔軟的心

【解讀與點評】

什麼是「勇於敢」？「勇於敢」即在敢作敢為上有勇氣，這就是敢於妄為。「勇於敢」並不一定只是以赤膊上陣、真刀真槍的形式表現的，它可以以各種姿態表現，它的本質特徵是「妄為」。「勇於敢」是取強勢，是「堅強者死之徒」（第七十六章），是「物壯則老」的「不道」，「不道早已」（第三十章）。為什麼「勇於不敢則活」？「勇於不敢」是沒有胡作非為的勇氣，而有不胡作非為的勇氣，是勇於不做，就是「無為」；「無為」順應了天道，所以活。「勇於敢」與「勇於不敢」利害明確。由此看來，「勇於敢則殺，勇於不敢則活」是千真萬確的道理。其實，「不敢為」也需要勇氣，「勇於不敢」說起來輕鬆，做起來卻並不容易。作為一方大員，默默做百姓喜歡的事，不刻意表現政績，真的需要勇氣。

「天之所惡」的「所惡」，即「厭惡的」，這裡「厭惡的」是「勇於敢」者。「孰知其故」，意思是說誰都不知曉它是什麼道理，其實這個道理在《道德經》中一再強調，也就是說，「勇於敢」者「逆道」妄為。

天道善勝。天道的善勝來自於它的不爭。「夫唯不爭，故天下莫能與之爭。」（第二十二章）

天道善應。雖然「希言自然」（第二十三章），但它不言而善應，順之則吉，逆之則凶，有因就有果，總有回應。

天道自來。「道」自然存在，不以人的主觀意志轉移。天道有常，不為堯存，不為桀亡。它是「萬物之奧，善人之寶，不善人之所保」（第六十二章），不用呼喚它，該出現時它自己就會出現。

天道善謀。天道寬鬆，按其發展步驟緩緩運行，因其善謀，是以不失。

「天網恢恢，疏而不失。」表面上看世間的一切事物都在自然運行發展。「恢恢」，寬緩的讓人感覺不到它的存在，更感覺不到它的嚴肅，甚至它的殘酷無情。天網實則就是「天之道」，天網就是天道之網，是自然運行的規律，是約束事物行為的法則，「網」是比喻。

人類可以利用智慧和力氣抽取地下的水，開採石油和其他礦產。開採取地下資源，勢必造成空隙，而這些空隙無論大小都需要填補。「自然」以它自有的能力，

默默填補，乃至經常讓人類感覺不到。這就是自然填補方式通常的表現。然而一旦自然不能和平填補時，它也會採取劇烈的方式。當人們從地下抽取一杯水時，自然透過降雨緩慢滲透，可能會補上這一杯水；抽取一桶水亦然，抽取一缸水亦然；但當人們急劇抽取千萬噸水，自然就無法填補，至少不能馬上填補，於是便會造成局部的地下水枯竭，或者說是暫時枯竭。水被抽取形成的空隙，必須要填滿，於是自然法則便自動填充，就造成了地層下陷。地基不夠深或者地基被鬆動，高樓就會傾倒；地下不空，國道就不會出現塌陷。有時地下已經空了，人們卻還在地面上安然生存，這就是表面的「疏」；直到某一天地層下陷，就是「不失」。

河道蓄水，應該經常疏濬它，即使在它乾涸時也要疏濬，乾涸時疏濬反而是最好的時機。有些人卻熱衷於把城市中乾涸的河道填平，變成路，變成居民住宅。城市少了一條河道，天降的雨水就少一些流淌的地方，突發的暴雨就會帶來水災，這就是天道報應。

自然的山林、草場、濕地都在向自然貢獻。為了一時的需要，滅絕性的砍伐樹木，使山坡變禿，那麼頻發的土石流是不是與這些有關呢？過度放牧使草場變成沙場，那麼沙漠化、沙塵暴是不是也與它有關聯呢？無限將濕地開墾成良田，在獲得眼前利益的同時，必然也要付出自然環境惡化的代價，這就是天道。「愚公移山」是一個故事，但當我們真的把山挪走，使移山變成現實，那麼是不是也會有相應的代價呢？

本章所談，強調因果報應，正是善有善報，惡有惡報；不是不報，時機未到；時機一到，必有回報。「不失」針對的正是世上萬物的「不道」，這種報應不會「失約」，這就是「天道不爽」，有因必有果：種瓜得瓜，種豆得豆，這就是「天網恢恢，疏而不失」。

本章產生成語「不爭善勝」、「不言善應」、「不召自來」、「繟然善謀」、「天網恢恢」、「天網恢恢，疏而不失」、「天網恢恢，疏而不漏」。

第七十四章

【原文】

民不畏死，奈何以死懼之[1]！若使民常畏死，而為奇者，吾得執而殺之[2]，孰敢[3]！常有司殺者殺[4]，夫代司殺者殺，是謂代大匠斲[5]。夫代大匠斲者，希有不傷其手矣[6]。

【通釋】

百姓不怕死，為什麼要拿死來威脅他們！假如百姓一直怕死，那麼如果有人偏離正道，我就把他抓來殺掉，誰還敢偏離正道！本來有行刑者執掌殺戮，那代替行刑者殺戮，這叫作代替大工匠砍削。那些代替大工匠砍削的人，很少人能不傷到自己手。

【注釋】

① 民不畏死，奈何以死懼之：百姓不怕死，為什麼要以死來威脅他們。民，普通百姓。畏，怕。奈何，為什麼。以，拿，用。懼，使……畏懼，威脅。之，代指民。

② 若使民常畏死，而為奇者，吾得執而殺之：假如百姓總是怕死，那麼如果有人偏離正道，我就把他抓來殺掉。若使，假使。常，一貫，一直。第一個「而」，如果。為奇，做偏離正道的事。為，做。奇，音ㄐㄧ，不正，邪惡。吾，道的化身。執，抓。第二個「而」，相當於「來」。之，代指「為奇者」。

③ 孰敢：誰還敢偏離正道。「敢」後省略了「為奇」。

④ 常有司殺者殺：本來有行刑者執掌殺戮。司殺者，執掌生殺大權的人，這裡指的是「道」，是「自然」。司，主管。《廣雅‧釋詁》：「司，主也。」

⑤ 夫代司殺者殺，是謂代大匠斲：那代替行刑者去殺戮，這叫作代替大工匠砍削。夫，那。代，代替。大匠，技藝高超的工匠。斲，音ㄓㄨㄛˊ，砍，削。

⑥ 希有不傷其手矣：很少有人能不傷到自己手。希，同「稀」，少，罕。

366

【意義歸納】

本章告誡統治者，要順應天道，使民保持畏死的常態，而且不要打著替天行道的旗號濫殺人。

第一層：「民不畏死，奈何以死懼之！若使民常畏死，而為奇者，吾得執而殺之，孰敢！」痛斥「民不畏死」的現狀，提出使民「畏死」的治策。

第二層：「常有司殺者殺，夫代司殺者殺，是謂代大匠斲。夫代大匠斲者，希有不傷其手矣。」告誡統治者不要濫殺人。

【文法分析】

```
        假設                              條件       假設
   民不畏死，｜奈何以死懼之！若使民常畏死，‖而為奇者，‖‖吾得執而殺
  假設                    因果
之，｜孰敢！常有司殺者殺，｜夫代司殺者殺，是謂代大匠斲。夫代大匠斲者，
希有不傷其手矣。
```

「民不畏死，奈何以死懼之」是反問句，實際上它表示的是假設關係。

「若使民常畏死，而為奇者，吾得執而殺之，孰敢」是個三重複句。「若使民常畏死，而為奇者，吾得執而殺之」，那麼誰還敢「為奇者」，這是假設關係，為第一重。只要「使民常畏死」，有「為奇者」、「吾得執而殺之」，這是條件關係，為第二重。如果有「為奇者」，「吾」就「執而殺之」還是假設關係（「而」是關聯詞，「如果」的意思），為第三重。

「夫代司殺者殺，是謂代大匠斲」是個單句。這個單句的主語是「夫代司殺者殺」這個主謂短語與代詞「是」構成的復指短語，謂語是「謂」，賓語是動詞短語「代大匠斲」。這個單句的文法分析為：

夫代司殺者殺，是謂代大匠斲

主謂短語「夫代司殺者殺」的主語是「夫」，這個夫相當於「那」、「那⋯⋯的」，謂語部分是「代司殺者殺」。這個短語用現代漢語表達就是「那代替行刑者殺人」，其中「代司殺者」這個動賓短語作狀詞。這個短語的文法成分分析為：

夫〔代司殺者〕殺

再展開分析「代司殺者」。「代」是動詞，「司殺者」是它的賓語：

代司殺者

「夫代大匠斲者，希有不傷其手矣」是單句。此句有「者」與無「者」的句子文法關係不一樣。有「者」是單句，無「者」則是假設關係的複句。

【解讀與點評】

「民不畏死」是說民眾不滿統治者的統治而冒死反抗。民眾為什麼會「不畏死」呢？統治者不道，「天下多忌諱，而民彌貧」（第五十七章），「以其上食稅之多」，「以其上之有為」，「以其上求生之厚」（第七十五章），民因暴政而不滿。畏死本為人之天性，不畏死必有成因。生不如死，生之艱辛，不如就死。「民不畏死」是一種十分可怕的社會狀態，但凡走到這一步，一定是「大道廢」、「國家昏亂」（第十八章）到相當的程度了。到了「民不畏死」的程度，為什麼還要用死來威脅他們呢！「奈何以死畏之」語氣強烈，表達了對統治者的痛斥之情。統治者殘暴無道，把人民推到死亡邊緣，從根本上悖逆了自然法則。官逼民反，「不畏死」就出現了，「奈何以死畏之」是老子譴責當時嚴刑峻法迫使人民走向死途的罪惡行徑。

只有百姓怕死，這才符合規律，事情才好辦，這時再有「為奇者」、「吾得執而殺之」。奇，音ㄐㄧ，單數，個別，與「正」相對，異於眾人，「詭異亂群謂之奇也」（王弼語）。「為奇者」是與眾不同者，是偏離正道者。「吾得執而殺之」是以「司殺者」的口氣說話。「吾」是「道」的「化身」。而為奇者，吾得「執而殺之」，實際是「道」在殺偏離正道的人。「為奇者」偏離正道，背道而行，「多行不義必自斃」，必然遭天譴。「假使老百姓一直都怕死，那些偏離正道的我就抓來殺掉」、「道」殺人是自然殺人，這種殺伐是按事物的運行軌跡出現的不刻意「組織」的行為。「孰敢」是「誰還敢不順從」，「誰還敢偏離正道」，實質是「誰都不敢偏離正道」，當然前提是「民畏死」。

「司殺者」乃天道，乃天地自然淘汰法則，由「道」來執掌生殺大權，有「道」負責行刑，不能以人為的方式取而代之。「道」是大匠，它技藝高超，砍斲有時、有法、有物、有度，代大匠者不得其時，不得其法，不得其物，不得其度，故砍斲

必傷己手。代替自然而行殺伐之事，是違背天道的濫殺，誰要取而代之誰就得付出代價——「代價」實在是由「代替」而「付出的資本」。換一個角度來看，熱衷於「代大匠斫者」就是「樂殺人者」，「夫樂殺人者則不可得志於天下矣」（第三十一章）。

　　本章先是譴責造成「民不畏死」現狀的統治者，接下來又批評了「替天行道」的行為，所謂的替天行道會傷及自己。不要使百姓不畏死，也不要拿死威脅百姓，不要打著替天行道的旗號殺人，因為天道自然會有報應。

第七十五章

【原文】

　　民之飢，以其上食稅之多，是以飢①；民之難治，以其上之有為②，是以難治；民之輕死，以其上求生之厚③，是以輕死——夫唯無以生為者，是賢於貴生④。

【通釋】

　　百姓挨餓，是因為統治他們收太多稅，所以挨餓；百姓難治理是因為統治他們的人有作為，所以難治理；百姓輕視死亡是因為統治他們的人太想謀求長生了，所以輕視死亡——只有那不把謀求長生作為最強烈需求的人，比只重視自己生命的人高尚。

【注釋】

①　民之飢，以其上食稅之多，是以飢：百姓挨餓，是因為統治他們的人收太多稅，所以挨餓。「民之飢，以其上食稅之多」為判斷句。第一個「之」，放在「民」與「飢」之間，取消該短語的獨立性。其上，他們的統治者、領導人。其，他們的。上，指統治者。食稅，收稅，老子之時的稅是以粟（糧食）的形式上繳，統治階層又是以多少戶農夫供應作為標準，所以稱為「食稅」。第二個「之」，放在「食稅」與「多」這個主謂短語之間，取消該短語的獨立性。

② 民之難治，以其上之有為：百姓難治理，是因為他們的統治者有作為。本句也是判斷句。有為，這裡指統治者好大喜功，大興土木，侵伐征戰等。兩個「之」用法同上，均是放在主謂短語之間的助詞。

③ 民之輕死，以其上求生之厚：百姓輕視死亡，是因為他們的統治者太想長生了。王弼本缺「上」字，據傅奕本等補。第一個「之」是放在「民」與「輕死」這個主謂短語之間，取消該短語獨立性的助詞。輕死，看輕死亡，不把死當回事兒。求生之厚，追求長生十分強烈。求生，追求長生，珍惜生存。第二個「之」是助詞「的」。厚，作動詞，要求多，要求強烈。

④ 夫唯無以生為者，是賢於貴生：只有那不一味求生的人，比只重視自己生命的人高尚。夫唯，只有那。無以生為者，不過分謀求自己生存的人，不把謀求生存看得太重的人。無以，不把。生為，謀求長生作為（最重要的需求）。者，……的人。是，代詞，此。此「是」更接近現代漢語中的判斷詞。賢於，比……高尚，勝過。貴生，看重生命，看重生存，以生存為貴。

【意義歸納】

本章分析了造成民飢、民難治、民輕死的根源是統治者，警示統治者不要為了謀求長生而倒行逆施。

【文法分析】

因果　　　並列　　　　　　　　　　　　　　　因果

民之飢，以其上食稅之多，‖是以飢；｜民之難治，以其上之有為，‖是

並列　　　　　　　　　　因果　　　（與此不同的是）

以難治；｜民之輕死，以其上求生之厚，‖是以輕死──夫唯無以生為者，是

賢〈於貴生〉。

「民之飢，以其上食稅之多，是以飢；民之難治，以其上之有為，是以難治；民之輕死，以其上求生之厚，是以輕死」是一個雙重複句。首先，「民之飢，以其上食稅之多，是以飢」、「民之難治，以其上之有為，是以難治」、「民之輕死，以其上求生之厚，是以輕死」這三個部分是並列關係，為第一重；這三個部分各自

370

又都是因果關係，為第二重。

下面展開分析其中一個部分。從語言表達角度看，「民之飢，以其上食稅之多，是以飢」這個句子有些冗長，可這恰恰是《道德經》中最常見的一種表達形式——「回還」（參見第六十六章【解讀與點評】）。這個句子解釋成通俗的現代漢語就是：「百姓遭受飢餓，是因為他們的統治者徵收的稅多，所以百姓要遭受飢餓。」「民之飢，以其上食稅之多」是一個解釋性判斷句，「百姓遭受飢餓是因為他們的統治者收稅多」。「是以飢」也可以看作是一個單句，兩個單句之間是因果關係。

「夫唯無以生為者，是賢於貴生」雖然是一個獨立的句子，但它更針對「以其上求生之厚」之人而言，因為「其上求生之厚」，造成了「民之輕死」。「無以生為者」與「食稅之多」、「有為」及「求生之厚」的「其上」形成鮮明對比。所以我在這二者之間用了破折號，它的意思是「與此不同的是」。

在「夫唯無以生為者，是賢於貴生」這個單句中，「無以生為者」與「是」是主語，「賢」是謂語，「於貴生」是補語。「是」本是代詞復指，在此句中，它更接近於今天的判斷詞「是」。

【考辨】

「民之輕死，以其上求生之厚」這句話，王弼本中缺「上」字。有「上」與無「上」的意思截然相反。有「上」，則是統治者「求生之厚」；無「上」，就變成了百姓「求生之厚」。既說百姓「輕死」，又說百姓「求生之厚」顯然自相矛盾，據傅奕本等版本補「上」。

【解讀與點評】

「民之飢」、「民之難治」、「民之輕死」全源於「其上」。統治者苛捐雜稅必造成民飢；統治者要假公濟私，中飽私囊，又要表現政績，必多為；花樣百出，必勞民傷財；民不適應，必怨聲載道，令統治者感到難以治理；統治者為其生存，驕奢淫逸，貪污腐化，不斷侵害百姓利益，欺壓百姓，官逼民輕死。百姓挨餓，是因為他們的統治者貪占太多，所以挨餓；百姓難治理，是因為他們的統治者總喜歡政績建設，所以才難治；百姓輕死，是因為他們的統治者太貪生怕死，太珍惜自己

371

的利益，太欺負人，所以輕死。「是以……」表現出許多無奈。此「飢」無非是養了太多的「碩鼠」，此「難治」無非是統治者勞民傷財，此「輕死」無非是統治者貪生怕死，而使百姓被迫面對死的危險──「飢」、「難治」、「輕死」都是被逼迫的結果。上貪則民飢，上求政績則民難治，上貪生多欲則民不聊生而輕死。不是小民天生貧賤，是統治者不讓小民富有，是統治者太高貴；不是小民素養低，是統治者素養不夠而又要求太高；不是小民輕死，是統治者太顧及自己的利益，逼得小民不得不死。

「無以生為者」即「無身」的「以身為天下」（第十三章）的人，是老子希望的統治者，是不過分謀求生存利益的統治者，是不把謀求長生看得太重的統治者。老子認為這樣的統治者比「以自己的生存利益為重」的統治者高尚。

曾有朋友跟我講了這樣一件事：某高官到某地視察，為了趕時間，在夜裡乘坐鐵路專車到達。為了保證他的安全和充足休息，鐵路沿途兩側都部署了警力，其中某路段「秘密動員」了許多長官參加夜裡的護路保衛工作，鐵路兩側每隔若干公尺就有一個人靜候（這個舉措本身就是妄為）。其中一個人站著睡著了，凌晨時刻列車靜悄悄駛來，他渾然不覺，居然被捲入列車的車輪喪命。這個事例中的某高官可能至今還不知道這件事，然而為了他的安全，導致比他低若干等的一名官員卻死於非命。因為他的長官求生之厚和有為，下屬就不得不「輕死」。

這個事例可能還不夠典型，比這個還典型的事例歷代比比皆是。然而我總覺得，時代在前進，社會在進步，當今社會應該是以人為本的社會，應該是人人平等的社會，如果還出現這類問題，令人悲哀。

第七十六章

【原文】

人之生也柔弱，其死也堅強①；草木之生也柔脆，其死也枯槁②，故堅強者死之徒，柔弱者生之徒③。是以兵強則滅，木強則折④──強大處下，柔弱處上⑤。

【通釋】

人活著是柔弱的，人死了是堅挺僵硬；草木活著是柔脆的，草木死是乾枯。所以堅挺僵硬是已死的事物，柔弱是活著的事物。因此兵力強大就會被消滅，樹木強壯就會被砍伐——強大的事物處劣勢，柔弱的事物占優勢。

【注釋】

① 人之生也柔弱，其死也堅強：人活著是柔弱的，死了是堅挺僵硬。人之生也柔弱，人活著身體是柔弱的。這是一個判斷句，基本形式為「……也……」，釋為現代漢語就形成「……是……」的句式，以下的「其死也堅強」等三個單句句式相同。之，放在「人」與「生」這個主謂短語之間，取消該短語的獨立性，下句的「之」用法相同。柔弱，柔和軟弱，指身體柔軟有氣息。其，不確指代詞，他，泛指任何一個人，這裡指的就是文中的「人」。下句的「其」釋為「它」，泛指所有草木。也，起提頓作用的助詞，這裡相當於「了」。堅強，堅挺僵硬。

② 草木之生也柔脆，其死也枯槁：草木活著是柔脆的，它死了是乾枯。王弼本在「草木」前有「萬物」，人也是萬物之一，不宜有，據他本刪。柔脆，指草木的枝幹和莖葉柔軟脆嫩。枯槁，枯萎，乾枯。乾枯的草木枝幹和莖葉堅挺僵硬。

③ 故堅強者死之徒，柔弱者生之徒：所以堅挺僵硬是已死的人，柔弱是活著的事物。堅強者死之徒，堅挺僵硬是已死的事物。這也是一個判斷句（短語），「柔弱者生之徒」與之相同，它的基本形式為「……者……」，釋為現代漢語也形成「……是……」的句式；本句中的「者」兼有「……的事物」的意思。之，助詞，的。徒，本指一類人，這裡指一類事物，也包括「草木」在內的萬物。參見第五十章注釋②。

④ 是以兵強則滅，木強則折：因此兵力強大就會被滅亡，樹木強壯就會被砍伐。此句在王弼本中為「兵強則不勝，木強則兵」，據《列子・黃帝篇》、《淮南子・原道訓》改。兵，軍隊，兵力。滅，消滅，這裡是被動用法，被消滅。

折，被動用法，被砍伐而死。《禮記‧祭法》：「其萬物死皆曰折。」

⑤ 強大處下，柔弱處上：強大事物處劣勢，柔弱的事物占優勢；強大事物占下風，柔弱的事物占上風。處下，（本質上是）占下風、處劣勢。處上，（本質上是）占上風、處優勢。

【意義歸納】

本章以生態的人與草木活著與死後的兩種狀態——活著時柔弱死後僵硬乾枯的道理，來強調要取柔弱棄堅強。

【文法分析】

　　　　並列　　　　　　並列　　　　　　　並列　　　　　　　因果
人之生也柔弱， ‖‖ 其死也堅強； ‖ 草木之生也柔脆， ‖‖ 其死也枯槁， ｜故
　　　　　　並列　　　　　　　　　　　　　　　並列　　　　（道理就是）
堅強者死之徒， ‖ 柔弱者生之徒。是以兵強則滅， ｜木強則折——強大處下，
並列
｜柔弱處上。

「人之生也柔弱，其死也堅強；草木之生也柔脆，其死也枯槁，故堅強者死之徒，柔弱者生之徒」是個三重複句。因為「人之生也柔弱，其死也堅強；草木之生也柔脆，其死也枯槁」所以，「堅強者」是「死之徒」，「柔弱者」是「生之徒」，這是第一重，為因果關係。「人之生也柔弱，其死也堅強」與「草木之生也柔脆，其死也枯槁」為第二重，是並列關係。「人之生也柔弱」與「其死也堅強」是比較，並列關係，為其中的一個第三重；「草木之生也柔脆」與「其死也枯槁」也是並列關係，為其中的另一個第三重。

「人之生也柔弱」這個單句的主語是「人之生」，謂語是「柔弱」，「也」是助詞。這個單句的文法成分分析為：

人之生也柔弱

「人之生」是主謂短語，「之」是放在主謂短語之間，取消該短語獨立性的助詞。

在「故堅強者死之徒」這個單句中，「故」是關聯詞，「堅強者」是主語，「死之徒」是謂語。這個單句的文法成分分析為：

故<u>堅強者死之徒</u>

在這個短語中，「死之徒」是偏正短語，「之」是助詞「的」。「人之生也柔弱」、「其死也堅強」、「草木之生也柔脆」、「其死也枯槁」與「堅強者死之徒」、「柔弱者生之徒」都是判斷句式。「人之生也柔弱」、「其死也堅強」，「草木之生也柔脆」、「其死也枯槁」的基本句型為「……也……」，「堅強者死之徒」、「柔弱者生之徒」基本句型為「……者……」，釋成現代漢語形式就是「……是……」。實際上「人之生也柔弱」、「其死也堅強」、「草木之生也柔脆」、「其死也枯槁」與「堅強者死之徒」、「柔弱者生之徒」都是主謂短語，在這六個主謂短語的主語和謂語間是能補出判斷詞的，即「人之生乃柔弱」、「其死乃堅強」、「草木之生乃柔脆」、「其死乃枯槁」，「堅強者乃死之徒」、「柔弱者乃生之徒」。

「是以兵強則滅，木強則折」是並列關係複句，「是以」是承上的關聯詞。「兵強則滅，木強則折」這句話告訴我們一個道理：「強大處下，柔弱處上」。所以我在二者之間用了破折號，這個破折號相當於「它告訴我們一個道理」、「這說明」。「強大處下，柔弱處上」也是並列關係的複句。破折號後是總結，是概括性的不完全歸納。此破折號用在兩個複句之間。

【考辨】

「草木之生也柔脆，其死也枯槁」這句話，王弼本在「草木」前有「萬物」二字，但人也是萬物之一，不宜有，據刪。

「是以兵強則滅，木強則折」這句話，在王弼本中為「兵強則不勝，木強則兵」，據《列子 · 黃帝篇》、《淮南子 · 原道訓》改。

【解讀與點評】

「人之生也柔弱」，這種「柔弱」的表現是身體柔軟，富有彈性。堅強，身體僵硬。柔弱源於氣：「萬物負陰而抱陽，沖氣以為和」（第四十二章），所謂「人活一口氣」；氣散，身體變得僵硬謂之死。草木得「沖氣」而「柔脆」，氣散則枯槁。

「堅強」與「柔弱」的道理正是「物壯則老」（第三十章）的道理。本章以生態的「堅強」與「柔弱」的道理給我們的啟示遠遠超出生態常識。生態的「堅強」

是強硬，是強壯，是強勢，表面上它是「處上」，然而這種「堅強」是生態物質的極致狀態，「物壯則老，是謂不道，不道早已」，「柔弱」是柔和，是軟弱，是脆弱，是卑微，是劣勢，表面上它是「處下」，然而「柔弱」是物質生長發展的狀態，「柔弱勝剛強」，可見，真正的優劣是「強大處下，柔弱處上」。「強大處下，柔弱處上」這個道理含義深刻，但又很難讓人接受。人們大多希望自己強大、圓滿、占上風，不甘心柔弱、有缺憾、處下風。而實際上，強大走到了盡頭，所以「處下」；只有柔弱才會有發展前景，所以「處上」。這就告訴了我們一個道理，要始終保持柔弱的態勢，始終處於成長階段，不追求與外物之間孰優孰劣，只追求自身的健康發展，不斷完善自己。

本章有成語「兵強則滅」、「木強則折」、「強大處下」、「柔弱處上」。

第七十七章

【原文】

天之道其猶張弓歟[1]？高者抑之，下者舉之[2]；有餘者損之，不足者補之[3]。天之道，損有餘而補不足[4]；人之道則不然，損不足以奉有餘[5]。孰能有餘以奉天下？唯有道者[6]。

是以聖人為而不恃，功成而不處，其不欲見賢焉[7]。

【通釋】

天道就像拉弓吧？高了就往下壓一壓它，低了就向上抬一抬它；富餘的就削減它，不足的就補充它。天道是削減富餘的來補充不足的，人道卻不這樣，而是削減不足的來供奉給有富餘的。誰能把富餘的獻給天下？只有得道的人。

所以聖人促成事物卻不倚仗，建立了功勞卻不占有，他不願意在這些方面炫耀自己的高尚。

【注釋】

① 天之道其猶張弓歟：天道就像拉弓。之，音節助詞。其，助詞，它。猶，就像。

張弓，拉開弓。

② 高者抑之，下者舉之：高了壓低它，低了抬高它。抑，往下壓，壓低。之，代詞，分別代指「高者」、「下者」。下，低。舉，向上抬，抬高。

③ 有餘者損之，不足者補之：富餘的就削減它，不足的就補充它。有餘者，出現富餘的，出現多餘的，指超過適中標準的。損，削減。之，分別代指「有餘者」、「不足者」。不足者，不充足的，不夠的，指達不到適中標準的。補，補充。

④ 天之道，損有餘而補不足：天道是削減富餘的來補充不足。本句是判斷句。而，連接詞，相當於「來」。

⑤ 人之道則不然，損不足以奉有餘：人道卻不這樣，而是削減不足的來供奉給有富餘的。本句也是判斷句。不然，不是這樣。然，代詞，這樣。以，連接詞，作用同上句的「而」，相當於「來」。

⑥ 孰能有餘以奉天下？唯有道者：誰能把富餘的獻給天下？只有得道的人。有餘以奉天下，有富餘來奉獻給天下。以，連接詞，相當於「就」、「來」。唯有，只有。道者，依道做事的人，符合道的標準的人，得道的人。

⑦ 是以聖人為而不恃，功成而不居，其不欲見賢焉：所以聖人完成事物卻不倚仗，建立了功勞卻不占有，他不願意在這些方面炫耀自己的高尚。為而不恃，完成了事卻不倚仗。參見第二章注釋⑬和第五十一章注釋⑪。功成而不居，建立了功勞卻不占有。參見第二章注釋⑭的「功成而弗居」。其，代詞，指聖人。不欲，不想，不願意。見，音ㄒㄧㄢˋ，同「現」，表現。賢，高尚。焉，兼詞，於之，於是，在這些方面，在這點。王弼本無此「焉」字，吳澄本、蘇轍本有「邪」字，有人據帛書甲乙本補「也」字，但均不符合古人的語言習慣和文法規律。

【意義歸納】

本章透過譬喻和對比，強調應該遵循「損有餘而補不足」的天道。全章共分兩段。第一段強調遵循「損有餘而補不足」的天道。分為三層。

第一層：「天之道其猶張弓歟？高者抑之，下者舉之；有餘者損之，不足者補之。」以「張弓」為喻，總結出天道「損有餘而補不足」維持平衡的特點。

第二層：「天之道，損有餘而補不足；人之道則不然，損不足以奉有餘。」拿人道與天道對比，突出「人之道」背離「損有餘而補不足」的天道。

第三層：「孰能有餘以奉天下，唯有道者。」肯定向天下奉有餘的為道者。

第二段：「是以聖人為而不恃，功成而不處，其不欲見賢焉。」點評聖人不表現自己的特點。

【文法分析】

```
                    並列          並列          並列
    天之道其猶張弓歟？高者抑之，‖下者舉之；｜有餘者損之，‖不足者補
                    並列          並列
之。天之道，損有餘而補不足；｜人之道則不然，‖損不足以奉有餘。孰能有餘以

奉天下？唯有道者。
                  因果
    是以聖人為而不恃，功成而不處，｜其不欲見賢焉。
```

在「天之道，損有餘而補不足；人之道則不然，損不足以奉有餘」這個複句中，第一重是「天之道」與「人之道」作比較，為並列關係；第二重是「人之道則不然」與「損不足以奉有餘」構成的並列關係。

「天之道，損有餘而補不足」是單句，中間也可以不加逗號。這個單句的主語是「天之道」，謂語由具有轉折關係的緊縮複句「損不足以奉有餘」充當。這個單句的文法成分分析為：

天之道，損有餘而補不足

「是以聖人為而不恃，功成而不處」是單句，「是以」是關聯詞，「聖人」是主語，「為而不恃，功成而不處」是並列短語作謂語。這個單句的文法分析為：

是以聖人為而不恃，功成而不處

「唯有道者」是由動賓短語構成的單句，沒有主語。

【考辨】

下面我們先來一次「紙上談兵」，談一談如何理解「張弓」。

《說文》釋「張」為「施弓弦也」。有學者據此將「張弓」解釋成「在弓上裝弦」，而且佐以「張弛」的道理。我對這個解釋持有疑問，「張」為「施弓弦」，「張弓」就是「在弓上裝弦」嗎？為此，我特意搜尋了傳統弓箭的製作和拉弓放箭的影片，增加對弓箭的間接感性認識，結論是並沒有找到「在弓上裝弦」的「高者抑之，下者舉之；有餘者損之，不足者補之」的根據。

張弓，拉開弓。張，開也。「張弓」未必就是「在弓上裝弦」的意思，即便是「施弓弦也」有「在弓上裝弦」的意思，本篇中「張弓」一詞的本意也未必是此意思。因為使用譬喻是為了將深刻的道理通俗化，將「張弓」釋成「在弓上裝弦」即使在當時也未必通俗，因為雖然古人對弓箭的使用相當普遍，製作弓箭卻是一項相當高難度的技術，不是誰都會製作；而為六藝之一的「射」，幾乎是古代男子的基本功，用這個比喻很容易就能明白。而且，「在弓上裝弦」不存在「高」與「下」及「抑」與「舉」的問題，而開弓（放箭）則存在「高」、「下」和「抑」、「舉」的問題。至於將「有餘者損之，不足者補之」釋成「剪短多餘的」，似乎還可以，但不足怎麼「補之」？難道再接上一段嗎！而實際上「在弓上裝弦」也不存在「剪短」和「接上一段」的問題。開弓放箭則不然，置箭於弦上存在「高」、「下」的問題，持弓存在「高」、「下」與「抑」、「舉」的問題，發射之際存在抬高與下壓的問題，持弓拉弦存在力道「有餘」與「不足」的問題，可以「會挽雕弓如滿月」（蘇軾〈江城子 · 密州出獵〉），使箭鏃「沒入石稜中」（盧綸〈塞下曲〉）的強力發射；可以「百步穿楊」或「射不主皮」輕力射出，「為力不同科」（《論語 · 八佾》）。不論是「高者抑之，下者舉之」，還是「有餘者損之，不足者補之」，都是感性認識與理性認識的統一，是射箭者根據經驗做出的判斷。開弓射箭看手頭，這是平時訓練的積累，真正將箭搭弦射出去的時間很短，射箭者沒有更多準備時間，多餘的減，不足的補，才能奔向目標；箭搭在弦上雖未居中，但在發射之際可以透過「抑」或「舉」來調整，同樣可以達到居中的效果，一矢中的。要想射中目標，就必須「損有餘而補不足」，這是自身的調節。「高者抑之，下者舉之」，當把箭搭在弦上，

箭處於弦偏上位，發射之際就將弓身向下壓；當把箭搭在弦上，箭處於弦偏下位，發射之際就將弓身向上抬。

再談一談「其不欲見賢」後面需要補什麼字。

「其不欲見賢」後王弼本無此「焉」字，吳澄本、蘇轍本有「邪」字，有人據帛書乙本的「若此其不欲見賢也」補「也」字，但均不符合古人的語言習慣和文法規律。我認為宜加「焉」字。焉，兼詞，於是，在這方面，在這點上。「焉」字還可以承擔帛書乙本中「若此」的作用。

【解讀與點評】

本章是關於「有餘」與「不足」的「損補（益）」之論。「天之道」是保持平衡，「損有餘而補不足」，「人之道」則「損不足以奉有餘」，這是一個鮮明對比。「人之道」是人世間處理事物的方法。此「人之道」是違背「天之道」的，老子在議論中沒有對「人之道」加以限制，顯然老子從社會發展的歷程中讀出了這個問題。「自古及今」這種現象十分普遍，搜刮民脂民膏為富人添膘的事直到今天仍然有太多太多。老子沒讓聖人來解決這個問題，這大概是「為之」也解決不了的問題，所以老子只得推出想像中的「道者」主動「有餘以奉天下」。

「孰能有餘以奉天下？唯有道者」、「有餘以奉天下」與「損有餘而補不足」有差別，是主動和被動的差別，是境界的差別。此「道者」正是老子推崇的「聖人」，拿「道者（聖人）」說話，鼓勵「有餘以奉天下」。

「是以聖人為而不恃，功成而不處，其不欲見賢焉」這些話在前文中已經出現過（第二章），目前我還未發現持有異議的觀點，帛書甲乙本中已經有這幾句了。然而，我覺得它很像點評注釋之語的植入，因為它與「損有餘而補不足」很難呼應。所以將本章直接分成了兩段。

儘管我覺得「是以聖人為而不恃，功成而不處，其不欲見賢焉」這幾句話有「點評注釋之語的植入」之嫌，但對這幾句話還是要點評幾句：《道德經》反覆說聖人「功成而不處」、「功成而弗居」（第二章），那麼聖人為什麼要這樣做呢？他們不想表現出比別人高尚。「其不欲見賢焉」給出了答案。聖人具有「上德」，但卻「不德」

（第三十八章），「不欲見賢」正是「不自見」、「不自是」、「不自伐」、「不自矜」（第二十二章）的主觀原因，然而我輩「生不逢時」、「肉眼凡胎」，這類聖人難得一見。

第七十八章

【原文】

天下莫柔弱於水①，而攻堅強者莫之能勝②，以其無以易之③。弱之勝強，柔之勝剛④，天下莫不知，莫能行⑤。

是以聖人云：「受國之垢，是謂社稷主⑥；受國不祥，是為天下王⑦」——正言若反⑧。

【通釋】

天下沒有比水更柔弱的事物了，可攻堅克強的人沒有誰能戰勝它，因為他們沒有辦法改變它。弱戰勝強，柔克制剛，天下沒有誰不知曉，又沒有誰能做到。

所以聖人說：「接受國家的恥辱，這就叫國家的君主；承受國家的災難，這就叫天下的君王」——告訴人的好話好像是壞話。

【注釋】

① 天下莫柔弱於水：天下沒有比水更柔弱的事物。莫，沒有什麼。於，比。

② 而攻堅強者莫之能勝：可攻堅克強的人中卻沒有誰能戰勝它。而，轉折連接詞。攻堅強者，善於硬做的人。莫之能勝，即「莫能勝之」，這是否定短語賓語前置，「之」是「勝」的賓語。莫，沒有誰。

③ 以其無以易之：因為他們沒有辦法改變它。「以其無以易之」這句話，在王弼本中為「其無以易之」，「其」上脫「以」，不合全本用語習慣，據帛書甲乙本補。以其，因為他們。其，代詞，指攻堅強者。無以，沒有什麼辦法。參見第三十八章注釋③。易，改變。之，代詞，它，指水。

④ 弱之勝強，柔之勝剛：弱戰勝強，柔克制剛。之，放在主謂短語之間，取消所在短語的獨立性。

⑤ 天下莫不知，莫能行：天下沒有誰不知曉，又沒有誰能做到。莫，沒有誰。行，實行，做到。

⑥ 受國之垢，是謂社稷主：接受國家的恥辱，這就叫國家的君主。受，接受，承受。垢，音污濁之物，借指恥辱、屈辱。社稷，國家。社是土神，稷是谷神，由於歷代王朝建立時都要立社稷而祭祀神靈，因此社稷也就成了國家的代稱。

⑦ 受國不祥，是為天下王：承受國家的災難，這就叫天下的君王。不祥，不吉利，凶兆，引申為「災難」。

⑧ 正言若反：正話好像反話。正言，正面的話，若，好像。反，反話。

【意義歸納】

本章實際涉及了兩個問題：一個是「柔弱勝剛強」，一個是君主要承受國家的屈辱和災難。所以，我直接將本章分成了兩段。

第一段：以攻堅克強者難勝水的事例，強調「柔弱勝剛強」的道理。

第二段：以聖人的口吻告誡統治者，君主要承受國家的屈辱和災難。

【文法分析】

　　　　　　轉折　　　　　　　因果（前果後因）
　天下莫柔弱於水，‖而攻堅強者莫之能勝，│以其無以易之。弱之勝強，

柔之勝剛，天下莫不知，莫能行。

　　　　　　　　　　　　　　　　　　　　　　　　（這就是）
　　是以聖人云：「受國之垢，是謂社稷主；受國不祥，是為天下王」──正

言若反。

　「天下莫柔弱於水，而攻堅強者莫之能勝，以其無以易之」是一個雙重複句。因為（以）「其無以易之」，所以雖然「天下莫柔弱於水，而攻堅強者莫之能勝」，是因果關係，「以」是關聯詞，前果後因，為第一重；雖然「天下莫柔弱於水」，但「攻堅強者莫之能勝」，是轉折關係，「而」是關聯詞，為第二重。

　「弱之勝強，柔之勝剛，天下莫不知，莫能行」是個特殊單句。其中「弱之勝強，

柔之勝剛」是單句的賓語，它被前置了；「天下」是主語，「莫不知，莫能行」是謂語。

「莫不知」與「莫能行」分別為主謂短語：

<u>莫</u>不知

<u>莫</u>能行

弱之勝強，柔之勝剛，兩個「之」分別放在「弱」與「勝強」這個主謂短語之間和「柔」與「勝剛」這個主謂短語之間起取消獨立性的作用。

「是以聖人云：『受國之垢，是謂社稷主；受國不祥，是為天下王』」是個單句，「是以」是關聯詞，「聖人」是主語，「云」是謂語，「云」的內容「受國之垢，是謂社稷主；受國不祥，是為天下王」是賓語。

「受國之垢，是謂社稷主；受國不祥，是為天下王」是個並列關係的複句短語：

並列

受國之垢，是謂社稷主；｜受國不祥，是為天下王

「受國之垢，是謂社稷主」與「受國不祥，是為天下王」分別為主謂短語，短語中間可以不加逗號。兩個「是」分別復指前面的內容，共作主語。「謂」、「為」分別充當謂語。「是謂」、「是為」類似此的語言變化，《道德經》中多次出現，如「可名於小」與「可名為大」（第三十四章）。

「社稷主」、「天下王」分別充當賓語，這兩個短語的文法成分分析為：

<u>受國之垢</u>，是謂社稷主

<u>受國不祥</u>，是為天下王

「受國之垢」、「受國不祥」分別為動賓短語

受<u>國之垢</u>

受<u>國不祥</u>

「國之垢」、「國不祥」（「國不祥」實則是「國之不祥」），分別是偏正短語：

（國）之垢

（國）不祥

「正言若反」這個主謂句是針對聖人所云的內容做出的分析，雖連繫緊密，但不是聖人「云」的內容，所以不屬於同一個單句，因此我在這二者之間使用了破折號，

383

這個破折號相當於「這就是」、「聖人說的這話」。

【考辨】

從邏輯角度，很難將「聖人云」的內容與第一段談論的「水」的內容揉到一起，「接受國家的屈辱，這叫作天下的君主；承受國家的災難，這叫作天下的君王」這句話能表明這就達到了水的特質嗎？本章第一段談的是水的「柔弱勝剛強」的一面，不是談它卑微處下的一面。這裡的「垢」與「不祥」，倒可以同第三十九章「故貴以賤為本，高以下為基，是以侯王自稱孤、寡、不穀」中的「侯王自稱孤、寡、不穀」及第四十二章「人之所惡，唯孤、寡、不穀，而王公以為稱」的雖為君主卻有謙卑的稱呼連繫，但很難直接與「弱之勝強，柔之勝剛」的「柔弱勝剛強」的道理連繫。

【解讀與點評】

本章是第八章「上善若水」的繼續。第八章表面上是「水論」，其實是以水做引子，提出「上善」的主張。本章仍然以水做引子，強調「柔弱勝剛強」的道理。

「天下莫柔弱於水」，為什麼「攻堅強者莫之能勝」？

「柔弱勝剛強」是第三十六章提出來的理論，而水恰恰具有這樣的特質。水「善處下」，因而具有「上善」的特質（第八章）。水的聚合能形成江海，而江海是「百谷王」，「江海之所以能為百谷王者，以其善下之」（第六十六章）。水處卑下的位置，分布甚廣。水雖至柔，但卻正是憑這純柔之力，浸潤事物；靠其韌勁，持之以恆而滴水穿石；靠其眾而漫堤，以至氾濫；憑其聚至柔之合力，而「驚濤裂岸」，形成摧枯拉朽，勢不可擋之勢；「載舟覆舟」也是柔弱之水的作用。

為什麼「無以易之」？因為水可以「柔弱勝剛強」。這個特質符合道，這個特質是內在的，是不可改變的。因為水的這個特質誰都沒有辦法改變，所以「莫之能勝」。

本章產生成語「正言若反」。

第七十九章

【原文】

和大怨，必有餘怨①，報怨以德，安可以為善②！是以聖人執左契而不責於人③。有德司契，無德司徹④——天道無親，常與善人⑤。

【通釋】

和解大的怨恨，一定還有餘怨，以德來回報怨恨，怎麼能算好！所以聖人握有討債的契約卻不向人索取欠債。有循道而行特質的人掌握著契約，沒有循道而行特質的人就依靠苛捐雜稅——天道對誰都不偏愛，它總是幫助遵循它的好人。

【注釋】

① 和大怨，必有餘怨：和解大的怨恨，一定還有殘留的怨恨。和，和解。餘怨，殘留的怨恨。

② 報怨以德，安可以為善：用德來回報怨恨，怎麼能算好。「報怨以德」這個短語王弼本在第六十三章，據對應意義挪至此。報，回報。以德，用感化、退讓、忍辱負重的態度。以，用……來。安，怎麼。可以，能。為善，算最好。為，算做，算是。善，好的特質，好的方式。

③ 是以聖人執左契而不責於人：所以聖人握有討債的契約也不向人索取欠債。左契，收債的憑據，契約左邊的一半。古代借債時，在木板上寫清借債內容，然後一分為二，債權人保存左邊的一半，負債人保存右邊的一半。責，討債。《說文》：「責，求也。」於，向。

④ 有德司契，無德司徹：有循道而行特質的人掌握著契約，沒有循道而行特質的人就依靠苛捐雜稅。司徹，主管稅收，這裡是主要依靠稅收的意思。司，主管。參見第七十四章注釋④。徹，治稅之法。《孟子‧滕文公》：「周人百畝而徹。」周代初以「什一」稅，即收取「十分之一」的稅，後來由於統治者無限度的需求，出現過高於「什一」的稅收。

385

⑤ 天道無親，常與善人：天道對誰都不偏愛，它總是幫助遵循它的好人。「常與善人」有版本作「恆與善人」。與，音ㄩˋ，贊助，幫助。善人，即上文的「有德」者，有循道而行特質的人。

【意義歸納】

本章主張循道而行，執左契而不責於人，不結怨，間接奉勸統治者不要熱衷於「司徹」。

【文法分析】

因果
和大怨，必有餘怨， ｜ 報怨以德，安可以為善！是以<u>聖人</u><u>執左契而不責</u>
並列（應該明白這樣的道理）
<u>於人</u>。有德司契， ｜ 無德司徹——<u>天道無親，常與善人</u>。

「和大怨，必有餘怨，報怨以德，安可以為善」是反問句形式的複句。「報怨以德，安可以為善」這個反問句表達了否定的意思，即「報怨以德，不可以為善」，它與「和大怨，必有餘怨」構成因果關係：因為「和大怨，必有餘怨」，所以「報怨以德」，不「可以為善」。

其中的「和大怨，必有餘怨」前後雖有假設關係，但中間的逗號可以去掉，我們把它看作假設關係的緊縮複句構成的單句，「和大怨」是主語，「必」是狀詞，「有」是謂語，「餘怨」是賓語。這個單句的文法成分分析為：

<u>和大怨</u>，〔必〕<u>有</u>餘怨

其中的「報怨以德，安可以為善」這個反問句也是一個單句，「報怨以德」是主語，「安」是狀詞，「可以為」是謂語，「善」是賓語。這個單句的文法成分分析為：

<u>報怨以德</u>，〔安〕<u>可以為</u>善

反問句實際是以反問形式表達肯定的意思，這個反問句實際的意思是「報怨以德，不可以為善」。

「是以聖人執左契而不責於人」的主語是「聖人」，謂語是具有轉折關係的緊

386

縮複句短語「執左契而不責於人」。

「天道無親,常與善人」這個單句的主語是「天道」,謂語是「無親,常與善人」這個具有因果或轉折關係的複句短語。

「天道無親,常與善人」顯然是針對「有德司契,無德司徹」而言,更是直接應對「司契」的「有德」者,即「聖人」一類的人,言外之意就是「天道」、「常與」、「有德」的「司契」者。所以我在這二者之間加了破折號,這個破折號用在兩個句子之間,相當於「應該明白這樣的道理」、「要知曉」。

【考辨】

「報怨以德」這個短語,王弼本在第六十三章,而在郭店楚竹簡這本中這一章的內容無「報怨以德」這個短語,「大小多少」也不全,後面直接就是「多易必多難」。從這一點看,將「報怨以德」從第六十三章摘出並不存在什麼問題(參見該章的【解讀與點評】),加在這裡又不矛盾:既與老子一貫思想吻合,也與前後文吻合。「報怨以德」是「和大怨」的一種形式,「報怨以德」是積德行善的一種表現,是「德善」(以善為德)的一種表現,但並不是德的至善之舉。

【解讀與點評】

「和大怨,必有餘怨」。什麼是「大怨」?這裡並沒有詳細解釋,後文的「無德司徹」大概就是大怨的根源。為什麼「和大怨,必有餘怨」?王弼點評說:「不明理其契,以致大怨已至而德和之,其傷不復,故有餘怨也。」王弼此說正合「報怨以德,必有餘怨」之理。為什麼「有餘怨」?「天道」施之未盡,怨未盡洩。「天道」不以「和大怨」者的主觀意志為轉移,傷痕猶在,其傷雖復,其痕猶存。餘怨是舊傷疤,很容易復發。和解大的怨恨之後,沒有新的摩擦還可以,一旦出現新摩擦,很容易就又勾起舊怨,新仇舊恨疊加還會好嗎?

「報怨以德,安可以為善」,以德回報怨恨的態度怎麼能算作善?《道德經》中的「德」是循道之德。既然「報怨以德」都不能算作上善之舉,那什麼是上善之舉呢?上善之舉是積德不結怨。「執左契而不責於人」就是「有德」之舉,無德者「司徹」是怨之產生的根源。此「有德」與「無德」之「德」正是循道之德。

　　「司契」與「司徹」的本質區別在是否「責於人」。「執左契而不責於人」手裡握著欠帳的契約卻不收債，本質上是聖人居於有利的地位不為難別人，因此這樣就根本不會與人結怨了。「執左契不責於人」，正是「生而不有，為而不恃」的表現。

　　在此我想到了《戰國策・齊策四》中「馮諼客孟嘗君」的故事。

　　馮諼（ㄒㄩㄢ）替孟嘗君收債，當著欠債人的面把「左契」燒了，他回覆孟嘗君說：「狡兔三窟，僅得免其死耳。今有一窟，未得高枕而臥也。」意思是狡兔有三窟才能避開死亡的危險，你孟嘗君只有一處安身之所，不能高枕無憂。而我替你買來了民心，這就是一「窟」，從此你可以「高枕無憂」了，這就是「狡兔三窟」的典故。

　　「司契」，掌握著討債的憑據而不用；「司徹」，憑藉著收稅的權力不停搜刮。「司契」、「司徹」只是舉例，只是比方，實際內容更為寬泛。「司契」是本來有債而不討，「司徹」是設計名目強要。民本來就「飢」、就「怨」，還強行「司徹」，就會結成「大怨」。

　　「天道無親，常與善人」，意思是：天道不偏向誰，誰循道而行，天道就贊助誰。「天道無親」與「天地不仁」的道理是一樣的。此「無親」是「無遠近」、「無親疏」的意思，也就是「不偏愛」，儘管「天道無親」，但它厚愛遵循它的「善人」。「與」是「贊助」的意思。「司徹」者不善，必結怨。而「司契」者善，所以不結怨，天道認可的正是「司契」者，所以他「可以有國」且「可以長久」（第五十九章）。

　　由本章的「天道」來看，「天道」並非純自然之道，它包含人文之道的因素，此因果報應與「善惡」有關，此「道」之含義不是「規律」一詞所能涵蓋，據此分析「因果報應」並非宿命論，而是自然規律，是客觀規律，是作用與反作用的規律。

　　本章有成語「報怨以德」、「天道無親」、「天道無親，常與善人」。

第八十章

【原文】

　　小國寡民①，使有什伯之器而不用②，使民重死而不遠徙③——雖有舟輿，

無所乘之④；雖有甲兵，無所陳之⑤。使民復結繩而用之⑥，甘其食，美其服，安其居，樂其俗⑦——鄰國相望，雞犬之聲相聞⑧，民至老死不相往來⑨。

【通釋】

國家小人口少，即使有各種器具也不使用，使老百姓看重生命而不往遠處搬遷——即使有車船，也沒有乘坐它們的因由；即使有武器裝備，也沒有使用它們的必要；讓百姓重新用結繩的方法來記事，使他們感覺自己吃的食物甘美，感覺自己穿的衣服漂亮，感覺自己居住的安適，感覺自己的風俗和諧——鄰國之間看得到，雞鳴狗叫之聲互相聽得到，可百姓生活到死也不與鄰國的人來往。

【注釋】

① 小國寡民：國家小人口少，即百姓少的小國。有版本作「小邦寡民」。國，諸侯的領地。寡民，百姓少，即人口少。

② 使有什伯之器而不用：即使有各種器具也不使用。使，即使。什伯之器，各種器具，包括下文所講的舟輿、甲兵等。什伯，即十百，泛指眾多。《一切經音義》：「什，眾也，雜也，會數之名也。資生之物謂之什物。」

③ 使民重死而不遠徙：使百姓看重生命而不往遠處搬遷。重死，把死亡看得重，即重視生命。重，以……為重。遠，向遠處，狀詞。徙，搬遷。

④ 雖有舟輿，無所乘之：即使有車船，也沒有乘坐它們的因由。雖，即使。輿，車。無所，沒有……的因由。參見第二十章注釋⑦和第五十章注釋⑨。

⑤ 雖有甲兵，無所陳之：即使有武器裝備，也沒有使用它們的必要。甲兵，戰服和兵器，這裡泛指武器裝備。陳，陳列，引申為使用。

⑥ 使民復結繩而用之：讓人們重新用結繩的方法來記事。復，回歸到。結繩，遠古沒有文字，人們依靠在繩上打結以幫助記事。

⑦ 甘其食，美其服，安其居，樂其俗：認為自己吃的食物甘美，認為自己穿的衣服漂亮，認為自己居住的環境很安適，認為自己的風俗和諧。本句承接「使民復結繩而用之」，「使」的動作是統治者發出的。甘，甜美，使用如動詞的意動用法，以……為好吃，認為……好吃。下面的「美」、「安」、「樂」

均為意動用法，這些「意動」是「民」發出的。其，自己的。

⑧ 鄰國相望，雞犬之聲相聞：鄰國互相看得到，雞鳴狗叫之聲互相聽得到。相，
互相。

⑨ 民至老死不相往來：百姓生活到死也不與鄰國人來往。至，生活到。相，用
於一方對另一方，與他們，與鄰國人。

【意義歸納】

本章談的是獨立的小國治國之策，「小國寡民」是全章觀點的前提條件。這個
治國之策的要點是自我封閉式的愚民。

【文法分析】

並列　　　　　　（從而達到）　　　假設

小國寡民，使有什伯之器而不用，｜使民重死而不遠徙──雖有舟輿，‖

並列　　　假設（並列）

無所乘之；｜雖有甲兵，‖無所陳之。使民復結繩而用之，甘其食，美其服，

（從而達到）　　　　　　轉折

安其居，樂其俗──鄰國相望，雞犬之聲相聞，｜民至老死不相往來。

「小國寡民，使有什伯之器而不用」是個連動式單句，「小國寡民」是並列短
語作主語，「使有什伯之器而不用」是連動短語作謂語，其中，「使」是關聯詞，「有」
與「不用」是謂語，「什伯之器」是賓語。這個單句的文法成分分析為：

小國寡民，使有什伯之器而不用

下面我們再來研究一下文中的三個「使」。第一個「使有」之「使」為「即使」，
第二個「使民」之「使」與第三個「使民」之「使」均為「讓」、「使得」之意。

本來「使有什伯之器而不用」不僅針對第二個「使民」的內容，還針對第三個
「使民」的內容。第二、三個「使民」所帶的內容是構成並列的兩個層次，可用一
個複句表示，但其間的層次太多，標點情況複雜，沒有「兩級分號」可用，只得在「無
所陳之」後加上句號，使其變成兩個複句。

「使民重死而不遠徙」是兼語式動詞短語構成的單句。「民」既是「使」的賓語，
又是「重死而不遠徙」的主語，這個單句的文法成分分析為：

使民重死而不遠徙

正是因為「使有什伯之器而不用，使民重死而不遠徙」，所以才會出現「雖有舟輿，無所乘之；雖有甲兵，無所陳之」的情況，破折號前後存在因果和條件連繫，所以我使用了破折號，這個破折號用在兩個複句單位之間，相當於「從而達到……的境界」、「從而達到」的意思。「雖有甲兵，無所陳之」與「有什伯之器而不用」相呼應，「民重死而不遠徙」與「雖有舟輿，無所乘之」相呼應。

第三個「使民」的內容既包括使民「復結繩而用之」，也包括使民「甘其食，美其服，安其居，樂其俗」，進而達到「鄰國相望，雞犬之聲相聞，民至老死不相往來」的境界。也就是說「復結繩而用之，甘其食，美其服，安其居，樂其俗」都是「民」這個兼語的謂語成分。

因此，在「使民復結繩而用之，甘其食，美其服，安其居，樂其俗」這個複雜單句中，「使」是謂語，「民」是「使」的賓語，又是後面動作的主語，是「復結繩而用」、「甘」、「美」、「安」、「樂」的動作發出者，也就是說「復結繩而用之」、「甘其食，美其服，安其居，樂其俗」實際都是「使民」的結果。

正因為「民」固守田園，「甘其食，美其服，安其居，樂其俗」，所以才會「鄰國相望，雞犬之聲相聞，民至老死不相往來」。第二個破折號與第一個破折號用法相同。

【考辨】

有人將「小國」與「寡民」分別按「使動」來處理，即「使國小，使民少」，這樣的解釋沒有道理。難道要放棄既有的國土，使國變小？難道要把多的民眾都殺了或是趕走？顯然不能這麼做，而且下文還有「使民重死而不遠徙」。且此「國」乃先王分封，「使它小」、「使民少」，「國土要小」、「人口要少」都是「為之」。

以往的學者對「甘其食，美其服，安其居，樂其俗」中的「甘」、「美」、「安」、「樂」也採用了使動用法來解釋。這樣的解釋說不通。國小資源少、人少、衣食用單調，且有「什伯之器而不用」、「復結繩而用之」，沒有先進的技術，食怎麼能「甘」，衣怎麼能「美」？

　　我試圖用《道德經》的一貫思想，去理解老子本章的用心，猜測老子提出的這個觀點是為了保持淳樸的民風，保持社會的穩定，不是為了鼓吹倒退，但是我做不到。回到「結繩記事」的狀態，是歸於「朴」，但這是典型的社會倒退，這恰恰違背了社會發展規律，違背了「道」，這裡是老子始料不及的。

【解讀與點評】

　　「什伯之器」即各式各樣的器具，包括使「國家滋昏」的利器，包括「人多技巧」形成的「奇物」（第五十七章）。「什伯之器」為什麼不用？當然也有「民多利器，國家滋昏」（第五十七章）的因素。不用「什伯之器」，也不用「舟輿」的目的，就是回歸「結繩而用之」的「朴」的原始狀態，進而達到「甘其食，美其服，安其居，樂其俗——鄰國相望，雞犬之聲相聞，民至老死不相往來」的境界。

　　請注意「使民重死而不遠徙」中是「重死」，不是「畏死」。因「重死」而「不遠徙」，顯然並不是怕死，而是怕失去了藏身的根基，大概正是秉持狐死首丘，落葉歸根的認知。

　　「使民復結繩而用之」是前面內容的延續。復，再，又。「復結繩」，重新回到結繩記事。「復結繩而用之」只是原始生存狀態的一種代表形式，是要達到的一種境界——使民「不遠徙」還不夠，還要讓他們回歸到原始狀態，結繩記事；還要讓他們以為自己吃的食物甘美，以為自己穿的衣服華美，以為自己的居所舒適，以為自己的習俗淳厚，這是知足常樂的境界。「使民復結繩而用之」的「結繩」實際上是使民固守田園，抱殘守缺。

　　王弼在點評「小國寡民」時是這樣說的：「國既小，民又寡，尚可使反古，況國大民眾乎！故舉小國而言也。」他的意思是老子要將這樣的思想推而廣之。

　　實際上，「甘其食，美其服，安其居，樂其俗」與「鄰國相望，雞犬之聲相聞」都是「復結繩而用之」的具體表現，「復結繩而用之」只是一種譬喻，就是回歸「朴」。「甘」、「美」、「安」、「樂」是想像中的「民」回歸「朴」後的主觀感受，而非客觀現實。這也是「不尚賢」、「不貴難得之貨，不見可欲」的思想方法，也正是「見素抱朴，少私寡慾，絕學無憂」（第十九章）的目的所在。

　　愚民策略首創者當屬老子，其辦法就是讓百姓封閉自己，固守田園，固守家園，放棄物質追求。將本章策略與第三章的「不尚賢」、「不貴難得之貨」、「不見可欲」的策略配合使用，就會使百姓「虛心」、「實腹」、「弱志」、「強骨」、「無智無慾」，從而「甘其食，美其服，安其居，樂其俗」，達到「鄰國相望，雞犬之聲相聞，民至老死不相往來」的境界。這是典型的自我封閉式的閉關鎖國策略，這是一條守舊的策略，是一條讓社會倒退的策略。其實這個策略是必須「有為」的策略：因為按道的規律，社會必然要向前發展，而不是倒退；人類是向智慧化進化，而不是向猿退化，要達到「虛其心」、「實其腹」，「弱其志」、「強其骨」，「使民無知無慾」，從而使他們「甘其食，美其服，安其居，樂其俗」，使他們「鄰國相望，雞犬之聲相聞，民至老死不相往來」是必須要付出相當大的努力，顯然這些與「無為」的初衷相悖。當然，一是老子沒有意識到這也是「為」之的策略；二是由於時代的局限，老子從希望社會穩定這個樸素的願望出發，在當時所處的時代，絕對想不到人類的智慧能讓世界發展到今天這個程度。

　　《道德經》中的「朴」並非「道」的代名詞，只是「道」、「無為」屬性的本質表現。

　　本章內容顯然是寫給統治者的，讓統治者照此辦理。從「小國寡民」來看，這裡針對的統治者，似乎只是一個諸侯（侯王），而且還是一個小諸侯。但它的指導意義遠非如此。中外歷史上以及現實中，統治者實行自我封閉的愚民策略，採取自高自大的閉關鎖國策略的情況並不罕見，雖然這些統治者未必就是借鑑老子的思想，但其作用與效果卻有些像老子所論及的。當然，要長久的愚民，即使是老子想像的生產力不發達、社會狀態不發生變化的國度，也是不可能的。愚民的治國之策在歷史上行不通，在今天也行不通，在將來更行不通。當然，可以推行「朴」的價值取向，但在思想多元化的人類社會，做到這一點也很難。

　　本章有成語「小國寡民」、「雞犬相聞」、「雞犬之聲相聞」、「老死不相往來」。

第八十一章

【原文】

信言不美，美言不信[1]；善者不辯，辯者不善[2]；知者不博，博者不知[3]。聖人不積[4]，既以為人己愈有[5]，既以與[6]人己愈多。天之道，利而不害[7]；聖人之道，為而不爭[8]。

【通釋】

真實的話不美好，美好的話不真實；善人不靠巧嘴利舌，靠巧嘴利舌的人不是善人；明智的人不爭鬥，爭鬥的人不明智。聖人不積聚，把利益送給了別人自己更富有，把利益讓給了別人自己更充實。天道是向萬物施利而不損害萬物，聖人之道是完成事情而不同別人爭利。

【注釋】

① 信言不美，美言不信：真實的話不美好，美好的話不真實。信言，真話。信，真。美言，美好的話。

② 善者不辯，辯者不善：好人不靠巧嘴利舌，靠巧嘴利舌的不是好人。善者，好人，有德之人。辯，辯解，有口才，會說話。

③ 知者不博，博者不知：明智的人不爭鬥，爭鬥的人不明智。知者，聰明的人，明智的人。知，同「智」。「知者」與「不知」參見第五十六章「知者不言，言者不知」的注釋。博，賭鬥，鬥，較量。

④ 聖人不積：聖人不積聚。積，積累，積聚。

⑤ 既以為人己愈有：把利益送給了別人自己更富有。既，已經，在⋯⋯之後。以，介詞，把。「以」後省略了指代給別人的利益的「之」。為，讓給，送給。己，自己。愈，更加。有，富有。

⑥ 與：給，交給，讓給。

⑦ 天之道，利而不害：天道是向萬物施利而不損害萬物。本句是一個判斷句，

通釋後變成一個單句，故標點也隨之發生了變化。利，用作動詞，施利，給利益。害，用作動詞，加害，造成危害。

⑧ 聖人之道，為而不爭：聖人之道是完成事情而不與別人爭利。本句也是一個判斷句。為，順應自然做事，完成事情。爭，爭奪利益。

【意義歸納】

本章圍繞「為而不爭」的聖人之道符合「利而不害」的天道講道理，倡導「為而不爭」的美德。本章共分為三層。

第一層：以對比的形式推崇「信言」、「不辯」與「不博」的特質。

第二層：稱讚聖人奉獻而「愈有」、「愈多」。

第三層：得出「為而不爭」符合天道的結論。

【文法分析】

<pre>
          並列   並列   並列   並列   並列
信言不美，‖ 美言不信；│善者不辯，‖ 辯者不善；│知者不博，‖ 博者
          轉折   並列
不知。聖人不積，│既以為人己愈有，‖ 既以與人己愈多。天之道，利而不害；
並列
│聖人之道，為而不爭。
</pre>

「信言不美，美言不信；善者不辯，辯者不善；知者不博，博者不知。」這一組文字是雙重複句，分號間為第一重。這一組文字雖然一致，但被肯定的內容在文字上並不在同一個位置。在這一組文字中，老子崇尚的是「信言」、是「不辯」、是「不博」。

在「聖人不積，既以為人己愈有，既以與人己愈多」這個雙重複句中，雖然「聖人不積」，但「既以為人己愈有，既以與人己愈多」，這是第一重，轉折關係；「既以為人己愈有」與「既以與人己愈多」是並列關係，為第二重。

「天之道，利而不害」是單句，可以去掉逗號。「天之道」是主語，「利而不害」是謂語。這個單句的文法成分分析為：

天之道，利而不害

在亂世讀老子
世界殘酷，**道德經**讓你有顆柔軟的心

【考辨】

關於「知者不博，博者不知」以往的解釋或自相矛盾，或含混不清。

「知」，許多學者把它讀作「ㄓ」，這個問題我在第二章已經談了，第五十六章的「知」也是這樣處理。知者，聰明的人，明智的人。知，同「智」。「知者」與「不知」參見「知者不言，言者不知」的註釋。

「博」，許多學者把它解釋成「知識廣博」，這在邏輯上是說不通的：老子的知識廣博否？

「博」有「賭鬥」、「爭鬥」之意。博，賭鬥，鬥，較量。用「不爭鬥」解釋「不博」，也符合老子的一貫思想，也與本章主旨一致。

從邏輯角度來分析一下，是「知（ㄓ）者」還是「智者」，是學識「不廣博」，還是「不爭鬥」。「知者」與學識「不廣博」，抑或「智者」與「不爭鬥」有沒有必然連繫？答案是否；「智者」與學識「不廣博」有沒有必然連繫？一定沒有；那麼「智者」與「不爭鬥」有沒有必然連繫呢？當然有。

《戰國策・魏策》引用本句時，把「既以為人」寫作「盡以為人」，一些學者以此作為參考，把「既」解作「全部」。我不贊同這個解釋——「全部」都給了別人，自己怎麼還會「愈有」、「愈多」？

【解讀與點評】

我們知道，《道德經》是寫給士以上的階級看的，最普通的士是大夫一級官員的「預備役」，士就是官僚群體中的成員。顯然老子看慣了當時官場的爭鬥，對此有些認識，想為士大夫們開出一劑「良藥」。

「信言」是質樸之言，是未經加工的語言；「美言」多是經過刻意雕琢「為」之而成。真實的話因為沒有經過加工，所以並不美好，而且可能不好聽；美麗的言辭動聽，但是經過加工的語言，不是真話——當然，「善言者」仍可以「無言」的方式表達得「無瑕讁」（第二十七章）；真實的話雖不美好，可能不受聽，但可以表達得讓人不反感。雖然人們習慣於聽好話，但是要知道好話往往不一定真實。

善者不會用花言巧語來美飾自己，不會強詞奪理為自己開脫。好人不會憑藉言

辭去博取別人的歡心，不會憑藉言辭來表現自己；憑藉言辭去博取別人的歡心，憑藉言辭去表現自己的人都不是有德之人。巧口利舌的善辯者無理也能辯出三分，巧口利舌可以把不好的事物說得天花亂墜，但它與事實不符。

與人較量、爭鬥不是明智之舉，明智的人從來都不與別人爭鬥。因為鬥則兩敗俱傷；相反，不爭不鬥，和則共贏——「既以為人己愈有，既以予人己愈多」。

「博」有「爭鬥」之意。「不爭鬥」是老子所倡導的。爭強好勝，大概是人的天性。老子告誡人不爭，但實際上幾乎很難找到不爭的人。「信言不美」、「善者不辯」、「知者不博」都是不爭的特質。不巧言，不狡辯，不爭鬥，皆為「不爭之德」（六十八章），也就是「聖人之道，為而不爭」。

不爭當然就是「和」，此「和」正是「沖氣以為和」（第四十二章）之「和」。歷史與現實不斷以正反兩方面的事實驗證著老子的「藥方」。從這一點來說，老子的「不爭」、「不鬥」之「和」的學說與儒學宣揚的中庸之「和」在本質上並無區別。如果有誰非要說第八十一章收束全篇有什麼特殊含義的話，那就是老子在勸導士人不但要維護天人之和，還要維護人人之和。「和」則是《道德經》中滲透出的一個重要主題。

「聖人不積」與第七十九章的「執左契而不責於人」的意思是一致的。「聖人」之「不積」就是「不聚斂」、「不貪占」，就是不把天下看成是自己的。這也正是「後其身而身先，外其身而身存」（第七章）的通理。不該自己獲得的利益爭來了也不會長久，本該自己獲得的利益讓出去可能會換來更多的利益。聖人不為眼前的利益所惑，「既以為人」、「既以與人」，反而獲得的利益更多、更大。聖人的「為而不爭」，實際上正是「順天之利不相傷也」（王弼語）。「天之道，利而不害」與「聖人之道，為而不爭」並不是簡單的並列，實際是相類的比較，是鼓勵學習「聖人之道」。「天之道」是「聖人之道」的參照，因為像「天之道，利而不害」一樣，「聖人之道，為而不爭」——從這個角度來看，這種表達與第十五章、第二十四章、第三十六章、第四十五章點評中說的「略喻」很相像。當然，本章的「天道」與「人道」既有區別，又有交融。此「天道」是自然生發，此「人道」是聖人在主觀支配下遵循天道的軌跡，是一個動態運行的過程。它們的交融點是「為而不爭」與「利

而不害」，「為而不爭」當然是「利而不害」。第六十八章也談到了「不爭之德」，「為而不爭」當然就是「不爭之德」，「不自見」、「不自是」、「不自伐」、「不自矜」也是「不爭之德」，因此才有「夫唯不爭，故天下莫能與之爭」（第二十二章）的結果。

　　從「聖人之道，為而不爭」這句話我們可以看出，老子提出的「無為」並不是什麼都不做，而是「無為而不無不為」（第三十七章、第四十八章），只是此「為」要以「不爭」為前提。

　　本章有成語「信言不美，美言不信」、「善者不辯，辯者不善」、「智者不博，博者不智」、「利而不害」、「為而不爭」。

附錄

上善若水歌

鐵鋼 配　曲
廣逵 句讀釋義

1=F 2/4

安靜地、稍慢

（i̅ 7̲6̲ | 5 - | 5 5̲3̲ | 6 - | 5̲6̲ 1̲3̲ | 2 2̲3̲ | i - | i - ）|

5̲6̲ 5̲3̲ | 5 - | 5̲6̲ 5̲3̲ | 2 - | 2̲3̲ 5̲6̲ | 3 - | 3̲5̲ 5̲6̲ | 5 - |

上善若　水，　上善若　水，　上善若　水，　上善若　水。

5̲6̲ 1̲2̲ | 3 3̲2̲ | 1̲2̲ 1̲6̲ | 5 - | 5̲6̲ 1̲2̲ | 3·6̲ 5̲6̲ | 5̲1̲ | 2 - |

水善利萬而不爭，　水善利萬物而不爭，

2̲3̲ 5̲6̲ | 3·2̲ | 1̲2̲ 1̲5̲ | 6̣ - | 5̲6̲ 1̲3̲ | 2 2·| 2̲3̲ 2̲6̲ | 1 - |

處眾人之所惡，故幾於道。　處眾人之所惡，故幾於道。

‖: i̅ 7̲6̲ | 5 - | 5 5̲3̲ | 6 - | 5̲6̲ 5̲3̲ | 2 - | 2̲3̲ 5̲6̲ | 3 - |

居善地，　心善淵，　與善仁，　言善信，

i̅ 7̲6̲ | 5 - | 5 5̲3̲ | 6 - | 5̲6̲ 5̲3̲ | 2 2̲3̲ | 5·6̲ 5 - :‖

正善治，　事善能，　勤善時，勤善時。

┌1┐ (5·6̲ 5)

┌2┐
1 - | 1 - | 5̲6̲ 5̲3̲ | 5 - | 5̲6̲ 5̲3̲ | 2 | 2̲3̲ 5̲6̲ | 3 - |

時。　　夫唯不爭，　故無尤。　夫唯不爭，

3̲5̲ 5̲6̲ | 5 - | 5̲6̲ 5̲3̲ | 5 - | 5 5̲3̲ | 6 - | 6̲1̲ 2̲3̲ | 5·3̲ |

故無尤。　夫唯不爭，　故無尤。　夫唯不爭，

2̲3̲ 5̲6̲ | 1 - | 0̲2̲3̲ 5̲6̲ | 5·3̲ | 2·3̲ | 5 5̲6̲ | 1 - | 1 - ‖

故無尤。　夫唯不爭，　故無　尤。

在亂世讀老子

世界殘酷，**道德經**讓你有顆柔軟的心

知人者知自知者明歌

廣逹 句讀釋義

鐵鋼 配 曲

1＝C 2/4

大氣、恢宏地 稍慢

(66 6i | 23 16 | 2 - | 2 i | 55 56 | 23 5 | 6 - | 6 -) |

6 i | 5 67 | 6 - | 6 - | 35 | 23 #4 | 3 - | 3 - | 6 i |

知 人 者 知， 自 知 者 明； 勝 人

知 足 者 富， 強 行 者 有 志； 不 失

5 6i | 2 - | 2 i | 77 | 5 67 | 6 - | 6 - ‖: 66 | 5 6·7 |

者 有 力， 自 勝 者 強； 知 人 者

其 所 者 久， 死 而 不 亡 者 壽。 知 足 者

快一倍

6 - | 6 - | 33 | 2·3 #4 | 3 - | 3 - | 66 | 5 6·i | 2 - | 2 i |

知， 自 知 者 明； 勝 人 者 有 力，

富， 強 行 者 有 志； 不 失 其 所 者 久，

77 | 5 6·7 | 6 - | 6 - :‖ 6 i | 5 67 | 6 - | 6 - | 35 |

自 勝 者 ； 知 人 者 知， 自 知

死 而 不 亡 者 壽。 知 足 者 富， 強 行

23 #4 | 3 - | 3 - | 6 i | 5 6i | 2 - | 2 i | 77 | 5 67 |

者 明； 勝 人 者 有 力， 自 勝 者

者 有 志； 不 失 其 所 者 久， 死 而 不 亡

6 - | 6 - :‖ 66 6i | 2 16 | 3 - | 3 - | 55 56 | 23 5 | 6 - | 6 - ‖

強； 不 失 其 所 者 久， 死 而 不 亡 者 壽。

壽。

福 禍 相 倚 歌

廣逸 句讀釋義
鐵鋼 配曲

1=♭B

抒情地、慢速

（5 5̲ 6̲ | 1̲ 1̲ | 3̲ 3̲·5̲ 2̲ 3 | 1 | 6̲ 5̲ 6̲ | 2̲ 2̲ | 3̲ 3̲·5̲ 2̲ 3 | 5 | 6̲ 5̲ 6̲ | 1̲ 1̲ |

其政 悶悶，其 民淳 淳；其政 察察，其 民缺 缺。其政 悶悶，

7̲ 7̲ 6̲ 5̲ | 6̲'6̲ 1̲ | 2̲ 3̲ 2̲·3 | 7̲·6̲ 5̲ 6̲ | 1 ‖: 3̲·2̲ 1̲·2̲ | 7̲·6̲ 5̲ 6̲ | 1 |

其民淳 淳；其政 察 察， 其民缺 缺。 福 兮， 福之所 倚；

2̲ 3̲ 2̲·3̲ | 7̲ 7̲ 6̲ 7̲ 5̲'3̲ 5 | 6̲ 1̲ 2̲·1̲ | 2̲ 3̲ 2̲ :‖ 6̲ 1̲ 2̲·3̲ | 5 - |

福 兮， 禍之所 伏——孰 知 其 極！ 知其 極！

0 3̲ 5̲ 2̲ 3̲ | 5 - ‖: 3̲ 3̲ 5̲ 2̲ 1̲ | 7̲ 7̲ 2̲ 6̲ 5̲ 6̲ | 0 3̲ 5̲ 6̲ 1̲ | 2̲·1̲ 2̲ 3̲ |

其 無 正， 正復 為奇，善復 為妖， 人之迷其 日 固

2 - | 2 - :‖ 1 - | 1 - | 0 3̲ 5̲ 6̲ | 5 - | 5̲ 3̲ 2̲ 1̲ | 3 - | 3̲ 5̲ 5̲ 6̲ |

久。 久。 啊 是以聖 人 方而不

5 - | 5̲ 3̲ 2̲ 1̲ | 2 - | 3̲ 5̲ 2̲ 1̲ | 6 - | 2̲ 3̲ 5̲ 6̲ | 1 - | 2̲ 2̲ 3̲ |

割， 廉而不 劌， 直而不 肆， 光而不 耀。 光而

6̲·2̲ | 1 - | 1 - ‖

不 耀。

在亂世讀老子

世界殘酷，**道德經**讓你有顆柔軟的心

為 而 不 爭 歌

廣迻　句讀釋義
鐵鋼　配　曲

1=♭E 2/4

抒情地、慢速

```
(5 6  1 7 | 6 - | 6 3  5 6 | 5 - | 2 3  5 3 | 2 0  5 6 | 1 - | 1 - |
```

```
3 1  2 3 | 5 - | 3 1  2 3 | 5 - | 5 6  1 7 | 3 · 6 | 5 1  2 3 | 2 - |
```
信言 不　美，　美言 不　信；　善者 不　辯，　辯者 不　善；

```
2 3  5 6 | 3 - | 1 2  2 1 | 6 - | 2 3  5 3 | 2 0  2 3 | 5 0  6 2 | 1 - |
```
知者 不　博，　博者 不　知。　知者 不　博，　博　者　不　知。

```
5 6  1 7 | 6 - | 6 3  5 6 | 5 - | 5 6  1 7 | 6 · 1 | 5 1  2 3 | 2 - |
```
聖人 不　積，　聖人 不　積，　既以 為　人　　己　愈　有；

```
2 3  5 6 | 3 - | 5 6  5 3 | 6 - | 2 3  5 3 | 2' 2 3 | 6 · 2 | 1 - |
```
聖人 不　積，　聖人 不　積，　既以 與　人　己　愈　多。

```
3 1  2 3 | 5 - | 3 1  2 3 | 5 - | 5 6  1 7 | 6 · 1 | 5 1  2 3 | 2 - |
```
天 之　道，　利而 不　害；　聖人 之　道，　　為 而 不　爭。

```
2 3  5 6 | 3 - | 1 2  2 1 | 6 - | 2 3  5 3 | 2 - | 2 3  6 2 | 1 - |
```
天 之　道　利而 不　害；　聖人 之　道，　為 而 不　爭。

```
5  5 6 | 1 6 | 6 - | 6 - | 5  5 6 | 5 6 | 1 - | 1 - ‖
```
聖人 之　道，　　　為　而　不　爭。

402

後記

　　我不是專業的語言工作者，也未師從名家，不是教授，更不是博士生導師。我對《道德經》的研究起步較晚。記得在二〇〇五年時，一位英語教材研究員同事拿著一本《道德經》，指著其中一段話向我討教，那時我正在研究《論語》，雖然曾讀過《道德經》，但也只是粗略看過一遍，印象不夠深刻。同事的問題刺激了我研究《道德經》的念頭，在那之後，我開始認真讀手中的一本《道德經》，因為怕被老子以後的前人思想左右，我拋開原解釋，嘗試自己解釋。由於重點研究《論語》，所以暫時擱置了對《道德經》的專題研究，只是把一些零星的火花記錄下來。二〇〇九年，我的《論語通釋、解讀與點評》面世後，因為對這些古籍的研究費錢又費精力，我曾一度有放棄研究《道德經》的念頭。

　　「不失其所者久，死而不亡者壽」，正是老子的這個思想，激勵我繼續做學問。二〇一〇年底我開始背誦《道德經》，二〇一一年三月我已經能全部背誦。此後，我拿出擱置已久的通釋文本再推敲，寫出了第二稿、第三稿、第四稿通釋。通釋後，我開始有限的郵購了幾本前人、他人研究的著述。因為觀點不同，他人的認識成了激發我新觀點的原動力。直到這時，我只想做一般的語言通釋，也就是人們常說的「翻譯」；想在通釋後作簡要的點評，像我的《論語通釋、解讀與點評》那樣。在大約第六稿對個別語言進行剖析時，我又產生了文法和邏輯分析的念頭，想把文法分析附於整個通釋之後，或者單獨編一個文法分析的小冊子。但在我進行整體文法分析時，自然又涉及具體的需要詳細解析的內容，實在不好單獨編排，於是我又將文法分析的內容糅入了「解讀與點評」中。在進行文法和邏輯分析時，我想到了層次劃分和對各章的歸納，於是便產生了「章句」這個命題。意義歸納、文法分析與解析點評的內容揉在一起，給人一種混亂的感覺，大約在第十一稿時，我又把意義歸納和文法分析的內容分別摘出來單列。大約在第十七稿時，我又把考辨的內容從文法分析與解讀點評中單獨抽取出來。由於獨立完成的內容較多，很少參考他人的

在亂世讀老子
世界殘酷，**道德經**讓你有顆柔軟的心

著述，我所依據的資料有些還是從既有的資料中間接獲得，所以本書未在書後附錄參考書目，只是在注釋和考辨中有所註明。

年歲愈大，背誦記得快忘得也快，但《道德經》融入了我的大腦，使我經常產生認識的火花。我對《道德經》的研究過程是一個不斷修正的過程，現在的文本不清楚是幾易其稿了，不算隨時零星修改，總共有二十多稿吧，僅裝訂成書大概就有八回了。我對自己的研究很有感覺，很有自信，特別是對句讀的處理，邏輯思維比較清晰；我的朗讀儘管並不很好聽，但體現了我對《道德經》的理解，我將陸續錄製我的朗讀，以幫助讀者理解，讀者可上網搜尋。透過背誦揣摩、意義歸納、文法和邏輯分析，我也確實發現了一些問題，比如重複出現的「故為天下貴」、「故去彼取此」等，比如個別章前後意義銜接不上等，對這些，在歸納、分析和點評中我提出了懷疑，但只對個別內容予以了調整，更多問題還有待深入研究探討。

儘管這樣，我對《道德經》的研究仍然停留在淺層。對有些問題只是懷疑，拿不出更深刻有力的證據。本書的出版，是這些研究的繼續。

當今快捷的媒體及資訊平台是一把雙刃劍，既方便了踏實做學問的人，同時也方便了魚目混珠者，錯綜紛繁的觀點中，謬論或歪解甚囂塵上，我的解讀被湮沒在浩瀚的資訊大海中。

《道德經》的研究純粹是出於「為後世留下點什麼」的理念。在編著本書的過程中，我總有時不我待的危機感，理念支撐我克服重重困難，包括出書推廣的困難。

《道德經》中有許多深刻的道理，具有點化和勸喻功用。本書多有與他人不同的觀點，只能算作一孔之見。受個人思維的局限，有些表述可能還有問題，我批評他人的錯誤在我的著述中可能也存在，難免有這樣或那樣的問題，文法分析或有「昏招」，特別是對個別內容的刪減挪移，大家可以討論，願就教於同仁。

陳廣達

後記

第八十一章

國家圖書館出版品預行編目（CIP）資料

在亂世讀老子：世界殘酷，道德經讓你有顆柔軟的心 / 陳廣逵 著 . -- 第一版 .
-- 臺北市：清文華泉，2020.07

　面；　公分

ISBN 978-986-99209-4-0（平裝）

1. 老子 2. 研究考訂

121.317　　　109009478

書　　　　名：在亂世讀老子：世界殘酷，道德經讓你有顆柔軟的心
作　　　　者：陳廣逵 著
責 任 編 輯：簡敬容
發 　行 　人：黃振庭
出 　版 　者：清文華泉事業有限公司
發 　行 　者：清文華泉事業有限公司
E - m a i l：sonbookservice@gmail.com
粉 　絲 　頁：https://www.facebook.com/sonbookss/
網　　　　址：https://sonbook.net/
地　　　　址：台北市中正區重慶南路一段六十一號八樓 815 室
　　　　　　　Rm. 815, 8F., No.61, Sec. 1, Chongqing S. Rd.,
　　　　　　　Zhongzheng Dist., Taipei City 100, Taiwan (R.O.C)
電　　　　話：(02)2370-3310　　傳 　真：(02) 2388-1990

定　　　　價：520 元
發 行 日 期： 2020 年 7 月第一版